U0583189

古代玉器研究

Research on Ancient Jade

王荣 主编

上海书画出版社

序言

人类对于任何事物均有认识的过程，往往会经历辨别、定名和定义等阶段，玉器也不例外。玉器的定义包括材料、工艺和功能三个要素，分为狭义和广义两种，狭义的玉器是指采用琢磨工艺将透闪石—阳起石和翡翠材料加工成具有象征性功能的器物，广义的玉器则是指采用琢磨工艺将美丽的石材加工成具有象征性功能的器物。美石的利用体现了古人应对透闪石—阳起石和翡翠资源短缺、加工技术受限、特殊审美需求时的策略，以及区分身份、地位、等级等意识形态动机。由于广袤时空范围内人群对美石的理解是不同的，因而使用的美石种类也有所差异，以中国为例，公元前7000年至公元220年用于制作成器的矿物材料超过30种[1]。

由上可见，玉器的狭义和广义定义的区别在于材料，而工艺和功能是相同的。不过，这无法界定4至5万年前的旧石器时代晚期晚段丹尼索瓦洞穴出土绿泥石镯和方解石镯的归属问题，即它们属于石质装饰品抑或玉器。邓聪先生为此将玉器的广义定义限定在材料和功能两个方面，即美石制成的具有象征性功能的器物[2]，而不探讨其使用琢磨工艺的加工方式。由此，玉石分化的问题转化为探讨功能的分化，尤其具有社会需求及意识形态的意义。笔者认为这属于更宽泛的广义定义，如何应用视具体问题以及学者认知而定，例如，湖南大学石荣传在讨论东北亚早期玉器互动时就将上述两种广义定义进行了结合。

值得注意的是，玉器的狭义定义也具有相对性，例如，对于古代中国和新西兰而言，玉器指的是透闪石—阳起石材质器物；对于古代中美洲而言，玉器指的是翡翠材质器物，但也包括一些优质的绿石材质（如钠长石、绿辉石等）器物；对于古代欧洲和日本而言，玉器指的是透闪石—阳起石材质和翡翠材质器物。目前，国

[1] 王荣.中国早期玉器科技考古与保护研究[M].上海：复旦大学出版社，2020:17–21.
[2] 邓聪.玉器起源的一点认识[C]// 杨伯达.中国玉文化玉学论丛.北京：紫禁城出版社，2004.

内学术界对玉的概念多有探讨，国外学者也对“jade”的来源多有论述，认为对“jade”这一词汇的认识过程对人们确定现代玉的狭义定义（地质学层面）起到了关键作用。不过，国内学者对这部分的综述工作涉及较少，中国科学院大学陈典通过“jade”一词的流变初步探讨了不同文化中“玉”的观念变迁。

距今9000年前，黑龙江饶河小南山地区使用了占比很高的透闪石玉器，其数量众多、器型种类丰富、制作工艺娴熟、装饰性功能突出，被认为是世界早期玉器的成熟阶段，由此，玉器起源及其在东北亚地区的早期发展情况成为近些年的研究热点。复旦大学张萌结合传统的利用人群迁移和文化扩散来阐释物质文化源流的文化历史解释框架，采用文化生态学的方法对玉器起源进行了探索，将狩猎采集者的生活方式、古环境变化和人工制品的技术组织结合起来，指出定居的生活方式使得耗费人力、物力的艺术品成为可能，社会等级的构建使得艺术品的流通具备社会条件，石器技术的发展为艺术品的制作提供了现实支持，张萌进而将对中国玉器起源的过程初步划分为“三部曲”。湖南大学石荣传则对新石器时代东北亚地区（包括现在的中国东北、俄罗斯滨海边疆区以及日本列岛）的玉器进行了整理，探讨了东北亚大陆和岛屿带玉器的历史性特征，并通过其间的共性特征探讨各地域间存在的交流情况；石荣传将东北亚地区常见的器物组合分为两类，指出玦、匕形器、弯条形器的玉器组合传播范围大，存在陆路和海路以及向北和向南等多条传播路线，璧、环的玉器组合传播范围则小得多，存在向南和向西的传播路线。

公元前第六千纪开始，随着社会的发展和阶层的分化，中国玉器也随之发生功能性的转变（如由装饰品发展为礼仪、宗教、丧葬用器等），黄河流域和长江流域的玉器在文明起源和发展中的作用长期受到学者的关注。北京大学曹芳芳通过分析古代文献认为五帝时代的上层社会已经有了明确的用玉观，前期的玉器主要用于宗教祭祀（以璧为代表）和军事（玉兵），后期的玉器开始在政治、经济、文化领域凸显其重要性，展现了玉器在中华文明起源和形成过程中发挥的重要作用，对考古实物研究具有一定的指示意义；曹芳芳进而认为玉器是第一种反映华夏大陆宗教和政治中核心观念的物质，并形成一种稳定的文化基因，流传至今。在长江下游地区，良渚玉器达到了古国时代的最高峰，供给玉器生产、分配、消费的材料来源一直是热点议题，上海博物馆谷娴子对此进行了再思考，根据软玉器沿中国东部海岸由北向南传播和分布的特点，指出在观念、样式及加工技术的交流同时，还存在着玉料的交流；谷娴子认为玉料作为极为重要的资源，存在远距离运输的需求，东北岫岩玉料一直沿用至今，显示了资源的丰富性，其并没有在红山文化衰落之后便停止开采，而是作为流通物品，存在通过水路传播至长江下游地区的可能性。

一般认为，玉料的高品质、稀有性和开采难度，玉器制作的高成本和成品的美观性，以及玉料和玉器的流通和经历，使得社会赋予玉器极高的价值[1]。

首先，玉料的分布特征，玉料的颜色、透明度、光泽度等光学性质与硬度、韧性等力学性质，均与玉料和玉器的价值密切相关。与农业社会的绿色作物关联，用玉地区普遍使用绿色调的玉器，但不同色调的绿色之间也会有等级之分[2]，东亚中国进入金属时代之后将白色和田玉与人的品德进行关联，进而使得白玉更受青睐；使用翡翠材料的欧洲、日本和中美洲地区认为透明度的增大可以提升玉料和玉器的价值。值得注意的是玉器制作中的磨抛工序，因为磨抛工序不仅改变了玉料的颜色（色调、饱和度、明度三要素中的一个或多个），而且使之具有了光泽，进而提升玉料和玉器的价值。

其次，玉料的经历也影响着玉器的价值，这主要体现在其开采和加工的难度上。由于玉矿所处的地理位置往往难以企及，当玉矿剥落向下滚落处的玉料被捡取完后，人们可以沿着玉料的滚落轨迹找到矿点，若其分布在雪线附近，则每年采矿的时间是有限的，玉料更显珍贵；此外，玉料的韧性和硬度既增加了山料的开采难度，也增加了玉料的加工难度，韧性可能还具有象征着不朽的意义[3]。由此可见，玉料具有高价值属性，新石器时代的先民已为此开通远距离交流网络，如公元前5500至2900年的欧洲地区，翡翠材料被从意大利阿尔卑斯山运输到巴黎盆地、布列塔尼进行加工，甚至可以远至莫尔比昂湾[4]。

再次，玉料在经过一系列加工后方成为玉器，而复杂的加工工序和因此所付出

---

[1] Přichystal, A., Kovar, J.J., Kuca, M., et al. The jadeitite-omphacitite and nephrite axeheads in Europe, The case of the Czech Republic[C]//Gleser, R., Hofmann, D.(eds.) Contacts, Boundaries & Innovation in the Fifth Millennium, Exploring Developed Neolithic Societies in Central Europe and Beyond. Leiden:Sidestone Press. 2019:289–304.

[2] Beck, R. Jade in the South Pacific: New Zealand, Australia and New Caledonia[C]//Keverne, R.(eds.) Jade. Springer:Anness Publishing Limited.1991:220–257.

[3] Pétrequin, P., Pétrequin, M.A., Gauthier, E., et al. Alpine jades, from scientific analysis to Neolithic know-how[C]// Pereira, T. Terradas, X., Bicho, N.(eds.) The Exploitation of Raw Materials in Prehistory, Sourcing, Processing and Distribution. Cambridge: Cambridge Scholars Publishing. 2017:354–367.

[4] Sheridan, A., Petrequin, P., Petrequin, A.M., et al. Fifty shades of green, the irresistible attraction, use and significance of jadeitite and other green Alpine rock types in Neolithic Europe[C]//Rodriguez-Rellan, C., Nelson, B.A., Valcarce, R.F.(eds.) A Taste for Green, A Global Perspective on Ancient Jade, Turquoise and Variscite Exchange. Oxford & Philadelphia:Oxbow Books. 2020:97–120.

的时间和人力成本，又赋予了玉器更高的价值。良渚玉器的成器过程是一个热点问题，但近些年鲜见关于模拟实验的相关研究。浙江大学费震涣、陈虹等以良渚玉器的刻纹和钻孔工具为切入点，采用实验考古、微痕分析和统计分析，选择鲨鱼牙齿、水晶尖状器、燧石尖状器作为刻纹材料，选择燧石、竹管作为钻孔材料，结果显示鲨鱼牙齿和水晶工具均不适合雕刻，而燧石工具具有良好的刻划效果，同时磨损率低、耐久性高，故很适合雕刻；此外，燧石可作实心钻工具，竹管可作空心钻工具。

最终，玉器在后续的流传与社会经历中，被赋予了更高层面的价值，玉器成为社会分化的代表和精神信仰的载体，并在古代社会的政治、经济、文化和技术发展中起到了非常重要的作用。

随着公元前第二千纪中国青铜时代的到来，玉器的礼玉功能达到高峰，形纹也相应发生变化。荆州博物馆谢春明对商周时期的兽面玉饰进行了整理和分析，她运用类型学探讨了该类玉饰的形制演变，并与时代进行关联，指出兽面玉饰存在于商代晚期前段至春秋中期前段，其功能主要是装饰，包括佩戴于人体颈部、胸腹部、手腕部、足部，以及具有插嵌的使用方式，此外既是马具的装饰品，又起到节制总领的节约作用。至西周时期，礼制变革影响下的玉器面貌较商代有了重大变化，多彩的“组佩”或“串饰”成为这一时期的特色，但不同地区的变化时间及程度是不同的。如长江流域的曾国，湖北省文物考古研究所李晓杨等对该地西周至春秋玉器进行了系统探讨，清晰描绘了曾国玉器的发展脉络，指出第一期为西周早期，以阴刻人与凤鸟纹的片状玉器为特色；第二期为西周晚期至春秋早期，以宗周文化为主，大量流行动物形佩饰，且多阴刻龙纹或兽纹的片状玉器，少见立体状，还出现了成熟的葬玉组合——玦和琀，M17出土了目前曾国最早的玉组佩，璧也由礼器转化为佩饰；第三期为春秋中期，出土了该地最早的玉覆面以及经过远距离交流的黑白玛瑙珠；第四期为春秋晚期，玉器风格发生转变，以楚文化为主，保留部分宗周文化因素。除了探讨较高等级墓葬的玉器之外，中国地质大学罗泽敏、湖北省博物馆陈春等对冶炼矿区从业者墓地所出玉器进行了研究，结合材质、次生变化、器型、纹饰、工艺、功能、等级等信息，认为这批墓主人的身份仅为中低级贵族或一般平民。值得注意的是：玉器的材质（如透闪石、云母）在这一地区的西周晚期至春秋时期并不是常认为的区分等级的标志，而材质的优劣以及纹饰的有无和精美程度有时可以区分不同等级。此外，铜矿区常有的示踪矿物孔雀石也被直接用于随葬，表明古人对铜矿石的珍视。

除了关于玉器的研究之外，本文集还将视野扩展到骨器，如南京师范大学徐峰对玉和骨在物质上的相似性进行阐发，进而上升到论及两者相似的象征性功能，以及在中国社会发展中起到的重要作用，徐峰归结为“物有其性、人赋其灵”，即因玉和骨具有特殊的性质，使得社会赋予了它们极大的价值。本文集也将视野由旧大陆延伸到新大陆，如复旦大学石晓薇和笔者以中美洲古典时期玛雅玉器为关注对象，通过科技考古和文物保护的融合视角，梳理探讨了玛雅玉器的材料识别、开采、利用情况，并与中国玉器进行了初步比较，有助于从全球视角认识中国玉器和中美洲玉器的异同以及发掘其中蕴含的文明互鉴因素。

总体而言，本文集的论文涉及玉器起源和发展、玉料来源和加工、玉器消费和功用等重要议题，使用的研究方法包括文献法、模拟实验法、科技分析法、文物考古等多重方法，研究范围涵盖亚洲和中美洲。

此外，笔者与学界诸多师友于2016年联合创办了“古代玉器青年学术论坛”，得到了学界诸多前辈先生、玉界学友、文博系同事的大力支持，迄今论坛在学术性、专业性、前沿性和纯洁性的宗旨下已连续召开了四届。我们很庆幸论坛这一交流平台的搭建为中国乃至世界玉文化的传播贡献了一些力量，因此，本文集也收录了我的硕士毕业生麦蕴宜（现工作于广东省文物鉴定站）和在读博士研究生李一凡校订的四届论坛纪要，期望能为未来留住过去的记忆，以便激励自身，更好地为传承玉器这一珍贵文化遗产服务。

玉器文化的研究和推广，路漫漫其修远矣，但我们一直在路上……

王荣

2022年12月1日

于国定路寓所

目录

中国北方玉器起源初探——宏观生态学的视角

Origin of Jade Technology in Prehistoric Northern China: A Macroecological Approach

张萌（复旦大学文物与博物馆学系）

摘要：玉料因其润泽的外观成为古人装饰品原料之一，又因其坚硬的质地所承载的加工成本暗示着制作者可能采取了定居程度较高的生活方式，以至于玉器的起源这一问题需要从狩猎采集者的文化生态学角度加以考量。本研究尝试从宏观生态学的视角来思考中国北方玉器的起源过程，兼论陶器的起源和细石叶技术的转变过程，并把三项技术置于东北亚史前石器技术演化和文化适应变迁的背景中进行研究。玉器的起源与发达的石器打制技术、广泛的社会网络、富足的狩猎采集生活之间可能存在着关联之处，而这种生活方式和水生资源利用与陶器的使用似乎存在着行为上的联系。本文勾勒出了中国北方陶器起源过程的三部曲：旧石器时代晚期的孕育过程、中石器时代的诞生过程和新石器时代的转化过程。本研究旨在为玉器起源的问题提供一个参考性的视角，希望能抛砖引玉，促进玉器研究方法的多元化。

关键词：玉器起源　狩猎采集者　宏观生态学　东北亚

ABSTRACT: Jade has been selected as a kind of material for decoration during prehistorical and historical periods because of its moist appearance, while its high processing coast borne by hard texture suggests that the makers may have adopted a high level of sedentism, making the issue of origin of jade technology need to be investigated from the perspective of transforming cultural ecology of hunter-gatherers during the Paleolithic-to-Neolithic transition. This case study attempts to clarify this process in the northern China from the viewpoint of macroecology, and also to discuss the origin of pottery technology and the transformation of microblade technology, in which the three kinds of technologies would be displayed against the background of evolution of lithic technology and adaptive changes in northeastern Asia. The origin of jade technology is suggested to be correlated with developed lithic technology, extensive social network, and affluent hunting-gathering lifeways, which may show behavioral connections with the use of aquatic resources and the adoption of ceramic technology. The present article outlines a "trilogy" of the origin of jade technology in northern China: incubation during the Upper Paleolithic, birth during the Mesolithic, and transformation during the Neolithic. This study aims to provide a referential framework and to promote the diversification of methodology on the studies of jade artifacts.
KEYWORDS: Origin of Jade Technology; Hunter-Gatherers; Macroecology; Northeastern Asia

玉器在中国乃至东亚传统社会与文化中占据着重要位置，不仅体现在设施和人工制品的使用与装饰上，也体现在人格塑造上——将“玉”赋予温润的属性，并与“君子”的德行联系起来。欧亚大陆东侧的玉器与西侧的黄金构成了物质文化最独特的标志，并在广袤的空间和深远的时间尺度内塑造了人类史前史与历史。然而，中国玉器的起源研究一直停留在推测层面上，直到小南山遗址的发现揭开了兴隆洼文化玉器[1]之前社会生活的幕布，成为根据目前发现材料所能推断出的“中华玉文化

[1] 杨虎、刘国祥、邓聪. 玉器起源探索——兴隆洼文化玉器研究及图录 [M]. 香港中文大学中国考古艺术研究中心，2007年.

的摇篮”[1]，并将郭大顺对玉器起源与渔猎文化之间关系的探索从猜想转向了真实的材料研究[2]，也为在整个东北亚深入探索陆上玉路和海上玉路提供了可能[3]。

与一系列“起源”问题（如细石叶技术、陶器、农业、文明起源）一样，玉器的起源包括两方面的含义：从时间意义上而言，某地发现了（迄今已知）最早的玉器；从世系上而言，某地发现的玉器应该为其他遗址所发现玉器的物质文化的祖先。前者一般可以通过共出遗存的年代所确定，虽然中间存在着误差和关联的可靠性等问题，但通过严格的田野和实验室控制还是可以基本推断玉器的埋藏年代。不同于前者纯粹的文化历史考古学或科技考古学问题，后者涉及文化阐释的挑战，即使时间顺序能够确立，仍然不能从严格意义上确认较晚的玉器是较早的玉器所代表文化或思维的直接后代，毕竟存在着技术传递中出现的失传、再发明，以及复杂的社会过程[4]。为了避免落入单一起源说的窠臼，本文倾向于从更大的地理范围和更深的时间尺度来思考包括玉器在内的物质文化的起源过程。不同于从最早的年代学证据出发来调查玉器的出现，本研究将从文化演化的角度利用宏观生态学的方法来探索中国北方玉器起源的过程与机制。这样，自下而上的归纳法和自上而下的演法能够齐头并进、互相补充。本文更多采用演绎法，借助类比法进行探索。

一、玉器之前的装饰品

早期的玉器，尤其是晚更新世—早全新世的玉器几乎都是装饰品。若理解玉器的起源，需要将之置于旧石器时代装饰品的框架下进行讨论。装饰品的出现被认为是“行为现代性”（behavioral modernity）的重要标志之一，虽然在非洲的中期石器时代（Middle Stone Age）已有发现，欧洲的旧石器时代中期的遗址中也有零星的发现，但装饰品等带有象征意义的物品只有在旧石器时代晚期——现代人移居整个

---

[1] 黑龙江省文物考古研究所、饶河县文物管理所.黑龙江饶河县小南山遗址2015年Ⅲ区发掘简报[J].考古，2019(08):3–20+2.
李有骞.中华玉文化的摇篮黑龙江考古新突破[J].奋斗，2020(20):74–76.

[2] 郭大顺.玉器的起源与渔猎文化[J].北方文物，1996(4):14–21.

[3] 邓聪.小南山与海上玉路[N].中国文物报，2021–03–19(5).

[4] Trigger, B. G. Beyond history: the methods of prehistory [M]. New York: Holt Rinehart and Winston, 1968.

旧大陆以来——才成为史前狩猎采集社会几乎不可或缺的一部分[1][2][3]。布朗（J.A. Brown）与普莱斯（T. D. Price）把人口密度、最大的居址规模、永久祭祀地、艺术风格，以及墓葬上的差别视为旧石器时代晚期革命后社会复杂性的识别特征[4]，装饰品与他们所列举的后三个特征直接或间接相关。甘博（C. Gamble）将装饰品视为狩猎采集者扩展网络的重要媒介[5]。与具有很高基因与情感资源投入的亲密网络以及解决日常生活的供给问题的效用网络不同，扩展网络的运作需要风格与符号资源的参与。

需要注意的是，具有成为装饰品潜力的物体拥有一系列特征。怀特（R. White）列举了制作奥瑞纳穿孔装饰品的原料：石灰岩、片岩、滑石片岩、滑石、哺乳动物牙齿、骨骼、鹿角、象牙、现生及石化的海洋和淡水软体动物贝壳、珊瑚化石、箭石化石、煤精、褐煤、赭石，以及黄铁矿[6]。在众多原料中，象牙在欧洲旧石器时代晚期社会中得到了广泛应用，他认为表面光泽、质地平滑使象牙成为重要的装饰品原料，并认为“象牙的抛光本身就代表它自然世界中的质地”。莫菲（H. Morphy）注意到光彩在美学上的价值，并认为光彩是跨文化的效应[7]。这些论述为探讨玉质石料为何被史前狩猎采集者所采纳提供了物质—美学的研究视角。

在《欧洲旧石器时代社会》一书中，甘博注意到奥瑞纳文化中广泛发现的骨制品和象牙制品可能暗示着社交网络的扩展。在Istállósko遗址1950~1951年发掘区第9层和第7、8层分别发现了114件和31件，在Potocka Zijalka遗址发现了130件骨制品和象牙制品，这些物品在之前的场所中很少发现。在捷克共和国Dolní Věstonice-Pavlov遗址的巴普洛文时期（2.7万~2.4万年）的文化要素中，出现了诸多象征行为的遗存，如埋葬和艺术品。艺术品包括传统的贝壳与牙齿装饰品、具象艺术品和烧

[1] McBrearty, S., Brooks, A.S. The revolution that wasn't：a new interpretation of the origin of modern human behavior[J]. Journal of Human Evolution, 2000, 39(5):453–563.

[2] McBrearty, S. Advances in the study of the origin of humanness[J]. Journal of Anthropological Research, 2013, 69(1):7–31.

[3] 张萌.智力水平还是文化表现？——尼安德特人与现代人文化精致程度差异研究述评[J].人类学学报，2019，38(1):60–76.

[4] Brown, J. A., Price, T.D. Complex hunter-gatherers：retrospect and prospect[M]//Price, T.D., Brown, J.A. Prehistoric hunter-gatherers：the emergence of cultural complexity.Orlando：Academic Press, 1985:435–442.

[5] （英）克里夫·甘博.欧洲旧石器时代社会[M].陈胜前，张萌，译，谢礼晔，杨建华，陈胜前，校.上海：上海古籍出版社，2021.

[6] White, R. Technological and social dimensions of 'Aurignacian-age' body ornaments across Europe[M]//Knecht, H., Pike-Tay, A., White, R. Before Lascaux：the complex record of the early upper Paleolithic. Boca-Raton：CRC Press, 1993:279–280；转引《欧洲旧石器时代社会》中译本第356页.

[7] Morphy, H. From dull to brilliant：the aesthetics of spiritual power among the Yolngu[J]. Man, 1989, 24(1):21–40.

过的黏土制品，并发现了疑似月亮历的物品和赭石块。这些物品与其他遗存，如墓葬、房址、火塘与陶窑等设施共同构成了丰富多彩的社会生活。

虽然目前为止学者对装饰品在早期人类社会中所扮演的角色还不太清楚，但从史前史和狩猎采集人类学的角度可以做出如下推论 :（1）人类的装饰行为在旧石器时代就已经发生，并且在旧石器时代晚期成规模出现，成为社会生活的重要组成部分 ;（2）狩猎采集者的象征行为应该与身体装饰密切相关，起源可以追溯到史前时代 ;（3）装饰品的出现与扩展社会网络的维持有直接关系，可能存在着原料的搬运和人与人之间的交换行为。

二、高纬地区的狩猎采集者

欧洲旧石器时代社会的研究成果为我们探索东亚玉文化的起源提供了借鉴的思路。小南山玉器的发现暗示着中国东北（更广阔的说是泛贝加尔—黑龙江流域）可能是玉文化的起源之地。长久以来，对技术扩散的研究秉持了文化历史的解释框架，用人群迁移和文化扩散来阐释物质文化的源流。但是否存在着另外的解释框架？本文将采用文化生态学的方法来对玉器起源展开讨论。

中国东北与欧洲北部都属于高纬地区，在全球意义上可以归为广义的北极地带。北极地区民族志资料显示出生活在高纬的狩猎采集者需要维持更为复杂的设施和使用更为精致的工具，以保障衣食住行等生活基本需求在安全的阈值之内。凯利（R. L. Kelly）比较了卡拉哈里均夸人（Ju/'hoansi）和阿拉斯加努纳缪特人（Nuvugmiut）的技术产品[1]，最明显的莫过于技术的复杂程度。在其他条件都相同的前提下，与生活在低纬地区的人群相比，高纬的居民面对着风险更高的生活，低下的地表生产力与更强的季节性要求狩猎采集者通过提升技术的专门化与精致性来抵御资源的不可预测性带来的生存危机。从全球范围内现存的狩猎采集者民族志数据出发，宾福德（L. R. Binford）也注意到高纬地区更为复杂的设施——在纬度42.6°之上（即有效温度低于12.75℃）区域，狩猎采集者需要更多依赖陆生动物资源（如

[1] Kelly, R. L. The lifeways of hunter-gatherers：the foraging spectrum[M]. Cambridge：Cambridge University Press, 2013.

果有条件，也会选择水生资源）来维持生计[1]。另外，他也注意到随着纬度的增高和有效温度的下降，资源分布更为不均匀，集食者（collector）可以通过任务小组的形式把不同的资源运到中心营地，并通过储备来抵御与季节性相关的资源不平均带来的风险[2]。这种以后勤组织作为应对关键资源分布不平均的策略的生活方式与低纬地区盛行的采食者（forager）模式很是不同。

需要注意的是，狩猎采集社会并不总是平等社会（egalitarianism），非平等（nonegalitarian）狩猎采集者也存在。人类学家通常采用“简单、非丰裕”以及“复杂、丰裕”来形容这两种类型的觅食社会[3][4]。现存的非平等狩猎采集社会主要生活在北美太平洋西北海岸，考古材料表明欧洲的中石器（Mesolithic）遗存和日本的绳纹（Jomon）时代也可能具有类似的社会组织形态。这些社会最显著的共同点包括定居的生活方式、较高的人口密度、较强的资源防御性，以及具有社会等级性质的储备[5]，而这些条件需要在充足的水生资源保障下才能实现。定居的生活方式使得通过时间消耗才能制作出来的艺术品成为可能，社会等级的构建使艺术品的流通具备了社会条件。近北极地区原住民的衣物和设施上繁复的装饰也支持这样的推论，包括生活在东北亚地区的诸多族群，如西伯利亚的楚克奇人（Chukchi）和雅库特人（Yakut），以及中国东北的鄂伦春人和鄂温克人。

三、宏观生态学视角下的东北亚

可惜的是，由于长时间的文化变迁与人口流动，目前很难通过直接历史法来评估玉器在东北亚文化系统中所起的作用。小南山所处区域的狩猎采集社会几乎很难找到，鄂伦春人也已经从“森林专家”转化为城镇居民，其父母一代人的生活方式已经受到了现代化的强烈影响。不过，宾福德所构建的“参考框架”为探索狩猎采

[1] Binford, L. R. Constructing frames of reference：an analytical method for archaeological theory building using hunter-gatherer and environmental data sets[M]. Berkeley：University of California Press, 2001.

[2] Binford, L. R. Willow smoke and dogs' tails：hunter-gatherer settlement systems and archaeological site formation[J]. American Antiquity, 1980, 45(1):4–20.

[3] Price, T. D., Brown, J.A. Prehistoric hunter-gatherers：tile emergence of cultural complexity[M]. Orlando：Academic Press, 1985.

[4] Grier, C., Kim, J., Uchiyama, J. Beyond affluent foragers：rethinking hunter-gatherer complexity[M]. Oxford：Oxbow Books, 2006.

[5] Kelly, R. L. The lifeways of hunter-gatherers：the foraging spectrum[M]. Cambridge：Cambridge University Press, 2013:267.

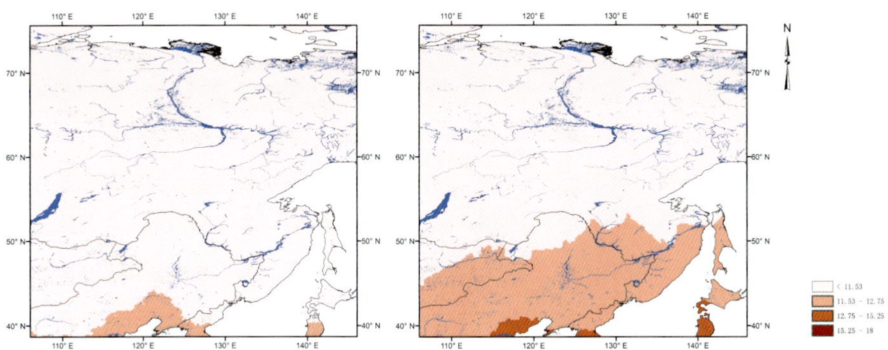

图一　本文所涉及东北亚地区的有效温度（单位：℃）
（左为末次盛冰期气候条件；右为当代气候条件）

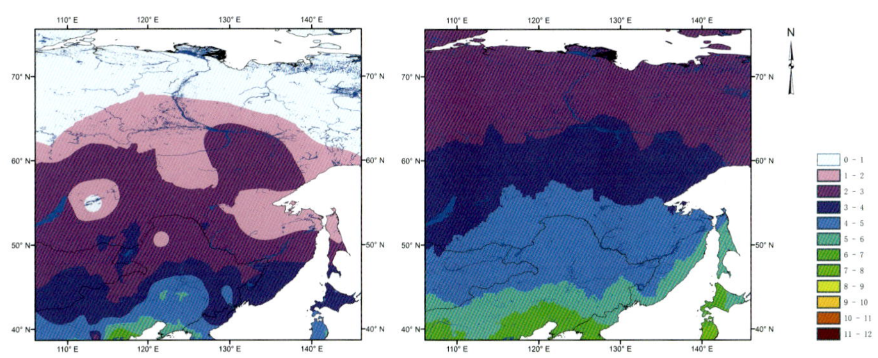

图二　本文所涉及东北亚地区的生长季节（单位：月）
（左为末次盛冰期气候条件；右为当代气候条件）

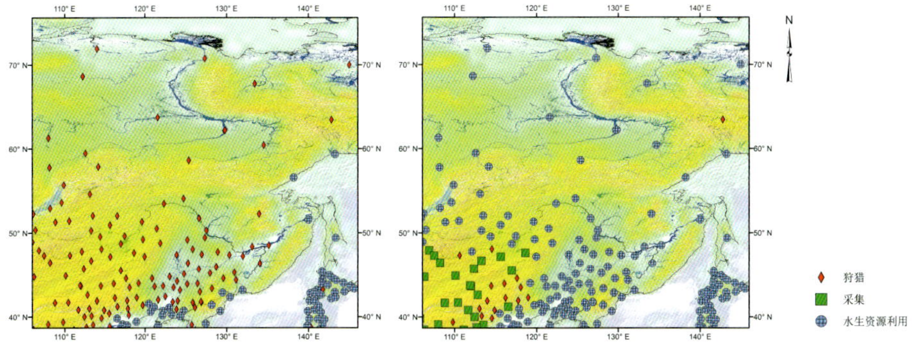

图三　本文所涉及东北亚地区在间冰期气候条件中狩猎采集者投影下的生计侧重（SUBSPE，左）和一倍拥挤条件下投影所得生计侧重（D1PSUBSPE，右）

集者的文化生态学提供了新途径。笔者曾用这种方法模拟了当今和末次盛冰期环境下东北亚狩猎采集者的生活方式，将二者对比，来构建晚更新世至早全新世细石叶社会的差异与变迁[1]。本文尝试利用这条路径思考东北亚玉器起源的文化生态学背景，由于篇幅所限，笔者不会在方法论上做过多扩展。简而言之，将狩猎采集者的宏观生态学方法、古环境变化和人工制品的技术组织结合起来，可以展示出与玉器起源相关的背景条件。

西伯利亚和欧洲北部类似，长期存在与农业起源并行的觅食社会，呈现出丰裕的狩猎采集形态。库兹明（Я.В. Кузьмин）和奥尔洛娃（Л. А. Орлова）把距今1.2万年到6000年的西伯利亚称为旧石器时代末段或中石器时代[2]。由于泛贝加尔—黑龙江流域显示出定居和水生资源的利用，本文将采用“中石器时代”的称呼。此地区旧石器时代晚期晚段和中石器时代的过渡表现如下 :（1）从使用细石叶技术生产装备细石叶的武器（尤其是久克台文化[Дюктайская культура，Dyuktai culture]中用涌别技法生产从楔形石核上产生的细石叶）转向使用压制石叶技术生产用石叶加工而成的武器和工具（尤其是苏姆纳金文化[сумнагинская культура，Sumnagin culture]中棱柱状石核压制石片技术）;（2）中石器时代出现了早期陶器 ;（3）高度流动的生活方式转向定居或半定居 ;（4）从狩猎主导的生计转向包含狩猎和水生资源开发的混合经济。

本文重点考察4个变量，分别为有效温度（ET）、生长季节（GROWC）、投影下的生计侧重（SUBSPE）和一倍拥挤条件下投影所得生计侧重（D1PSUBSPE），并把前两个变量放到末次盛冰期和当今气候条件下来模拟末次冰期到间冰期的环境变化及其对狩猎采集者行为的影响。这四个变量如图一~图三所示。图一显示出11.53℃（亚极地瓶颈）和12.75℃（陆生植物利用阈值）在间冰期均北移，表明气温升高必将对狩猎采集者产生相应的影响。图二显示此地区生长季节的延长，极短的生长季节区域缩小，标志着初级生产力和次级生产力的恢复。有效温度的增加和生长季节的延长势必会改变猛犸草原的植被状况，为狩猎采集者提供更多的食物资源。图三展示的是如果人口密度增加直至出现拥挤（packed）状况，生活在间冰期的狩

[1] Zhang, M. Late Pleistocene and Early Holocene microblade-based industries in northeastern Asia: a macroecological approach to foraging societies [M]. Oxford: British Archaeological Reports, 2021.

[2] Kuzmin, Y. V., Orlova, L.A. Radiocarbon chronology of the Siberian Paleolithic[J]. Journal of World Prehistory, 1998, 12(1):1–53.

猎采集者的生计策略会产生怎样的变化。宾福德用狩猎、采集和水生资源利用三种生计侧重来表示。此图暗示着在出现拥挤的情况下，以狩猎为生计侧重的地区会发生转变——高纬转向以水生资源利用为主，而中低纬则转向以植物资源利用为主的趋势。小南山所在的地区会转向水生资源利用为主，此处既是东北亚最早出现陶器的区域，也是细石叶演化成石叶的区域。

现有的证据表明，尽管此地区史前的觅食者维持了包含狩猎和渔猎以及少量的采集的混合经济，有效温度的增加和生长季节的延长表明苔原的缩小和湿地的增大。气候改善和植被恢复为能够高效率利用水生资源的狩猎采集者提供了崭新的生态位，这导致人类通过填充生态位的方式移居到先前人口稀少的地区，而资源丰裕的地区人口密度增加。同时，封闭景观和大型动物的绝灭也可能推动了技术变化，从细石叶技术转变为可以加工成小型尖状器和刀具的石叶技术，形成了适应当地环境的技术辐射。优质石料资源的分布也有助于形成更广泛的社会网络，促进信息和人员的交流，可以在对黑曜石的溯源研究中找到证据支持。[1]在早全新世，更为定居的生活方式的兴起既代表了以细石叶为代表的石器生产来抵御风险的策略的萎缩，也代表了向更为定居的生活方式的转变。陶器的发明既可以认为是流动性下降的结果，也可以认为是水生资源利用增加的结果。不过，这些观点至今还只是需要后续研究去检验的假说，包括石器技术组织（细石叶和棱柱石核技术生产的石叶）、石叶工具的技术（狩猎、渔猎和/或食物处理）、陶器的使用（炊煮、储存和/或食物处理）等专题研究。玉器成系统的利用正是在这一系列气候和文化变迁过程中出现的，虽然目前还未能建立确切的和细致的因果联系，但似乎可以窥测其中的相关性。

四、玉器起源过程初探

玉器起源是个长期的历史过程，探索这个过程至少需要满足以下条件 ;（1）在广阔、深远的时空范围内发现大量且具代表性的玉器 ;（2）玉器的出土条件需要十分明确，才能开展扎实的年代学研究 ;（3）玉器加工技术的特征点需要十分清晰，

[1] Kuzmin, Y. V. Obsidian as a commodity to investigate human migrations in the Upper Paleolithic, Neolithic, and Paleometal of Northeast Asia [J]. Quaternary International, 2017, 442: 5–11.
刘爽. 中国东北地区旧石器时代晚期遗址黑曜岩制品原料来源探索——兼论检测联用技术在文物产源研究中的应用 [M]，科学出版社，2019 年.

能够追踪技术的演化途径。除此之外，如果从文化过程而非历史事件的角度来探索玉器起源的过程，还需要至少搞清楚 :（1）玉器加工的技术组织和操作链 ;（2）玉器的使用方式及废弃过程 ;（3）玉器在所在文化系统的社会技术与意识技术子系统中所发挥的作用。虽然目前的材料还相对零星，尤其是早期的材料相当稀缺，但可以粗略地把史前玉器起源的过程划分为以下三步。

第一步 : 旧石器时代晚期的孕育过程。在世界范围内不同地区的狩猎采集者用某些材质和色彩的原料加工装饰品和艺术品，作为“行为现代性”的标志，既拓宽了社交网络，又可能具有了个体标识的功能，暗示着个体性和身份的出现。制作玉器所用的石料和象牙等原料都是狩猎采集者知识库中的一部分，但哪种材料进入他们的表达领域则是一个选择过程。

第二步 : 中石器时代的诞生过程。中石器时代对生态位的充分利用，尤其是水生资源充足的地区的开发为狩猎采集者的生计转型和文化变迁提供了机遇。包括细石叶技术在内的细石器技术将石器的精致化推向了顶峰，随着森林的恢复，开阔地的萎缩，资源开发多样化和强化的增强，狩猎采集者的流动性降低，甚至采纳了定居的生活方式，导致磨制石器更为耐用的优势超过了加工成本的劣势，也为玉器的加工提供了必要的技术条件。玉器的广泛采纳可能与丰裕的狩猎采集者等级建构的过程有所关联。这个时期也出现了玉器技术的扩散，陆上玉路和海上玉路开始形成。

第三步 : 新石器时代的转化过程。新石器时代不仅见证了食物生产、磨制石器、陶器等技术的提升，也见证了社会复杂性与不平等（在农业社会中）的出现。借助制陶技术和磨制石器所应用的技术，如轮轴技术、切割技术，玉器加工的体量和精致程度得到迅速提升，也由最早的装饰品为主的玉器组合向仪式用玉发展，最终成为国家层级社会中意识形态子系统和权力建构的重要组成部分。这时期不仅有复杂的玉器制作和流通网络，而且还出现了对玉矿资源的控制和垄断。

五、结语

不同于玉器研究的风格和技术类型学框架，本文采纳了宏观生态学的视角重点探讨玉器起源的背景条件，即旧石器时代的装饰品和狩猎采集者的生活方式。笔者认为，晚更新世—早全新世的环境变迁为中石器适应方式的形成创造了条件，石器技术的发展为定居的狩猎采集者加工玉器并将之作为装饰品甚至个体标识的象征物提供了现实支持。最后，本文把中国玉器的起源过程分为三步：旧石器时代晚期的孕育过程、中石器时代的诞生过程和新石器时代的转化过程。

本文的作者并非研究玉器的专业人员，所采纳的视角与玉器研究相差甚远，目前所做的推理侧重于技术起源的背景条件和可能的因果关系。这些观点过于宏大，内部有大量缺环需要进行填充，如：欧洲旧石器时代是否有采纳玉器的过程？西伯利亚地区目前发现的最早装饰品有哪些，能鉴定成玉器的物品年代几何，这些装饰品在所在文化系统中起了哪些作用？小南山的玉器很成熟，是否有更早期的遗址帮助我们追溯玉器技术的源头，这些器物经历了哪些文化过程？小南山的玉器和红山玉器有哪些关联，发生了哪些人与物、人与人、物与物之间的纠缠？如此等等。本文希望抛砖引玉，如有失当，还请方家指正。

附记：感谢复旦大学文博系同事王荣博士的邀请，参加第三届古代玉器青年学术论坛（兰州 · 2020），与吉林大学考古学院同事权乾坤博士、黑龙江省文物考古研究所李有骞博士的交流受益良多；本研究得到上海市哲学社会科学规划课题（批准号：2020BLS002）的支持。

新石器时代东北亚大陆与岛屿带玉文化研究

Neolithic Age Northeast Asian Continent and Island Belt Jade Culture Research

石荣传（湖南大学岳麓书院）

摘要：小南山—兴隆洼—绳纹前期初，东北亚大陆与岛屿带玉器皆以玦、匕形器及弯条形饰为代表，共性明显，说明地域间可能存在直接的交流。红山—绳纹中期中叶，大陆区红山文化形成以巫礼核心的礼玉体系。日本列岛在第一期玉玦基础上，发展为造型多样的玦饰文化。小河沿—绳纹后期，大陆区玉文化明显回落，传承本地，汇聚周边，向青铜时代玉器面貌过渡。对马海峡两侧的日本列岛与朝鲜半岛南端则形成以珠、曲玉为主的硬玉文化。新石器时代东北亚大陆与岛屿的玉器文化海洋互动主要发生小南山—兴隆洼—绳纹前期初叶，根据相关学科的研究成果及出土材料，陆海玉器的文化互动可能存在三个方向六条支线：向北以黑龙江、鞑靼海峡为通道到达北海道或本州岛北部；或向更北的陆路进发。向南以日本海西岸为通道，通过海冰或洋流到达本州西海岸；或沿图们江、鸭绿江到达朝鲜半岛或黄海北岸。西部大陆内部的互动应是以黑龙江、嫩江；或沿牡丹江、第二松花江，分别与辽河流域及渤海西岸，燕山以南太行山前麓的河北平原发生互动。

关键词：新石器时代　东北亚　玉器　文化互动

ABSTRACT: Neolithic jades in Northeast Asia were mainly unearthed on the mainland and the west coast of the Japanese archipelago. At Xiaonanshan–Xinglongwa–earlier stage of Jomon Period, the jade culture of the mainland and the island belt were represented by penannular jade ring, dagger shaped and curved jade, which has obvious commonalities, indicating that there was direct communication between regions. At Hongshan–Mid Jomon Period, Hongshan culture in Chinese mainland formed a ritual jade system with the ritual god as the core. The Japanese archipelago was based on the first Jade culture, which has developed into a culture of penannular jade ring ornaments with various shapes. At Xiaoheyan–later stage of Jomon Period, the jade culture in the mainland area has obviously declined, passed on the local area, gathered from the surrounding areas, transitioned to the jade culture of the Bronze Age. The Japanese archipelago and the southern tip of the Korean Peninsula formed a jadeite cultural circle dominated by pearls and Qu jades. Therefore, the marine interaction of the Northeast Asian jade culture in the Neolithic Age mainly occurred in Xiaonanshan–Xinglongwa–earlier stage of Jomon Period. According to the research results, there may be three directions and six branches: northward, having taken Heilongjiang and Tatar Strait as the channel to Hokkaido or the north of Honshu Island; Or further north by land. To the south, it took the west coast of the Sea of Japan as the channel to reach the west coast of Honshu through sea ice or ocean current; Or along the Tumen River and Yalu River to the Korean Peninsula or the Yellow Sea via the north bank. To the west along Heilongjiang and Nenjiang; Or along the Mudanjiang River and the Second Songhua River to reach the Liaohe River basin, and then along the Hebei Corridor on the west coast of the Bohai Sea to the south of Yanshan.

KEYWORDS: Neolithic Age; Northeast Asia; Jade; Cultural Interaction

前言

东北亚地处亚洲东北部，西接欧亚大陆，包括东北亚大陆、辽东半岛、朝鲜半岛及太平洋西北萨哈林岛、日本列岛等。这一由大陆、半岛及岛屿围绕日本海组成相对封闭的自然地理单元，处于欧亚大陆文明向海洋文明的过渡地带，自旧石器时代始，文化面貌多有相似：日本、朝鲜地区发现的“之”字纹陶器可追溯至中国辽西地区兴隆洼文化的施压印、刻划纹的陶质筒形罐[1]。

不仅如此，距今约9000~7000年间，中国东北地区的辽西区、三江平原及俄罗斯滨海地区、日本列岛等地皆存在玦、匕形器、弯条形器、璧等玉器。玉器作为东亚文明起源的重要标志之一，东北亚与岛屿早期玉器的相似绝非简单的物品流通，应为文化深层的直接碰撞，即人群的迁徙。东亚大陆与岛屿带以日本海相隔，即使是大陆内部，小南山文化与兴隆洼文化亦是山水相隔，陆海及陆陆互动间究竟是通过怎样的路线进行文化沟通？然而从这之后大陆与岛屿带的玉器面貌看，共性微弱，差异明显：以中国东北红山文化为代表的大陆玉文化进入高度发达的“通神”礼玉文明，而以日本列岛为主的岛屿带玉文化则延续早期传统，自列岛北部至南部都进入了以玦饰为主体的佩玉文化，这表明陆、海（岛屿）走向了不同的用玉轨道，两区域间几乎不见玉器文化的互动迹象。

目前学界对东北亚玉器起源、琢制工艺及区域玉器等课题的研究较多，以玉器文化的互动视角对陆海区域间传播路线的专题探讨较少。为更多了解玉器在东亚文明起源中的作用，在前人研究的基础上，本文基于出土材料，尝试建立东北亚玉器的区系编年框架。通过比较，从区域玉器文化的异同观察其背后的涌动，辅以相关学科的研究成果，推测可能存在的传播路线，以期对东亚玉器起源，甚或东亚文明起源等课题的综合研究有所助益。当然，囿于笔者收集资料及认识的局限，故不当之处，请专家学者批评指正。

[1] 郭大顺，张星德. 东北文化与幽燕文明[M]. 南京：江苏教育出版社，2005.

一、区系编年

本文“东北亚地区”主要包括出土新石器时代玉器较为集中的东北亚大陆及岛屿带：前者主要包括中国东北大陆、俄罗斯远东沿海地区；后者主要指面向日本海的库页岛（O.Sakhalin）、日本列岛及朝鲜半岛等。

（一）东北亚大陆

根据已发表的考古资料，东北亚大陆新石器时代玉器主要集中于中国东北地区，相当于现在行政区划的东北三省与内蒙古东部，还有一些向东至俄罗斯远东沿海一带。从遗址分布看（图一），主要集中于以下五个区域：西辽河支流老哈河、西拉沐沦河、大凌河；松嫩平原北部，即嫩江中下游与松花江以北；第二松花江流域；西辽河支流新开河与嫩江支流洮南河间的平原与沙地；张广才岭、牡丹江以东至日本海西岸及乌苏里江流域；辽东半岛近渤海与黄海沿海等区域[1]。

参照东北亚大陆新石器时代考古学文化区系及玉器研究[2]，结合玉器分布及文化面貌，将东北亚大陆史前玉器分区如下：辽西区、科尔沁沙地、松嫩区、吉长地区（第二松花江流域）、三江平原至俄罗斯滨海区。

1. 辽西区

该区域是东亚玉器时代较早的地区之一，亦是东北亚新石器时代玉文化发展程度最高、最为成熟的地区，也是对外交流与影响最强的区域。从图一看，距今约8000~7000年左右，玉器主要集中于西辽河流域的老哈河与西拉沐沦河周围地区。而距今约7000~5000年，玉器由西辽河流域扩展至嫩江南部与第二松花江西部平原地带。距今约5000年后，辽西地区玉器减少，仅见于老哈河支流。可见，辽西地区的玉器遗址按早晚期分布极有规律，且玉器的种类早晚之间存在明显差异。参照考古学研究成果，本文将辽西区玉器文化发展划分为三个时段：

[1] 笔者注：由于辽东半岛玉器面貌与山东半岛面貌相似，故辽东半岛玉器纳入环黄、渤海地区另撰文。

[2] 孙守道.中国史前东北玉文化试论[C]//邓聪.东亚玉器（Ⅰ）.香港：中国考古艺术研究中心，1998；刘国祥.黑龙江史前玉器研究[J].中国历史博物馆馆刊，2000(1):72–86；孙长庆等.黑龙江新石器时代玉器研究——兼论黑龙江古代文明的起源[C]//苏秉琦.考古学文化论集(4).北京：文物出版社，1997；杨晶.东北地区史前玉器的编年及相关问题[C]//中国考古学会.中国考古学会第十二次年会论文集.北京：文物出版社，2009；赵宾福.嫩江流域三种新石器文化辨析[J].边疆考古研究，2007(2):107–118；冯恩学.俄罗斯远东博伊斯曼文化与倭肯哈达、亚布力遗址的联系[J].北方文物，2003(2):18–21；朱永刚，陈醉.近年科尔沁沙地新石器时代考古发现与研究的新进展[J].内蒙古社会科学2016(1):76–82.

第一段，查海—兴隆洼文化时期，约距今8200~6500年[1]。

玉器主要见于西辽河上游西拉沐沦河、医巫闾山西部教来河与大凌河支流相间处，即现在的内蒙古南部地区及辽宁西部。代表遗址有阜新查海[2]、敖汉旗兴隆洼[3]、兴隆沟[4]、林西白音长汗[5]、巴林右旗锡本包楞[6]、塔布敖包[7]、巴林右旗洪格力图墓葬[8]等。另外，敖汉旗大甸子乡旺沟遗址出有匕形器，王家营子水泉采集有玉玦[9]。

从出土单位看，玉器主要出于墓葬。种类（表一）有玦、匕形器、弯条形器、管、小环、蝉及斧、锛、凿等。从数量看，玦最多，匕次之，除白音长汗外，各遗址均见有玦、匕形器，弯条形器不多，仅见于兴隆洼与兴隆沟遗址。但玦、匕形器及弯条形器在同一墓葬中的共出情况不多。另外，除查海遗址外，其他遗址均见有石质或蚌质人面像。使用方法上，玦多成对使用，出于头两侧，耳饰应为主要功能。但洪格力图所见有由大至小的成组玉玦，说明存在其他功能。造型上，玦有环状玦与管状玦两型，环状玦占多数。匕形器造型较为统一，仅尺寸长短略有差异。弯条形器主要见于兴隆洼与兴隆沟两遗址中，整器呈弧形，细柱体，一端有孔，另一端尖部不甚规则。截至目前，红山文化早期玉器出土材料极少，仅在内蒙古翁牛特旗小善德沟遗址[10]房址居住面见有小玉玦6件，据报告判断文化性质为赵宝沟文化。从玦的造型看，当属第一段。

---

[1] 杜战伟，韩斐．论兴隆洼文化的分期与年代[J]．考古，2019(3):68–80.

[2] 辽宁省文物考古研究所等．查海—新石器时代聚落遗址发掘报告[M]．北京：文物出版社，2012.

[3] 中国社会科学院考古研究所内蒙古工作队．内蒙古敖汉旗兴隆洼遗址发掘简报[J]．考古，1985(10):865– 874；中国社会科学院考古研究所，内蒙古工作队．内蒙古敖汉旗兴隆洼聚落遗址1992年发掘简报[J]．考古，1997(1):1–26；中国社会科学院考古研究所内蒙古第一工作队．内蒙古赤峰市兴隆沟聚落遗址2002–2003年的发掘[J]．考古，2004(4):3–8.

[4] 刘国祥．兴隆沟聚落遗址：8000年前精美玉器、5000年前裸女陶塑[J]．文物天地，2000(1):2；刘国祥，贾笑冰，赵明辉．兴隆沟聚落2002[J]．文物天地，2003(1):36–39.

[5] 内蒙古自治区文物考古研究所．白音长汗—新石器时代遗址发掘报告（上）[M]．北京：科学出版社，2004.

[6] 巴林右旗博物馆．内蒙古巴林右旗锡本包楞出土玉器[J]．考古，1996(2):88.

[7] 中山大学人类学系等．内蒙古巴林右旗塔布敖包新石器时代遗址2009年发掘简报[J]．考古，2011(5):3–15.

[8] 苏布德．洪格力图红山文化墓葬[J]．内蒙古文物考古，2000(2):17–20.

[9] 中国社会科学院考古研究所，香港中文大学中国考古艺术研究中心．玉器起源探索[M]．香港：香港中文大学，2007.

[10] 刘晋祥．翁牛特旗小善德沟新石器时代遗址[C]// 中国考古学会．中国考古学年鉴1989.北京：文物出版社，1980.

表一 查海-兴隆洼文化各遗址出土玉器及相关饰品情况表

遗址 器物	查海	兴隆洼	兴隆沟	白音长汗	洪格力图	锡本包楞
玉玦	7	12	5	2	8	1
玉匕形器	13	4	3		1	2
玉弯条形器		2	1			
玉璧（环）						
玉斧、凿、锛	2	6	3		1	
坠饰及珠管	管4			蝉、管	1	
人面（雕）像		石、蚌质	石、蚌质	人面、石雕	陶质	

第二段：红山文化中后期，距今约6000~5000年。

红山文化中期，辽西地区玉器出土数量和地点增多，主要集中于西辽河下游的老哈河、西拉沐沦河流域及大凌河上游（图一），代表遗址有辽宁建平牛河梁[1]、阜新胡头沟[2]、凌原三官甸子城子山[3]、喀左东山嘴[4]、朝阳半拉山[5]、内蒙古巴林右旗那斯台[6]、友好村[7]、克什克腾南台子[8]等。另外，西拉沐沦河流域的内蒙古克什克腾石板山、巴林左旗葛家营子、尖山子[9]，巴林右旗羊场、查日斯台[10]、苏达勒[11]，翁牛特旗三星他拉[12]、海金山、黄谷屯、五分地南窝铺[13]，敖汉旗大洼[14]，林西县南沙窝子、宁城县打虎石水库及西辽河流域的辽宁阜新福兴地，燕山麓的河北围场[15]等遗址亦有少量玉器出土。

[1] 辽宁省文物考古研究所.牛河梁—红山文化遗址发掘报告1983–2003年度[M].北京：文物出版社，2012.
[2] 方殿春等.辽宁阜新县胡头沟红山文化玉器墓的发现[J].文物，1984(6):1–5.
[3] 李恭笃.辽宁凌源县三官甸子城子山遗址试掘报告[J].考古，1986(6):497–510.
[4] 郭大顺等.辽宁省喀左县东山嘴红山文化建筑群址发掘简报[J].文物，1984(11):1–11.
[5] 辽宁省文物考古研究所等.辽宁朝阳市半拉山红山文化墓地的发掘[J].考古，2017(2):3–34.
[6] 巴林右旗博物馆.内蒙古巴林右旗那斯台遗址调查[J].考古，1987(6):507–518.
[7] 内蒙古文物考古研究所.巴林左旗友好村新石器时代墓地发掘[J].草原文物，2014(1):28–31.
[8] 内蒙古文物考古研究所.克什克腾旗南台子遗址发掘简报[C]//内蒙古文物考古研究所.内蒙古文物考古文集(第一辑).北京：中国大百科全书出版社，1994:87–95.
[9] 王未想.巴林左旗出土的红山文化玉器[J].辽海文物学刊，1994(1):14–15.
[10] 巴林右旗博物馆.内蒙古巴林右旗查日斯台嘎查遗址的调查[J].考古，2002(8):91–96.
[11] 乌兰.巴林右旗出土的红山诸文化玉器种类与纹饰[C]//杨伯达.中国玉文化玉学论丛(三).北京：紫禁城出版社，2005:320–338.
[12] 孙守道.三星他拉红山文化玉龙考[J].文物，1984(6):7–10.
[13] 辽宁省博物馆文物工作队.内蒙古翁牛特旗两处新石器时代遗址[J].内蒙古文物考古，1984(1):13– 21
[14] 邵国田.概述敖汉旗的红山文化遗址分布[C]//赤峰市北方国际研究中心.中国北方古代文化国际学术研讨会论文集.北京：中国文史出版社，1995.
[15] 翁牛特旗文化.内蒙古翁牛特旗三星他拉村发现玉龙[J].文物，1984(06):6；孙守道.三星他拉红山文化玉龙考[J].文物，1984(6):7–10；孙守道，郭大顺.论辽河流域的原始文明与龙的起源[J].文物，1984(6):11–17.

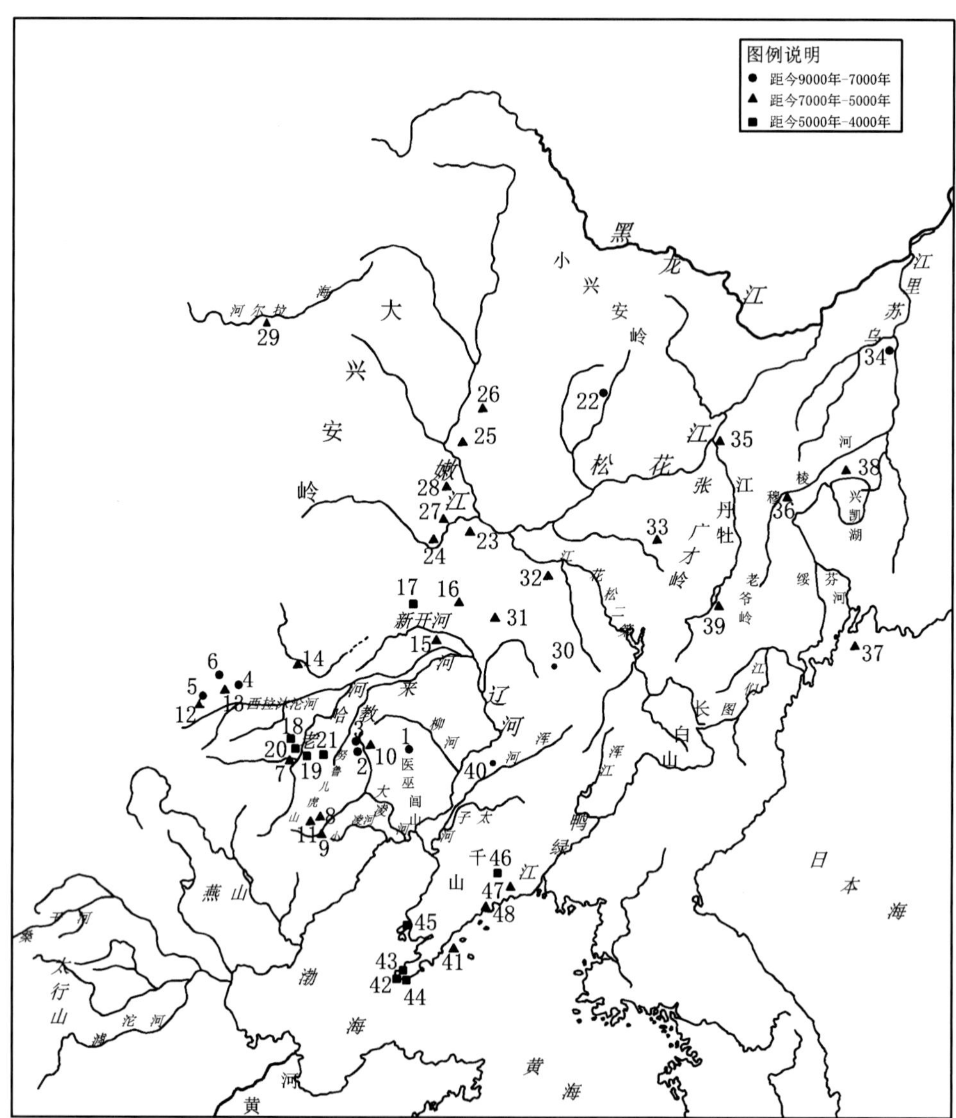

图一 新石器时代东北亚大陆出土玉器主要遗址分布示意图

（1.查海 2.兴隆沟 3.兴隆洼 4.白音长汗 5.锡本包楞 6.洪格力图 7.红山后 8.牛河梁 9.东山嘴 10.胡头沟 11.半拉山 12.南台子 13.那斯台 14.友好村 15.哈民忙哈 16.张俭坨子 17.南宝力皋 18.大南沟 19.小河沿 20.哈啦海沟 21.石羊石虎山 22.庆安莲花泡 23.后套木嘎 24.洮南双塔 25.杜尔伯特李家岗 26.依安乌裕尔大桥 27.镇赉聚宝山 28.泰来东翁山根 29.海拉尔团结新村 30.东丰西断梁 31.长岭腰井子 32.农安左家山 33.尚志亚布力 34.小南山 35.依兰倭肯哈达 36.鸡西刀背山 37.博伊斯曼 38.新开流 39.莺歌岭 40.新乐 41.小朱山 42.郭家村 43.四平山 44.老铁山 45.三堂 46.北沟 47.后洼 48.北吴屯）

综合各代表遗址的玉器情况（表二），红山文化时期，辽西区玉文化基本可以分为二区：大凌河支流及西拉沐沦河流域。

表二　红山文化代表遗址出土玉器情况表

器物 遗址	环	玦	筒形器	勾云形器	璧	联璧	猪龙	人	三孔器	蚕	鸮	纺瓜	鳖	坠饰
胡头沟	1			1	1	1					2		2	
东山嘴							1				1			
三官甸子	1				1				1		1			
半拉山	√		1		26	√	√							
牛河梁	50	1	21	9	12	4	5	1	1				1	
友好村	√													
南台子		2												
那斯台										4	3	2		63

大凌河支流的玉器根据遗址等级区别较大：胡头沟、东山嘴、三官甸子遗址规模较小，牛河梁遗址规模较大，玉器种类也最齐全，代表器物为环（镯）、璧、斜口筒形器、勾云形器、玉猪龙、人、三孔器等。而稍晚的半拉山以环、璧为主，少见筒形器、猪龙，未见有勾云形器、人等。

以那斯台为代表的西拉沐沦河流域器形有勾云形器、联璧、龙、蚕、鸮，少见环璧类，而纺瓜、坠饰不见于上述两区。该区域勾云形器、猪龙、鸮与老哈河流域红山晚期相类。玉蚕与兴隆洼白音长汗遗址出土者相似，为该地兴隆洼玉文化遗韵。从该区域遗址时代看，均属于红山文化玉器早段。

从玉器情况看，以牛河梁为核心的老哈河地区是红山文化权力的核心区域；大凌河与西拉沐沦河流域应是二级区域中心。

第三段：小河沿文化阶段，距今约5000~4000年。

小河沿文化时期，无论是玉器数量还是种类都骤然减退。目前来看，出有玉器的代表遗址有赤峰市大南沟遗址[1]、哈啦海沟遗址[2]、石羊石虎山遗址[3]等，集中于老哈河流域。

[1]　辽宁省文物考古研究所，赤峰市博物馆．大南沟[M]．北京：科学出版社，1998.

[2]　内蒙古文物考古研究所．内蒙古赤峰市哈啦海沟新石器时代墓地发掘简报[J]．考古，2010(2):19–35.

[3]　内蒙古自治区昭乌达盟文物工作站．内蒙古昭乌达盟石羊石虎山新石器时代墓葬[J]．考古，1963(10): 523–524.

由表三可知，小河沿文化时期辽西地区玉器数量极少，种类较为单一，以装饰用品为主，以环、镯、璧为主，其中环以臂环为最多见，多数件组合共同佩戴。质地上以石器为主，玉质极少，除哈啦海沟外，其他遗址均以石质为主。除石质外，上述器形还多见于骨、蚌质，其中骨质尺寸大小与石质相类，但蚌质较小，应多为佩件。另外骨质中以珠较多，此时可能是串珠佩戴。另外，大南沟骨质饰品中有不同的束发器造型出现。

由之，小河沿文化时期，辽西地区的玉石器造型，除璧、环外，红山文化玉器的代表性器形基本不见。不但如此，就连燕山以南地区的小河沿文化遗址也极少见到，目前仅在桑干河岸的姜家梁墓地[1]M75见有一件玉猪龙(图十四25)。另外，小河沿文化各遗址的璧、环造型也仅见内外皆圆的造型，红山文化流行璧形器或联璧皆不见。

表三　小河沿文化时期各遗址出土玉石器情况表

种类 遗址	石质						骨(蚌)质							玉(玛瑙)质		
	璧	环	镯	璜	管珠	坠	环	牌饰	发卡	坠	簪	珠	扣	璧	环	球
大南沟	3	31	11	2	6	1	19	11	3	9						5
哈啦海沟						2					6			4	15	
石羊石虎山		11			6		2									
上店		21					17					544	13		1	

2. 科尔沁沙地区

科尔沁沙地地处西辽河支流新开河、嫩江支流霍林河、洮儿河下游等流域及其间的沼泽地带。该区域特殊的地理位置造成新石器时代文化的复杂，根据目前学界的研究[2]，有学者认为大约有九类遗存：长坨子类型、昂昂溪文化、左家山二期文化、新乐下层文化、红山文化早期、哈民文化、南宝力皋吐类型，可见周邻辽西地区、松嫩平原、下辽河地区等文化先后渗透至该区域。

[1] 河北省文物考古研究所.河北阳原县姜家梁新石器时代遗址的发掘[J].考古.2001(2):13–27.
[2] 朱永刚，陈醉.近年科尔沁沙地新石器时代考古发现与研究的新进展[J].内蒙古社会科学，2016(1):76–82.

科尔沁地区玉器主要见于哈民[1]、后套木嘎[2]、洮南双塔[3]、南宝力皋吐[4]等遗址。洮儿河流域的后套木嘎三期见有玉器，而以哈民忙哈、南宝力皋吐玉器最多。正如前所述，洮儿河流域、嫩江中下游及西辽河流域文化交错的复杂，造成该地区文化发展序列不明。

综合出土玉器的情况（表四），按时间将该地区玉器文化分三个阶段：

表四　科尔沁地区各遗址出土玉器情况表

种类 遗址	璧环	联璧	勾云形佩	匕形器	璜	璇玑玉饰	斧	钺	锛	片形坠饰	管	石骨朵
哈民忙哈*	√	√	√		√		√	√	√	√		
双塔二期	1	1	1							2		
木嘎三期				2						2		
木嘎四期	1	1								2		
张俭坨子		1										
大岗					3							
双岗镇				1								
洮南镇	1						3					
南宝力皋吐	9				6	1				288	9	1

第一段：后套木嘎第三期，距今6500~5600年。

玉器以后套木嘎三期为代表，数量较少，种类以坠饰为主。从匕形坠饰的造型看应受辽西地区兴隆洼文化影响较大。另外，通榆双岗亦见有匕形饰。

第二段：哈民文化时期，距今5500~5000年。

玉器见于新开河附近的哈民遗址，器形以璧、联璧、璜形坠饰、匕形器、斧等。其中以璧与坠饰数量最多。

从哈民文化玉器看，方近圆形，内外缘皆较薄的璧及联璧的造型都与辽西区大

[1] 内蒙古文物考古研究所等.内蒙古科左中旗哈民忙哈新石器时代遗址2010年发掘简报[J].考古，2012(3):3–19；内蒙古科左中旗哈民忙哈新石器时代遗址2011年发掘简报[J].考古，2012(7):14–30.内蒙古科左中旗哈民忙哈新石器时代遗址2012年的发掘[J].考古，2015(10):25–45.

[2] 吉林大学边疆考古研究中心等.吉林大安市后套木嘎遗址AⅣ区发掘简报[J].考古，2017(11):3–30.

[3] 吉林大学边疆考古研究中心等.吉林白城双塔遗址新石器时代遗存[J].考古学报，2013(4):501–533.

[4] 内蒙古文物考古研究所.2006年扎鲁特旗南宝力皋吐墓地的发掘[J].内蒙古文物考古，2007(1):15–20；内蒙古扎鲁特旗南宝力皋吐新石器时代墓地[J]考古，2008(7):20–31；内蒙古自治区文物考古研究所等.科尔沁文明-南宝力皋吐墓地[M].北京：文物出版社，2010；内蒙古扎鲁特旗南宝力皋吐新石器时代墓地C地点发掘简报[J].考古，2011(11):24–37；内蒙古扎鲁特旗南宝力皋吐遗址D地点发掘简报[J].考古，2017(12):21–38.

凌河流域的红山文化晚期玉器较为相似；数量不多的勾云形器均为残件再次利用，不排除其为大凌河流域红山玉器舶来品的可能。通榆双岗匕形器与辽西区兴隆洼及兴隆沟出土者十分相似，应是由辽西影响而至。但形状各异的单孔坠饰极少见于辽西区，应为哈民文化独有造型。

第三段：南宝力皋吐文化时期，距今4500~4000年。

相比于哈民文化，新石器时代末期，科尔沁地区的文化目前仅见于南宝力皋吐遗址。如前所述，该遗址的内涵受周邻文化影响，尤其是辽西地区老哈河流域的小河沿文化。玉器方面亦是如此：

南宝力皋吐文化玉器主要见有璧（环）、璜、片形玉坠、玉管、璇玑形饰为主，除玉质外，绿松石片形坠饰、管等数量亦较多。造型上，璧环类、璜等与哈民文化时期玉器有所差异，但与辽西区小河沿文化石质同类器造型相似。尤其是绿松石质片形坠饰与小河沿文化十分相似。

由之可推知，地处西辽河、嫩江与第二松花江流域中间地带的科尔沁地区玉器的发展受周围地区，特别是辽西区大凌河与老哈河地域的影响较大。而文化内涵上具有本地域特色的哈民文化与南宝力皋吐类型，从玉器造型上看，二者之间并无直接的继承关系，而是多来自各时期周围地区的文化影响。因此，科尔沁地区在玉文化面貌上应该属于红山晚期与小河沿时期玉文化的辐射外圈。

3.呼伦贝尔区

呼伦贝尔地区位于内蒙古东北部，东邻大兴安岭，向西经蒙古高原可直达俄罗斯贝加尔湖一带。行政区划内的兴安盟与海拉尔东部属于嫩江水系，海拉尔西部属于额尔古纳河水系。目前所见新石器时代考古学文化以哈克文化为代表。

玉器主要见于海拉尔河流域，见著发表的有25件[1]，海拉尔区团结新村墓葬出有玉器7件，包括璧2件、锛1件、绿松石珠1件、斧2件、环1件，是该地区玉器最多的地点。陈巴尔虎旗东乌珠尔苏木墓葬出有玉璧及玉片各1件。其余皆为采集玉器，另外，据考证，故宫博物院收藏的11件璧环类器亦自海拉尔市。

根据墓葬及相关遗址的年代，哈克文化玉器主要存续于距今6000~4000年。

[1] 刘景芝，赵越.呼伦贝尔地区哈克文化玉器[C]//刘国祥，于明.名家论玉（三）.北京：科学出版社，2010；中国社会科学院考古研究所内蒙古工作队等.内蒙古海拉尔团结遗址的调查[J].考古，2001(5):3–17；王成.东乌珠尔细石器墓清理简报[J].辽海文物学刊，1988(1):4–10；徐琳.故宫博物院藏哈克文化玉石器研究[J].故宫博物院院刊，2012(1):67–80.

4. 松嫩区

松嫩平原是由松花江和嫩江冲积而成，其间河流纵横。嫩江与第二松花江在扶余汇合后，始称松花江；之后接受了发源于长白山脉牡丹岭的牡丹江。根据出土资料及区域文化研究成果[1]，张广才岭与牡丹江流域以东与以西玉器面貌稍有不同，故本文所论述的松嫩区为松花江以北，张广才岭以西，即狭义的松嫩平原，张广才岭附近以东划入三江平原与俄罗斯滨海地区。

由图一可以看出，玉器主要出于嫩江中下游地区，主要遗址有齐齐哈尔滕家岗[2]、杜尔伯特李家岗[3]、依安乌裕尔大桥、镇赉聚宝山[4]、泰来东翁山根[5]。松花江以北地区仅见呼兰河右岸的庆安莲花泡[6]。据学者统计，双城区同心村、大庆市卧里屯、肇源农场、杜尔伯特他哈拉镇六家子村毛都西屯、江湾乡九扇门、大山种羊厂、泰一县塔子城、长寿湖、胜合遗址A地点及松花江流域的五常县莲花村、汤原县汤原镇东江村、同江市街津口镇等遗址也出少量玉器。

从表五可知，松嫩区玉器种类较为单一，以璧、二联璧、形状各异的有孔佩饰、环为多见，亦见有斧、锛等工具。匕形器仅见松嫩平原腹地的庆安莲花泡。多数玉器为采集，地层关系缺失，故本文对松嫩区玉器的梳理以发掘材料为主，采集为辅。对采集单位的年代判断参考学界观点。根据学者对嫩江中下游的考古学文化序列研究[7]及出土玉情况，本文将松嫩区玉器发展整理如下：

第一段，相当于小拉哈一期甲组遗存阶段，距今约8000~7000年。

这一时期嫩江中下游多玉器极少，仅见松花江北部的庆安莲花泡，其以匕形器与坠饰为主，尤其是坠饰与南面的兴隆洼文化玉器、东部的小南山文化玉器都相差甚远。

[1] 刘国祥.黑龙江史前玉器研究[J].中国历史博物馆馆刊，2000(1):72–86；孙长庆等.黑龙江新石器时代玉器研究——兼论黑龙江古代文明的起源[C]//苏秉琦.考古学文化论集（4）.北京：文物出版社，1997.

[2] 马利民等.黑龙江省齐齐哈尔市滕家岗遗址三座新石器时代墓葬的清理[J].北方文物，2005(1):1–4.

[3] 杜尔伯特蒙古族自治县博物馆.黑龙江省杜尔伯特李家岗新石器时代墓葬清理简报[J].北方文物，1992(2):9–12.

[4] 吉林省博物馆.吉林省镇赉县聚宝山新石器时代遗址[J].考古，1998(6):39–41；赵宾福.吉林省出土的史前玉器及相关问题[C]//邓聪.东亚玉器.香港：中国考古艺术研究中心，1999.

[5] 魏笑雨.黑龙江省泰来县发现两座新石器时代墓葬[J].北方文物，2009(4):15；鞠桂玲.浅谈东翁根山石器时代遗址[J].黑龙江科技信息，2009(26):112；黑龙江文物考古研究所.黑龙江泰来县东明嘎新石器时代遗址发掘简报[J].考古，2019(8):21–45.

[6] 孙长庆等.黑龙江新石器时代玉器研究——兼论黑龙江古代文明的起源[C]//苏秉琦.考古学文化论集（4）.北京：文物出版社，1997.

[7] 赵宾福.嫩江流域三种新石器文化的辨析[C]//吉林大学边疆考古研究中心.边疆考古研究（第2辑）.北京：科学出版社，2003:46–53.

表五　松嫩区各遗址出土（采集）玉器情况表

器类 遗址	斧（铲）	锛	环	璧	联璧		匕形器	佩饰	珠管	骨朵
					二	三				
李家岗子				2				4		1
双城同心村	1									
大庆市卧里屯	1									
杜尔伯特毛都西屯					2					
杜尔伯特九扇门					2					
杜尔伯特大山种羊厂				3	1					
泰来县塔子城	1									
滕家岗子			2							
长寿湖								1		
胜合遗址A地点	1								2	
东翁根山1号			1	3	1		1			
李家岗子				2				4		
五常县莲花村				2						
汤原县汤原镇东江村		1								
同江市街津口镇								1		
庆安莲花泡				1			3	11	96	

第二段，后套木嘎三期文化。

以东明嘎遗址为代表，时代上早于科尔沁地区的哈民文化，即约5500年之前。嫩江中下游玉器集中于嫩江下游。代表性器形有璧、环、联璧、坠饰、石骨朵等。除李家岗有坠饰外，其他遗址装饰品较少，皆以璧、环为主。造型上，扁平薄刃璧、联璧等造型应来自红山文化。东明嘎、杜尔伯物李家岗、东翁根山所见的石骨朵（鼓形器）、坠饰、剖面近圆形的环则应是本地特征，尤其是石骨朵，应是流行辽西地区小河沿文化及南宝力皋吐文化的石骨朵的源头之一。

第三段，相当于科尔沁地区的哈民文化，下限应早于本区昂昂溪文化。

该阶段以镇赉与乌裕尔河大桥遗址为代表。这一阶段玉器装饰品数量不多，主要以环为主，除常见的扁平环外，镇赉多见有剖面近圆形的环，此类环最早见于三江平原的小南山文化遗址。该阶段较有特色的是玉石质工具，除石骨朵外，以斧、锛较有特色。从造型上看，这一阶段的玉器与之前玉器差别较大，装饰品中未见有坠饰，璧环类器亦有所不同，与大兴安岭以西的呼伦贝尔地区的哈克文化相近。工具类亦是如此，两端有刃的锛与哈克遗址的锛十分相似，如前所述，该造型更早见于吉长地区的左家山二期，应是由之传入。

5. 吉长区（第二松花江流域）

本文吉长区主要指第二松花江流域，即西辽河以东，第二松花江流域以西的区域。该区域处于下辽河、辽西、科尔沁、松嫩平原几大考古学文化区域间，故文化因素较为复杂。目前发现玉器的代表遗址有东丰西断梁[1]、长岭腰井子[2]、农安左家山[3]等。

与西部科尔沁与嫩江中下游相比，该地区出土玉器数量较少，器型较为单一，早期为小型工具，如雕刻器、钻、凿、镞等，装饰品仅见有少量璧、环、坠饰、管等。虽器形单一，但很多器物极有特色，如雕刻器、钻、凿等，不见于其他地区。再如左家山二期出土的石龙距今约6000年，与流行于红山文化晚期的玉猪龙十分相似，时代稍早，是否为辽西区玉猪龙的源头之一尚不得知。

根据左家山文化分期情况[4]，本文将吉长区玉器发展划分为两个阶段：

第一段，左家山第一期，距今约8000~7000年。

该段玉器主要见于左家山一期与东丰西断梁一期。前者见有玉雕刻器T11③：3，扁凿形，单面刃。后者亦仅见有玉凿、玉环T9③：8。

第二段，相当于左家山二期，距今约7000~6000年。

左家山二期玉器亦不多见，以工具为主。装饰品见有石龙（T4②：1）系用灰白霏细岩雕刻而成，与红山文化猪龙相类。腰井子遗址玉器以装饰品为主，其中鱼形、水滴形坠饰极有特色，璧亦为东北地区红山文化时期常见造型。

整体来看，吉长地区虽出土玉器不多，但其时代较早，东北地区早于此时的只有兴隆洼文化与小南山文化玉器，但器形上与吉长地区相差甚远。与之时代相近的沈阳新乐下层文化中玉器亦不多见，流行的煤晶质的耳饰亦未见于吉长地区。可见

[1] 吉林省文物考古研究所. 吉林东丰县西断梁山新石器时代遗址发掘[J]. 考古，1991(4):300–312.

[2] 吉林省文物考古研究所等. 吉林长岭县腰井子新石器时代遗址[J]. 考古，1992(8):673–688；郭珉. 吉林长岭县腰井子村发现鱼形玉佩[J]. 北方文物，1998(2):37.

[3] 吉林大学考古教研室. 农安左家山新石器时代遗址[J]. 考古学报，1989(1):187–212.

[4] 陈全家，赵宾福. 左家山新石器时代遗址的分期与相关文化遗存的年代序列[J]. 考古，1990(3):234–238.

左家山第一期，绝对年代距今约8000~7000年时，吉长地区与相邻地区的玉器文化几乎无有交流。至左家山第二期，约距今6000年之后，从猪龙与璧的造型看，与辽西地区的应有交流。

据研究，农安左家山一期文化与新乐下层及兴隆洼文化有一定联系；而二期文化陶器方面与辽东半岛小珠山下层、后洼等遗址有共性，如筒形罐等。而三期文化则与小珠山中层、吴家村遗址间有互动，可以看出吉长地区位于南部黄渤海沿岸与东北内陆交通的要冲。

6. 三江平原及俄罗斯远东南部滨海区

根据目前的区域文化研究[1]，松嫩平原东部的张广才岭、牡丹江东区域文化面貌在陶器上共性较多，与西辽河流域、松嫩平原西部区别较大，故本文将这一区域以东地区归于三江平原至日本海西岸地区。乌苏里江发源于锡霍特山和兴凯湖，主要支流为穆棱河，向北流至扶远进入黑龙江，与松花江、黑龙江共同冲积成三江平原，上游兴凯湖东南与俄罗斯滨海地区相连。

目前玉器主要见于小南山[2]、鬼门洞（Chertory Vorota）[3]、鲁德那亚、尚志亚布力[4]、鸡西市刀背山[5]、倭肯哈达[6]、Boisma2[7]、Djida等遗址，另外，还有其他一些地点见有零星玉器[8]。

三江平原与俄罗斯滨海地区的玉器可分为两个区域：一是乌苏里江与黑龙江下游，包括中国三江平原地带及俄罗斯滨海地区，以小南山与鬼门洞穴为代表；二是牡丹江与绥芬河流域的山地及俄罗斯滨海南部地区，以倭肯哈达、博伊斯曼、尚志亚布力、鸡西刀背山等遗址为代表。综合当前学界的研究及玉器情况（表六）[9]，笔者将三江平原及俄罗斯滨海地区的玉器发展粗略划分为三个大段：

---

[1] 冯恩学.俄罗斯远东博伊斯曼文化与倭肯哈达、亚布力遗址的联系[J].北方文物，2003(2):18–21.

[2] 黑龙江省博物馆.黑龙江省饶河小南山遗址试掘简报[J].考古，1972(2):32–34；佳木斯文物管理站，饶河县文物管理所.黑龙江饶河县小南山新石器时代墓葬[J].考古，1996(2):1–8；黑龙江省文物考古研究所，饶河县文物管理所.黑龙江饶河县小南山遗址2015年Ⅲ区发掘简报[J].考古，2019(8):3–20.

[3] 中国社会科学院，香港中文大学等.玉器起源探索[M].香港：中国考古艺术研究中心，2007；谢尔盖·科米萨罗夫.俄罗斯西伯利亚至滨海地区出土的玉玦[C]// 厦门大学人文学院历史系考古教研室，香港中文大学中国考古艺术研究中心.东南考古研究.厦门：厦门大学出版社，2010.

[4] 黑龙江文物考古研究所.黑龙江尚志县亚布力新石器时代遗址清理简报[J].北方文物，1988(1):2–7.

[5] 武威克，刘焕新，常志强.黑龙江省刀背山新石器时代遗存[J].北方文物，1987(3):4–7.

[6] 李文信.依兰倭肯哈达的洞穴[J].考古学报，1954(1):61–75.

[7] 邓聪.东亚玦饰的一些争论[C]// 赤峰学院红山文化国际研究中心.红山文化研究.北京：文物出版社，2006.

[8] 笔者注：由于小南山墓地、Chertory Vorota、Boisma2玉器单体数量具体不明，故表格中用"√"表示。

[9] 冯恩学.俄罗斯东西伯得亚利与远东考古[M].长春：吉林大学出版社，2002:240；冯恩学.俄罗斯远东博伊斯曼文化与倭肯哈达、亚布力遗址的联系[J].北方文物，2003(2):18–21.

表六　三江平原至俄罗斯滨海地区各遗址出土（采集）玉石器情况表

器类 遗址		斧	铲	锛	凿	环	璧	联璧	匕形器	弯条形饰	玦	坠饰	珠管	璜
小南山	15M2	1					5						5	
	91M1					45	1		2	2	11			
鬼门洞穴							1		4	1	1		3	
尚志亚布力		2	1	1	1			1				2		
依兰倭肯哈达		1					4			2		1	4	
博伊斯曼		2		1								1	1	1
鸡西刀背山		4	2			1	2					2		
桦南县幸福乡		1												
友谊县凤林古城		1												
密山新开流		1												
抚远亮子油库									1					
火烧咀子		1		4			4							

第一段：小南山文化早期，距今约9000~8000年。

以15M2所出玉器为代表。这一时期是目前发现东亚玉器的最早阶段。种类较少，造型简单，以小型璧、珠、管为主，是东亚几何形玉器的源头。

第二段：小南山文化晚期，距今约8000~6000年。

以91M1、鬼门洞穴所出玉器为代表。这一时期玉器种类有环、玦、匕形器、弯条形饰、管、珠、簪等。从91M1出有45件玉环看，与第一段相比，无论是种类还是数量，玉器制作工艺有了极大的提升。笔者推测，目前的发现在这两段之间应有缺环。而鬼门洞穴的玉器年代应晚于小南山91M1，是地域的滞后性还是分期尚等更多的考古新发现。

从整个东北亚的玉器看，小南山晚期的玉器以几何类玉器为主，可以分为两组：一组为环璧类，这是小南山文化或者说该区域玉器的代表性器物。从东北亚玉器的后续发展看，其影响了整个东北亚地区。另一组以玦、匕形器、弯条形饰为组合，这一组与辽西地区兴隆洼文化玉器相同，具体来说，玦与辽西地区的西拉沐沦河流域更为接近。另外，这组玉器同样见于渤海西岸的河北北福地。三地之间的关系有待进一步的研究。

第三段：亚布力文化或博伊斯曼文化阶段，距今约6000~5000年。

以倭肯哈达、亚布力、刀背山、博伊斯曼（Boisma2）遗址所出玉器为代表。就目前的发现看，第二阶段，玉器在三江平原及俄罗斯滨海地区衰退，与第一阶段的玉器间似有断层：种类上虽然仍以璧环类为主，但造型上却明显为辽西红山玉器风格，如联璧。偶见有上一阶段的弯条形饰，但环形玦与匕形器消失，这与整个东北亚地区的玉器发展脉络保持一致。新出现各种造型的坠饰，这类现象在嫩江流域及吉长地区几乎同步。而早于科尔沁地区与辽西地区以坠饰为主的玉器发展阶段。

三江平原及俄罗斯滨海地区地处欧亚大陆向海洋过渡的最前沿，是直接连接海洋文明的大陆地带。以乌苏里江及黑龙江下游地区小南山遗址玉器时代最早，最具代表性，但就目前的资料，其后续却未出现与红山文化同样高度的玉文明，是尚未发现还是文明中心的迁移或内涵变迁，尚待新的发现。

（二）日本列岛

与东北亚大陆相比，日本列岛与朝鲜半岛新石器时代文明进程相对缓慢。日本列岛绳纹时代（BC12000~300年）之初延续旧石器时代的渔猎经济，日本学界称为草创期。直到距今12000年，才进入定居生活。朝鲜半岛新石器时代以篦纹陶器时期为主，始于BC6000年左右，约BC1000年左右进入新石器时代末期，即无纹陶器时期。从笔者搜集到的资料[1]看，朝鲜半岛新石器时代玉器罕见，限于篇幅，本文岛屿带玉器仅以日本列岛为主。在此需要说明的是，岛屿带资料多来自学者的研究论文，故存在遗漏或失误之处。

由图二可以看出，绳纹时代早期前叶至弥生时代早期，从北海道至九州岛，玉器皆有分布。从绳纹早期后叶至前期开始，集中于本州及九州地区，尤其是绳纹前期，九州岛玉器急剧增多，成为日本列岛出土玉器最多的区域。中期以后，玉器集中于与朝鲜半岛南端相对的列岛东海岸。根据玉器资料，本文将日本列岛史前玉器文化按北海道、本州岛、九州岛三个区域进行梳理。

[1] 藤田富士夫，邓聪（译）．日本列岛出土成对玦饰组成的考察[C]//厦门大学人文学院历史系考古教研室，香港中文大学中国考古艺术研究中心．东南考古研究（第4辑）．厦门：厦门大学出版社，2010；川崎保．从器物组合与石村考察日本玉器起源与途径[C]//厦门大学人文学院历史系考古教研室，香港中文大学中国考古艺术研究中心．东南考古研究（第4辑）．厦门：厦门大学出版社，2010；邓聪．东亚玦饰的一些争论[C]//赤峰学院红山文化国际研究中心．红山文化研究．北京：文物出版社，2006；藤田富士夫．日本列岛佩玉装饰品的考察[C]//赤峰学院红山文化国际研究中心．红山文化研究．北京：文物出版社，2006；上田耕．九州发見の玦状电飾[C]//邓聪．东亚玉器（Ⅱ），香港：中国考古艺术研究中心，1998；藤田富士夫．日本列島の玦状耳飾の始源に関する試論[C]//邓聪．东亚玉器（Ⅱ），香港：中国考古艺术研究中心，1998.

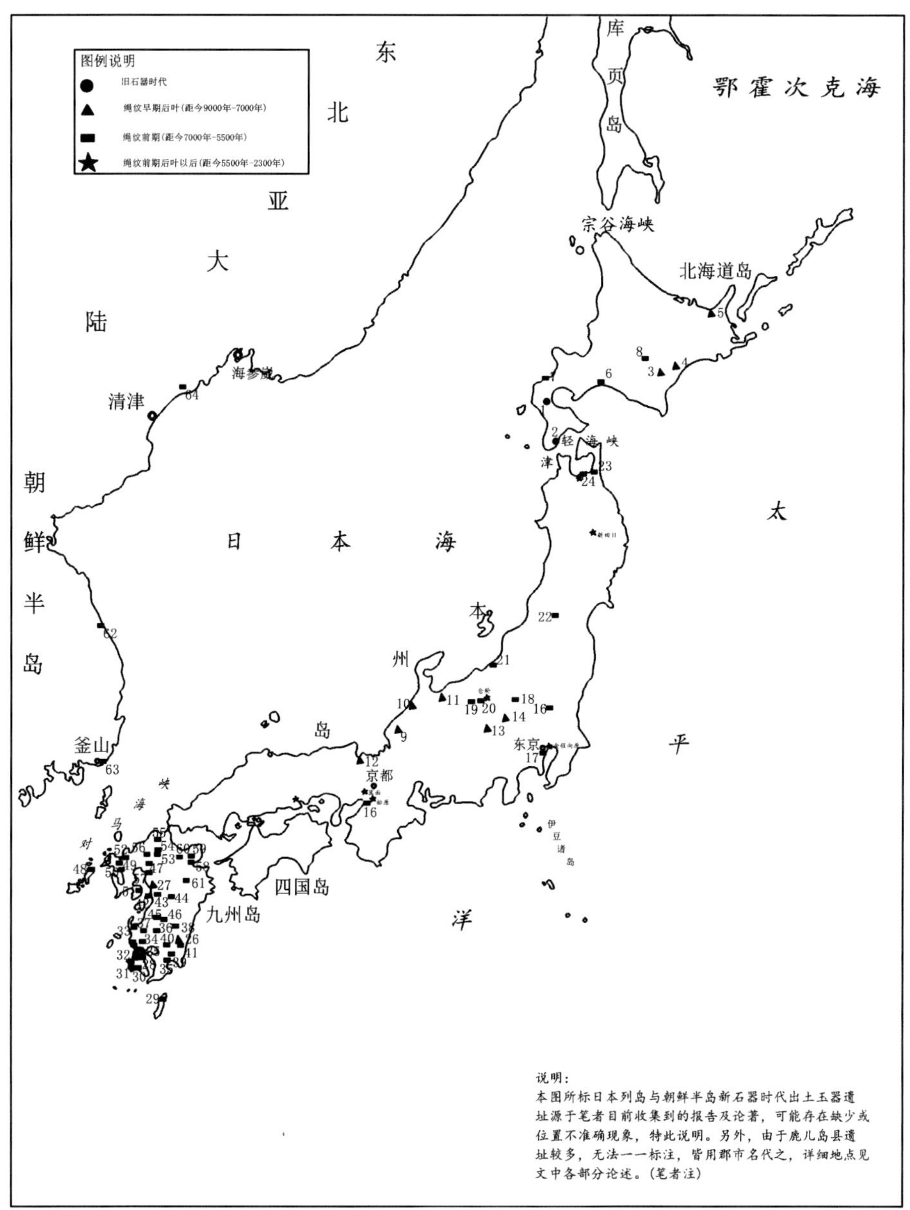

图二　新石器时代日本列岛及朝鲜半岛出土玉器分布示意图

日本列岛：北海道1.ピリカ2.汤の里4 3.八千代A 4.共荣B 5.丰里 6.美々5·美沢4 7.寿都3 8.小林；本州9.桑野 10.三引 11.极乐寺(作坊) 12.舞鹤 13. 长野カゴ田14.富士见町打越16.群马新堀东源ケ原国府 17.上浜田 18.根古谷台 19.薮沢I 20.阿久 (作坊) 21.大角地(作坊) 22.长者屋敷 23.青森野井湾 24.馆野 (星号表示绳纹前期后叶至中期常见的の形石饰)；九州岛25.鹿儿岛市三角山Ⅰ 26.宫崎(下猪ノ原/永迫第2/前原) 27.熊本县石の本 28.郡元町鹿大工学部 29.和田ノ胁泉川 30.川边郡31.日置郡32.加世田市33.出水市34.大口市35.曾于郡36.姶良郡37. 萨摩郡38. 西都市39.北诸县郡40.えびの市41.宫崎郡42宇土市43.熊本市44.下益城郡/上益城郡45.球磨郡46.人吉市47. 神埼郡48. 佐世保市49.松浦市50.东彼杵郡51.南高来郡52. 糸岛郡53.浮羽郡54.鞍手郡55.宗像郡56.福冈市57.久留米市58.速见郡59.宇佐市60.下毛郡51.直入郡

1. 北海道

距今约20000至10000年，日本列岛装饰品出现于北海道，如美利河遗址、汤之里4遗址[1]等，还见有橄榄石珠子。新石器时代玉器主要见于八千代A、豊里、共栄B、美々5、美沢4、寿都3等遗址。旧石器时代遗址主要分布于日本海岸与津轻海峡，而绳纹早期前叶则主要分布于东南部海岸，绳纹前期重新西移。

从代表性遗址出土玉器看（表七），北海道旧石器时代的玉珠、坠饰最多。这一用玉模式延续至绳纹早期前叶，如八千代。从豊里与共栄B的玉器情况看，绳纹早期前叶，北海道玉器种类开始增多，除原有的珠、坠外，增加了环、小璧、玦，且造型开始丰富，如坠新增有球形、弯条形。这一时期，玦、弯条形饰与东北亚大陆造型相似。绳纹前期开始，玉器主要以玦为主，造型分化，以中孔较小、玦孔较大的璧形玦与梯形玦为常见，与东亚大陆玉玦造型差别较大，这应是岛屿带玉文化的新因素。从北海道玉器资料的梳理可知，玉器的发展脉络可分为四段：

表七 北海道旧石器及绳纹时代各遗址出土玉器情况表

器类 遗址	珠	长形坠	球形坠	弯条形饰	环	璧	环状玦	璧形玦	梯形玦
ピリカ	6								
汤の里4	3	2							
八千代	1	1							
丰里	2	3	1	1	1				
共栄B						2	2		
美々5								1	
美沢4								1	
寿都3									2
小林								√	

第一段：旧石器时代晚期。

以ピリカ遗址、湯の里4遗址为代表，种类以珠为主，偶见有坠。质地要求不甚严格，玉质较少，而以各种石类为主。该时段应是各地旧石器装饰品的开始，如东亚大陆山顶洞人亦以石珠与穿孔坠饰[2]为主。

[1] 畑宏明等.日本国北海道地方における旧石器時代及び縄文時代前半の玉類[C]//邓聪.东亚玉器（Ⅱ），香港：中国考古艺术研究中心，1998.

[2] 贾兰坡.中国大陆上的远古居民[M].天津：天津人民出版社，1979.

第二段：绳纹早期前叶，距今8000~7000年以前。

以八千代A、豊里为代表，玉器种类延续了旧石器时代的珠、坠，增加了环、弯条形饰。坠的造型丰富，有球形、弯条形。造型与日本海西岸的东北亚大陆玉器较为相似，此时，辽西区与三江平原的玉玦、弯条形器等已成熟。

第三段：绳纹早期末叶至前期初，距今7000~5500年。

以共栄B为代表，玉器种类延续第二期出现的新种类，出现玦、小璧等。玦的造型为环状玦，这是整个日本列岛玦的最早形态，边缘较内缘薄，应为东北亚大陆薄刃玉器体系的外延。

第四段：绳纹前期前半至中期前半，距今5500~4500年。

以美々5、美沢4、寿都3、小林等遗址为代表，时代集中于前期前半，相较本州与九州岛较早。从玉器种类看，旧石器时代的珠、坠减少，早期的弯条形饰、小璧等亦不见，仅以玦为主，与本州、九州岛的发展同步。玦的造型与早期前叶差别较大：玦孔缩小，玦口弯长，以璧形玦为主，后期玦的整体外形由圆形开始向其他几何形状变化，如出现顶端圆弧的梯形等，这是日本列岛玦的主要形态。

第五段：绳纹中期后半以降，距今4500年以后。

北海道的玉器较少，据资料偶见有硬玉，以勾玉为主。与此时流行于日本本州及朝鲜半岛的硬玉文化面貌趋同。

2. 本州岛

本州岛是日本列岛最大的岛屿，狭长形，呈弧形环于日本海西部，与北海道以津轻海峡相接，与九州岛以关门海峡相接。本州岛玉器[1]最早见于绳纹早期末叶墓葬，晚于北海道，但其数量与造型却比北海道丰富得多，由图二可知遗址众多，代表遗址富井桑野、神奈川上浜田、长野县カゴ田、群马县新堀东源ケ原、栃木县宇都宫市根古谷台、山形县长井市长者屋敷、长野县安昙野市明三社(Ariakesanja)遗址等。由典型遗址出土玉器情况（表八）及各遗址的年代，将本州岛玉器的发展划分如下：

[1] 藤田富士夫，邓聪（译）.日本列岛出土成对玦饰组成的考察[C]//厦门大学人文学院历史系考古教研室，香港中文大学中国考古艺术研究中心.东南考古研究（第4辑）.厦门：厦门大学出版社，2010；藤田富士夫.匕状坠饰之考察[C]//中国社会科学院，香港中文大学等.玉器起源探索.香港：中国考古艺术研究中心，2007:237–243；藤田富士夫.日本列岛佩玉装饰品的考察[C]//赤峰学院红山文化国际研究中心.红山文化研究.北京：文物出版社，2006.

表八　本州岛绳纹时代代表遗址出土玉器情况表

器类 遗址	环形玦	璧形玦	长条形玦	带系孔玦	弯条形饰	匕形饰	条形坠饰	璧	璜	大珠	の字饰
桑野	√			√	√	√					
三引	√				√	√		√	√		
上浜田	√			√							
カゴ田	√										
极乐寺	√	√		√	√		√				
大角地	√	√		√							
阿久	√	√									
东源ヶ原	√										
国府		√	√								
金程向原			√								
馆野				√						√	
根古谷台		√			√						
长者屋敷	√										
松原			√				√				√
仓轮			√				√				√

第一段：绳纹早期后半至前期初，距今约7000~6000年。

本州岛的玉器最早见于绳纹早期后半，以桑野、三引、上浜田等遗址为主，以桑野时代较早。由图二可见遗址主要分布于本州岛北部的日本海东岸。种类有玦、匕形饰、弯条形饰、璧、璜等。数量上，以玦的数量最多。造型上，以环形玦为主，环形玦面剖面变薄，面变宽，即整体向扁薄发展，以上浜田为代表。质地上桑野、三引以玉为主，少量水晶；上浜田除玉质外，以滑石质为主。

带孔玦、璧形玦自桑野遗址开始出现，贯穿了整个日本绳纹时代的用玦史。其系孔的位置在玦背或玦口一侧，可能除了耳饰外还有其他功能。

第二段：绳纹前期前半至中期前半，距今约6000~4500年。

本州岛以玦为主的传统玉器文化进入鼎盛时期，发现极乐寺、大角地、阿久、新堀源ヶ原、ハチ高原遗址、广谷地B遗址等多处作坊遗址，主要分布于富山、新潟、兵库等沿海及日本列岛中央高地附近。这一地区是日本列岛的翡翠及石材的主要分布地点。数量众多的玉器作坊遗址，说明此时日本列岛以玦为核心的玉石饰品的贸易交通体系较为发达。

器形以玦为主，存在珠、管、坠饰等。造型以宽面扁薄的环状玦及璧形玦为主，共同特征就是玦口变长，玦孔较小。不见匕形饰、弯条形饰。绳纹前期后半开始，本州岛的玉器数量减少，以璧形玦及长条形玦为主，当不为耳饰。

第四期：绳纹中期后半以降，距今4500年以后。

中期以长野县松原、东京都八丈岛仓轮遗址为代表。早期玦急剧减少，只剩下玦口极长的异形玦，坠形饰以长条形棒饰为主。此时，自北向南沿日本海东岸分布“の”形石饰，还见有其他造型，如帽子形石坠饰。翡翠大珠成为新的玉器种类。绳纹后期，本州岛的玉器以翡翠为主，造型为弯勾形，日韩学界称之为勾玉或曲玉。

3. 九州岛

据地质学研究，距今约7000年，日本火山爆发。九州岛绳纹时代的文化层基本以火山灰为分界，分为上、下两层。从目前日本学者发表的研究资料看，九州岛的玉器始见于火山灰下层，即绳纹时代早期末叶。玦的出现则是在绳纹前期，主要集中于九州岛西部及南部沿海地区，由北及南时代渐迟。

据笔者收集的资料，九州岛玦比北海道及本州要迟，主要见于绳纹前期，一直延续至绳纹后期。绳纹时代前期以后，九州岛的玉器急剧增多，据不完全统计，出土地点有近五十处，集中于九州岛靠近日本海及黄海的中南部。以玦为主，亦见有匕形器、单孔璜形器、玉管等。据出土玉器情况及遗址年代，暂将九州岛玉器文化划分如下：

第一段：绳纹早期末叶，距今7200~6400年。

九州岛玉器不多。常见有陶质耳珰。

第二段：绳纹前期初至中期，距今6400~4500年。

以玦为主的玉器大量出现，广泛分布于日本海东岸地带及南九州地区。以鹿儿岛市ノ原第1区、第3区、上烧田、阿多贝塚及大分县速见郡山香町广濑川原田洞穴、下毛郡本耶马溪枌洞穴、直入郡萩町野鹿洞穴、熊本松ノ木等遗址出土的玉玦为代表。玦的造型以环状与璧形玦为主。绳纹中期开始，玦以璧形玦为主。

第三段：绳纹后期以后，距今4500之后。

鹿儿岛绳纹后期以大分县石原贝塚、鹿儿岛县柳井谷、黑武者、栫ノ原，宫崎县前ノ原、福冈县北宇土池等遗址出土玉玦为代表。玦的造型以璧形为主，即皆玦口细长，玦孔较小。同时，璧形玦开始异化，如大分县石原贝塚玦孔两侧玦面肥大，且上端有孔。再如乌越玦形状似半椭圆形，类似九州岛的条形玦，但下端平齐，玦孔细长。

弥生时代初期北九州地区发现有碧玉质的粗大管玉，而本州岛早在绳纹前期已见有翡翠玉器，中期以后翡翠大珠等都已出现，故九州地区的翡翠饰品当由本州岛西岸传播而来。

（三）新石器时代东北亚玉文化区系编年

综合东北亚大陆与岛屿带各区域的玉器发展过程，将东北亚新石器时代玉器文化的发展划分为三期：

第一期：小南山—兴隆洼—绳纹前期初

包括大陆辽西区第一段，松嫩区第一段，吉长区第一段与第二段，三江平原至俄罗斯滨海地区第一段与第二段，日本列岛北海道第二段至第三段前叶，本州岛第一段。玉器的主要种类有玦、匕形器、弯条形饰、璧环等。综合各家研究及最新考古学资料，将第一阶段年代定于距今9000~6000年为宜。大陆三江区与辽西区玉器最为成熟，岛屿带北海道与本州岛稍迟，可下延至距今6000年左右。

第二期：红山—亚布力—绳纹中期中叶。

包括辽西区的第二段，科尔沁地区第二段与第三段，呼伦贝尔区哈克文化，松嫩平原第二段，三江平原第三段及北海道第三段，本州岛第二段与九州岛第二段。其中三江平原亚布力文化、吉长区第二段左家山二期及辽西区第二段时代稍早，其他区域稍滞。综合各家研究，第二期定于距今6500~5000年为适宜。

大陆张广岭以西地区，无论是造型还是数量，玉器都发生了极大的变化，辽西红山玉文化达到鼎盛时期，影响了周围的科尔沁、松嫩、吉长地区。而呼伦贝尔地区玉器既有与相邻区域的相似，又显示出与贝加尔湖一带玉器的相近。三江区北部玉器发展缓慢，南部玉器稍多。日本列岛玉器以本州岛与九州岛为主，以玦为主，出现许多新的造型。

第三期：小河沿—昂昂溪—绳纹后期。

包括大陆辽西区的第三段，科尔沁第三段，松嫩区第三段，日本列岛北海道第四段、第五段、本州第三段及九州岛第三段，岛屿带玉器延续至古坟时代。

根据各区域的材料，该期定为距今约5000~4000年为宜。大陆玉器出现断崖式衰落，岛屿带以玦为主的玉文化衰落，以大珠、曲玉为主的硬玉文化渐起。

二、区域玉文化历时比较与文化互动分析

（一）文化因素的历时比较

第一期小南山—兴隆洼—绳纹前期初

根据最新考古数据，小南山遗址玉器所出墓葬分为早晚两期，早期年代距今约9000~8500年；晚期年代距今约8500~7000年。鬼门洞穴年代晚于小南山晚期墓葬。辽西区兴隆洼文化玉器集中于距今8000~7000年。处于辽西与三江平原中间的松嫩区与吉长区的年代距今7000~6000年。日本列岛北海道弯条形玉器稍早，但下文甲、乙两组玉器的年代都滞后于大陆。根据该期具体情况，可以将该期细分为两段：

Ⅰ段：距今9000~7000年。

包括三江区小南山文化、辽西区兴隆洼文化、吉长区农安左家山一期及日本北海道玉器第三段。

就目前所见资料，这一时期应是东北亚，甚或东亚玉器的滥觞期。种类包括工具与装饰品两大类，以装饰类为主，代表器形有玦、匕形器、弯条形饰、璧、肖生类等。但区域间组合有所差异。根据出土情况，可以分为甲、乙两组：甲组包括玦、匕形器、弯条形饰或单孔璜形饰；乙组以璧环类玉器为主。小南山遗址中甲、乙组器物有着较明显的时代先后，即出土乙组玉器（图三4~5）的基本为早期墓葬，而甲组器物（图三1~3）的时代为晚期墓葬。兴隆洼文化仅见甲组器物（图三6~8），各遗址出土情况稍有差别（详情见辽西区）。吉长区仅有凿与环，不见甲组玉器。日本列岛仅北海道见有弯条形饰（图三11）。

Ⅱ段：距今7000~6000年。

包括三江区鬼门洞穴、松嫩区第一段、吉长区第二段、本州岛第一段等。

俄罗斯滨海区鬼门洞穴甲、乙两组玉器都有。松嫩区甲组仅有匕形器（图一9），其他两类阙如，不规则带孔坠饰较多（图三10~11）。吉长区第二段见有璧、不规则坠饰及龙形器（图三12~14）。日本列岛本州岛的桑野与三引遗址甲组、乙组玉器皆有见到（图三16~19），造型上与鬼门洞穴相似。

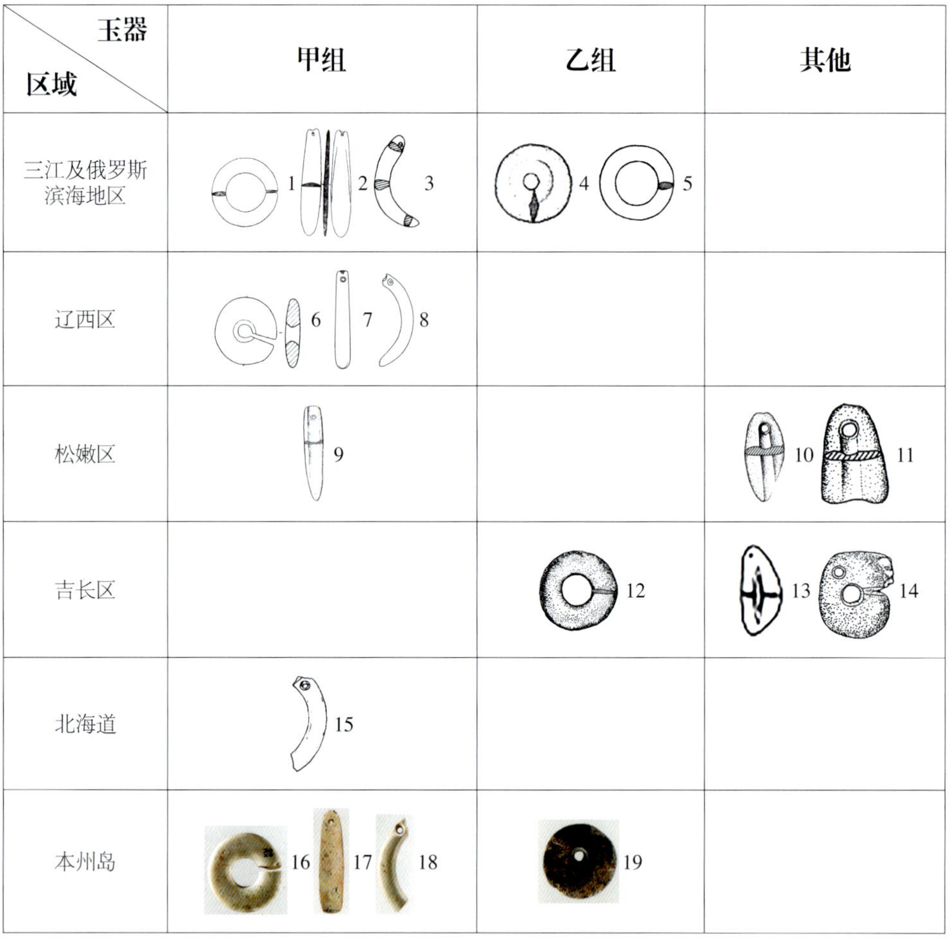

玉器 区域	甲组	乙组	其他
三江及俄罗斯滨海地区	1 2 3	4 5	
辽西区	6 7 8		
松嫩区	9		10 11
吉长区		12	13 14
北海道	15		
本州岛	16 17 18	19	

图三　兴隆洼—小南山—绳纹前期初各区域玉器比较示意图

三江及俄罗斯滨海区：1.玦　小南山M1：21　2.匕形器　小南山墓葬出土　3.弯条形饰　小南山RX采：5　4.小玉璧　小南山RX采：7　5环刀背山JD采：5　辽西区：6.玦　白音长汗M4：7　7.匕形器　查海T0307②：1　8.弯条形饰　兴隆沟109号墓出土　松嫩区：9匕形器　10~11坠饰　庆安莲花泡　吉长区：12.璧　腰井子采：09　13.坠饰　腰井子F2：3　14石龙形器　左家山T4②：1 北海道：15.弯条形饰　豊里　本州岛：16~18.玦、匕形器及弯条形饰　桑野遗址　19.小孔璧　三引

造型上，整个东北亚出土的甲组玉器都较为相似：兴隆洼文化环形玉玦内孔双面钻，外大内小，相接处内沿磨圆，断面为多面形或椭圆形；而日本列岛玉玦多环状，断面较厚，玦口较短。琢玉技法上，据学者研究，大陆与岛屿皆为砂绳线切割[1]。乙组器物璧皆为小孔。

[1] 邓聪，邓学思.新石器时代东北亚玉玦的传播——从俄罗斯滨海边疆地区鬼门洞遗址个案分析谈起[J].北方文物，2017(3):17–23.

使用方法上，由于绝大部分墓葬中人骨不存，很难确定玉器的位置。仅从个别地区资料看，辽西地区玉玦多成对使用；日本列岛也多成对使用。

第二期红山—亚布力—绳纹中期中叶

该期为东北亚玉文化发展最为迅速的时期，大陆与岛屿带玉器文化都对各自区域的文明进程起到了极大的推进作用。就玉器文化面貌而言，大陆与岛屿带差异较大：大陆玉器文化以辽西区为中心，由之向四周辐射。种类以“礼神”为核心的礼玉为主，第一期流行的甲组玉器皆很少见到，乙组璧环类造型有所变化，如第一期三江区璧内孔周边呈凹弧斜坡（图四4），而红山式璧剖面扁梭形，内外缘皆薄刃状（图四3）。岛屿带玉器则以玦为核心。

辽西区红山文化中期以后，玦偶有见到，但其他玉器种类突然增多，包括猪龙、勾云形器、斜口筒形器、璧环类及龙凤、枭、龟、蝉等（图四1~8）。璧环类与第一期乙组或应有继承关系。红山猪龙与吉长地区的龙形器十分相似。

科尔沁地区哈民玉器包括匕形器、璧、双联璧、璜、勾云形器等（图四9~14），主要受红山文化影响较深，但亦有早期兴隆洼文化玉器的影响，如匕形器、璜形坠饰等。

松嫩区多联璧、璧形器，璜、环、斧、锛（见有黑曜石质）、凿、镞、石骨朵等（图四17~23）。由联璧及璧形器可见与红山文化关系密切。但第一期甲组器物亦有遗存，如骨匕形器、圆形璧（图四17、19）。同时，第一期的不规则有孔坠饰仍有见到，出现新的器形圆形骨朵（图四22，23），可能为辽西区第三期同类器物的源头。

呼伦贝尔地区玉器虽少，但极有特色，以璧环类为主（图四15~16），其中一类内孔周缘为凹弧状斜坡，可明显看出与第一期乙组器物的传承关系。另一类璧内外缘皆薄刃状，与红山玉璧一致。且从玉色看，哈克玉器多青白，半透，这与红山玉质差别较大，但相邻的松嫩区常见，科尔沁地区偶见，可能与贝加尔湖地区玉器文化有关，如基托伊文化玉器与东北亚玉器关系密切[1]。

三江区玉器后续乏力，甲组仅偶见有玦，乙组中璧环类较多，不规则带孔坠饰增多（图四26~29），如亚布力遗址的坠饰。亚布力遗址见有三联璧，说明其与红山

[1] 冯恩学.俄罗斯东西伯利亚与远东考古[M].长春：吉林大学出版社，2002.

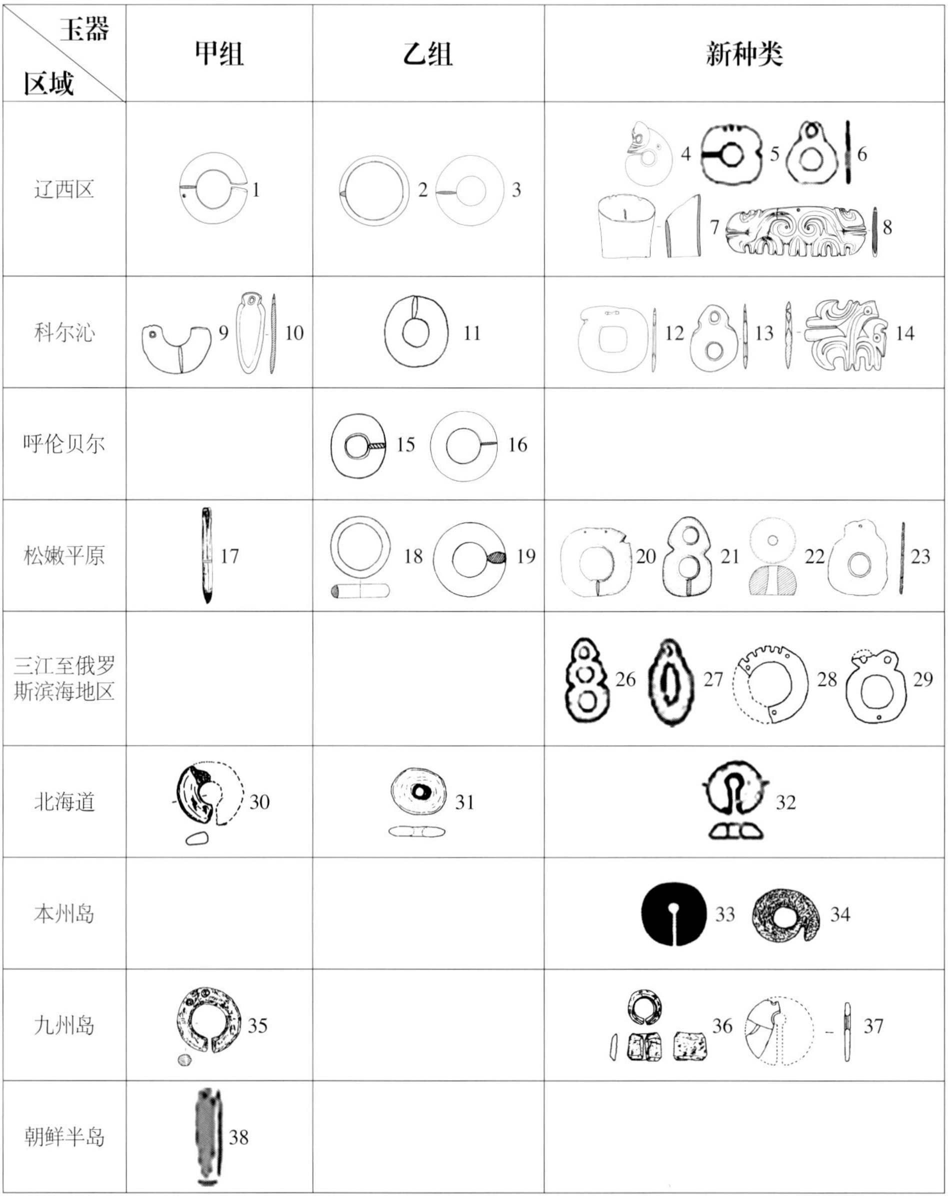

玉器 区域	甲组	乙组	新种类
辽西区	1	2 3	4 5 6 7 8
科尔沁	9 10	11	12 13 14
呼伦贝尔		15 16	
松嫩平原	17	18 19	20 21 22 23
三江至俄罗斯滨海地区			26 27 28 29
北海道	30	31	32
本州岛			33 34
九州岛	35		36 37
朝鲜半岛	38		

图四　红山—亚布力—绳纹中期中叶东北亚区域玉器比较示意图

辽西区：1.玦　牛N16M15：1　2.环　牛N2Z1M21：7　3.璧　牛N2Z1M7：26　4.龙　牛N2Z1M4：5　5.方璧 牛N2Z1M21：60　6.联璧 牛N2Z1M22：3　7.斜口形器 牛N2Z1M22：1　8.勾云形器 牛N16M15：3　科尔沁区：9.坠饰 哈民F46：20　10.匕形器 哈民F47：8　11.璧 哈民F46：16　12.哈民F46：15　13.联璧 哈民F46：13　14.勾云形器 哈民F44：1 呼伦贝尔区：15. 团结M2采：151　16.团结M2采147　松嫩区：17.李家岗出土（骨匕 ）18.东翁根山TDY采：1　19.璧 镇赉采：17　20.李家岗子TLM采：2　21.东翁根山TDY采：2　22.李家岗子TLM采：1　23.坠饰 杜尔伯特M13　三江至俄罗斯滨海区：26.联璧 亚布力RB采12　27.坠 尚志亚布力YB采：10　28.刀背山JD采：8　29.刀背山JD采：7北海道：30~31.玦、小孔璧 共栄B出土 32.小孔玦 美々5出土 本州岛：33. 小孔玦栃木根古谷台 34.の形石饰 仓轮 九州岛：35.玦 鹿儿岛县栫ノ原 36.管形玦 川原田 37.小孔玦 长崎根比吕池　朝鲜半岛：38.匕形器 韩国厚浦里玉文化有着直接或间接的联系。

与东北大陆玉玦衰退不同，日本列岛（图二30~33，35~37）进入玉玦发展的全盛期：本州与九州岛玉玦大量发现，不但有圆形玉玦、管形玦，还出现许多异形玦，以玦口较长的小孔玦为特色。分布范围自北海道至九州岛。另外，本州岛出现的石质“の”形饰（图二34）与大陆辽东区与海岱区常见的牙璧相似，是否有关，尚待研究。

综上可见，第二期大陆与岛屿带都进入了各自玉文化发展的高峰期，但差异显著，共性微弱：大陆方面，随着文明进程加快，社会内部复杂化加剧，玉器成为辽西区红山社会秩序与内涵的表征物。科尔沁、松嫩区与辽西区共性较大，当属红山玉文化圈。但除红山因素外，科尔沁、松嫩、吉长区及呼伦贝尔都含有明显的第一期文化因素，或还有贝加尔湖玉器因素。三江平原为第一期玉文化的延续，红山玉文化影响微弱。日本列岛将玦文化发展成熟。

第三期小河沿—昂昂溪—绳纹后期

与第二期红山玉文化相比，辽西区玉器第三期为断崖式衰落，以璧环类、坠饰为主，且多石质。日本列岛虽仍以玦为主，但硬玉文化悄然而起。

辽西区小河沿文化以石质为多，主要有工具与装饰品两类。环、璧形器应是沿袭红山玉文化因素（图五1~2）。科尔沁地区与辽西区十分相似（图五5）。除璧环外，两区域第三期常见璜、绿松石耳饰、牙璧形饰（图五3~4，6~7），应是南来的长江下游及辽东—海岱玉器因素。骨朵（图五8）应为第二期松嫩区玉石器因素。

三江区玉器极少，延续第一、第二期内涵，如有孔璜形器、璧形器（图三9~10），同时出现少量新生因素（图五11）。

日本列岛以玦为主的玉文化系统衰退，出现许多不规则造型（图五12~14，17~18），当不为耳饰。此类造型与时代偏晚的中国台湾卑南同类造型相似。绳纹中期开始，翡翠质玉器增多，除大珠外，还有曲玉、管等（图五15~16），其中曲玉流行于后来的日本古坟及朝鲜半岛三韩时代。

总之，第三期大陆与岛屿玉文化明显为不同的用玉体系，玉文化交流迹象极微弱。

（二）区域间玉文化互动分析

通过上文历时比较，可以看出第一期东北亚大陆与岛屿带玉器文化联系紧密，共性明显，表明互动活跃。第二期以后，大陆与岛屿带玉文化走向各自不同的发展轨迹，共性微弱，互动不明显。但大陆与岛屿带各自区域内的互动较之前更为活跃，尤其大陆内部，不但有相邻区域的互动，如红山文化时期与海岱、江淮及太湖地区的互动，甚或存在与西伯利亚地区的互动。为更清晰地呈现东北亚玉器发展脉络，笔者将大陆与岛屿、大陆内部的玉器文化发展及互动分别归纳如下：

1. 大陆与岛屿带玉文化互动

玉器 / 区域	甲组	乙组	新种类
辽西区		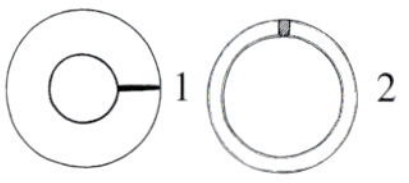 1 2	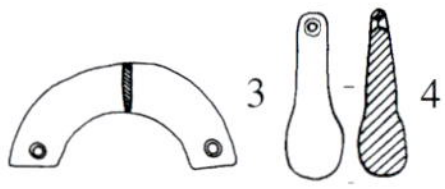 3 4
科尔沁		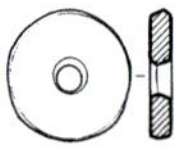 5	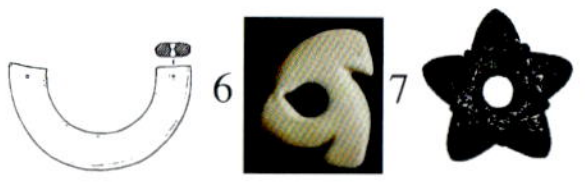 6 7 8
三江及滨海	 9	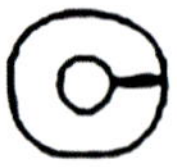 10	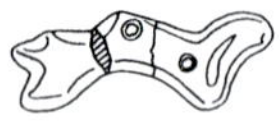 11
北海道			 12
本州岛			 13 14 15 16
九州岛			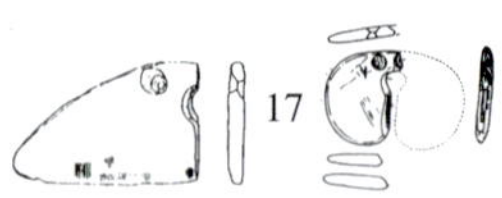 17 18

图五　小河沿—昂昂溪—绳纹后期东北亚区域玉器比较示意图

辽西区：1.璧 大南沟M28：5 2.镯 哈啦海沟M39：16 3.璜 大南沟M59：6　4.石耳坠 哈啦海沟M41：12 科尔沁区：5.璧 南宝力皋吐CM7：1 6.璜 南宝力皋吐07M199：6　7.牙璧 南宝力皋吐2008年出土8.煤晶骨朵 南宝力吐BM44：3 三江及俄罗斯滨海区：9.弯条形饰 倭肯哈达YW采：3　10.璧 倭肯哈达YW采：8 11.玉饰 倭肯哈达YW采：10　北海道：12. 小孔方形玦 寿都3 本州岛：13.小孔方形玦 金程向原 14.半圆形玦 仓轮出土15.翡翠大珠 上尾駮出土16.翡翠曲玉 青森日山（1）遗址 九州岛：17.半圆形玦 仁田尾 18.小孔璧形玦 野鹿

小南山—兴隆洼—绳纹前期初，大陆三江区与辽西区玉器在均早于俄罗斯滨海地区与日本列岛。从目前所见上述区域玉器的共性与存续时间的落差看，日本海东西两岸的大陆与岛屿间当有直接的互动无疑。

红山—绳纹中期中叶，随着各区域玉文化逐渐与本地文化相结合形成新的玉文化体系，考古材料显示大陆区与辽东–海岱区玉文化间存在直接交流，但与岛屿带玉文化迥然有别：以红山文化为代表的东北大陆玉文化出现全新面貌，日本列岛却延续第一阶段玉文化以玦为主的特征。

小河沿–绳纹后期，大陆以小河沿文化为主，玉文化内涵虽不能与红山文化相比，但与其周围地区，如辽东—海岱区及黄河中游地区的交流却逐渐加强，将另撰文论述。日本列岛以玦为中心的玉文化系统逐渐被以珠、曲玉为主的硬玉文化代替。

由之可知，东北亚新石器时代玉文化的海洋传播与交流主要发生于第一期，根据古地质学及海洋变迁史，东北亚大陆与岛屿带旧石器时代互通及文化相似已是学界共识。而玉器的相似说明直到距今9000~7000年，大陆与岛屿间仍存在互动或族群的迁徙。距今6000年之后，陆、海区域互动逐渐式微。

2. 大陆内部区域玉文化互动

目前，成熟的玉器最早见于大陆第一期I段三江平原小南山文化与辽西区查海—兴隆洼文化，二地相距较为遥远，但以玦、匕形器与弯条形饰为主的甲组玉器共性明显，但辽西区缺乏乙组玉器。而辽西区甲组玉器中的玦有片状圆形与管状，后者不见于三江区，说明二区域间存在陆路交流以，但亦有各自特色。

第一期II段三江区与辽西区间的松嫩区北部庆安莲花泡有匕形器，其他区域皆不见有甲、乙两组玉器的其他器类。多见不规则带孔坠饰，表面皆有竖向凹痕，与I段匕形器匕面的凹痕相似。吉长区见有石质龙形器。总之，从此段开始，大陆玉器开始区域化发展。

第二期开始，辽西区的玉文化发展为以神玉为核心的礼玉文明，与之相邻的科尔沁地区、吉长地区、松嫩平原等受红山玉文化影响明显。三江区玉器数量减少，玦消失，弯条形器及环形器仍有存在，较多为不规则坠饰，如张广才岭三附近的亚布力遗址。不规则坠饰较多见于三江区、松嫩区及吉长区东部，即三区相邻近区域，但不见于辽西区。另外，三江区还见有三孔联璧，从目前学界对亚布力遗址的年代推测看，早于红山文化联璧。联系到第一期II段吉长区左家山的猪龙，是否可以说明三江区及吉长区存在对辽西区红山玉器的直接影响。

即辽西区在与相邻区域的互动关系中，占据绝对主动，北上经科尔沁进入嫩江下游，向西进入呼伦贝尔草原地区；向东进入吉长地区，由之与张广才岭以东的三江区接触。三江区与松嫩、吉长区关系紧密，且存在对辽西区的反向影响。

至第三期，大陆玉器文化整体衰落。以辽西区的小河沿文化与科尔沁地区的南宝力皋吐类型较有特色，除延续红山玉文化外，受南方海岱地区及长江下游良渚玉文化系统影响明显，后者的影响可能由海岱地区、辽东半岛转折而来。

三、陆、海玉互动与传播路线蠡测

由大陆与岛屿带玉器文化的历时比较与互动分析可知，新石器时代东北亚玉文化可以分为“陆玉”（大陆玉器）与“海玉”（岛屿带玉器）两个用玉体系。两个用玉体系的具体内容及背后的功利作用，将另撰文，不在此展开论述。

本部分旨在探讨新石器时代东北亚大陆与岛屿带玉器文化互动的可能及路线，以期重构该区域的“陆玉”与“海玉”之路。虽然文明的传播与延续是由高向低，由早及晚。但文明的创造者与传播者——族群的位移却受到诸多外在自然因素的影响，即无论身处陆地还是海洋岛屿，某时某地的气候及自然环境都是决定当时交通方式及路线的关键因素。相对陆路而言，海洋交通更为复杂，因为海水受所处地理位置、纬度、大陆沿岸地貌、海底结构、海水密度、风场、太阳地球月亮等天体运动诸多因素合力的影响，会随季节变化沿相对固定的路线流动着，即洋流，或称之为“海流”。海流有大有小，有的甚至几百公里宽，上千公里长。方向也随海域的位置、季风及地球偏向力的不同而有所不同，主流与支流形成错综复杂而又有规律可循的“海洋路线”。

因此，要了解逝去的某一时间段内，某个海域大陆与岛屿间的交通路线，就必须了解该时间内该海域的地质与海洋气候变迁。

（一）新石器时代日本海域的气候变迁

东北亚大陆与岛屿带间的日本海是东亚大陆边缘海纬度最高、封闭程度亦最高的一个边缘海，主要通过自南向北的鞑靼海峡、宗谷海峡、津轻海峡、对马海峡与外海相通，最浅的为北部的鞑靼海峡，最浅处仅15米；最深为南部的对马海

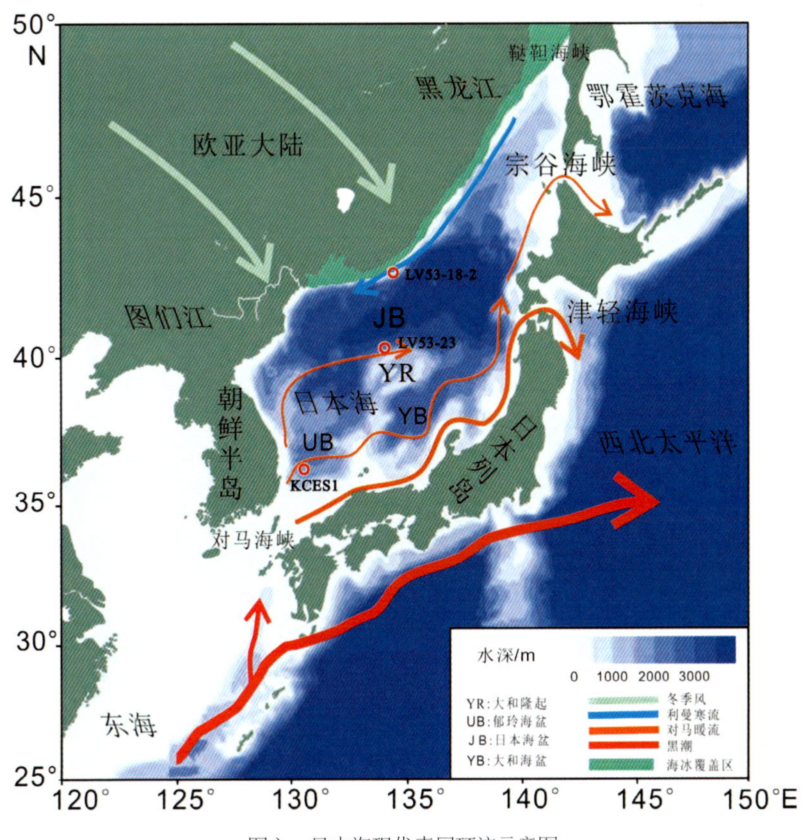

图六 日本海现代表层环流示意图
（图片采自《第四纪研究》第39卷第3期，2019年，第3页）

峡，也仅深130米。

由于日本海域的近封闭结构，海流与海水温度受洋流影响极大，以现在的观测数据看（图六），流经日本列岛附近的最大洋流是生成于赤道附近的日本暖流，又称黑潮（图六最粗的红线）：自赤道向北沿台湾岛以东琉球群岛至日本列岛，在日本列岛南端九州岛分形，其中一支向北过对马海峡，为对马暖流（Tsushima Warm Current），进入日本海后沿列岛西海岸北上。来自北方的利曼寒流（Liman Cold Current）自北沿东北亚大陆东海岸南下，加上日本海沿岸流，故在暖流与寒流的相互作用下，日本海表层呈逆时针环流：南部的对马暖流经对马海峡沿本州岛向北流经日本海东岸，分别通过津轻海峡和宗谷海峡进入北太平洋和鄂霍茨克海。来自北方的利曼寒流则与对马暖流方向相反，自鞑靼海峡沿日本海西岸，即东北亚大陆俄罗斯滨海地区沿海南下，在北纬40° 向东偏转后与对马暖流相遇。

除洋流外，由于日本海地处高纬度，海洋表面还受海冰影响。海冰是海洋中由于表层海水降温凝结而成的，广泛存在于中高纬度的海区。由于利曼寒流的南下，加之日本海西岸冬季受来自西伯利亚寒流的影响，海域西北部冬季发育大量海冰。现在日本海西岸一般为季节性海冰，大体范围包括从鞑靼海峡直到大彼得湾一带，出现于12月至次年3月。海冰发育范围的大小主要的受东亚冬季风（East Asian Winter Monsoon）强弱影响。东亚冬季风形成于中新世[1]，其强弱受到欧亚大陆气候和温度的变化导致高纬度气压变化影响，最强盛时期为末次冰盛期（距今30000~15000年）和冰消期早期，与本文研究时间新石器时代相关的是末次冰期晚期以来。

据最新研究[2]，距今17500~15000年间，日本海西部可能有海冰持续覆盖，且季节性变化微弱，海冰全盛期，范围可达北纬42°，即本州岛东北部的Oga（男鹿）半岛。末次冰期晚期—中全新世早期（距今15000~7800年）期间，随着北半球高纬度地区日照量的增加，全球气温有所上升，东亚夏季风增强，带来降水和热量，导致海水升温，海平面上升。距今约8000年，全球海平面上升至目前水平，因此，日本海的封闭结构、海峡浅度及寒、暖流的交汇等综合原因，海平面的上升导致周围海洋中的温暖水体入侵至日本海，造成日本海海冰夏季融化明显。但是，此时东亚冬季风仍然十分强盛，造成日本海冬季气温较低，西岸的海冰覆盖范围依然较大，即此时冬、夏两季巨大的温差造成日本海西岸海冰活跃：冬季海冰范围扩张，夏季前端冰融明显。全新世（距今7800~5000年）以来，由于北半球高纬度地区太阳辐射量的下降，东亚冬季风势力减弱。全球气温与海平面的持续上升，对马暖流大量入侵，导致日本海表面温度上升，冬季海冰形成缓慢，而夏季海冰持续融化，即日本海西部的海冰范围快速缩小。

由之，末次冰期晚期以来，日本海域海面有三次大的变化：距今15000年左右，冰期达到全盛，日本海北部海域冬季几乎被海冰覆盖，东北亚大陆可直达本州岛西海岸东北部；距今15000~8000年，虽然海平面上升，但冬季海域西海岸海冰依然大面积覆盖；距今8000~5000年以来，气候与海平面持续上升，海冰逐渐消融，大陆

[1] 黄恩清.中更新世以来东亚冬季风海陆记录对比[J].第四世研究，2015，35(6):1331–1341.

[2] 豆汝席等.3万年以来日本海西部海冰活动变化[J].第四纪研究，2020，40(3):690–703；邹建军等.末次冰期以来日本海陆源沉积的地球化学记录及其对海平面和气候变化的响应[J].海洋地质与第四纪地质，2010，30(2):75–86.

与岛屿间冬夏海水覆盖面加大。

（二）新石器时代东北亚陆、海玉器文化路线推测

由上可知，东北亚陆玉与海玉的互动发生于距今约9000~7000年，之后陆玉与海玉基本按各自轨迹与相邻区域文化碰撞，发展为东亚陆、海用玉体系。因此，新石器时代东北亚陆、海玉器文化系统互动的关键在于理清第一期玉器文化的传播路线。而从目前的考古证据看，作为东北亚新石器时代玉器发展第一期代表性器型的甲、乙两组玉器可能存在不同的传播路线：

1. 甲组玉器

首先，甲组玉器玦、匕形器及弯条形器主要存在于兴凯湖北部的小南山文化、辽西区的兴隆洼文化、俄罗斯远东滨海南部大彼得湾附近的鬼门洞、北海道及本州岛北部西海岸的八千代及桑野遗址，即日本海两岸（图一1~4、37；图二5、9）。以上各地同一玉器种类的造型几近一致，而且学者从制玉技术确认东北亚第一期都使用了砂绳切割技术，且此技术为东北亚源起[1]。

以目前发现来说，甲组玉器以小南山遗址最早，由北向南，由大陆向岛屿传播开来。依据考古材料，笔者初步推测甲组玉器的传播分陆路与海路：

（1）陆地（陆路与水路）传播，即大陆内部传播。

除三江平原小南山、西辽河兴隆洼、兴隆沟、查海、白音长汗等遗址见有甲组玉器外，稍晚遗址中松嫩区北部的庆安莲花泡及科尔沁区嫩江支流霍林河流域通榆双岗镇皆采集有匕形器，前者还有很多带孔坠饰。据学界推测前者相当于兴隆洼文化晚期，距今约8000~7000年。后者为科尔沁区第一期，距今约6500~5600年。故就目前的发现资料，甲组玉器在东北亚陆地的互动应是沿松花江流域至嫩江流域，再至西辽河流域的西行路线。

此外，甲组玉器的西行互动还包括自辽西区越过燕山向南的传播：这条支线主要是通过太行山前的河北走廊，如河北易福地[2]、天津牛道口[3]出土的玦及匕形器等

[1] 邓聪，朱章义.玉器砂绳切割考[C]//成都金沙遗址博物馆，香港中文大学中国考古艺术研究中心.金沙玉工Ⅰ——金沙遗址出土玉石璋研究.成都：四川人民出版社，2017:125.

[2] 段宏振.河北易福地遗址出土的史前玉器[C]//厦门大学人文学院历史系考古教研室，香港中文大学中国考古艺术研究中心.东南考古研究.厦门：厦门大学出版社，2010.

[3] 古方.中国出土玉器全集[M].北京：科学出版社，2005；中国社会科学院，香港中文大学等.玉器起源探索[M].香港：中国考古艺术研究中心，2007.

即是证明。从吉长区及下辽河区的新乐文化[1]中皆未见玉玦、匕形器、弯条形饰看，辽西区玉文化不存在直接或间接向东传播至朝鲜半岛或日本的可能。辽东半岛后洼遗址[2]所见石玦，应是北部三江区顺图们江、鸭绿江而来。

（2）海路传播，即日本海两岸大陆边缘地带的传播。

由前述新石器时代日本海域的气候变迁可知：距今15000年以前，东北亚大陆东海岸与对面北海道及本州岛北部存在通过海冰直接通行的可能，这与北海道旧石器时代文化与东北亚大陆极度相似相吻合。至距今8000年前，虽然海平面上升，但日本海西岸冬季海洋风依然旺盛，冬、夏巨大的温差使得日本海西北岸与东岸存在通过冬季海冰通行的可能。即使不能直接通行，此时日本海域的利曼寒流与对马暖流早已形成，故寒、暖流交汇引起的逆时针海流，亦可将大陆东海岸与本州岛西海岸连通起来。

日本列岛以北海道玉器为最早，但与东北亚大陆相似甲组器类仅见豊里遗址的弯条形器，距今8000~7000年，早于本州岛西海岸的桑野遗址。桑野遗址与俄罗斯滨海鬼门洞穴隔海相望，甲组玉器完备。因此，日本列岛二地甲组玉器的早晚、器类的区别及位置都说明以大陆小南山遗址为中心的甲组玉器的海路传播可能存在不同的路线，应存在向北与向南两个方向：

Ⅰ向北的传播路线

时代越早，日本海北部海域海冰覆盖面越大，尤其鞑靼海峡海面极窄且浅，直接通行的可能极大。虽然库页岛并没有发现直接的玉文化传播证据，但岛南端出土的黑曜石石器，经日本学者研究部分原料来自北海道，时代约16300~9000[3]。另外，新石器时代库页岛虽属于“平底筒形罐”文化，但受北海道陶器影响较深，表明这里可能是东北亚大陆与日本列岛史前文化的中转站之一。故北海道与大陆间可能存在通过黑龙江下游入海口经库页岛过宗谷海峡，或直接通过鞑靼海峡海冰到达北海道南部的通道，这是海路传播的路线之一。

大陆小南山玉器可能还存在沿陆路向更北地区的传播路线，如远东Yakut（雅

[1] 沈阳市文物管理办公室.沈阳新乐遗址试掘报告[J].考古学报，1978(4):449–466；沈阳文物管理办公室等.沈阳新乐遗址第二次发掘报告[J].考古学报，1985(2):209–222.

[2] 丹东市文化文物普查队.丹东市东沟县新石器时代遗址调查和试掘[J].考古，1984(4):21–36；辽宁博物馆.辽宁东沟大岗新石器时代遗址[J].考古，1986(4):300–305.

[3] 冯恩学.俄国东西伯利亚与远东考古[M].长春：吉林大学出版社，2002.

库特）地区[1]出土距今5000~4000年的玉玦，这是东亚玉玦分布的最北端。

Ⅱ向南的传播路线

桑野遗址甲组玉器时代稍晚，距今约7000年。由上文可知，距今8000年左右，日本海冬、夏存在巨大的温差，西北海岸冬季海冰较盛，且利曼寒流沿东北亚东海岸向南流动，与由南而来的对马暖流相遇，造成日本海流的逆时针流动。甲组玉器极可能由小南山遗址南下至俄罗斯滨海地区（鬼门洞穴），或趁冬季海冰面积较大，跨海至本州岛西岸。或利用寒流与暖流交汇引起的海流逆时针经俄罗斯滨海、朝鲜半岛沿海，至本州岛西海岸。这是海路传播的另一支可能路线。

同时，南下的这条海路传播可能还存在沿图们江南下的可能：从上文提及的鸭绿江右岸丹东后洼遗址后洼下层文化的石玦、石勾形饰等，年代距今约7000年。与之相邻黄海沿岸无相似玉器存在，故源头可能是三江平原小南山玉器。同时，这一路线可能还到达了朝鲜半岛，如时代稍迟的高城文岩里、东三洞贝冢、厚浦里等的玦、匕形器[2]是很好的证据。

总之，东亚时代较早的小南山遗址甲组玉器的海路传播应存在向北与向南两大传播方向：向北进入黑龙江流域，分为两小支，一小支直接通行或间接跨越海峡到达北海道；另一小支可能直接向北传播至远东北部。向南亦分为两小支，一小支直接南下或经绥芬河至俄罗斯滨海符拉迪沃斯托克一带利用冬季海冰或洋流到达日本海西岸本州岛；另一小支则可能沿图们江、鸭绿江到达黄海北岸，或沿图们江直接进入朝鲜半岛。

2. 乙组玉器

相比甲组，以小孔璧环类玉器为核心的乙组玉器的传播范围小得多。从前文区域玉器文化因素的历时比较可知，东北亚玉器文化第一期乙组璧环类器主要见三江平原及俄罗斯滨海地区，本州岛西部偶见。

大陆地区，除小南山、鬼门洞遗址，还偶见于尚志亚布力、鸡西刀背山等遗址。辽西区第一期并未发现璧类玉器。松嫩区第一期的黑龙江流域庆安莲花泡遗址多小孔装饰品，亦非璧类。吉长区的东丰西断梁山一期见有石璧，距今7400~7200

[1] Komissarov, S.A. The ancient jades of Asia in the light of investigations by the Russian archeaologists[C]// 邓聪.东亚玉器.香港：中国考古艺术研究中心，1998.

[2] 邓聪.东亚玦饰起源的一些争论[C]// 赤峰学院红山文化国际研究中心.红山文化研究——2004红山文化国际学术研讨会论文集，北京：文物出版社，2006.

年。日本海对岸的北海道仅在共栄B发现有小型小孔璧，距今7000~5500年，本州岛三引遗址见有璧。

综上，东北亚乙组玉器时代最早的是小南山文化，且这类玉器早于甲组玉器。其源头是否与贝加尔湖一带旧石器时代的璧环类玉器有关，暂且不论。从目前材料看，东北亚乙组玉器的流向主要有向南和向西两个方向。

向南的传播应与甲组玉器向南的海路传播一致，即由陆路或绥芬河进入俄罗斯滨海符拉迪沃斯托克一带，再由冬季海冰，或寒、暖海流引起的逆时针洋流为助力到达日本海东岸。

向西的一支应是经老爷岭、张广才岭附近的亚布力文化，进入第二松花江的吉长区。再向西进入辽西区，或向北进入嫩江下游附近，影响了上述区域的第二期及后续的玉器文化，如红山、哈民、哈克等文化。

正如前文所说，东北亚新石器时代玉器文化第二期开始，陆玉与海玉面貌差异巨大，各自走向了不同的用玉体系。这与新石器时代日本海域海洋气候变迁的第三阶段气候持续变暖、海平面上升且冬、夏温差缩小，导致海冰急剧消融使海域变宽等自然因素密切相关。当然，大陆与岛屿带生业模式的不同、各自区域社会复杂化进程的快慢及区域文明重心的转移等因素，应是域内玉器文化面貌变化的关键性原因。

余　论

纵观目前的考古资料，小南山—兴隆洼时期，成熟的东亚大陆玉文化存在陆路与海路传播，之后在各自的文明轨迹上向不同的用玉体系发展，形成了陆玉与海玉两大用玉体系。虽然红山—绳纹中期以后，东北亚大陆与岛屿间玉文化互动微弱，但各自区域内的文化互动却十分活跃，如以礼神为主要内涵的红山玉文化与海岱地区大汶口文化玉器、太湖区良渚玉文化及江淮地区凌家滩玉文化的互动，学界多有探讨，此不多述。

绳纹前期中叶开始，受东北大陆玉文化影响而形成的日本列岛玦玉文化逐渐成熟，集中于九州岛，以玦为主，不见匕形器、弯条形器等。除固有的玦口短、断面稍厚的造型外，出现玦口较长的三角、梯形或不规则形状的玉玦，如宫崎内小野遗址出土的“几”形玦。此类玉器见于时代稍晚的中国台湾卑南遗址出土玉玦，如B2449中PN20771、PN20775[1]。处于中国台湾东海岸的卑南遗址[2]，紧邻琉球群岛，当不能排除受北来岛屿影响的可能。

另外，绳纹中期，南九州见有“工”字形陶耳珰，两端略外撇造型，如鹿儿岛一陶罐中出有十多件，至绳纹晚期仍有见到。根据现代人类学的研究，当代中国台湾及东南亚一带的南岛语族中仍然流行此类耳饰。此类型耳珰最早见于长江下游河姆渡文化二期[3]，长江流域史前遗址多有见到。东海东西两端的长江下游与南九州耳珰间的关联尚等新的证据，故中国台湾及东南亚的耳珰的源头除中国东南沿海外，亦不能排除日本列岛南九州的可能。

绳纹前期后叶开始，九州岛海岸[4]多见“の”形石坠饰，外围旋出一齿或两齿，器身顶部穿一孔，如新潟县卷町遗址所出土者。虽源头尚不清晰，但菲律宾金属时代的贝类耳饰[5]与其极为相似，极可能是日本岛屿玉文化的海路传播结果。

附记：本研究系国家社会科学基金一般项目“新石器时代东亚大陆与岛屿间玉文化的交流与互动研究”（17BKG009）阶段性成果。

[1] 连照美.台湾新石器时代卑南墓葬层位之分析研究[M].台北：台湾大学出版中心，2008.

[2] 陈仲玉.台湾史前的玉器工业[C]//邓聪.东亚玉器，香港：中国考古艺术研究中心，1998.

[3] 邓聪.从河姆渡的陶质耳栓说起[C]//王慕民，管敏义.河姆渡文化新论：海峡两岸河姆渡文化学术研讨会论文集，北京：海洋出版社，2002.

[4] 藤田富士夫.日本列岛佩玉装饰品的考察[C]//赤峰学院红山文化国际研究中心.红山文化研究——2004红山文化国际学术研讨会论文集，北京：文物出版社，2006:479–484.

[5] Eusebio Z.D. Earrings in Philippine prehistory[C]//邓聪.东亚玉器，香港：中国考古艺术研究中心，1998.

古史体系中的五帝时期玉器与用玉观念

Jade and the Concept of Its Application During the Five Emperors Period in Historical Documents System

曹芳芳（北京大学考古文博学院）

摘要：通过对先秦至两汉时期古史和典籍的梳理，发现在五帝时期玉器已广泛地被运用在了宗教祭祀、政治礼仪、军事活动、朝聘朝贡、礼乐教化等多个领域，深入到当时上层社会的各个方面。在用玉观念方面形成了一个较为完善的识玉、用玉体系，玉器成为人们观念中的神物和重器，并有效地助力构建了五帝时期上层社会交流网络体系，是第一种统一华夏大陆宗教和政治中核心观念的物质，并形成一种稳定的文化基因，使得玉器和玉文化能够继续向下复制和传承，成为中华文化中举足轻重的一部分。因此，五帝时期是中国玉器和玉文化发展历史中的关键时期，具有承上启下的作用。

关键词：五帝时期　玉器　用玉观念　文献

ABSTRACT: Through sorting out the ancient history documents and books from the Pre Qin Dynasty to the Han Dynasty, it is found that jade articles in the Five Emperors Period had been widely used in religious sacrifice, political etiquette, military activities, paying tribute to the imperial court, etiquette and music education and other fields, penetrated into all aspects of the upper society at that time. In terms of the concept of jade use, a relatively complete system of jade recognition and use had been formed. Jade articles had become a sacred object and important tool in people's concept, and had effectively helped to build the upper social exchange network system during the Five Emperors Period. It was the first material to unify the core concepts of religion and politics in mainland China, and formed a stable cultural gene, which enabled jade and jade culture to continue to be copied and inherited downward, became an important and indispensable part of Chinese culture. Therefore, the Five Emperors Period was a critical period in the history of the development of Chinese jade and jade culture, which served as a connecting link between the preceding and the following.

KEYWORDS: The Five Emperors Period; Jade Articles; Concept of Application; Ancient Historical Documents

“五帝”一词在先秦时期已常见于《周礼》《礼记》《战国策》《吕氏春秋》《楚辞》，以及诸子百家文献等典籍。有关五帝的构成及所处时间有多种说法，本文无意纠结于它们之间的歧见，采用目前观念中主流的《史记 · 五帝本纪》中所载的“五帝”，即黄帝、颛顼、帝喾、尧、舜。本文拟通过梳理中国传统历史文献[1]，来考察与明晰古史体系中五帝时期的玉器和用玉观念，为将来从考古材料上研究此时期玉器、用玉观念及社会做一铺垫，和提供可对比的参照物。

一、古史体系中记载的五帝时期玉器和用玉情况

通过梳理先秦至两汉的古史和典籍，古史体系中记载的五帝时期的玉器可分为以下几个方面。

[1] 历史文献主要指汉代及之前产生的典籍，也包括之后出土的文字资料，虽然它们再次面世的时间或为古代或为当代，但是却是产生不久之后的原貌封存，比历世流传的文本更接近实况。汉代之后关于五帝时代的记载多遵循先秦、两汉典籍或演绎。

（一）与宗教祭祀相关

《国语·楚语》里记载了楚昭王问观射父"周书所谓重、黎寔使天地不通者，何也？若无然，民将能登天乎？"根据史书的记载，重、黎二人是颛顼时人，属于五帝时期较早阶段的重要人物。对于楚昭王的疑问，观射父有一个比较详细的答复，对曰：

> 非此之谓也。古者民神不杂。民之精爽不携贰者，而又能齐肃衷正，其智能上下比义，其圣能光远宣朗，其明能光照之，其聪能听彻之，如是则明神降之，在男曰觋，在女曰巫。……使名姓之后，能知四时之生、牺牲之物、玉帛之类、采服之仪、彝器之量、次主之度、屏摄之位、坛场之所、上下之神、氏姓之出，而心率旧典者为之宗。于是乎有天地神民类物之官，是谓五官，各司其序，不相乱也。民是以能有忠信，神是以能有明德，民神异业，敬而不渎，故神降之嘉生，民以物享，祸灾不至，求用不匮。
>
> 及少皞之衰也，九黎乱德，民神杂糅，不可方物。夫人作享，家为巫史，无有要质。民匮于祀，而不知其福。烝享无度，民神同位。民渎齐盟，无有严威。神狎民则，不蠲其为。嘉生不降，无物以享。祸灾荐臻，莫尽其气。颛顼受之，乃命南正重司天以属神，命火正黎司地以属民，使复旧常，无相侵渎，是谓绝地天通。
>
> 其后，三苗复九黎之德，尧复育重、黎之后，不忘旧者，使复典之。以至于夏、商，故重、黎氏世叙天地，而别其分主者也。其在周，程伯休父其后也，当宣王时，失其官守，而为司马氏。宠神其祖，以取威于民，曰："重寔上天，黎寔下地。"遭世之乱，而莫之能御也。不然，夫天地成而不变，何比之有？

从观射父的回答中不难看出，在少皞、颛顼之前的更古时期，宗教祭祀活动已然存在，而且有专人进行管理，在男曰觋，在女曰巫。其中觋巫的一个必备能力就是能知"玉帛之类"，如此则确知在颛顼之前的宗教祭祀活动中会使用到玉器，但具体为何物，没有明指。然而在《越绝书》中记载了战国时期风胡子的一番话，其中一句话为："至黄帝之时，以玉为兵，以伐树木为宫室，凿地。夫玉亦神物也，又遇圣主使然，死而龙臧。"则明确指出黄帝时期"以玉为兵"，而且玉亦为神物。因此，在黄帝时期我们可知玉器已具备两大功能，一为兵器，二为宗教活动中的神物。

虽然古史文献中没有记载黄帝之后的五帝时期，在宗教祭祀活动中是否以玉器为神物。但是我们依旧可以根据观射父的回答，看到这种宗教祭祀活动或制度，在五帝时期，甚至一直到夏商周时期，是一脉相承的。虽然在少皞之时有过短暂的混乱阶段，但是颛顼能够重用重、黎二人进行“绝地通天”的宗教改革[1]，恢复此方面的旧秩序和传统。因此，据此可以推测在之后的帝喾、尧、舜时期，应当在祭祀活动中很大可能也使用玉器。

一方面，在降神活动中，使用玉质乐器。《尚书·益稷》载：“夔曰：‘戛击鸣球、搏拊、琴、瑟、以咏。’祖考来格，虞宾在位，群后德让。”“鸣球”，即为玉磬[2]。《白虎通义·五祀》对此解释云：

> 降神之乐在上何？为鬼神举。故《书》曰：“戛击鸣球、搏拊、琴瑟，以咏，祖考来格。”何以用鸣球、搏拊者何？鬼神清虚，贵净贱铿锵也。故《尚书大传》曰：“搏拊鼓，装以秉。琴瑟，练丝朱弦。”鸣者，贵玉声也。

另一方面，一些产生于先秦和两汉被今人认定为伪书、或为谶纬之书的文献中，有此方面的相关记载，如《今本竹书记年》和《尚书·中侯》。

《今本竹书记年》被近现代学者认为是伪书，王国维先生在《今本竹书记年疏证》绪言中说：“事实既具他书，则此书为无用；年月又多杜撰，则其说为无徵。无用无徵，则废此书可，又此《疏证》亦不作可也。然余惧后世复有陈逢衡辈为是纷纷也，故写而刊之，俾与《古本辑校》并行焉。”但是王国维先生以其丰富的学识，辨明了《今本竹书记年》文本所凭据的古籍，而且其中包括有部分已经散逸和失传的古文献。而这些失传的文献中有记载帝尧在祭祀活动中使用玉器，而且不止一次。如：

《今本竹书记年疏证·帝尧陶唐氏》：“（尧）五十三年，帝祭于洛。”《初学记》

[1] 对于颛顼“通天绝地”的改革，有相当丰富的研究。考古学界一般认为属于史前时期的宗教改革，具体参看徐旭生：《中国古史的传说时代》。

[2] 后文有详解，兹不赘述。

六、又九引《尚书·中候》:“尧率群臣东沈璧于洛。”

此条记载概引于已失传的古书《尚书·中侯》，虽然这是一部成书于汉代的谶纬书，但是它于纬书中产生较早、较有影响，郑玄亦曾为其作注。这部书明确指出尧祭洛河使用的玉器是玉璧，使用方式是沉祭。《尔雅·释天》云“祭川曰浮沉”,《仪礼·觐礼》也载“祭川沈”，而且甲骨文所记即有“沈”祭[1]，多以祭河[2]，且多用玉璧[3]，除了玉璧，还见圭、璋、琡之属[4]。

《今本竹书记年·帝尧陶唐氏》(尧七十年):

> 二月辛丑昧明，礼备，至于日昃，荣光出河，休气四塞，白云起，回风摇，乃有龙马衔甲，赤文绿色，缘坛而上，吐《甲图》而去。甲似龟，背广九尺，其图以白玉为检，赤玉为柙，泥以黄金，约以青绳。检文曰:“闿色授帝舜。”言虞夏当受天命，帝乃写其言，藏于东序。后二年二月仲辛，率群臣东沈璧于洛。礼毕，退俟，至于下昃，赤光起，元龟负书而出，背甲赤文成字，止于坛。其书言当禅舜，遂让舜。

尧七十年，准备禅位于舜，进行了一系列的礼仪活动。在二月辛丑这一天的拂晓时分，河出图，“其图以白玉为检，赤玉为柙”。如此重要的物件，玉器是其载体，也只有玉质载体能衬托出“河图”的重要性和珍贵性，这就相当于后世的传位圣旨。在此之后的二年二月的仲辛这天，尧又率群臣到洛水进行祭祀活动，祭祀洛水的祭器使用的依旧是玉璧。礼毕之后，出“洛书”，完成了禅位给舜的一个完整的礼仪流程。在这个关系到政权与正统如此重要的过程中，我们可以看到玉器发挥了独一无二的作用，是当时最最重要的玉质载体和祭器。

虽然上述两条文献都出自伪书之中，但以玉祭河这个传统当不是虚传。因为在五帝时代之后的夏商周三代，在古史文献中多次见到用玉祭河的记载，而且使用的玉器中，玉璧是出现频率最高的。

---

[1] 罗振玉.殷墟书契考释(中)[M].北京：北京图书馆出版社，2000:16.
[2] 元镐永.甲骨文祭祀用字研究[D].上海：华东师范大学，2006:33–34.
[3] 陈梦家.殷墟卜辞综述[M].北京：中华书局，1988:586.
[4] 徐义华.甲骨文中的玉文化[J].博物院，2018，5:28–32.

（二）与手执瑞玉相关

在古史体系中，五帝时期有关瑞玉的使用，早在黄帝时期已出现。《史记 · 五帝本纪》载：

> 天下有不顺者，黄帝从而征之，平者去之，披山通道，未尝宁居。东至于海，登丸山，及岱宗。西至于空桐，登鸡头。南至于江，登熊、湘。北逐荤粥，合符釜山，而邑于涿鹿之阿。迁徙往来无常处，以师兵为营卫。

黄帝北逐荤粥之后，在釜山“合诸侯符契圭瑞”[1]，就像禹会诸侯于涂山一样，执玉帛者万国。

关于五帝时期瑞玉的相关记载，最著名的莫过于《尚书 · 尧典》：

> 舜让于德弗嗣，正月上日，受终于文祖。在璇玑玉衡以齐七政。肆类于上帝，禋于六宗，望于山川，遍于群神，辑五瑞。既月乃日，觐四岳群牧，班瑞于群后。

几乎同样的记载也出现在《史记 · 五帝本纪》，也有学者早已指出《史记 · 五帝本纪》中的这些内容，为太史公取自于《尚书 · 尧典》。在这两段记载中提到的瑞玉，即“五瑞”。根据《说文解字》，“瑞，以玉为信也”。据此，我们可知“五瑞”为五种玉器，甚至是五种美好的玉器。但是“五瑞”究竟为何物，《尧典》并未说明。因此，后代各家有不同的法说。《白虎通 · 文质》释此曰 :“何谓五瑞？谓珪、璧、琮、璜、璋也。”也有后人以《周礼 · 春官 · 点瑞》所记载的“王晋大圭，执镇圭，缫藉五采五就，以朝日。公执桓圭，侯执信圭，伯执躬圭，缫皆三采三就，子执穀璧，男执蒲璧，缫皆二采再就，以朝觐宗遇会同于王”，为“五瑞”说法的来源。张守节《史记 · 正义》认为“言五瑞者，王不在中也”，如此，“五瑞”即桓圭、信圭、躬圭、谷璧和蒲璧，这种观点宋儒的著作也多从之[2]。以上对于“五瑞”的看法，皆为后来之说，而后代的“五瑞”说是与五等爵相依相存的，而关

[1] 司马贞. 史记 · 索隐.
[2] 顾颉刚，刘起釪 · 尚书校释译论 [M]. 北京：中华书局，2005:127.

于五等爵在周代是否是真实存在，学术界歧见纷呈，因此，关于“五瑞”具体为何物则更难以征信。但是，毋庸置疑的是，“五瑞”是玉器，而且应当为当时重要的玉质重器。

《尚书·尧典》接下来的记载还提到了“五玉”与“五器”，具体记载如下：

> 岁二月，东巡守，至于岱宗，柴。望秩于山川，肆觐东后，协时月、正日，同律度量衡。修五礼、五玉、三帛、二生、一死贽。如五器，卒乃复。五月南巡守，至于南岳，如岱礼。八月西巡守，至于西岳，如初。十有一月朔巡守，至于北岳，如西礼。归格于艺祖，用特。五载一巡守，群后四朝。敷奏以言，明试以功，车服以庸。

何为五玉？《史记·集解》引郑玄观点曰：“即五瑞也。执之曰瑞，陈列曰器。”郑玄的观点影响很大，今人也多从其说。但郑玄的观点应非他的独创，可能本于《白虎通·文质》。这篇文献在回答了什么是“五瑞”之后，曰：“五玉者各何施？盖以为璜以徵召，璧以聘问，璋以发兵，珪以信质，琮以起土功之事也。”《白虎通》里的“五玉”亦为珪、璧、琮、璜、璋五种玉器，“五玉”即为“五瑞”。

关于“五器”，《尚书校释译论》中对历代各家观点已有很好的总结，约有五种说法：(一) 五玉说。《史记·集解》引马融云：“五器，上五玉。五玉礼终则还之，三帛以下不还也。”按照马融的观点，五器即不用丝帛包裹的“五玉”。(二) 授贽之器说。《公羊》疏引郑玄云：“授贽之器有五：卿、大夫、上士、中士、下士也。”(三) 五瑞说，亦称圭璧说 (桓圭、信圭、躬圭、穀璧、蒲璧为五瑞)。(四) 五礼之器说，即吉、凶、军、宾、嘉各礼之器物名。(五) 五瑞、五玉、五器三者为一说，此即五瑞说之发展。[1]

括而言之，关于“五瑞”“五玉”“五器”的各种观点，都是基于周礼而衍生出来的。虽然五帝时期的“五瑞”“五玉”“五器”具体为何物却难以征信，但是可以确定的它们都是当时政治礼仪活动中充当瑞信的玉质重器。

古史体系中记载的五帝时期另一项印象深刻的瑞玉就是玄圭，玄圭的直接联系

[1] 顾颉刚，刘起釪. 尚书校释译论 [M]. 北京：中华书局，2005:145–146.

人就是大禹。大禹虽非五帝中人，但是其治水的壮举却在尧、舜时期，玄圭亦为帝尧所赐。具体记载玄圭的文献如下：

> 东渐于海，西被于流沙，朔南暨，声教讫于四海。禹锡玄圭，告厥成功。
>
> ——《尚书·禹贡》
>
> 东渐于海，西被于流沙，朔、南暨：声教讫于四海。于是帝锡禹玄圭，以告成功于天下。天下于是太平治。
>
> ——《史记·夏本纪》
>
> 秦之先，帝颛顼之苗裔孙曰女修。女修织，玄鸟陨卵，女修吞之，生子大业。大业取少典之子，曰女华。女华生大费，与禹平水土。已成，帝锡玄圭。禹受曰："非予能成，亦大费为辅。"
>
> ——《史记·秦本纪》

最早记载玄圭的文献是《尚书·禹贡》，张守节在《史记·正义》中早已指出《史记》中相关的记载来源于《禹贡》。除了上述文献，"禹赐玄圭"的内容在《汉书》、汉代的多种谶纬古书，以及被认为是伪书的《今本竹书纪年》中都有记载。在《古本竹书纪年·夏纪》中也出现了玄圭的使用，禹的后人——后荒，即位的元年，也"以玄圭宾于河"。

总体来说，玄圭是禹治水成功的标志，帝赐禹玄圭后，禹在相关仪式中手执玄圭，告成功于天下。何为玄圭？历代也有不同的解释[1]，纵观各家观点，笔者亦赞同《禹贡锥指》云："玉色玄，斯谓之玄圭。天功、水德。禹未尝致意于其间也。"况玄字的本义之一也是指颜色，《说文解字》释："玄，幽远也。黑而有赤色者为玄。"孙庆伟根据这一时期考古发现的玉器材料，认为文献中的玄圭就是考古中的牙璋，而且这类玉器"它们的质地常是不透明且不均匀的灰褐、灰绿色，甚至带有灰蓝色调的某种矿物，若仔细检视，会发现不均匀的颜色常呈不规则的大小团块，有的还分布深深浅浅、波浪般起伏的平行色带。而这种矿物有时深得近乎黑色，但若观察磨薄之处，还是看得出团块或波浪纹理"[2]，由此这种深灰色系，甚至"深得近乎黑色"

---

[1] 顾颉刚，刘起釪.尚书校释译论[M].北京：中华书局，2005:823–825.

[2] 邓淑苹."华西系统玉器"观点形成与研究展望[J].故宫学术季刊，2007，25(2):14.

的色泽，正合于“玄圭”之“玄”[1]。孙氏之说，甚为合理，牙璋本身的颜色、流行的时间和范围、蕴含的象征与意义，颇与玄圭符合。退一万步来讲，即使玄圭不是牙璋，那么它也是一种圭属玉器，而根据文献记载和考古发现，玉圭是禹所处的新石器时代末期至周代最重要的瑞玉之一。

概而言之，五帝时期从黄帝始至尧舜，都有瑞玉的记载和使用，其中圭属玉器应是最重要的瑞玉之一。此时期其他何种玉器为瑞玉，尚无法确知。

（三）与朝聘朝贡相关

在古史体系中，五帝时期在朝聘和朝贡活动中亦见玉器的使用。比较系统的记载这一时期朝贡和贡赋用玉的是《尚书 · 禹贡》，青州贡赋的是“怪石”，徐州贡赋的是“泗滨浮磬”，扬州贡赋的是“瑶、琨”，荆州贡赋的是“砺、砥、砮”，豫州贡赋的是“磬错”，梁州贡赋的是“砮、磬”，雍州贡赋的是“球、琳、琅玕”。除了冀州和兖州没有提到所贡赋的玉石外，其他七州皆有玉石贡赋。这些玉石大致可以分为四类，一是美玉，二是似玉美石，三是专门制作磬的玉石材，四是制作其他石器的石材。由此，我们可以看到至少在尧舜时期，各地的优质玉石材和玉石器已作为贡品，被贡赋到尧舜所在的中心都邑。因此，也可以想象尧舜都邑玉石材和玉石器的多元性和丰富性。

除了《禹贡》的系统记载外，对于用玉朝贡，《世本》也有零星记载。根据《汉书 · 艺文志》:“世本十五篇，古史官记黄帝以来讫春秋时诸侯大夫”。由此可明晰《世本》的官方定位，属于官修古籍。《世本八种 · 陈其荣增订本》载：

> 舜时，西王母献白环及佩。

虞舜之时，西王母朝贡的玉器是白玉环和玉佩。同样的内容在《大戴礼记 · 少闲》和《尚书大传》中都有记载：

> 昔虞舜以天德嗣尧，布功散德制礼。朔方幽都来服；南抚交趾，出入日月，莫不率俾，西王母来献其白琯。粒食之民昭然明视，民明教，通于四海，海外肃

[1] 孙庆伟.礼失求诸野——试论“牙璋”的源流与名称[J].玉器考古通讯，2013，2:54.（原文首载于陈光祖.金玉交辉——商周考古、艺术与文化国际研讨会论文集[C].台北：“中研院”历史语言研究所，2013:467–508.）

慎北发渠搜氐羌来服。

——《大戴礼记·少闲》

舜之时，西王母来献其白玉琯。

——《尚书大传》

而这两条记载都指出西王母朝贡的玉器是白玉琯，根据《说文解字》对“琯”字的释义，“白琯”即白色的玉管。这两条记载贡献的玉器种类与《世本》记载不同。西王母向虞舜朝贡玉器这一事件，亦在《今本竹书纪年·帝舜有虞氏》中有载：

（舜）九年，西王母来朝。西王母之来朝，献白环、玉玦。

王国维在《今本竹书纪年疏证》中指出此条记载概本自于《大戴礼记·少间篇》:“昔舜以天德嗣尧，西王母来献其白琯。”但是这条记载则是西王母献的玉器为白玉环和玉玦，玉玦属于佩玉的一种，这与《世本》所载贡玉基本相同。总之，不管西王母朝贡的玉器具体为何物，但都指明其献玉器为白玉，属于上等精良之玉。

另外，在《今本竹书纪年·帝舜有虞氏》中还记载有：

（舜）四十二年，玄都氏来朝，贡宝玉。

在《逸周书·史记解》中有玄都氏的记载，为古诸侯国。可见玄都氏可以追溯到虞舜时期，但其贡赋的宝玉不知为何种玉器。

从古史文献记载来看，五帝时期已存在较成体系的贡赋制度，其中玉石材、玉石器是重要的贡品之一。除了贡赋，当时可能还存在朝贡，玉器亦是重要的朝献之物。

（四）与礼乐教化相关

五帝时期礼乐教化所用的玉石器，主要是玉石磬。在《尚书·尧典》和《尚书·益稷》中都有记载，而且内容大体相同。

《尚书·益稷》：

夔曰："戛击鸣球、搏拊、琴、瑟、以咏。"祖考来格，虞宾在位，群后德让。下管鼗鼓，合止柷敔，笙镛以间。鸟兽跄跄；箫韶九成，凤皇来仪。夔曰："于！予击石拊石，百兽率舞。"

《尚书·尧典》：

八音能谐，毋相夺伦，神人以和。夔曰："于！予击石拊石，百兽率舞。"

其中《尚书·尧典》的这段内容同样出现在《史记·五帝本纪》帝舜部分。历代各家对夔"击石拊石"的"石"注解基本上都是石磬。同时，在《尚书·益稷》中还出现了"鸣球"，孔传："球，玉磬。"孔颖达疏："《释器》云：球，玉也。鸣球谓击球使鸣。乐器惟磬用玉，故球为玉磬。"在《汉书·杨雄列传》中亦出现了"桔隔鸣球"，颜师古注曰："桔隔，击考也。鸣球，玉磬也。掉，摇也，摇身而舞也。一曰，桔隔，弹鼓也。鸣球，以玉饰琴瑟也。"纵观历代各家对"鸣球"的注解，二孔的观点影响甚大，其为玉磬是主流，以玉饰琴瑟极少采用。根据《尚书·禹贡》雍州贡赋的玉材有"球"，段玉裁《说文解字注》云："球，玉也。铉本玉磬也。非，《尔雅·释器》曰：'璆，美玉也'，《禹贡》《礼器》郑注同。《商颂》小球大球，传曰：'球，玉也'。按磬以球为之，故名球，非球之本训为玉磬。"段氏的注解颇有见地，"球"，不仅在帝舜时就已被贡赋到其都邑，而且还被制作成玉磬，成为礼乐教化的工具，而且"球玉"一直被记载和使用至今。在先秦文献中，如《礼记·玉藻》《晏子春秋》中都有"球玉"的记载，《诗经·商颂》还有"受大球小球"的记载，尤其从"笏天子以球玉，诸侯以象，大夫以鱼须文竹，士竹本"[1]来看，"球玉"应当是一种十分优良的玉材。

《尔雅·释地》曰："昆仑虚之璆琳、琅玕。"在《吕氏春秋》《战国策》《史记·赵世家》和《史记·李斯列传》中都有"昆山之玉"的记载，其中《史记·赵世家》载："逾勾注，斩常山而守之，三百里而通于燕，代马胡犬不东下，昆山之玉不出，此三宝者亦非王有已。"《正义》曰："言秦逾勾注山，斩常山而守之，西北代马胡犬

[1] ［清］孙希旦：《礼记集解》[M]，北京：中华书局，1989:809.

不东入赵，沙州昆山之玉亦不出至赵矣。”沙州，即今天的敦煌一带，这与《正义》在《史记 · 李斯列传》中，对“昆山之玉”的注解大体相同——“昆冈居于阗国东北四百里，其冈出玉”。而近年的考古发现也证实了这一点，考古工作者在敦煌三危山发现了旱峡玉矿，其开采利用的时间从齐家时期一直延续至汉代。

除了玉石磬，在《世本》中还见有记载更早的黄帝时期已有玉石磬的制作和使用。如《世本八种 · 陈其荣增订本》载：“黄帝世伶伦作乐，宓羲作瑟，神农作琴，随作笙，象凤皇之身，正月音也。随作竽，无句作磬，女娲作笙簧。”《世本八种 · 雷学淇校辑本》亦载：“黄帝使伶伦造磬。”这两条记载，均指出磬为黄帝时作，但作器者不同。其他校辑版本的《世本》基本也都载有相关记载，作磬者均为无句，有的版本还明确指出无句为尧时人，是尧臣，如《世本八种 · 秦嘉谟辑补本》载：“无句作磬。无句尧臣”。但不管磬为何人所作，在帝舜之前的五帝时期已有磬的制作和使用，并用以礼乐教化。

另外，在《世本八种 · 张澍集补注本》记载有“黄帝作律，以玉为琯，长尺六寸”，言明在黄帝时期已有用玉制作的管状乐器。

总而言之，通过对古史文献的梳理，在五帝时期已有的制礼作乐行为，其中有以玉石制作的乐器，“贵玉声也”[1]。

（五）与资源利用相关

在古史体系中，五帝时期在讲到资源利用的时候，也偶有涉及玉石资源。《大戴礼记 · 五帝德》中记载了宰我问孔子黄帝是不是人？孔子曰：

> 黄帝，少典之子也，曰轩辕。生而神灵，弱而能言，幼而慧齐，长而敦敏，成而聪明。……时播百谷草木，故教化淳鸟兽昆虫，历离日月星辰；极畋土石金玉，劳心力耳目，节用水火材物。生而民得其利百年，死而民畏其神百年，亡而民用其教百年，故曰三百年。

黄帝生而不凡，也能顺应时令，教化鸟兽昆虫，收取土石金玉以供民生，身心耳目饱受辛劳，有节度地使用水、火、木材及各种财物。因而，这也成就了黄帝的

[1] 白虎通义 · 五祀.

功业。大致同样的记载也见于《史记·五帝本纪》：

> 时播百谷草木，淳化鸟兽虫蛾，旁罗日月星辰水波土石金玉，劳勤心力耳目，节用水火材物。有土德之瑞，故号黄帝。

由此，我们可知在黄帝之时，玉石资源已被开发利用，用以供养民生。但此时尚不知都开发利用了何地、何种玉石资源。至尧舜时期，已始知开发了何地、何种玉石资源，根据上文提到的《尚书·禹贡》所载的七州贡赋的玉石材和玉石器即是证明。

除了《尚书·禹贡》提到的玉石资源，在《管子》里面还记载了尧舜时期所利用的另一种玉石资源——禺氏之玉。具体记载如下：

《管子·国蓄》：

> 玉起于禺氏，金起于汝汉，珠起于赤野，东西南北，距周七千八百里。水绝壤断，舟车不能通，先王为其途之远，其至之难，故托用于其重，以珠玉为上币，以黄金为中币，以刀布为下币。

《管子·轻重》：

> 癸度曰："金出于汝汉之右衢，珠出于赤野之末光，玉出于禺氏之旁山，此皆距周七千八百余里，其涂远，其至厄，故先王度用于其重，因以珠玉为上币，黄金为中币，刀布为下币，故先王善高中下币，制上下之用，而天下足矣。"

《管子·揆度》：

> 齐桓公问于管子曰："自燧人以来，其大会可得而闻乎？"管子对曰："燧人以来未有不以轻重为天下也。……至于尧舜之王，所以化海内者，北用禺氏之玉，南贵江汉之珠，其胜禽兽之仇，以大夫随之。"

《管子·揆度》：

> 桓公问管子曰:“吾闻海内玉币有七筴,可得而闻乎。”管子对曰:“阴山之礝,一筴也。燕之紫山白金,一筴也。发朝鲜之文皮,一筴也。汝、汉水之右衢黄金,一筴也。江阳之珠,一筴也。秦明山之曾青,一筴也。禺氏边山之玉,一筴也。此谓以寡为多,以狭为广;天下之数,尽于轻重矣。”

尹知章的注解:“禺氏,西北戎名,玉之所出。”《逸周书·王会》是一篇记载周成王之时成周之会盛况的文献,文中还旁列了各方诸侯或地方首领贡献的财物,其中就有禺氏。孔晁在为《逸周书》作注时指出,“禺氏,西北戎夷”。《管子》中禺氏凡出现七次,皆与玉材或玉器相关。从上述相关记载可知禺氏之玉在尧舜时期已被开发利用,之后也一直连绵不断利用至东周时期。禺氏为古代何种人群呢?王国维曾指出禺氏为大月氏,他怀疑《管子·轻重》诸篇皆汉文、景间作,其时月氏已去敦煌、祁连间,而西居且末、于阗间,故云“玉起于禺氏”也[1]。因此,后人多据此认为“禺氏之玉”为新疆和田玉,其实不然[2]。王氏之时,新疆和田玉是已知著名的软玉产出地不假,其实甘青地区,尤其是甘肃河西走廊、敦煌一带也有优质的软玉矿。根据旱峡玉矿的最新考古发现可知,其最早开采时间是在齐家时期,而这一时期也出现了武威海藏寺玉石器作坊和皇娘娘台墓葬出土的加工玉料、玉片与半成品,可以清晰地展示出玉料东进的态势[3]。而齐家时期上限就在新石器时代末期,与尧舜所处时间年代相近。因此“禺氏之玉”更有可能指甘青玉。

无论“禺氏之玉”何解,总之可以确定的是来自于西北地区的玉材,五帝时期已不仅充分开发利用了玉石资源,更已利用了来自遥远西北地区的优质玉材,这与考古发现和研究成果也是相符合的。

二、古史体系中所反映的五帝时期的用玉观念

通过梳理古史体系中五帝时期用玉的记载,我们可以发现玉器已运用至宗教祭祀、礼仪活动和朝堂、朝聘朝贡、礼乐教化等多个领域,而上述领域均是早期中国

[1] 王国维.王国维全集(第十四卷)[M].杭州:浙江教育出版社,2010:283–284.
[2] 殷晴.和田采玉与古代经济文化交流[J].故宫博物院院刊,1995,1:14–15.
[3] 曹芳芳.甘青地区史前用玉特征与进程[J].四川文物,2022,1:43–59.

一个社会、政体最核心、最重要的方面。五帝时期的上层社会已经有明确的用玉观念，主要体现在以下几个方面。

首先，有较为明确的玉石分化概念。这点在《尚书·禹贡》表现得尤其明显，青州贡赋“怪石”，徐州贡赋“泗滨浮磬”，扬州贡赋“瑶、琨”，荆州贡赋“砺、砥、砮”，豫州贡赋“磬错”，梁州贡赋“砮、磬”，雍州贡赋“球、琳、琅玕”。上述所列七州贡赋的玉石材，很明确地指出不同地方的玉石材品种不同，甚至指出哪些玉石材用于制作哪种玉石器。青州“怪石”，伪《孔传》云：“怪，异。好石似玉者。”《汉志》颜《注》：“怪石，石之次玉美好者也。”徐州“泗滨浮磬”，伪《孔传》释云：“泗水涯，水中见石可以为磬”，《孔疏》：“泗水旁山而过，石为泗水之涯。石在水旁，水中见石，似若水中浮然。此石可以为磬，故谓之浮石也。贡石而言磬者，此石宜为磬，犹如砥砺然也”，孔颖达的解释甚以为意。根据白居易《华原磬》诗序文可知，泗滨的磬石一直沿用到唐代，天宝年间始改用华原磬石，到宋代又恢复了泗滨磬石[1]。扬州“瑶、琨”，《史记集解》：“孔安国曰：‘瑶，琨，皆美玉也’”，而《说文》则曰：“瑶，玉之美者；琨，石之美者”。不管这是两种美玉，还是美玉和美石，能有不同的名字就代表当时的人对这两种物质有不同的认识。荆州“砺、砥、砮”，《孔疏》引郑玄注云：“砺，磨刀刃石也。精者曰砥”；“砮”，即做矢镞的石头。豫州“磬错”，伪《孔传》云：“治玉石曰错，治磬错”，即是可以治玉石器的“他山之石”。梁州“砮、磬”，分别为制作箭镞和磬的石材。雍州贡“球、琳、琅玕”，《说文》：“球，玉也”，根据上文的分析“球”是一种高品质美玉。又《说文》：“琳，美玉也”，司马相如《上林赋》云：“玫瑰碧琳”，班固《西都赋》云“琳珉青荧”，故而“琳”应是一种青碧色的玉[2]。《说文》：“琅玕，似珠者”，伪《孔传》云：“石而似珠”，《山海经》中亦有“槐江之山上多琅玕金玉”之说，曹植《美人篇》有“腰佩翠琅玕”，因而“琅玕”应是一种似珠形的玉石。通过对上述不同地区贡赋的玉石器品类的分析，可知当时的人们已掌握了丰富的矿产知识，对不同地方的玉石材特性也有一定的了解，因而可以因材施用、因材施工。

其次，玉为神圣的物品。这主要体现在三个方面，一是玉器是宗教祭祀活动中重要的参与者。玉器不仅是献给神灵最重要的祭品，而且在祭祀亦是中是重要的降神工

[1] 顾颉刚，刘起釪. 尚书校释译论[M]. 北京：中华书局，2005:617.
[2] 顾颉刚，刘起釪. 尚书校释译论[M]. 北京：中华书局，2005:754.

具。二是玉器是构建政治和等级秩序的重要标志物和载体。帝舜“既月乃日，觐四岳群牧，班瑞于群后”，虽然我们现在已无法明晰“五瑞”具体为何物，但五种不同的美好玉器应当对应不同的等级或不同的族群，这些玉器各有归属。三是玉石磬是参与礼乐教化的重器。通过古史体系文献的记载，我们可以知道玉石磬是五帝时期出现频率最高的乐器，而且其使用均在天下共主所在的中心。通过“戛击鸣球”和其他乐器的配合，朝堂君臣有序和谐。通过“击石拊石”，引导“百兽率舞”，实现歌舞升平。这所达到的君臣和谐、上下有序的状态，是后代君主十分崇尚的理想政治氛围。仅举一例，乾隆皇帝对帝舜时期的这种政治秩序和氛围的崇尚，通过诗词以抒发：

> 黎绿呈环宝，神魑写异形。五城难论价，九德早扬馨。庇谷征多稔，葆光出太宁。徒观戛击物，喜起企虞廷。

无独有偶，乾隆皇帝的这首诗词雕琢在一件齐家文化的大玉璧上[1]，而齐家文化的早期正好处于新石器时代末期晚段，也是五帝中尧舜所处的时期。

由此所见，在五帝时期，玉器在影响社会秩序与稳定的宗教祭祀和政治活动中参与度如此之深，是当时人们的观念中最神圣的物品之一。

再次，玉器是构建五帝时期上层交流网络体系的重要参与者。首先，基于当时人们已有较为明确的玉石分化概念和掌握的矿产知识，不同地方向中心贡赋不同的玉石材，形成较为稳定的玉石材贡赋体系和网络。再次，来到中心的玉石材会被制作成各式玉石器，其中最重要的美好玉器通过“班瑞于群后”，到达“群后”之手，成为当时最为重要的瑞信，从而形成较为稳固的政治认同和上层交流体系。另外，地方首领通过朝贡的方式，玉器也会被朝献给中心，成为维系地方与中心的纽带。

综上所述，当时任何一种物质都没有如此被重用和信赖。作为祭品和瑞信的玉器，是当时上层社会宗教认知与政治认同的思想凝聚物，统一了九州范围内玉作为最重要的祭品和最重要的瑞信的认同，对于这两方面的认同，其实就是对玉所代表的宗教与政治秩序的认同。在礼乐教化领域，也最贵玉声。总而言之，玉器是五帝时期统一思想与观念的利器，也是当时唯一一种在九州范围内统一上层共

[1] 曹芳芳.南京博物院藏乾隆御题龙凤纹玉璧研究[J].待刊.

识的物质，更是首种统领了天下的贵重物质。进入三代，青铜器在政治领域逐渐取代了玉器这种天下共崇物质的地位，但在宗教祭祀领域，玉器依然是被认为献给神灵最好的物精[1]。

三、结语

通过对古史体系中五帝时期用玉的梳理，可知在当时玉器已广泛地被运用在宗教祭祀、政治礼仪、军事活动、朝聘朝贡、礼乐教化等多个领域，深入到当时上层社会的各个方面。但是这种广泛的使用并非贯穿于该时代的始终，而是不同阶段有所不同。五帝时期可以分为以黄帝为代表的前期和以尧舜为代表的后期[2]。前期玉器的使用主要体现在宗教郊祀和军事领域，充当“神物”和“玉兵”；后期玉器的使用方式和范围在前期的基础上增加和扩大，其作用开始在政治、经济和文化领域凸显。由此表明，玉器在五帝时期的功能不断被拓展，使用程度不断被深化，最终在尧舜时期在宗教、军事、政治、经济、文化领域全面开花。

在五帝时期，通过不间断的玉器使用，使得当时的人们积累了大量矿产和玉石知识，能够较为顺利地分辨玉石之别，并根据不同地区矿藏的特点而贡赋不同种类的玉石材，进而根据不同品质的玉石材制作不同种类的玉石器，形成了一个较为完善的识玉、用玉体系。更为重要的是，玉器成为人们观念中的神物和重器，在关系社会和政权有序运行的各个方面都发挥着独一无二的作用，并有效地构建了五帝时期上层社会交流网络体系，是第一种统一华夏大陆宗教和政治中核心观念的物质，并形成一种稳定的文化基因，使得玉器和玉文化能够继续向下复制和传承。

因此，五帝时期是中国玉器和玉文化发展历史中的关键时期，具有承上启下的作用。

---

[1] 孙庆伟.周代用玉制度研究[M].上海：上海古籍出版社，2008:228–229.

[2] 郭大顺.从史前考古研究成果看古史传说的五帝时代[J].中原文化研究，2020，8:5–10.

良渚文化玉器玉料来源再思考

Rethinking the Source of Jade Material from Liangzhu Culture

谷娴子（上海博物馆）

摘要：考古出土良渚文化玉器数量巨大，但玉料来源问题一直存有争论，主流观点倾向于“就近取材”。本文通过对良渚文化典型器物琮形器的出土地点梳理，结合对南方史前遗址出土玉器整体材质特征的理解，以及学者对史前辽东半岛、海岱地区与环太湖地区的文化交流的研究，提出良渚玉料也有辽宁岫岩一带“远程输送”的可能性思考，并认为近海水路在南北物质文化交流中承担重要作用。

关键词：良渚文化 玉器 玉料来源

ABSTRACT: A large number of jade artifacts have been excavated from the sites and tombs of the Liangzhu culture, but there has been controversy over the sources of the jade materials. The mainstream view tends to be that "the material was taken from the nearest area". In this paper, through the collation and analysis of the excavation site of jade cong, one of the typical artifacts of Liangzhu culture, combined with the understanding of the overall material characteristics of jade excavated from prehistoric sites in the south, and the study of cultural exchanges in the prehistoric period in the Liaodong Peninsula, the Haidai region and the Taihu Rim, we propose the possibility of "long-distance transportation" of jade materials from the Liaoning Xiuyan region in the Liangzhu period, and argue that the offshore route played an important role.

KEYWORDS: Liangzhu Culture; Jade; Source of Jade Materials

良渚文化是中国南方史前玉文化的高峰[1][2]，附近的宜溧山脉、天目山脉、茅山山脉被认为可能存在玉矿点[3]，尤其是江苏溧阳发现的小梅岭透闪石玉矿，被疑为良渚玉器的玉料来源[4][5]。然而，科学检测研究却根据玉料微量元素Sr的含量特征等排除了小梅岭的可能[6][7][8]。就此,笔者认为仍需要更深入的微量元素地球化学工作进行论证，本文谨谈谈对良渚玉器透闪石玉料来源的另一种思考。

一、是否为就地取材?

环太湖地区使用玉器的历史自河姆渡和马家浜文化就已开始，被认为是一个相对独立的玉器文化系统[9]。通常认为良渚文化时期庞大的制玉规模与玉料消耗量无法长期依赖外地，加之对各良渚文化遗址的分区梳理认为，其出土玉器存在区域性的颜色差异[10]，由此倾向认为史前环太湖本土就有透闪石玉出产，良渚玉料主要为本地

---

[1] 李伯谦.中国古代文明化历程的启示[J].决策探索(下半月),2015(03):82.

[2] 秦岭.福泉山墓地研究[J].古代文明(辑刊),2005,4:1–35.

[3] 黄翠梅,叶贵玉.从红山与良渚文化玉器论艺术形式与材料来源的原因关系[C]//赤峰学院红山文化国际研究中心.红山文化研究 2004年红山文化国际学术研讨会论文集.北京:文物出版社,2006:423–443.

[4] Li, P., Liao, Z.T., Zhou, Z.Y., et al. Evidences from Infrared and Raman spectra: Xiaomeiling is one reasonable provenance of nephrite materials used in Liangzhu Culture[J]. Spectrochimica Acta Part a: Molecular and Biomolecular Spectroscopy, 2021, 261:1386–1425.

[5] 钟华邦.江苏省溧阳县透闪石岩研究[J].岩石矿物学杂志,1990(02):131–136.

[6] Gan, F.X., Cao, J.Y., Cheng, H.S., et al. The non-destructive analysis of ancient jade artifacts unearthed from the Liangzhu sites at Yuhang, Zhejiang[J].Technological Sciences, 2010, 53(12):3404–3419.

[7] 干福熹,曹锦炎,承焕生,等.浙江余杭良渚遗址群出土玉器的无损分析研究[J].中国科学:技术科学,2011,41(01):1–15.

[8] 李晶,高洁,童欣然,等.江苏溧阳软玉与良渚文化庄桥坟遗址出土软玉的特征对比研究[J].宝石和宝石学杂志,2010,12(03):19–25.

[9] 郭明建.良渚文化玉器产地的综合分析[J].中国国家博物馆馆刊,2017(07):6–19.

[10] 张明华.良渚古玉综论[J].东南文化,1992(02):112–119.

取材[1][2]，不存在统一从其他地区获取玉料的可能[3]，更有学者认为良渚文化的衰亡可能与晚期玉料枯竭导致无法维系作为神权之载体的玉器的制作有关[4]。

关于以上观点，笔者认为，其一，良渚玉器普遍受沁，我们如今看到的玉器颜色有时并非玉料原本的颜色。例如，黄宣佩先生对上海福泉山遗址出土玉器的质料统计显示玉器普遍受沁白化[5]，汪遵国先生对草鞋山、张陵山、寺墩等遗址出土百余件良渚玉器进行的质料统计也显示其玉料大多受沁，且并无明显的区域性差异[6]。其二，最新考古发现，张家港东山村遗址出土有马家浜文化时期的透闪石玉制品[7]，而附近同期的跨湖桥遗址、河姆渡遗址、塔山遗址等则出土了不少仿真玉的黄绿色萤石、叶蜡石制品[8][9][10]，及至北阴阳营文化、崧泽文化时期，透闪石玉的数量和比例也仍然相当有限[11][12][13]，尤其是相比同期东北地区而言。这说明环太湖地区至少到崧泽文化时获得透闪石玉玉料仍然较为困难，附近也至少尚未发现大储量的透闪石玉矿。其三，至于良渚玉器制作使用数量巨大，尤其相比北方史前文化高峰之红山文化而言多出很多倍，赵晔先生曾在2010年指出，可能是红山玉器多为圆雕单体件使得玉料利用率较低所致[14]。妇好墓发掘者郑振香女士曾提出商代玉器以圆为雏形分料加工的思考[15]，良渚文化出自同一座大墓的玉器往往色泽、纹理等外观性状较为一致[16][17]，也有最大化使用玉料制作玉器的表现[18]。综上，笔者认为良渚玉料供应丰富是必然，而史前良渚先民也已拥有似殷人般珍惜和最

[1] 古方.良渚玉器部分玉料来源的蠡测[J].华夏考古，2007(01):75–79.

[2] 闻广，荆志淳.福泉山与崧泽玉器地质考古学研究——中国古玉地质考古学研究之二[J].考古，1993(07):627–644.

[3] 秦岭.良渚文化的研究现状及相关问题[J].考古学研究，2000:77–100.

[4] 赵晔.红山与良渚玉器的比较研究[C]//杨晶，蒋卫东.玉魂国魄：中国古代玉器与传统文化学术讨论会文集（四）.杭州：浙江古籍出版社，2010:141–155.

[5] 黄宣佩.良渚文化玉器变白之研究[J].上海博物馆集刊，2005:357–364.

[6] 汪遵国.良渚文化玉器综论[C]//邓聪.东亚玉器.香港：香港中文大学中国考古艺术研究中心，1998:261–263.

[7] 钱峻，胡颖芳，钱春峰，等.江苏张家港东山村遗址M101发掘报告[J].东南文化，2013(03):26–34.

[8] 浙江省文物考古研究所，萧山博物馆.跨湖桥[M].北京：文物出版社，2004:169.

[9] 浙江省文物考古研究所.河姆渡：新石器时代遗址考古发掘报告[M].北京：文物出版社，2003:78–80.

[10] 浙江省文物考古研究所，象山县文物管理委员会.象山县塔山遗址第一、二期发掘[C]//浙江省文物考古研究所.浙江省文物考古研究所学刊.北京：长征出版社，1997:22–73.

[11] 浙江省文物考古研究所，嘉兴市博物馆.马家浜[M].北京：文物出版社，2019:350–352.

[12] 秦岭，崔剑锋.浙北崧泽-良渚文化遗址出土玉器的初步科学分析[C]//浙江文物考古研究所.崧泽文化学术研讨会论文集（2014）.北京：文物出版社，2016:403–426.

[13] 闻广.苏南新石器时代玉器的考古地质学研究[J].文物，1986(10):42–49.

[14] 同[4].

[15] 郑振香.殷人以圆为雏形雕琢玉饰之探讨[J].考古，1993(10):944–948.

[16] 黄翠梅，叶贵玉.从红山与良渚文化玉器论艺术形式与材料来源的原因关系[C]//赤峰学院红山文化国际研究中心.红山文化研究 2004年红山文化国际学术研讨会论文集.北京：文物出版社，2006:423–443.

[17] 王明达.浙江余杭反山良渚墓地发掘简报[J].文物，1988(01):1–31.

[18] 方向明.良渚文化玉器用料探秘[J].大众考古，2015(03):53–57.

大化使用玉料的心思及智慧，无法据此判断其玉料来源于本地还是外地。

二、琮形玉器的分布及意义

良渚玉器器型丰富，其中的玉琮覆盖良渚文化早、中、晚期，蕴含丰富的精神含义，极富地方色彩[1]。多位学者曾对玉琮的分布、分类和分期进行研究，并借之分析良渚文化的北渐和西向、南向传播[2][3]。其中邓淑苹女士较早从阶地视角审视出土玉器的分布，并提出“典型东区玉琮”的概念[4]。笔者在前辈研究的基础上也对已知新石器时代琮形玉器（含玉琮和琮形管）的出土情况做了梳理，发现良渚文化时期的琮形玉器基本都出土于第三级阶梯（图一），显示出从核心区向邻近地区辐射的特点，且与北部大汶口文化联系尤为紧密。第三级阶梯上的透闪石玉矿点除溧阳小梅岭之外，最主要的分布位于辽宁岫岩一带（含磐石、敖汉、桓仁、析木、宽甸、岫岩）[5]，属华北克拉通。自北至南，时间有交集的红山、大汶口和良渚等文化之间存在以玉器样式等为表象的千丝万缕的联系[6][7][8][9][10][11][12]，显示出远距离的多向影响。笔者认为，南北之间有关玉器的交流不仅在于观念、样式及加工技术，也在于玉料。

此外，由图一可见，新石器时代琮形玉器的出土地点均位于滦河、黄河、淮河、长江和珠江流域的河流及湖泊附近，且其出现时间属于全新世大暖期，即距今

[1] 王方.试析古蜀玉器中的良渚文化因素[J].成都考古研究,2013:155–167.

[2] 黄翠梅.良渚文化玉琮之分类及其发展[C]//杨晶，蒋卫东.玉魂国魄：中国古代玉器与传统文化学术讨论会文集（五）.杭州：浙江古籍出版社,2012:201–214.

[3] 陈杰.良渚时期琮的流变及相关问题的探讨[J].上海博物馆集刊,2002:571–586.

[4] 邓淑苹.史前至夏时期璧、琮时空分布的检视与再思[C]//杨晶，蒋卫东.玉魂国魄：中国古代玉器与传统文化学术讨论会文集（五）.杭州：浙江古籍出版社:156–187.

[5] 张跃峰.北山及敦煌造山带古采矿遗址（群）软玉成矿体系：深部地质过程响应及其对丝绸之路华夏早期玉石文明的影响[D].广州：中山大学地球科学与工程学院,2021.

[6] 赵晔.红山与良渚玉器的比较研究[C]//杨晶，蒋卫东.玉魂国魄：中国古代玉器与传统文化学术讨论会文集（四）.杭州：浙江古籍出版社,2010:141–155.

[7] 张明华.抚胸玉立人姿式意义暨红山文化南下之探讨[J].上海博物馆集刊,2005:392–403.

[8] 田名利.凌家滩遗存与红山文化[C]//安徽省文物考古研究所.文物研究（第十五辑）.合肥：黄山书社,2007:79–90.

[9] 黄翠梅，郭大顺.红山文化斜口筒形器龟壳说——凌家滩的启示[C]//杨晶，蒋卫东.玉魂国魄：中国古代玉器与传统文化学术讨论会文集（五）.杭州：浙江古籍出版社,2012:143–158.

[10] 蒋卫东.凌家滩与红山：谁赴了谁的晚宴？[C]//杨晶，蒋卫东.玉魂国魄：中国古代玉器与传统文化学术讨论会文集（五）.杭州：浙江古籍出版社,2012:159–187.

[11] 杨美莉.试论新石器时代北方系统的环形玉器[C]//赤峰市北方文化国际研究中心.中国北方古代文化国际学术研讨会论文集.北京：中国文史出版社,1995:265–281.

[12] 王强，邓聪，栾丰实.海岱地区与东北亚史前玉器文化交流——以野店遗址所出璧环类玉器为例[J].考古,2018(07):107–120.

图一　中国新石器时代考古出土琮形玉器分布图（资料截至2022年1月）

8500~3000年之间，又称“仰韶温暖期”，彼时的海岸线较当今海岸线高[1]，结合相关中国东部古海岸线的研究成果[2][3][4]，可知新石器时代琮形玉器的分布明显呈现近古海岸线和近河的特征。考古遗存证明，古老文明起源与河流密切相关，水路在远距离物资输送中往往是当仁不让的运输通道[5][6]。胶东半岛曾出土距今约6000年左右的较大网坠和深海鱼骨，暗示其船具已经可以进行深、远海作业[7]，环太湖地区则直接有史前船具的相关发现，如跨湖桥遗址曾出土独木舟、木浆[8]，河姆渡遗址曾出土木桨、陶舟[9]，吴兴钱山漾遗址曾出土木桨等[10]，实证环太湖地区的先民很早之前就可以

[1] 王星光.生态环境变迁与夏代的兴起探索[M].北京：科学出版社，2004:42.
[2] 王宗涛.浙江全新世古海岸线遗迹及其古地理意义[J].浙江国土资源，1986(02):20–32.
[3] 杨怀仁，谢志仁.中国东部近20，000年来的气候波动与海面升降运动[J].海洋与湖沼，1984(01):1–13.
[4] 王靖泰，汪品先.中国东部晚更新世以来海面升降与气候变化的关系[J].地理学报，1980(04):299–312.
[5] 唐启翠.“玉石之路”研究回顾与展望[J].上海交通大学学报（哲学社会科学版），2013，21(06):27–36.
[6] Czekaj-Zastawny, A., Kabaci ń ski, J., Terberger, T. Long distance exchange in the Central European Neolithic: Hungary to the Baltic[J].Antiquity, 2011, 85(327):43–58.
[7] 王锡平.从出土文物看胶东半岛与辽东半岛史前时期的海上交通[J].海交史研究，2004(02):31–34.
[8] 浙江省文物考古研究所，萧山博物馆.跨湖桥[M].北京：文物出版社，2004:42–50.
[9] 浙江省博物馆浙江省文物管理委员会.河姆渡遗址第一期发掘报告[J].考古学报，1978(01):39–94.
[10] 浙江省文物管理委员会.吴兴钱山漾遗址第一、二次发掘报告[J].考古学报，1960(02):73–91.

驾驭水路。良渚文化的中后期发展舍近求远主要沿着江苏沿海向北，却没有向内地的宁镇地区大举扩张[1]。笔者认为除了江苏东部与太湖平原的地貌环境更为接近等原因之外，或许还有一种可能，就是良渚文化时期的玉料主要自北方而来，向靠近玉料供应地的方向发展更具备长期南北交流奠定下的基础，也更符合以神权为主要维系的良渚社会的需要，而在南北远距离的跨区交流中，近海水路通道扮演着比我们想象中更为重要的角色。

三、是否有可能远程输送?

辽宁岫岩软玉至迟于全新世新石器时代早期已被使用[2]。闻广、王时麒等地质学者研究认为，小南山、亚布力、兴隆洼、红山等文化的玉器可能多取料自辽宁岫岩[3][4]，邓聪先生等也注意到东北史前玉器以黄绿色调为多，正是岫岩透闪石玉的常见色调[5][6]。良渚玉器除了受沁者多呈灰白、黄褐等色，其余仍大多为淡绿、黄绿、淡青等绿色调[7],具有和红山文化玉器明显相似的玉质[8]。结合前文分析,我们重点检视自岫岩往南至太湖的近海地区，主要涉及辽东半岛和胶东半岛，其分别所在的燕辽地区、海岱地区与环太湖地区一起，正是中国东部的三个史前文化中心，也是公元前7000~3500年中国玉器集中分布的三个区块[9]。

除西辽河流域之外，临近岫岩玉矿生成地带的辽东山地、辽河平原区、辽东半岛南端和海岛区都考古出土或采集有新石器时代玉器[10]。周晓晶女士统计辽东半岛出土史前玉器的地点，发现其具有从半岛东北部向南端延伸的趋势，并认为这种趋势可能体现了当时玉器传播发展的路线[11]。辽东半岛再往南就是胶东半岛,它们曾同属

[1] 谷建祥.论宁镇地区古文化之演进[J].东南文化,1990(05):326–339.
[2] 杨虎,刘国祥.兴隆洼文化玉器初论[C]//中国社会科学院考古研究所,香港中文大学中国考古艺术研究中心.玉器起源探索——兴隆洼文化玉器研究及图录.香港:香港中文大学中国考古艺术研究中心,2007:214–220.
[3] 王时麒,赵朝洪,于洸,等.中国岫岩玉[M].北京:科学出版社,2007:115–166.
[4] 闻广.全世界最早的真玉器[J].台北故宫文物月刊,1993,11(3):114–121.
[5] 邓聪.兴隆洼文化玉器与植物宇宙观[J].赤峰学院学报(汉文哲学社会科学版),2008(S1):21–34.
[6] 邓聪.贝加尔-岫岩史前玉器交流[C]//邓聪.邓聪考古论文选集.香港:香港中文大学中国考古艺术研究中心,2021:234.
[7] 汪遵国.良渚文化玉器综论[C]//邓聪.东亚玉器.香港:香港中文大学中国考古艺术研究中心,1998:261–263.
[8] 闻广,荆志淳.中国古玉地质考古学研究[C]//徐湖平.东方文明之光:良渚文化发现60周年纪念文集(1936–1996).海口:海南国际新闻出版中心,1996:430.
[9] 邓淑苹."玉帛文化"形成之路的省思[J].南方文物,2018(01):173–188.
[10] 刘俊勇,黄子文.辽东半岛四平山积石冢探讨[J].辽宁师范大学学报(社会科学版),2010,33(03):107–110.
[11] 周晓晶.辽东半岛地区新石器时代玉器的初步研究[J].北方文物,1999(01):18–24.

“胶辽古陆”[1]，后隔海相望但距离不远，于新石器时代曾主要通过海路并以庙岛群岛作为衔接进行往来[2][3]。学者研究认为，两地至迟于小珠山一期时（距今约7000年前）发生文化交流，影响方向自北向南[4]。至大汶口文化早期（距今约6000年），两地文化交流和海上交通达到空前繁盛阶段，影响方向转为自南向北[5][6][7]。海岱地区至今尚无透闪石玉矿的发现，却已出土至少五百余件史前玉器[8]。诸多学者对大汶口文化出土玉器及现代辽宁岫岩透闪石玉玉料做过肉眼的观察比对，均提出其玉料大部分来自辽宁岫岩[9]。此外，杨炯女士还利用无损测试技术研究认为，大汶口文化的部分蛇纹石玉与现代泰山玉的产地特征基本一致，最大可能就近取材于附近的泰山山麓[10]。由此，海岱地区史前玉器的玉料来源既存在“就近取材”，也存在“远程输送”，其中的透闪石玉玉料极有可能来自北方岫岩地区，而辽东至胶东的海路无疑是重要的交流通道。

岫岩透闪石玉若可抵达海岱，那接力至环太湖地区已然不是难事。海岱与环太湖地区的联系由来已久，自各自文化早期（约距今7000年）就存在密切的交流，主要表现在马家浜文化和北辛文化阶段[11][12]。至崧泽文化早期（约距今6000年），两地文化联系不断加强，各自文化中存在着若干对方的文化因素[13][14]。到了良渚文化时期，即大汶口文化中晚期，两地文化交流达到高潮[15]。同时，海岱与环太湖地区高等级墓葬的随葬品使用上有“以陶随葬”和“以玉随葬”的显著差别[16]。对于海岱地区

[1] 王锡平.从出土文物看胶东半岛与辽东半岛史前时期的海上交通[J].海交史研究,2004(02):31–34.
[2] 佟伟华.胶东半岛与辽东半岛原始文化的交流[C]//烟台市文物管理委员会,烟台市博物馆.胶东考古研究文集.山东:齐鲁书社,2004:81–96.
[3] 刘俊勇,李芳芳,王露.汉代以前胶东、辽东半岛文化往来的考古学考察[J].渤海大学学报(哲学社会科学版),2015,37(01):21–26.
[4] 同[2].
[5] 同[3].
[6] 浙江省文物管理委员会.吴兴钱山漾遗址第一、二次发掘报告[J].考古学报,1960(02):73–91.
[7] 栾丰实.良渚文化的北渐[J].中原文物,1996(03):52–59.
[8] 王强,杨海燕.西玉东传与东工西传——黄河流域龙山时代玉器比较研究[J].东南文化,2018(03):80–89.
[9] 赵朝洪,员雪梅,徐世炼,等.从玉器来源的考察看红山文化与大汶口文化的关系[C]//赤峰学院红山文化国际研究中心.红山文化研究——2004年红山文化国际学术讨论会论文集.北京:文物出版社,2006:456–463.
[10] 杨炯,丘志力,孙波,等.基于p-FTIR和p-XRF测试组合的大汶口文化蛇纹石质玉器无损检测及产地溯源分析[J].光谱学与光谱分析,2022,42(02):446–453.
[11] 张学海.后李类型与马家浜文化之联系初探[N].中国文物报,1998–01–07(XX).
[12] 卢建英.试析北辛文化与马家浜文化的关系[J].东南文化,2009(06):39–46.
[13] 栾丰实.崧泽文化向北方地区的扩散[J].东南文化,2015(01):79–87.
[14] 栾丰实.大汶口文化与崧泽、良渚文化的关系[C]//栾丰实.海岱地区考古研究.山东:山东大学出版社,1997:134–155.
[15] 栾丰实.良渚文化的北渐[J].中原文物,1996(03):52–59.
[16] 王芬.海岱地区和太湖地区史前社会复杂化进程的比较研究[D].济南:山东大学,2006.

大汶口文化来说，主要以牙雕和薄胎黑陶器等承担思想意识载体的功能[1]。或许正是因为对玉器的这一点“轻视”，大汶口文化时期海岱地区才可能以来自辽东的很多珍贵玉料与环太湖地区进行交换或交流。关于两地的交流通道，常有陆路和水路两种思考。其中，栾丰实先生根据胶东半岛地区屡见良渚文化遗物以及长岛大竹山岛附近海域曾打捞出来自南方的圜底陶釜，认为良渚人利用水路通道北上苏北鲁南的可能性更大一些[2]。

四、小结与设想

杨伯达先生曾于2004年提出，“和田玉路”形成之前，史前还存在若干支玉石之路，如珣玗琪玉路、瑶琨玉路、鬼国玉路等区域性玉石之路，以及跨区域的玉石之路（网络）[3]。中国多位地质学者的科学检测研究也至少证明，辽宁宽甸透闪石玉和甘肃马鬃山透闪石玉曾分别是红山文化和下靳遗址的重要玉料来源[4][5]，既有“就近取材”，也有“远程输送”。李新伟先生曾引用美国考古学家皮波斯对密西西比河流域史前社会的经典研究，指出越是远离普通民众且只有社会上层才能获得和使用的物品价值越高，越是来自远方的物品价值越高[6]。多位学者认同，距今约5500年前中国各主要文化区同步飞跃式发展，并交流互动形成了社会上层远距离交流[7][8]。本文在前辈学者研究的基础上提出一种可能性思考，那就是燕辽、海岱、环太湖三地之间可能存在珍贵玉料资源的上层交流，且水路或许是与陆路一样重要，甚至更为重要的交流通道。此外，结合三地文化交流的时间线来大胆推想，其玉料交流可能零星发生于距今约6000年（崧泽文化早期），逐渐兴盛自距今约5400年左右（良渚文化早期）。以良渚文化为代表的环太湖地区史前玉器的玉料既有就近取材的可能，也有远程输送的可能。

---

[1] 周晓晶.关于良渚文化玉锥形器产生问题的探讨[C]//杨伯达.中国玉文化论丛(四编).北京:紫禁城出版社,2006:2028–2034.

[2] 栾丰实.良渚文化的北渐[J].中原文物,1996(03):52–59.

[3] 杨伯达.“玉石之路”的布局及其网络[J].南都学坛,2004(03):113–117.

[4] 闻广.中国古玉地质考古学研究的续进展[J].故宫学术季刊,1993,11(1):9–29.

[5] 丘志力,张跃峰,杨炯,等.肃北敦煌旱峡新发现的古玉矿:一个早期古代玉器材料潜在的重要源头[J].宝石和宝石学杂志(中英文),2020,22(05):1–12.

[6] 李新伟.中国史前社会上层远距离交流网的形成[J].文物,2015(04):51–58.

[7] 邓淑苹.“玉帛文化”形成之路的省思[J].南方文物,2018(01):173–188.

[8] 栾丰实.试论仰韶时代中期的社会分层[J].东方考古,2012:44–56.

古玉器玉料溯源研究对于揭示中国古代，尤其是史前先民的活动范围、开采加工和运输能力等区域科技生产力水平、物品交换模式及贸易路线等均具有重要的指示意义[1][2][3][4][5]。南方新石器文化之代表——良渚文化出土玉器的玉料来源问题始终莫衷一是，需要考古学、地质学、人类学等学者合作研究推进。目前，古玉器溯源技术已取得了长足发展和重要突破[6]，环太湖地区也已发现不少与制玉相关的史前遗址，出土了大量玉料和玉器半成品[7][8][9][10][11][12][13][14]，尤其是塘山、钟家港、丁沙地遗址出土的透闪石玉料和中初鸣遗址群出土的蛇纹石玉料，是无损或极微损科学检测分析的极好样本，对于解决良渚玉器的玉料来源问题起着关键性作用。此外，李伯谦先生等提出，良渚文化早期即出现的崇尚神权现象并不源自崧泽文化，反而有可能源自“存在某种相通性”的凌家滩文化与红山文化[15][16][17][18][19]。除了继续关注良渚文化本地及与其后期发展紧密相关的北向、南向玉器和玉料的考古发现外，时间更早的巢湖流域凌家滩文化仍亟待进行更深入的学科交叉研究。

附记：本文写作得到国家自然科学基金青年基金（42003022）及上海博物馆馆级科研课题（2020GA02）联合资助。

2022年7月4日收稿

[1] 陈国科，杨谊时．河西走廊地区早期透闪石玉开采年代的考古学观察[J]．敦煌研究，2021(05):85–94.
[2] 邓淑苹．牙璋探索——大汶口文化至二里头期[J]．南方文物，2021(01):201–222.
[3] 杨建芳．从玉器考察南中国史前文化传播和影响[J]．东南文化，2008(04):63–73.
[4] 邓聪．东亚玉玦之路[J]．人类文化遗产保护，2003:41–44.
[5] 邓聪．第三届“南中国及邻近地区古文化研究国际学术会议——东亚古玉研究”会议纪要[J]．文物，1999(07):92–96.
[6] 张跃峰，丘志力，杨炯，等．古代玉器产地溯源中岩矿地球化学分析测试技术及其进展[J]．岩石矿物学杂志，2022(待刊).
[7] 王永磊，陈明辉，朱雪菲，等．杭州市余杭区良渚古城钟家港中段发掘简报[J]．考古，2021(06):15–16.
[8] 朱叶菲，王永磊，周建忠，等．浙江德清县中初鸣良渚文化制玉作坊遗址群的发掘[J]．考古，2021(06):56–78.
[9] 姜亚飞．先秦时期制玉作坊遗存及相关问题研究[D]．济南：山东大学，2016.
[10] 方向明．方家洲——新石器时代的专业玉石器制造场[J]．中国文化遗产，2012(06):66–72.
[11] 陆建方，杭涛，韩建立．江苏句容丁沙地遗址第二次发掘简报[J]．文物，2001(05):22–36.
[12] 吴荣清．江苏句容丁沙地遗址试掘钻探简报[J]．东南文化，1990(Z1):241–254.
[13] 王明达，方向明，徐新民，等．塘山遗址发现良渚文化制玉作坊[N]．中国文物报，2002–09–20(01).
[14] 张祖方，周晓陆，严飞．江苏丹徒磨盘墩遗址发掘报告[J]．史前研究，1985(02):71–84.
[15] 田名利．凌家滩遗存与红山文化[C]//安徽省文物考古研究所．文物研究(第十五辑)．合肥：黄山书社，2007:79–90.
[16] 李新伟．裂变、撞击和熔合——苏秉琦文明起源三种形式的新思考[J]．南方文物，2020(02):1–7.
[17] 李新伟．“华山玫瑰燕山龙”与“良渚琮璧海岱城”——苏秉琦区系类型理论的新思考[J]．南方文物，2020(01):1–8.
[18] 殷志强．红山、良渚文化玉器的比较研究[J]．北方文物，1988(01):8–12.
[19] 李伯谦．从崧泽到良渚——关于古代文明演进模式发生重大转折的再分析[C]//北京大学中国考古学研究中心北京大学考古学文博学院．考古学研究(十)．北京：科学出版社，2012:517–529.

良渚玉器制作工艺的实验考古研究

Experiment Archaeology Research to the Manufacturing Technique of Liangzhu Jades

费震涣（浙江大学艺术与考古学院文化遗产与博物馆学研究所）

金　瑶（浙江大学艺术与考古学院文化遗产与博物馆学研究所）

陈明辉（浙江省文物考古研究所 杭州市良渚遗址管理区管理委员会）

陈　虹（浙江大学艺术与考古学院文化遗产与博物馆学研究所 浙江大学艺术与考古学院考古与文博系）

摘要：本研究主要运用实验考古的方法，使用不同材质的刻刀和钻具对实验玉料进行刻纹和钻孔，尝试探讨良渚制玉中阴线刻纹和钻孔两项工艺的工具性质问题。在实验过程中，利用显微拍照和微痕分析的手段提取玉料和工具的表面形变信息。处理数据后可得，燧石尖状器、燧石石钻和竹管作为阴线刻纹、实心钻和空心钻的工具具备较高可行性。此外，本研究对良渚姜家山墓葬出土的部分玉器进行微痕分析，对比模拟实验的结果与考古标本表面的痕迹，从而增强研究全面性。

关键词：良渚文化 制玉工艺 实验考古 微痕分析

ABSTRACT: This study mainly uses the method of experimental archaeology to carve and drill the jades with tools of different materials, in order to explore the

tool attributes of the techniques of intaglio and drilling in Liangzhu culture. The information of deformation produced during the process is extracted by means of microscopic observation and microwear analysis, and it tells us that it is feasible to use flint point, flint drill and bamboo tube as tools for intaglioing, solid drilling and hollow drilling. In addition, this study uses microwear analysis to research some jades unearthed from jiangjiashan tomb of Liangzhu culture. Comparing the results of experiments with the microwear on the surface of archaeological specimens to enhance the comprehensiveness and objectivity of the study.
KEYWORDS: Liangzhu Culture; Jade Manufacturing Technique; Experimental Archaeology; Microwear Analysis

一、研究背景

良渚制玉工艺研究始于20世纪80年代，经过多年的研究和讨论，学界对它的认识已相当深入和全面，如运用线切割和片切割进行开料制坯，运用管钻进行打孔、掏膛和雕琢圆纹，运用减地浅浮雕、镂空透雕和阴线刻纹等技术雕琢出繁复的纹饰和图案，以及非常精细的研磨和抛光等。对这些工艺的认识，来自对大量出土玉器表面宏观形态和微观痕迹的研究。而出土材料中制玉工具的匮乏，导致学界对加工工具材质、形态和构造的认识尚有不足，特别是阴线刻纹和钻孔两项工艺的工具性质，至今仍有颇多争议。

纤繁细密的阴线是组成良渚玉器表面纹饰的主体元素，学者对制造这些线条的雕刻工具的猜测，随着考古材料的不断更新而改变着。20世纪80年代，江苏丹徒出土少量玉器和大量燧石尖状器[1]。据此，汪遵国认为“刻划工具只能从传统的细石器中寻找”[2]，周晓陆和张敏提出镂刻工具可能为燧石细石器[3]，牟永抗指出“玛瑙、燧石、石英等石材用于刻玉的可能性是存在的”[4]。之后，随着多枚三角形鲨鱼牙齿在

[1] 张祖方，周晓陆，严飞.江苏丹徒磨盘墩遗址发掘报告[J].史前研究，1985，2:71–84+117–119.
[2] 汪遵国.良渚文化“玉敛葬”述略[J].文物，1984，2:23–36+100–101.
[3] 周晓陆，张敏.治玉说：长江下游新石器时代三件玉质品弃余物的研究[J].南京博物院集刊（07），1984:46–51.
[4] 牟永抗.良渚玉器三题[J].文物，1989，5:64–68+74.

福泉山、反山、瑶山等良渚遗址的出土，张明华[1]、刘斌[2]、林华东[3]等学者提出鲨鱼牙作为刻纹工具的可能性。林华东还进行了相关实验证明鲨鱼牙刻纹的有效性，但林巳奈夫进行的鲨鱼牙刻纹实验却以失败告终，后者转而提出良渚制玉的刻纹工具可能为钻石[4]。2011年，陈启贤对反山、瑶山等遗址出土玉器进行显微观察和微痕分析，指出玉器表面的阴线刻纹可由石片或石核加工获得[5]，但未明确说明具体石料。

除了刻纹工具，学界对良渚玉器钻孔工艺的钻具性质也未达成共识。由良渚遗址出土的大量钻芯及其改制品可知，良渚制玉的钻孔工艺主要是空心钻（管钻），且多为双面钻。空心钻的工具性质在学界主要存在两种观点：一是竹管或骨管，如周晓陆和张敏认为"当时可用的管子有竹管和骨管"[6]，牟永抗测量玉琮和琮芯贴合面斜收程度后推断钻具应为具有高磨损性的竹管[7]；二是金属质管具，如汪遵国猜测良渚时期已有青铜管具[8]，吴凡指出部分平整而尖细的圆形痕迹无法由竹管钻孔获得而可能为金属工具所为[9]。良渚制玉中也存在少量实心钻钻孔（桯钻），一般认为工具可能为木棒或石钻，陈淳和张祖方曾利用磨盘墩出土的石钻进行相关的模拟实验研究。[10]

为了探讨良渚制玉中阴线刻纹和钻孔两项工艺的工具性质问题，尝试检验前人研究中对诸多材料和操作形式的猜测，本研究将运用实验考古的方法，设计相应的模拟实验，使用不同材质的刻纹工具和钻具对实验玉料进行刻纹和钻孔，为良渚玉器乃至良渚文化研究填补一些空白。

二、研究方法

（一）实验考古

实验考古，是通过可控条件下的模拟实验复原古人的行为及所产生的物质遗存

[1] 张明华.良渚古玉的刻纹工具是什么[N].中国文物报，1990-12-06（47）.
[2] 刘斌.良渚治玉的社会性问题初探[J].东南文化.1993，1:103-110.
[3] 林华冬.论良渚玉器的制造工艺[C]//徐湖平.东方文明之光：良渚文化发现六十周年纪念文集.海口：海南国际新闻出版中心.1996:374-381.
[4] 林巳奈夫.良渚文化玉器纹饰的雕刻技术[C]//徐湖平.东方文明之光：良渚文化发现六十周年纪念文集.海口：海南国际新闻出版中心.1996:338-347.
[5] 良渚博物馆.瑶琨美玉：良渚博物院藏良渚文化玉器精粹[M].北京：文物出版社，台北：众志美术出版社，2011:36-70.
[6] 周晓陆，张敏.治玉说：长江下游新石器时代三件玉质品弃余物的研究[J].南京博物院集刊（07），1984:46-51.
[7] 牟永抗.良渚玉器三题[J].文物，1989，5:64-68+74.
[8] 汪遵国.良渚文化"玉敛葬"述略[J].文物，1984，2:23-36+100-101.
[9] 吴凡.良渚玉器探微[J].故宫文物月刊（121期），1993:120-131.
[10] 陈淳，张祖方.磨盘墩石钻研究[J].东南文化，1986，1:139-141.

的一种考古学研究方法[1]。在制玉模拟实验中按照可能的方式对实验玉料进行加工，再用显微镜观察并拍摄微痕照片，提取加工效果和工具耐久性等信息，从而判断工具可行性和良渚人使用该工具的可能性。

（二）微痕分析

微痕分析的方法来自石器研究，石器器表与外界物质接触并相互作用后发生不可逆的微观物理变化，它以微痕的方式呈现[2]。该方法通过对微痕的辨识鉴定相对应的物理变化，从而还原石器的制作和使用过程。玉器本质是特殊的石器，利用显微镜观察并拍摄记录玉器表面微痕的细节特征和构造，以备后续分析和结果呈现[3]，同样可以从中提取有效的加工信息，从而还原玉器制作工艺。

（三）统计分析

统计方法是指有关收集、整理、分析和解释统计数据，并对其所反映的问题作出一定结论的方法[4]。考虑科学实验对客观性和定量分析的要求，统计是实验研究中必不可少的手段。在制玉工艺模拟实验中，工具可行性为综合玉料形变程度和工具磨损程度的结果，此二者需对显微照片进行数据测量后按照一定统计学方法进行处理分析获得。此外，分阶段的数据统计有利于我们获取不同加工阶段的加工效率信息。

三、实验设计

本研究进行实验的目的为探究良渚制玉中阴线刻纹和钻孔两种工艺的工具性质。服务于该研究目的，分别设计两项模拟实验：阴线刻纹实验和钻孔实验（图一）。阴线刻纹实验，是利用鲨鱼牙、水晶尖状器和燧石尖状器在实验玉料表面进行刻划的实验，目的为检验鲨鱼牙、水晶和燧石三种材质作为刻划工具的可行性，此外还对刻划方式、装柄等操作细节进行讨论。钻孔实验，是利用燧石石钻和竹管在实验玉料表面分别进行实心钻和空心钻的实验，目的为检验两种钻具的钻孔可行性，同时尝试对实心钻和空心钻进行比较研究。

[1] 周振宇.中国石器实验考古研究概述[J].考古，2020，6:77–87.

[2] 陈虹.华北细石叶工艺的文化适应研究：晋冀地区部分旧石器时代晚期遗址的考古学分析[M]. 杭州：浙江大学出版社，2011:66.

[3] 邓聪，刘国祥，叶晓红.玉器考古学方法和举例[C]//刘国祥，于明.名家论玉（一）——2008绍兴“中国玉文化名家论坛”文集.北京：科学出版社，2009:274–300.

[4] 贾俊平，何晓群，金勇.统计学（第四版）[M].北京：中国人民大学出版社，2009:3.

实验的加工对象是3件岫岩玉玉料，实验玉料YL-4、实验玉料YL-6和实验玉料YL-8，其中YL-4和YL-6为阴线刻纹实验的加工对象，YL-8为钻孔实验的加工对象。利用里氏硬度计测量5次取均值后获取硬度值，3件实验玉料的硬度均在400~600里氏之间。虽然实验玉料在物理性质上与良渚玉料存在一定差异，但加工结果以微痕的方式呈现，受加工对象物理性质因素影响较小。

阴线刻纹实验的刻纹工具是鲨鱼牙SSY-1、水晶尖状器SJ-1、燧石尖状器SS-1和燧石尖状器SS-2。其中2件燧石尖状器为杭州市余杭区瓶窑镇采集，尖端锋利，未经加工即进行使用。钻孔实验的加工工具是燧石石钻SS-3和竹管ZG-1，燧石石钻为瓶窑镇采集燧石后利用压制法加工制成。空心钻的具体操作中还涉及弓钻，因而需要辅助加工工具，包括竹条（50厘米）和伞绳组合而成的弓具、2件固定器（带孔黑色石料和手工电钻机身）。此外，空心钻实验中使用的解玉砂为市场购买的纯净石英砂，粒度为0.02~0.04厘米。

在实验过程中，利用显微设备拍摄记录各个加工阶段实验玉料和加工工具的表面形变，通过对显微照片的观察和测量提取玉料表面形变程度（加工效果）和工具磨损程度（耐久性）两项信息，最终对工具可行性进行分析和讨论。使用的显微设备为奥林巴斯光学数码显微镜（放大倍数为24~384×）和基恩士VHX-5000超景深三维显微镜（放大倍数为20~200×和250~2500×）。

图一　实验材料

表一　实验材料信息表

编号	用途	材质	物理性质					来源
			长度(cm)	宽度(cm)	厚度(cm)	重量(g)	硬度(HL)	
YL-4	实验玉料	岫岩玉	6.52	6.00	2.13	149.47	417	市场购买
YL-6	实验玉料	岫岩玉	7.81	5.50	1.21	61.75	562	市场购买
YL-8	实验玉料	岫岩玉	6.64	4.68	1.31	49.89	420	市场购买
SSY-1	刻纹工具	鲨鱼牙	1.70	1.50	0.33	0.27	/	市场购买
SJ-1	刻纹工具	水晶	2.64	0.41	0.36	0.57	/	市场购买
SS-1	刻纹工具	燧石	2.18	1.67	0.21	0.86	/	瓶窑镇采集
SS-2	刻纹工具	燧石	1.92	0.94	0.44	0.68	/	瓶窑镇采集
SS-3	钻具	燧石	2.12	0.96	0.51	1.11	/	瓶窑镇采集后打制
ZG-1	钻具	竹	长25.00cm，管径0.55/0.95cm，厚0.40cm					德清县采集后加工

四、模拟实验

（一）阴线刻纹实验

1. 实验过程

在进行实验前，先拍摄2件实验玉料（YL-4、YL-6）和4件刻纹工具（SSY-1、SJ-1、SS-1、SS-2）表面的初始照片。在玉料表面选取刻划区域，用黑色马克笔画点标识后拍摄记录。拍摄鲨鱼牙（尖状器）前需先区分其拍摄面，确认不平坦的一面为A面、相对平坦的一面为B面、尖部为C面，分别拍摄三面的初始照片。完成初始信息记录后进行刻划（图二），徒手握住刻划工具（组别1-6为燧石尖状器装柄使用），使其尖部垂直于玉料表面，施力进行刻划，刻划方式有重复同一方向的单向刻划和不断来回的往复刻划两种。

分别在刻划10、50、100、200次时中止（部分组别刻划总次数小于200次），使用显微镜拍摄玉料表面和鲨鱼牙（尖状器）A、B、C三面的照片，以显微照片的形式分阶段记录玉料表面形变和工具尖部磨损。此外，组别1-6的实验还需拍摄工具表面的装柄痕迹。最终完成实验后，整理拍摄照片，测量照片中刻划痕迹的长度、宽度和深度。

图二 阴线刻纹实验操作
（a. 徒手进行刻划；b. 组别1-6，装柄进行刻划）

表二 阴线刻纹实验信息表

组别	加工对象	加工工具	加工方式	加工次数
1-1	实验玉料YL-4	鲨鱼牙SSY-1	往复刻划	50次
1-2	实验玉料YL-6	鲨鱼牙SSY-1	往复刻划	50次
1-3	实验玉料YL-6	水晶尖状器SJ-1	往复刻划	50次
1-4	实验玉料YL-6	燧石尖状器SS-1	单向刻划	200次
1-5	实验玉料YL-6	燧石尖状器SS-1	往复刻划	200次
1-6	实验玉料YL-6	燧石尖状器SS-2	装柄后单向刻划	200次

2. 实验结果和讨论

观察实验组别1-2中实验玉料YL-6表面经鲨鱼牙刻划50次后的照片（图三a、b），发现鲨鱼牙刻划后在玉料表面留下具有特殊光泽的痕迹，对显微照片进行3D测量后发现，刻划区域相较周围高程更高，即刻纹实验非但没有刻出槽痕，反而出现凸起，应为鲨鱼牙磨损后（图三c、d、e）自身粉末黏结在玉料表面导致。实验结果说明，鲨鱼牙不适合用于玉器雕刻。

观察实验组别1-3中实验玉料YL-6表面经水晶尖状器刻划50次后的照片（图三f、g），发现水晶尖状器可以在玉料表面制造刻痕。但水晶材质易碎，尖状器在刻划过程中磨损严重（图三h、i），表明其作为刻刀的可能性较低。

观察实验组别1-4、1-5中玉料表面经燧石尖状器刻划200次后的照片（图四a、b、c、d），均可看到明显刻痕。其中图四d的位置是刻痕最宽最深的中段部分，测量可得其宽0.18毫米、深0.10毫米，能明显观察到U形凹槽底，且底部可见细密纵

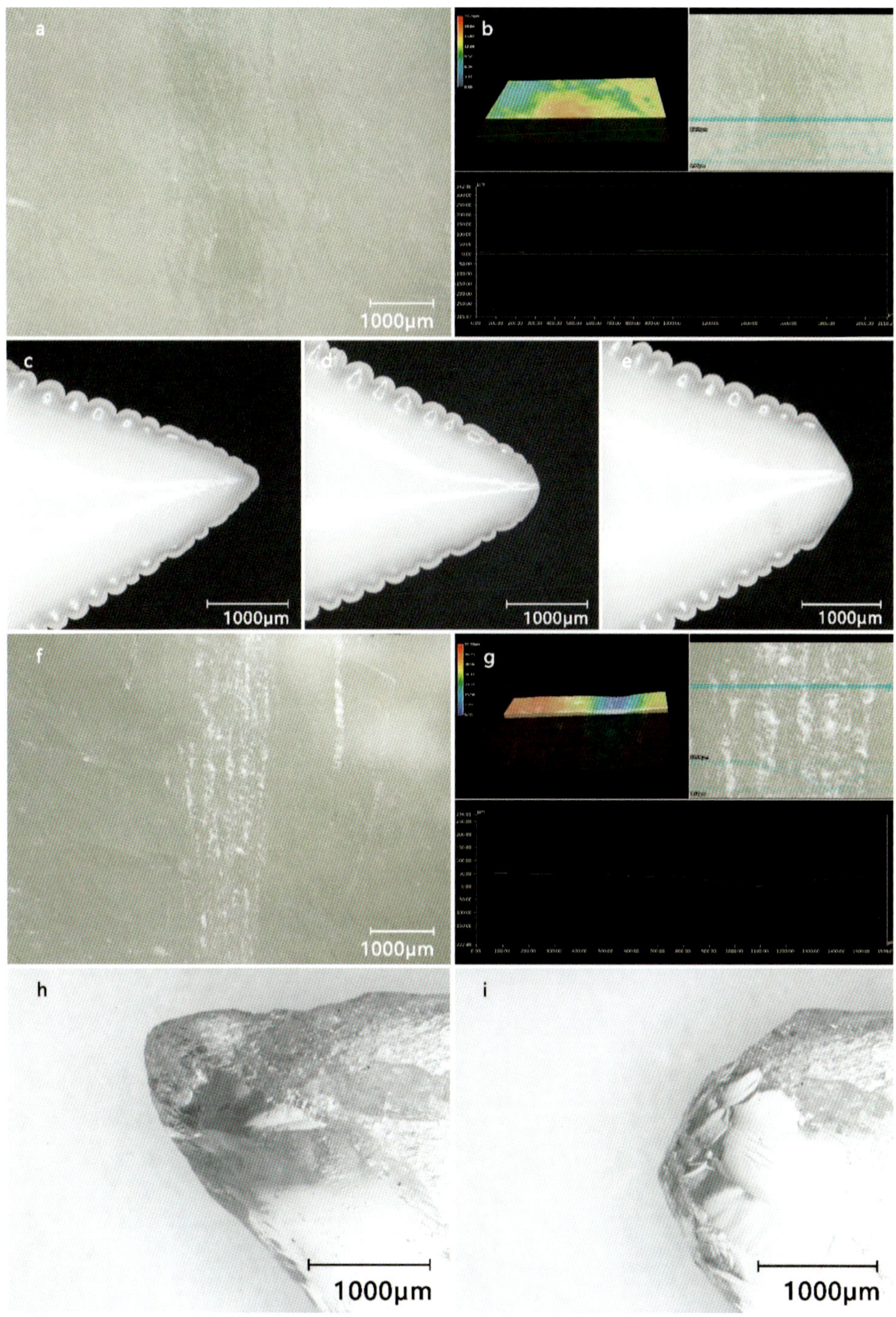

图三　鲨鱼牙和水晶尖状器刻纹实验的显微照片

（a. YL-6，鲨鱼牙刻划50次，50×；b. YL-6，鲨鱼牙刻划50次，3D测量；c. SSY-1-A，未刻划，72×；d. SSY-1-A，刻划50次，72×；e. SSY-1-A，刻划100次，72×；f. YL-6，水晶尖状器刻划50次，50×；g. YL-6，水晶尖状器刻划50次，3D测量；h. SJ-1-A，未刻划，72×；i. SJ-1-A，刻划50次，72×）

向划痕，证明燧石尖状器具有良好的刻划效果，加上其磨损率低、耐久性高（图四e、f、g），说明燧石尖状器作为刻纹工具的可行性高。

对比两组实验的结果，操作中进行往复刻划的组别1-5的刻痕比进行单向刻划的组别1-4更集中和深入，说明往复刻划的效果好于单向刻划，主要的影响因素有：①单向刻划每次刻划的起点理论上为同一点，但实际操作中往往无法精确定位，因而刻痕集中性比不间断的来回刻划要差；②因为刻痕底部变得更光滑，单向刻划越往后越轻，而来回刻划每一次都会破坏前一次的底部形态，不会出现因光滑而无法施力的情况。

此外，组别1-6进行装柄刻划的模拟实验，加工结果较差，可能因为燧石尖状器的尖部锋利度和装柄牢固程度差，且未观察到明显装柄痕迹。

（二）钻孔实验

1. 实验过程

在进行实验前，先拍摄加工对象和加工工具表面的初始照片。在实验玉料表面选取钻孔区域，用黑色马克笔画框标识后拍摄记录（粗糙区域最佳，钻具不易滑动，省去“定孔”步骤）。钻孔实验的加工工具中，仅进行实心钻的燧石石钻SS-3需要拍摄显微照片，先区分它的拍摄面，确认燧石石钻带脊的一面为A面、平坦的一面为B面、尖部为C面，分别拍摄三面的初始照片。进行空心钻的竹管无需拍摄显微照片，但在实验前测量其初始长度。完成初始信息记录后进行钻孔。在进行实心钻时（图五a），双脚固定玉料后用手搓转木柄使石钻转动，从而进行钻孔。在进行空心钻时，先用手搓转竹管使之转动进行钻孔，因效率极低和操作费力，30分钟后改钻孔方式为弓钻（图五b）：用手工电钻机身固定竹管上端（连接处可转动），脚踩带孔的黑色石料固定竹管下端，前后拉动竹弓使弓弦带动竹管旋转。空心钻实验中以2~3分钟为间隔添加水和解玉砂。

在进行实心钻的过程中，每隔10分钟中止钻孔，超声震荡清洗玉料5分钟后使用显微镜拍摄玉料表面的钻孔情况。在钻孔第40、80分钟时拍摄燧石石钻的尖部磨损情况，拆开装柄，超声震荡清洗5分钟后拍摄石钻三面的照片。在空心钻实验中，每隔10分钟中止钻孔，超声震荡清洗玉料5分钟后使用显微镜拍摄玉料表面的钻孔情况，同时测量并记录竹管剩余长度。最终完成实验后，对拍摄照片进行整理，测量照片中钻孔的孔径、深度和石钻的磨损度。

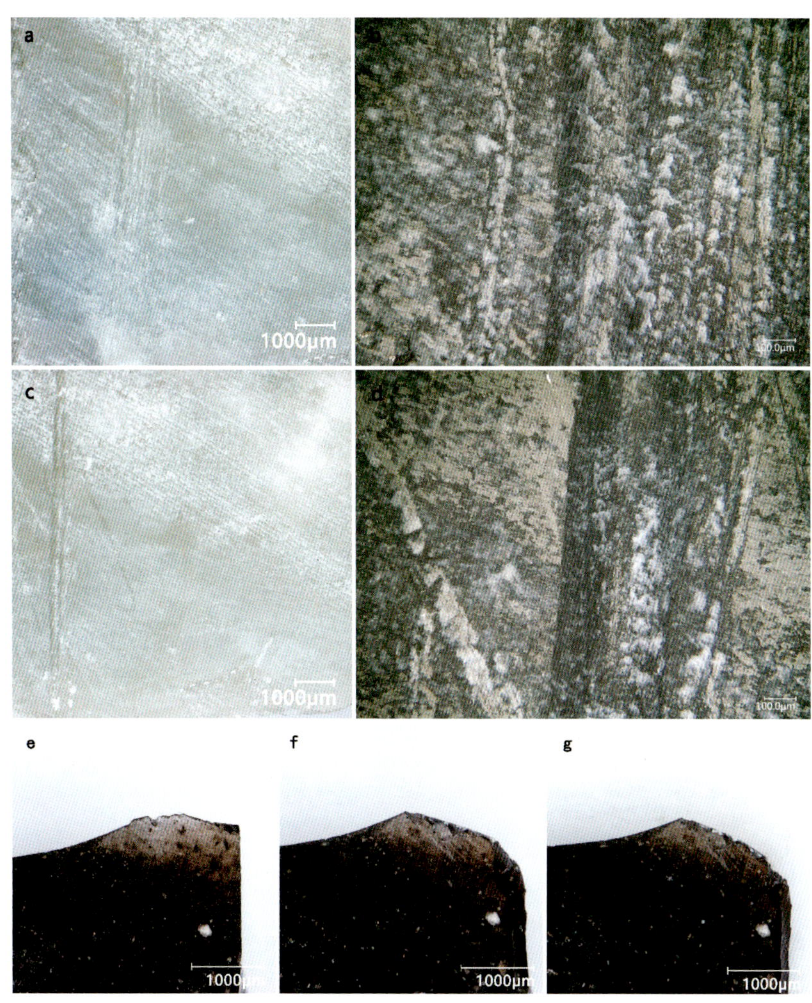

图四　燧石尖状器刻纹实验的显微照片

（a. YL-6，单向刻划200次，31×；b. YL-6，单向刻划200次，250×；c. YL-6，来回刻划200次，31×；d. YL-6，来回刻划200次，250×；e. SS-2-B，未刻划，72×；f. SS-2-B，刻划50次，72×；g. SS-2-B，刻划200次，72×）

图五　钻孔实验操作

（a. 实心钻手动钻孔；b. 空心钻弓钻钻孔）

表三　钻孔实验信息表

组别	加工对象	加工工具	加工方式	加工时间
2-1	实验玉料YL-8	燧石石钻SS-3	手动钻孔	80min
2-2	实验玉料YL-8	竹管ZG-1	手动钻孔、弓钻	手动钻孔30min、弓钻90min

2. 实验结果与讨论

观察实心钻钻孔实验不同阶段实验玉料表面的形变程度（图六a、b、c、d），可获知孔洞形成过程。其中，图六b为钻孔20分钟后的孔洞照片（未清洗），白色残留物为玉料粉末，根据残留物的分布可看出呈细密同心圆形状的弧线，即钻孔的残留痕迹；图六c为钻孔40分钟后的孔洞照片，此时孔洞更深入，且整体位置向上偏移，应为钻孔过程中的施力偏向导致（双手纵向搓转时偏向身体前方）。图六d为钻孔80分钟后的孔洞照片，也是实心钻模拟实验的最终成孔照片，测量可得孔径2.14毫米、孔深1.95毫米，孔缘清晰可见，孔洞整体呈光滑凹坑状，可证明燧石石钻具有良好钻孔效果。

观察钻孔不同阶段钻具的磨损情况（图六e、f、g），燧石石钻尖部磨损较多，出现大量片疤，整体形状从扁圆向锥体转变，测量可得最终磨损0.85毫米，磨损率较低。综合钻孔效果和工具耐久性，使用燧石石钻进行实心钻钻孔的可行性高，考虑到燧石材料在良渚文化遗址中的多次发现[1]，良渚制玉使用燧石材质的钻头进行实心钻的可能性较大。

观察空心钻钻孔实验不同阶段实验玉料表面的形变程度（图六h、i、j、k），也可获知孔洞形成过程。图六i为手动钻孔30分钟后的孔洞照片（后改为弓钻），钻孔效果差，仅钻去部分易脱落的玉层，且操作费力，说明手动进行空心钻钻孔不可取。图六j和图六k为在手动钻孔基础上弓钻30分钟和60分钟的孔洞照片，外孔缘明显、内孔缘逐渐形成，图六k为空心钻模拟实验的最终成孔照片，测量可得孔径9.82毫米、孔深3.98毫米，证明竹管可以进行空心钻，且钻孔效果较好。

上文选取两项钻孔实验中特定时间节点的微痕照片，提取钻孔效果和工具耐久性信息，用以证明燧石石钻和竹管作为制玉工艺中实心钻和空心钻的钻具具备较高可行性。除此之外，实验过程中每隔10分钟拍摄的玉料表面照片，均可测量

[1]　姬翔.工程与工具：良渚石记[M].杭州：浙江大学出版社，2019:77.

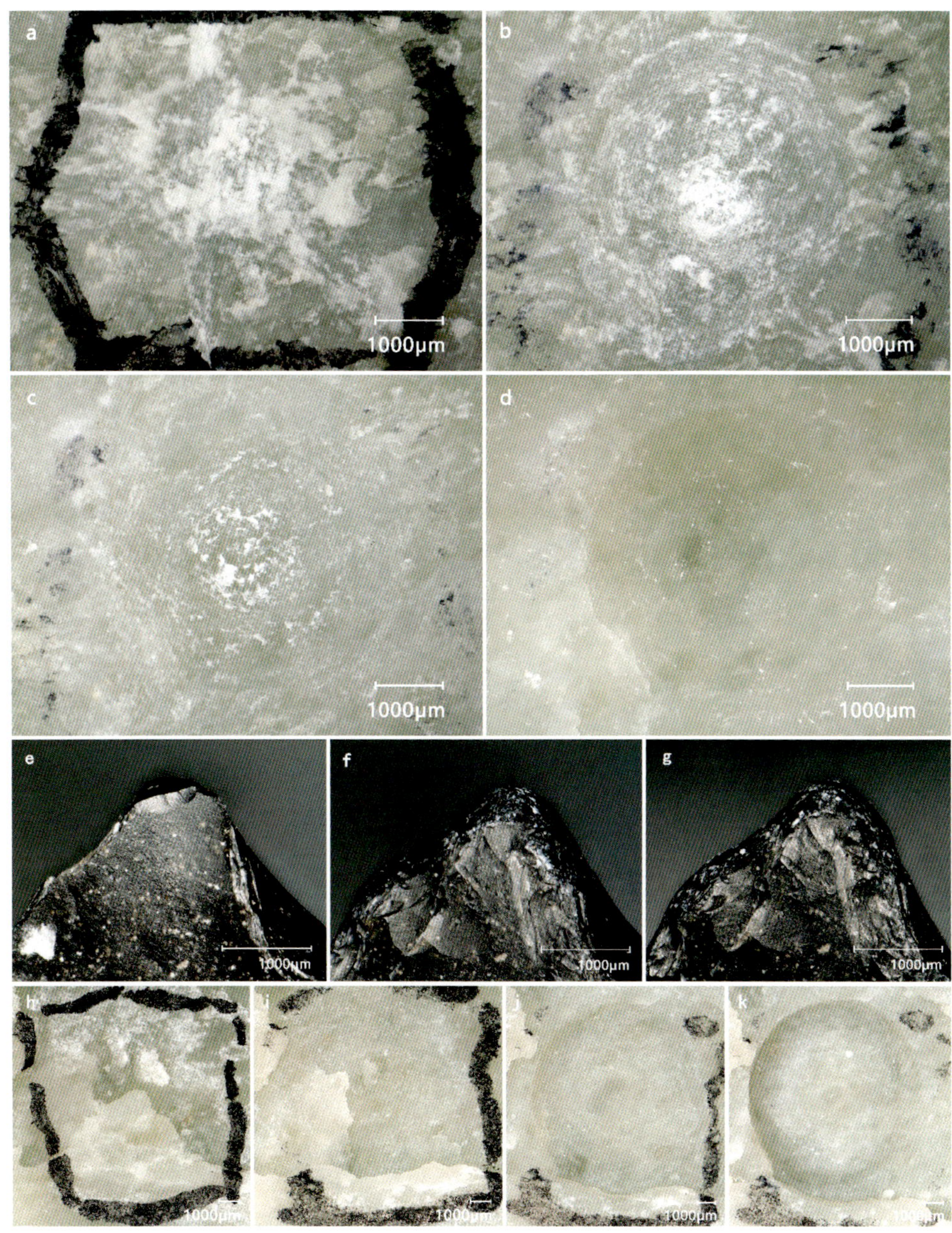

图六　钻孔实验的显微照片

（a. YL-8，未钻孔，50×；b. YL-8，实心钻20min，50×；c. YL-8，实心钻 40min，50×；d. YL-8，实心钻80min，50×；e. SS-1-B，未钻孔，100×；f. SS-1-B，实心钻40min，100×；g. SS-1-B，实心钻80min，100×；h. YL-8，未钻孔，20×； i. YL-8，手动空心钻30min，20×；j. YL-8，弓钻空心钻30min，20×；k. YL-8，弓钻　空心钻60min，20×）

钻孔深度和孔径（表四）。

表四　钻孔模拟实验测量数据统计表

时间/min	实心钻模拟实验		空心钻模拟实验	
	深度/mm	孔径/mm	深度/mm	竹管长度/mm
0	1.00	0	/	250
10	2.01	1.73	1.71	244
20	2.50	1.83	1.73	240
30	2.68	1.95	1.89	238
40	2.81	2.05	2.04	232
50	/	/	2.23	224
60	/	/	2.68	213
70	/	/	3.01	200
80	2.95	2.14	3.02	191
90	/	/	3.33	180
100			3.60	170
110			3.82	162
120			3.98	155

计算平均钻孔速率（差值/时间），如实心钻钻孔10~20分钟钻孔深度增长的平均速率为这段时间的钻孔深度差与时间的比值，即（2.50-2.01）/10=0.049（毫米/分钟），计算各个时间段的平均速率后绘制折线图。

图七为不同时间段实心钻钻孔深度和孔径的平均增长速率折线图，可以明显看出，实心钻钻孔深度和孔径的增长速率均随时间的增长而下降。而通过显微照片测量钻具即燧石石钻的磨损度，发现其前40分钟磨损0.74毫米、后40分钟磨损0.11毫米，同样证明实心钻前期的钻孔速率远高于后期。

图八为空心钻钻孔深度的平均增长速率和钻具（竹管）长度的平均缩减速率，两者整体变化趋势一致，说明实验数据的测量和统计过程没有产生大的误差，分析图中数据：①前30分钟为手动钻孔，由于钻孔效果很差，钻孔深度增长微弱，无法观察到明显趋势，但竹管磨损速率呈下降趋势，侧面说明钻孔速率逐渐降低；②后90分钟为弓钻钻孔，初期操作生疏导致钻孔效果较差，钻孔速率随着熟练度的增长而上升，钻孔深度增长速率和竹管磨损速率分别在60、70分钟时达到最高

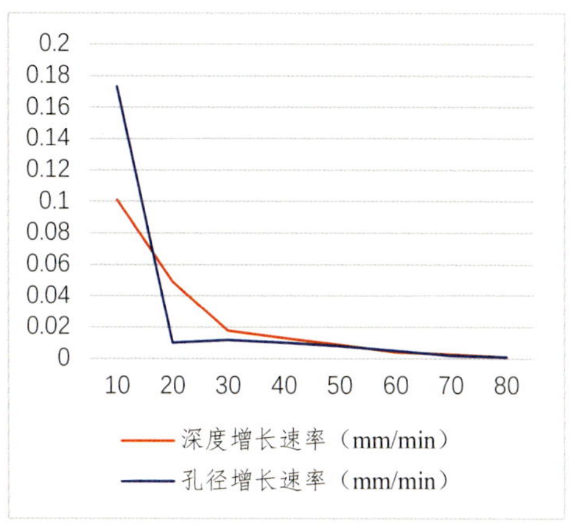

图七　实心钻钻孔速率

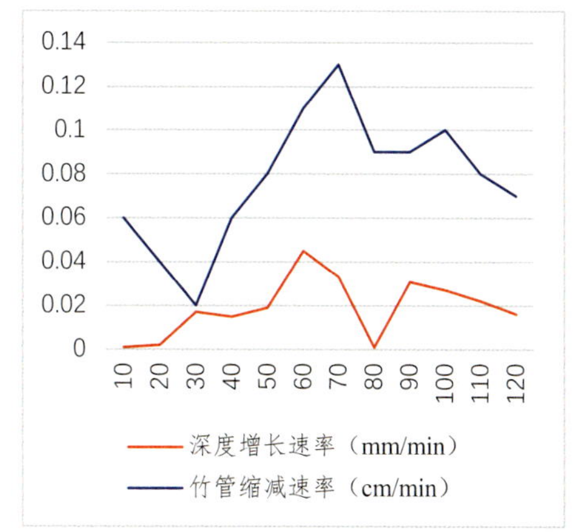

图八　空心钻钻孔速率

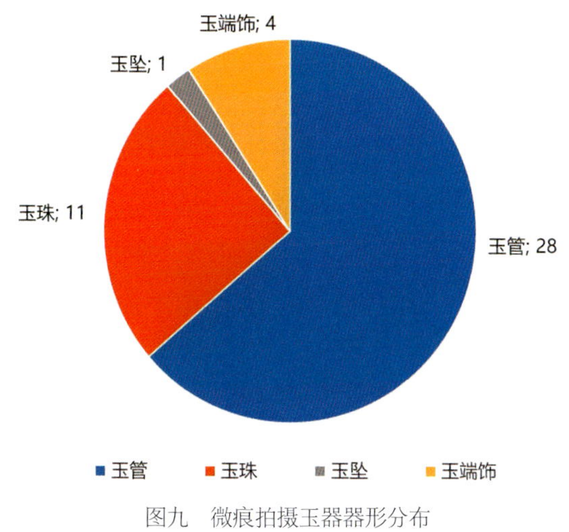

图九　微痕拍摄玉器器形分布

值，之后随时间的增长逐渐下降（80分钟处为明显实验误差，误差成因为固定器位置偏移）。

综合可知，在熟练度不断提高的前提下，两项实验均存在钻孔速率随着时间的增长而逐渐降低的现象，钻孔速率和钻孔深度呈负相关。它可能由以下原因导致：①随着时间和钻孔深度的增长，实心钻钻头锋利度下降、参与体积增加（截面宽度增加）、接触面积增加，导致钻孔速率降低；②玉料内部质地更坚实，硬度大于玉料表面。

此外，比较实心钻模拟实验和空心钻模拟实验的钻孔深度增长速率，实心钻在10分钟和20分钟处的钻孔速率分别为0.101毫米/分钟和0.049毫米/分钟，大于空心钻在60分钟处的钻孔速率最大值0.045毫米/分钟，且后者为弓钻，钻具旋转速度远远高于手动钻孔的前者。这说明实心钻在进行小型孔钻孔时具有一定优势，钻孔速率高，且操作更便捷。

五、姜家山墓葬出土玉器的制作工艺

（一）钻孔工艺

模拟实验的结果可以作为考古标本分析的参照。以姜家山墓葬出土玉器的钻孔工艺研究为例，显微观察姜家山墓葬出土玉器共计44件/组（图九），除3件端饰外均带孔，绝大多数钻孔为空心钻，可在孔道内壁观察到明显空心钻钻痕，即“节奏型波浪起伏的螺旋纹痕迹”[1]（图十a、b）。

观察的大多数玉器都经过非常精细的研磨，包括对孔道内壁钻孔痕迹的研磨，因而即使在无明显空心钻钻痕的玉器标本中，辨别实心钻也存在一定难度。观察钻孔模拟实验中实心钻的最终成孔（图四d），其形状为凹坑状或碗状，孔径2.14毫米、孔深1.95毫米，孔缘清晰可见，孔壁光滑。从姜家山墓葬出土玉器中选择可能为实心钻钻孔的玉器标本，如玉坠M1：28（图十c、d），形状为上小下大的棒槌形，长21.2毫米、截面直径6.4毫米，顶端有小孔，双面对钻，孔径1.6毫米、单面孔深1.0毫米。对比玉坠顶端小孔和模拟实验中制作的实心钻钻孔，两者都属于小型孔，尺寸相近，形状相似，因而该玉坠很有可能为实心钻钻孔。

姜家山玉器部分隧孔玉珠上的钻孔同样是小型孔，且孔道内壁无明显螺旋纹，孔底呈光滑凹坑状，但普遍具有更深的孔深。如隧孔珠M2：8（图十e、f），球径6.7毫米、孔径2.7毫米、单面孔深3.3毫米。在实心钻模拟实验中可知，钻孔效率和钻孔深度呈负相关，实验的后40分钟钻孔深度仅增加0.14毫米，与前40分钟增加的1.81毫米形成鲜明对比。因而虽然实心钻在钻小型孔时具有一定的效率优势，但受到钻孔深度的制约较强，所以姜家山墓葬出土隧孔珠上的隧孔由实心钻获得的可能性较小（不排除其他实心钻钻头的可能）。

（二）其他工艺

除了钻孔工艺，对姜家山墓葬出土玉器进行的显微观察还发现了其他制玉工艺残留在玉器表面的微观痕迹，主要为切割微痕和研磨微痕。

切割微痕主要有两种，线切割微痕和片切割微痕。线切割微痕常见于玉管两端，以一组4~5条同向抛物线的形式出现（图十一a）。片切割微痕常见于玉管管壁，多数

[1] 邓聪.东亚史前玉器空心钻技术试释[C]//钱惠和,方建能.史前琢玉工艺技术.台北：台湾博物馆,2003:145–156.

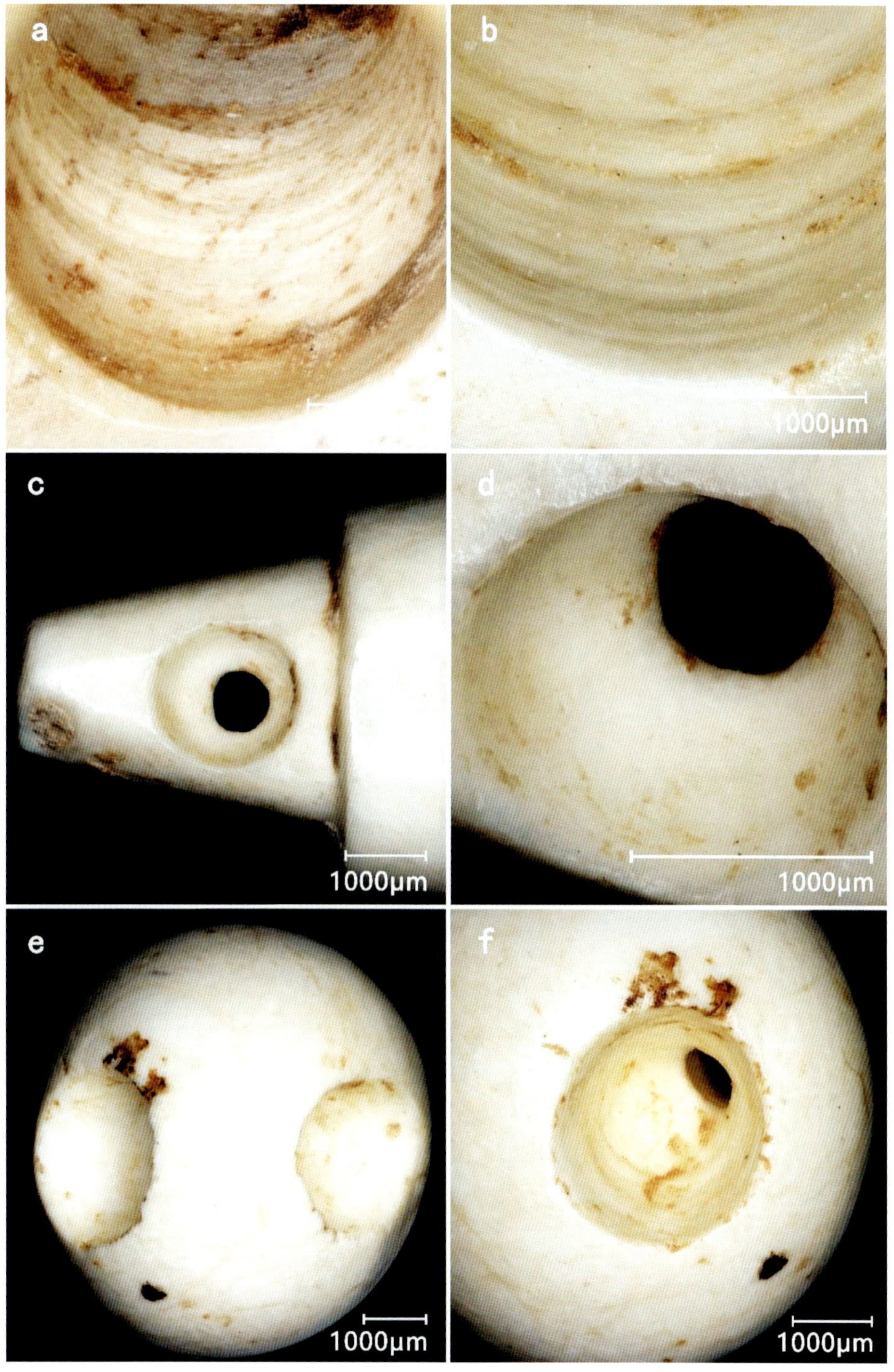

图十　姜家山墓葬出土玉器钻孔工艺的显微照片

（a. M2:18，孔洞内壁，72×；b. M2:56，孔洞内壁，96×；c. M1:28，孔洞 正面，48×；d. M1:28，孔洞内壁，145×；e. M2:8，孔洞正面；36×；f. M2:8，孔洞内壁，48×）

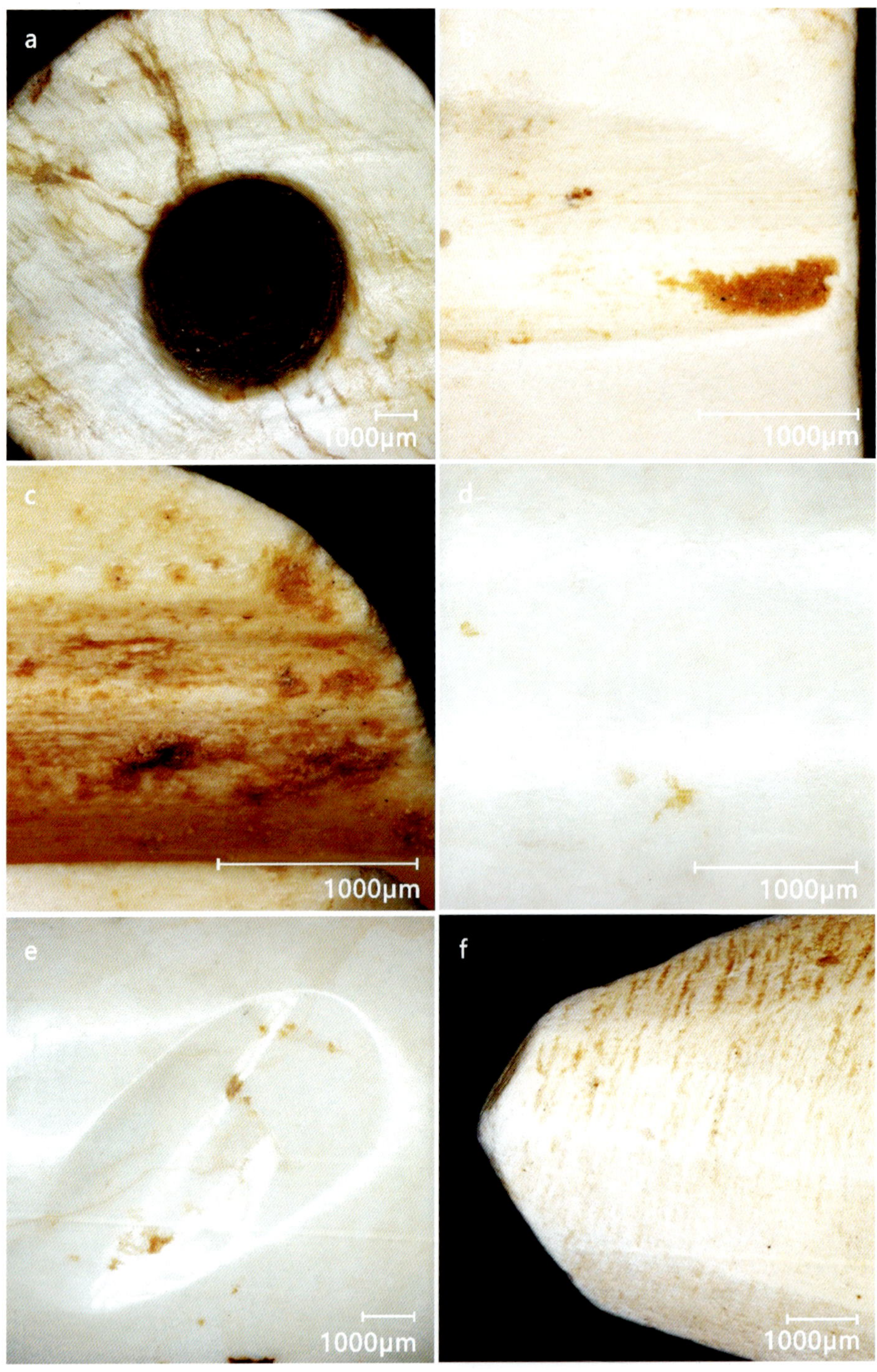

图十一　姜家山墓葬出土玉器其他工艺的显微照片
（a. M2:10，孔面，24×；b. M1:63，管壁，96×；c. M1:16，插槽右端，48×；d. M2:49，管壁，96×；e. M2:56，管壁，36×；f. M1:6，榫头，41×）

为纵向分布（垂直于孔面）的细长柳叶形凹痕，少数为纵向贯穿的长条形凹痕，推测前者是后者经研磨后的形态。观察更高倍数的显微照片（图十一b），可见凹痕内部为细密的平行线状痕，这是片切割的典型微痕特征，也可以在玉器插槽的内壁上见到（图十一c）。

线切割微痕常见于玉管两端孔面，而片切割微痕常见于玉管管壁，一些玉管表面可以同时观察到二者，这说明良渚先民对两种切割技术各自的优劣有着清晰的认识，从而在开料制坯阶段以不同策略同时运用两种技术。此外，一些成组出土的玉管玉料相同、管径接近，甚至两两之间可以接续（如M2：13的7件玉管），联系两种切割痕迹的常见分布位置，可以推测出这些玉管是成组加工的，利用片切割将长条玉料加工成柱形后根据需要的长度依次线锯截割，这是一种“组合设计、成组加工的系列化的生产方式”[1]。

相比于在特定加工阶段运用的钻孔工艺和切割工艺，研磨工艺则贯穿玉器加工制作的始终，它的典型微痕特征是细密交错的线痕。在观察的姜家山玉器标本中，研磨工艺的具体表现形式可根据研磨精细程度分为三种：精细程度最高的是抛光表面，细腻的整器抛光使玉器器表出现温润的油脂光泽（图十一d）；精细程度稍次的是研磨玉器器表瑕疵产生的细小磨面（图十一e），更高倍数的显微照片可观察到磨面内部的交错线痕；精细程度最低的是肉眼可见的粗糙线痕，仅在玉管M2：10孔面（图十一a）和玉端饰M1：6（图十一f）的榫头上见到。此外，一些玉器表面的不同面也存在研磨精细程度不同的情况，特别是与M1：6类似的榫头端饰，连接面的研磨精细程度低于起主要装饰作用的其他面，说明良渚人可以人为控制研磨的精细程度，也会出于节省时间精力的目的选择不同的研磨策略。

六、结论

本研究进行两项模拟实验。一是利用鲨鱼牙、水晶尖状器和燧石尖状器在玉料表面进行刻纹，实验结果表明燧石尖状器进行阴线刻纹具备较高可行性，作为良渚玉器刻纹工具的可能性最高。二是利用燧石石钻和竹管分别进行实心钻和空心钻，

[1] 刘斌.良渚治玉的社会性问题初探[J].东南文化.1993，1:103–110.

实验结果表明两者作为钻具均具备较高可行性，对加工过程中的钻孔速率进行测量、统计后发现，实心钻实验和空心钻实验均存在钻孔速率和钻孔深度（钻孔时间）呈负相关的现象，且实心钻钻孔效率受钻孔深度限制更大。

模拟实验的结果为考古标本的分析提供参考，对良渚姜家山墓葬出土的部分玉器进行显微观察和微痕分析，将钻孔实验的最终成孔和姜家山玉器表面钻孔进行对比，增强了在无明显空心钻钻痕的小型孔中对实心钻的辨识能力，推测玉坠M1：28顶端所钻小孔为实心钻钻孔。实验考古与微痕分析的结合增强了本研究的全面性。除了钻孔工艺，在姜家山玉器表面还观察到切割工艺和研磨工艺的微痕，有待将来实验考古的进一步检验和补充。

致谢：（本文系课题“姜家山等遗址石器研究”阶段性成果。）感谢浙江省文物考古研究所廖文艳老师、张鑫老师对本次研究的支持，浙江大学薛理平同学、李尧同学对本次实验的建议和帮助。

商周时期的兽面玉饰

Animal Face Jade Ornaments in the Shang and Zhou Dynasties

谢春明（荆州博物馆）

摘要：兽面玉饰是商周时期特有的玉器类型，形体较小，多为长形和方形，刻正面兽面形象。兽面上部刻有双角，下部刻眉、眼、鼻、口等。双角有牛角、瓶形角、卷云角、外卷角、动物形角等，造型与年代早晚关系密切。根据兽面玉饰形制和出土时位置关系，可以判断其功能主要为装饰品，装饰颈部、胸腹部、手部、足部。亦可用作马具上的节约，兼具实用和装饰意义。
关键词：商周　兽面玉饰　年代　功用

ABSTRACT: Animal face jade ornaments are a unique type of jade during the Shang and Zhou Dynasties. They are small in shape, mostly long and square, with the image of the animal face engraved on the front.The upper part of the animal face is carved with double horns, and the lower part is carved with eyebrows, eyes, nose, mouth, etc. Horns include ox horn, bottle horn, cirrus horn, outer roll horn, animal horn, etc. The shape of double horn is closely related to the age. According to the shape of the animal face jade ornaments and the positional

relationship when they were unearthed, it can be judged that their functions are mainly for adornment, such as decorating the neck, chest and abdomen, hands and feet.It can also be used as a saving on harness, with both practical and decorative significance.
KEYWORDS: Shang and Zhou Dynasties; Animal Face Jade Ornaments; Age; Function

兽面玉饰有长形、方形或倒梯形，其上刻正面兽面形象，有首无身（以下简称玉兽面）。这种动物的头部正视图案较早流行于商周青铜器上，被称为“兽面纹”[1]。青铜器上兽面纹数量多、造型丰富、特征显著，因而受到学术界关注和研究颇多，成果丰硕[2]。玉兽面虽总数可观，但形体太小，单个墓葬中出土数量有限，未引起重视。杨建芳先生曾将黄君孟夫妇墓出土玉兽面分为八式，简单描述了其特点[3]。其他关于玉兽面年代和特征的研究则比较零散[4]。玉兽面作为商周时期特有的玉器类型，有必要进一步弄清其形制、年代和功能。

本文研究的商周时期玉兽面均出自墓葬中，据统计至少有以下27批，计141件。陕西梁带村芮国墓地M19出土2件[5]、M26出土2件[6]、M27出土4件[7]；张家坡西周墓地出土6件[8]；宝鸡市茹家庄強国墓地出土4件[9]；扶风县强家村1号墓出土2件[10]；扶风云塘、齐镇建筑基址出土3件[11]；泾阳高家堡早周墓葬出土2件[12]。山西闻

[1] 上海博物馆青铜器研究组.商周青铜器纹饰[M].北京：文物出版社，1984:3.
[2] 容庚、张维持.殷周青铜器通论[M].北京：文物出版社，1984:109–112；上海博物馆青铜器研究组.商周青铜器纹饰[M].北京：文物出版社，1984:5；陈公柔、张长寿.殷周青铜器上兽面纹的断代研究[J].考古学报，1990（2）.
[3] 杨建芳.中国古玉研究论文集（上）[M].台北：众志美术出版社，2001:182.
[4] 中国社科院考古所、广东省博物馆.妇好墓玉器[M].广东：岭南美术出版社，2016:310、343；河南省考古研究所.三门峡虢国女贵族墓出土玉器精粹[M].台北：众志美术出版社，2002:66；湖北省文物考古研究所.穆穆曾侯——枣阳郭家庙曾国墓地[M].北京：文物出版社，2015:169、178、179.
[5] 陕西省考古研究所、渭南市文物保护考古研究所、韩城市文物旅游局.陕西韩城梁带村遗址M19发掘简报[J].考古与文物，2007（2）.
[6] 陕西省考古研究所、渭南市文物保护考古研究所、韩城市文物旅游局.陕西韩城梁带村遗址M26发掘简报[J].文物，2008（1）.
[7] 陕西省考古研究所、渭南市文物保护考古研究所、韩城市文物旅游局.陕西韩城梁带村遗址M27发掘简报[J].考古与文物，2007（6）.
[8] 中国社会科学院考古研究所.张家坡西周墓地[M].北京：中国大百科全书出版社，1999:282–284.
[9] 宝鸡博物馆.宝鸡強国玉器[M].北京：文物出版社，1988:127、188.
[10] 古方：中国出土玉器全集（陕西）[M].北京：科学出版社，2005:72、73.
[11] 山西省考古研究所.陕西扶风云塘、齐镇建筑基址2002年度发掘简报[J].考古与文物，2007（3）.
[12] 葛今.泾阳高家堡早周墓葬发掘记[J].文物，1972（7）.

喜县上郭墓地49号墓出土12件[1]；北赵晋侯墓地第四次发掘M62出土1件[2]。河南安阳殷墟妇好墓出土4件[3]；殷墟郭家庄商墓出土1件[4]；安阳市刘家庄出土1件[5]；安阳花园庄东地54号墓出土8件[6]；安阳市孝民屯商代墓葬出土1件[7]；小屯北地玉器作坊基址F11出土1件[8]；三门峡虢国墓地出土16件[9]；平顶山应国墓出土1件[10]；光山黄君孟夫妇墓出土35件[11]；洛阳中州路2415号墓出土1件[12]；河南叶县旧县四号春秋墓出土2件[13]。山东滕州市前掌大132号墓出土13件[14]；沂水县刘家店子1号墓出土1件[15]。北京昌平区白浮村西周木椁墓出土1件[16]。湖北随州叶家山M111出土6件[17]；曹门M1出土4件[18]；襄阳王坡M55出土7件[19]。另外，商周时期有数量较多形体很小的玉兽首，如玉羊头、玉兽头[20]、牛面形佩[21]等，广义上他们也是一种兽面，但由于其在器型、纹饰上与本文论述的玉兽面有较大的差别，因此暂不做讨论。

一、玉兽面类型

玉兽面分为上下两部分，上部雕有不同造型的兽角，下部刻兽眉、眼、鼻、口等。兽角是整个玉兽面中最重要的部分，其高度甚至占到全部高度的一半。所以，角的不同是划分玉兽面类型的一个主要标志。马承源先生将商周青铜器上兽面纹角

[1] 朱华.闻喜上郭村古墓群试掘[J].三晋考古，1994(00).
[2] 李夏廷，张奎.天马——曲村遗址 北赵晋侯墓地第四次发掘[J].文物，1994(8).
[3] 中国社会科学院考古研究所.殷墟妇好墓[M].北京：文物出版社，1980:163.
[4] 中国社科院考古研究所.安阳殷墟郭家庄商代墓葬(1982–1992年考古发掘报告)[M].北京：中国大百科全书出版社，1998:119–120.
[5] 中国社科院考古研究所.安阳殷墟出土玉器[M].北京：科学出版社，2005(37)；古方.中国出土玉器全集(河南)[M].北京：科学出版社，2005:96.
[6] 徐广德、何毓灵.河南安阳市花园庄54号商代墓葬[J].考古，2004(1).
[7] 殷墟孝民屯考古队.河南安阳市孝民屯商代墓葬2003–2004年发掘简报[J].考古，2007(1).
[8] 中国科学院考古研究所安阳发掘队.1975年安阳殷墟的新发现[J].考古，1976(4).
[9] 河南省文物考古研究所.三门峡虢国墓[M].北京：文物出版社，1999:273、355–357.
[10] 河南省文物考古研究所，平顶山市文物管理局.应国墓地Ⅰ上.郑州：大象出版社，2011:388.
[11] 河南信阳地区文管会、光山县文管会.春秋早期黄君孟夫妇墓发掘报告[J].考古，1984(4).
[12] 中国科学院考古研究所.洛阳中州路(西工段)[M].北京：科学出版社，1959:112–113.
[13] 平顶山市文物管理局、叶县文化局.河南叶县旧县四号春秋墓发掘简报[J].文物，2007(9).
[14] 中国社会科学院考古研究所.前掌大墓地[M].北京：文物出版社，2005:426.
[15] 古方.中国出土玉器全集(山东)[M].北京：科学出版社，2005:181.
[16] 古方.中国出土玉器全集(北京天津河北)[M].北京：科学出版社，2005:7.
[17] 湖北省考古研究所，随州市博物馆.湖北随州叶家山M111发掘简报[J].江汉考古，2020(2).
[18] 湖北省文物考古研究所.穆穆曾侯——枣阳郭家庙曾国墓地[M].北京：文物出版社，2015:178.
[19] 湖北省文物考古研究所等编.襄阳王坡东周秦汉墓[M].北京：科学出版社，2005:57.
[20] 中国社科院考古所，广东省博物馆.妇好墓玉器[M].广东：岭南美术出版社，2016:207、340、343.
[21] 河南省文物考古研究所，周口市文化局编.鹿邑太清宫长子口[M].郑州：中州古籍出版社，2000:169，图十四：1、2.

图一　A型Ⅰ式（妇好墓M5:578）

形分为牛角、瓶形角、卷云角、外卷角、曲折角和动物形角等[1]。玉兽面可参照此划分标准，分为五型：

A型 双角作向上翘尖的牛角状，饰节状纹。仅一式。

Ⅰ式 殷墟妇好墓M5出土一件玉兽面，面部饰双线阴刻“臣”字大眼，单线阴刻菱形额纹，下方刻卷云纹鼻。底部有孔，象征兽口。正面呈折角状，背面内凹，可能由玉琮角面改制而成（图一）。

B型 瓶形角上刻有卷云纹。双角间有柱榫或尖状凸起。“臣”字形眼，卷云纹鼻。有二式。

Ⅰ式 瓶形角上饰桃形云纹，上方有尖角，下部向内侧勾卷。如殷墟99ALNM1095:2，头额中间有尖状凸起，巨大的“臣”字目，叶形耳。（图二1）。前掌大M132:8造型相近，但双角间伸出刻有鬃毛的方形柱榫，两侧雕出块状兽耳（图二2）。

Ⅱ式 以殷墟小屯村北F11:1（图二3）和芮国墓M19:201（图二4A、4B）为例，眼、鼻与Ⅰ式相似，瓶形角上的云纹已简化呈弯钩状，“臣”字眼更加写实。

C型 双角饰卷云纹，纹饰依角形设计，或宽扁或向上伸展。兽眼有“臣”字形、回字形、杏形、菱形等。分为五式。

Ⅰ式 宽扁卷云角，“臣”字形眼。殷墟花园庄东地M54出土一件，“臣”字眼内侧眼角线细长，卷云鼻。面部有大小两个孔，布局不合理，背面留有“臣”字形眼纹，是一件改制器（图三1）。

Ⅱ式“回”字形眼，卷云鼻。殷墟花园庄东地M54:341（图三2）和殷墟94ALNM873:22（图三3）玉兽面属于本式。

Ⅲ式 兽鼻形似两片花瓣，与Ⅰ式、Ⅱ式不同。三门峡虢国墓M2012:150-1（图三4）和郭家庄M160:243（图三5）饰“臣”字眼，前者口部嘴角线方折。前掌大

[1] 上海博物馆青铜器研究组编.商周青铜器纹饰[M].北京：文物出版社，1984:3–6.

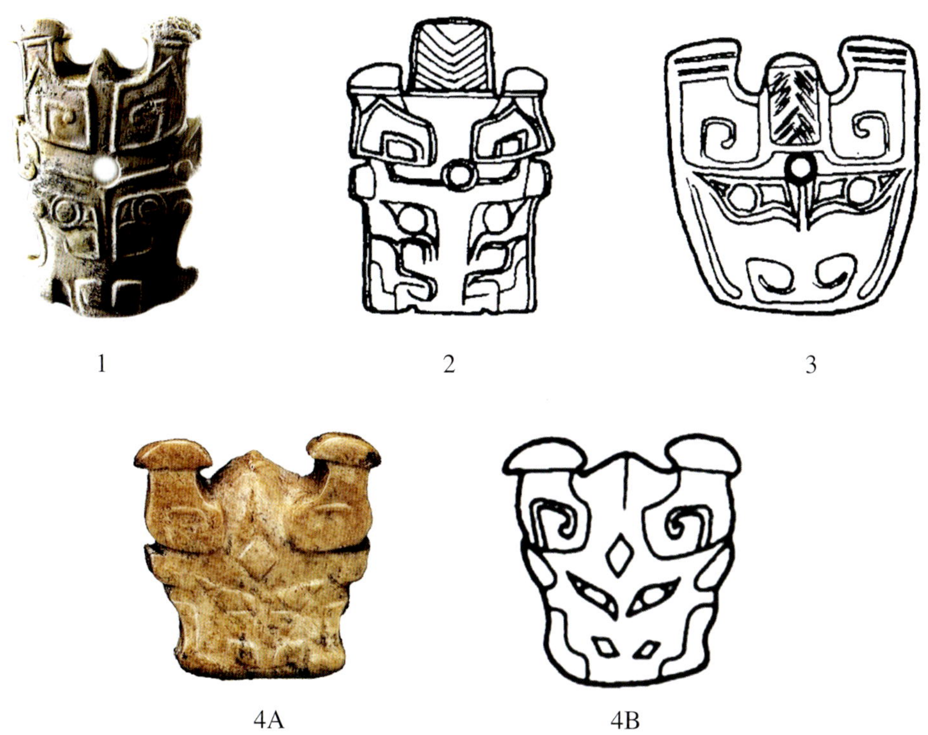

图二　B型兽面玉饰

1.B型Ⅰ式（殷墟99ALNM1095:2） 2.B型Ⅰ式（前掌大M132:8）
3.B型Ⅱ式（小屯村北F11:1）　4A—4B.B型Ⅱ式（芮国墓M19:201）

M132:5玉兽面为菱形眼。

Ⅳ式 双角卷云纹两端向内钩卷，眼为方形或梭形，卷云鼻。张家坡西周墓地、强国墓地各出土三件该式玉兽面。张家坡墓地玉兽面以M14:43（图三6）为例，顶部中央均出现明显凹槽，杏形眼，刻出口角线。強国墓地以BZM6:15为例，正面微鼓，梭形眼，底部有横槽。下端略宽，两侧圆鼓（图三7）。強国墓地另外两件形制相似，做工较粗糙。叶家山M111的两件玉兽面为一对，圆雕，两面纹饰相同。上部两侧雕出兽角轮廓，下方凸额高鼻，凹鼻梁。菱形眼，卷云鼻，嘴角饰卷云纹。鼻下有两个可供穿系的圆孔相通（图三8）。

Ⅴ式 眉毛与鼻梁相连成"V"字形，眼为"臣"字形或圆形。前掌大M40:12为双面雕，两面纹饰相同。鼻梁上有鬓毛。顶部有一单面钻的圆孔（图三9）。应国墓地M213:25-1，正面微凸，背面平素。圆眼，"V"形鼻凸起，粗眉上挑。中央有圆形穿孔（图三10）。

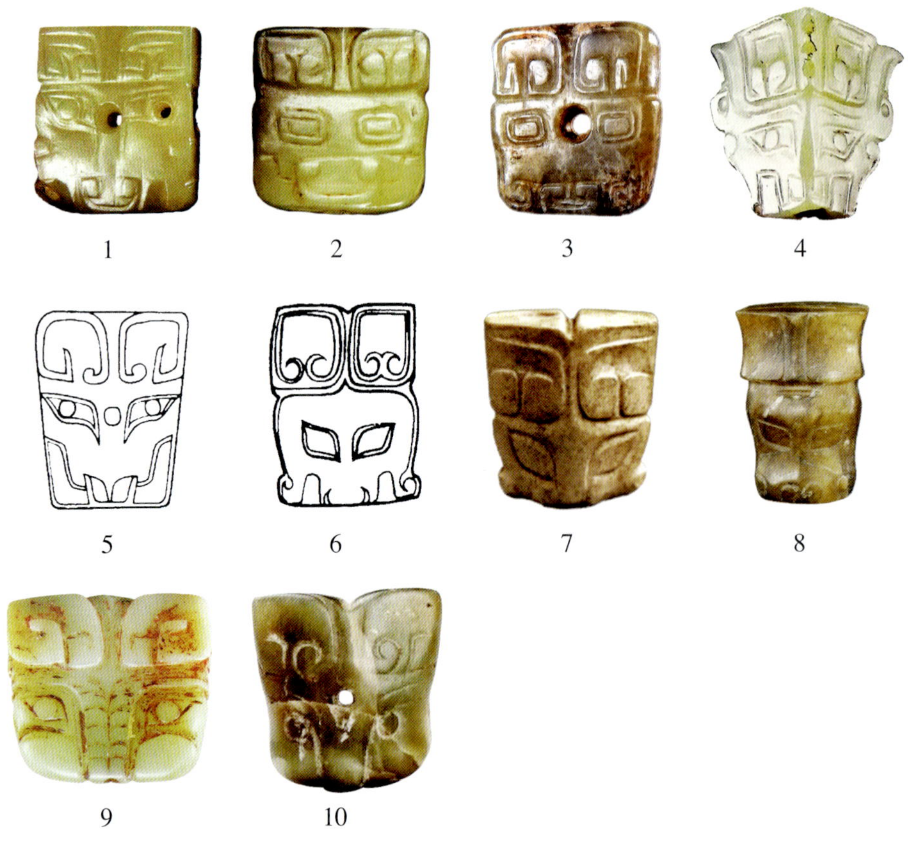

图三　C型兽面玉饰

1.CⅠ式（花园庄东地M54:343）　2.CⅡ式（花园庄东地M54:341）　3.CⅡ式（殷墟94ALNM873:22）
4.CⅢ式（虢国墓M2012:150–1）　5.CⅢ式（郭家庄M160:243）　6.CⅣ式（张家坡M14:43）
7.CⅣ（強国BZM6:15）　8.CⅣ式（叶家山M111:682）9.CⅤ式（前掌大M40:12）
10.CⅤ式（应国墓地M213:25–1）

D型 双角向外翻卷；或在转角处伸出分支角，顶端呈抹角造型。有二式。

Ⅰ式 双角外侧角尖向内勾卷。以芮国墓M19:204为例，“臣”字大眼，凸鼻梁细长，卷云纹大鼻。额部有直上的细密平行线，象征鬃毛。脸颊阴刻云纹。额部中央有细小穿孔（图四1）。安阳王古道村M1:12-2与张家坡M314:3相近，双眉中间有圆形穿孔，圆眼，凸鼻梁，颌部宽大（图四2、3）。类似的玉兽面还见于强家村M1、陕西扶风云塘、齐镇建筑基址F10等。

Ⅱ式 玉兽面双角、眉、鼻、口部均发生变化。双角转角呈圆弧形，分支角向上伸出，顶端作抹角状。两侧眉分别与鼻梁相连如角状，内以阴刻短线填充。口部上

图四　D型　兽面玉饰

1.DⅠ式（芮国M19:204）　2.DⅠ式（王古道村M1:12-2）　3.DⅠ式（张家坡M314:3）
4.DⅡ式（上郭M49）　5. DⅡ式（曹门湾M1）

卷，不再刻出卷云鼻。闻喜上郭墓地M49（图四4）、枣阳郭家庙曹门湾M1（图四5）各出土一件，玉兽面顶部和两侧有凹缺，形象更加具象。双眼紧贴兽眉和鼻翼，更接近E型玉兽面。

E型 双角雕成象生动物形象，有对龙、对鸟以及龙鸟合雕造型。分三式。

Ⅰ式 双角雕背向或相向龙首。芮国墓地M27出土三件该式玉兽面，M27:250整体呈扇形，额部饰直上细平行线，兽目圆睁，弧形眉弯曲，口部上卷（图五1）；M27:256兽角上双龙相向而视，圆眼，龙颈直立，口吐长舌。龙身与兽眉、兽鼻相接（图五2）；M27:249（图五3）双角饰背向吐舌龙首，面部刻眉、眼、口，纹饰舒朗，相同造型还见于上郭墓地M49玉兽面（图五4）。曹门湾M1（图五5）和叶县旧县M4:151-12（图五6）两件兽角阴刻的龙首纹趋于简化，但可见龙眼和上下颌。兽眉、眼也发生较大变化，兽眉弯转近成直角，眼紧贴眉弯处。

Ⅱ式 双角雕刻卷尾鸟或龙鸟合成形象，下部阴刻细眉、眼、须，口。曹门湾M1出土两件该式玉兽面，一件双角阴刻背向卷尾鸟，鸟尖喙、圆眼，身饰云纹（图五7）；另一件外形似一倒立“凸”字，双角雕背向龙鸟合雕造型。兽角外侧各雕一鸟首，内侧雕刻成龙首，龙身与鸟身共用。两侧雕出曲折大耳（图五8）。

Ⅲ式 兽面纹饰繁缛，双角仍可见对龙、对鸟造型，龙身中隐藏凤鸟，鸟身中阴刻龙首。口部上卷或阴刻卷云纹。刘家店子M1玉兽面的口部以阴刻卷云纹代替，已简化（图五9）。黄君孟夫妇墓G1的两件玉兽面中，G1:4双角阴刻连体龙凤，脸颊饰吐舌龙首，口部阴刻卷云纹。上下边缘中央各有一孔（图五10）；G1:5右上角雕一鸟头，左上角残缺，原先可能也是一鸟头。鸟身阴刻多个简化龙首。兽面脸颊饰简化龙首。口部阴刻卷云纹，两侧中部偏上，对称钻有一孔（图五11）。洛阳市中州路M2415:21玉兽面，双角饰蟠虺纹，短粗眉，圆眼，口部刻卷云纹。两侧外缘中部各有一孔（图五12）。

商周玉兽面根据双角形状和纹饰不同分为了牛角、瓶形角、双钩卷云纹角、向外翻卷云纹角、象生动物纹角五型。在同类角型玉兽面中，眼、眉、鼻、口等部位造型存在细微差异，如兽眼有“臣”字眼、“回”字眼、菱形眼、梭形眼、圆形眼等；兽眉成“V”字形、圆弧形或角状；兽鼻饰卷云纹或两片花瓣状云纹；口部为圆孔、向上卷起或阴刻卷云纹等。玉兽面形体虽小，但型式多变、纹样复杂，这些特点与其制作和使用年代早晚有着密切关系。

二、玉兽面年代

出土玉兽面的墓葬大都信息清晰，且有其他器物共出，根据组合关系，可以基本确定玉兽面的年代下限。考虑到晚期墓葬中可能保存早期器物的情况，需要分析商周玉兽面形制、纹饰特征，才能弄清各式玉兽面的流行时间和演变关系。

A型玉兽面的牛角造型最早出现在商代二里冈时期的青铜器上，如郑州商代窖藏青铜器牛首尊H1:3、H1:4肩部所饰牛首角部[1]，玉器上较早见于殷墟西北冈玉牛首的双角[2]和殷墟妇好墓M5:578玉兽面角部。结合玉兽面图案化的“臣”字眼和菱形

[1] 河南省文物研究所，郑州市博物馆.郑州新发现商代窖藏青铜器[J].文物，1983（3）.

[2] 朱晓丽.中国古代珠子[M].广西：广西美术出版社，2013:81.

图五　E型　兽面玉饰

1.EⅠ式（芮国M27:250）　2.EⅠ式（芮国M27:256）　3.EⅠ式（芮国M27:249）
4.EⅠ式（上郭墓地M49）　5.EⅠ式（曹门湾M1）　6.EⅠ式（叶县旧县M4:151-12）
7—8.EⅡ式（曹门湾M1）　9.EⅢ式（刘家店子M1）　10.EⅢ式（黄君孟夫妇墓G1:4）
11.EⅢ式（黄君孟夫妇墓G1:5）　12.EⅢ式（中州路M2415:21）

额纹，年代应为商代晚期前段。

B型玉兽面的瓶形角在商代晚期殷墟妇好墓、大司空村、殷墟西区出土的玉龙、玉虎头部常见。Ⅰ式玉兽面瓶形角内饰桃形卷云纹，线条转折方硬，图案化倾向明显，为殷墟前期玉器流行风格。玉兽面双角、眼部看似浅浮雕，实为双钩阴刻阳线，也称为“假阳线”或“似阳线”[1]，这种雕刻技法也流行于商代晚期前段。Ⅱ式玉兽面双角饰弯钩状云纹，线条转折处弯弧，应为Ⅰ式桃形云纹的简化。“臣”字眼写实风格明显，年代略晚，属商代晚期后段的特点。

C型玉兽面双角饰卷云纹，根据玉兽面眼、鼻不同分出五式，各式在时间上存在早晚关系。出土该型玉兽面的墓葬的年代从商代晚期前段持续到至西周中期，部分玉兽面特征明显早于其墓葬的年代。

Ⅰ式玉兽面双角、眼部线条刚直硬折，图案化风格明显，具有商代晚期前段玉器特点。

Ⅱ式玉兽面饰“回”字眼，卷云鼻。“回”字眼在殷墟前期妇好墓M5:356玉蛙、M5:968玉怪鱼、M5:600玦形玉龙等动物造型玉器上常见。商代晚期后段至西周早期玉雕动物上出现较少，滕州前掌大西周初期墓葬M206:22玉牌饰下端兽面纹阴刻“回”字眼，但牌饰图案化风格明显，应是商代晚期前段玉雕。可见，“回”字形眼是商代晚期前段玉石动物流行之眼形。

Ⅲ式玉兽面“臣”字眼、两片花瓣状兽鼻，兽鼻造型可能为C型Ⅱ式卷云纹兽鼻之简化。虢国墓M2012年代虽为西周晚期，但玉兽面饰“臣”字眼、卷云纹角、制作年代当为商代晚期后段。

Ⅳ式玉兽面的典型特征是菱形或梭形眼。菱形眼在商代晚期后段大司空村出土的玉虎上出现[2]，至西周早期流行，如河南鹿邑太清宫长子口墓出土的玉兽面、玉牛面、玉龙[3]，三门峡虢国墓出土玉龙佩均饰菱形眼[4]。梭形眼最早出现在新石器时代晚期后石家河文化玉人头像上[5]，夏商时期少见，西周早期强国BMZ6:15玉兽面、芮国墓M26:266玉神人等又雕刻梭形眼[6]。可见，菱形眼和梭形眼都是西周早期流行

[1] 杨建芳.杨建芳古玉论文选集[M].台北：众志美术出版社，2017:133.
[2] 马德志，周永珍，张云鹏.一九五三年安阳大司空村发掘报告[J].考古学报，1955（1）.
[3] 河南省文物考古研究所，周口市文化局编.鹿邑太清宫长子口墓[M].郑州：中州古籍出版社，2000:164、167.
[4] 河南省考古研究所.三门峡虢国女贵族墓出土玉器精粹[M].台北：众志美术出版社，2002:115.
[5] 荆州博物馆编著.石家河文化玉器[M].北京：文物出版社，2008:36.
[6] 孙秉君，蔡庆良.芮国金玉选粹——陕西韩城春秋宝藏[M].西安：三秦出版社，2007:74.

的纹样。弜国BMZ6墓葬年代为成、康之际[1]，叶家山M111年代在西周早期偏晚的昭王时期或昭穆之际、穆王初年，玉兽面顶部中央刻出凹槽，也是西周早期出现的新特点。

Ⅴ式玉兽面的眉、鼻特征明显，相连成“V字形”。兽眼为“臣”字形或圆圈形。“臣”字眼眼珠闭合，眼眶单线阴刻，线条流畅，符合西周早期的特点。圆圈形目出现在商代晚期前段玉石动物中，到商代晚期后段流行，至西周早期被大量运用到玉鱼、玉鸟、玉蚕上，制作手法为双钩或单线阴刻。该式两件玉兽面与琉璃河西周早期早段墓所出M251:28-1、洛阳北窑西周早期墓所出M78:4、M652:6等铜兽面形带扣纹样相似[2]，还与华县东阳西周早期晚段墓所出M2:8-1兽面形带扣纹样相同[3]，年代宜定为西周早期。

D型玉兽面兽角向外翻卷，部分兽角外侧伸出分支角，或为C型卷云纹兽角的简化。Ⅰ式玉兽面双眉与鼻梁线相连，“臣”字眼或椭圆眼。芮国M19玉兽面的“臣”字眼突显圆形眼珠，饱满有张力，有别于商代晚期。整个兽面的纹样线条带有内细外粗的斜刀刻法，具有西周早、中期的玉雕特点。另外两件玉兽面形制基本相同，眼、眉、鼻表现出西周中期特点。王古道村M1虽为春秋中期墓葬，但同墓出土的神人龙纹玉璜和凤纹圆牌玉饰的造型、纹样都是西周中期玉雕风格。

Ⅱ式玉兽面在外形轮廓上发生较大改变，上部和左右两侧面有对称的凹缺，双角顶端作抹角状；双眉如角状，分别向下延伸至口部；口部向上卷起；鼻梁线消失。顶部呈抹角状的造型，自西周晚期开始出现。张绪球先生曾撰文认为曹门湾M1出土的兽面形玉饰年代为春秋早期[4]。该式玉兽面双角主体纹样依然为西周中晚期流行的外卷角，且双角伸出分支角、口部上卷的造型也出现在西周晚期，故玉兽面年代约在西周晚期至春秋早期。

E型玉兽面各式双角雕不同形态的龙、凤纹，或繁或简，时间上呈现出早晚关系。

---

[1] 卢连成，胡志生．宝鸡弜国墓地[M]．北京：文物出版社，1988:267.

[2] 北京市文物研究所．琉璃河西周燕国墓地（1973–1977）[M]．北京：文物出版社，1995:227；洛阳市文物工作队．洛阳北窑西周墓[M]．北京：文物出版社，1999:142.

[3] 陕西省考古研究所，秦始皇兵马俑博物馆．华县东阳[M]．北京：科学出版社，2006:151.

[4] 张绪球．湖北地区出土春秋时期的玉器[C]//荆楚文物（第3辑）[M]．北京：科学出版社，2018:154–156.

Ⅰ式玉兽面双角均雕刻龙纹，但龙纹造型所有不同，且兽眉、眼也有些许差异，这些导致同一式玉兽面存在时间上的早晚关系。以芮国梁带村M27的三件玉兽面为例，M27:250额部左右、龙鼻口部内细外粗大斜刀做法，为西周中期玉雕技法，而上卷的兽口造型出现在西周晚期，其制作年代当为西周晚期。说明兽角雕刻简化龙纹的玉兽面最早出现在西周晚期。M27:256双角与口吐长舌双龙相互借用，高鼻上卷。纹饰双线阴刻，粗细相当。双平行长线条弯转处渐趋平直，缺乏西周晚期弯弧长线条流畅的视觉效果，是西周晚期偏晚至春秋早期流行的装饰手法。此种装饰手法还能在山西天马—曲村遗址北赵晋侯墓地M102:29-1龙纹玉牌[1]、M31:70玉牌连珠串饰[2]上见到。M27:249饰抽象龙首，上下颌一气呵成，是春秋早期龙首的典型特征。曹门湾M1出土的玉兽面，双角饰俯视龙首，上下颌单线阴刻，线条流畅。兽眼紧贴眉与鼻梁转角处，兽眉弯转处近似直角，都体现了春秋早期的风格特点。可见，Ⅰ式玉兽面年代在西周晚期偏晚至春秋早期。

Ⅱ式玉兽面双角雕卷尾鸟或龙鸟合成形象。凤鸟尖喙、圆眼，身饰云纹，常见于西周中晚期。兽口正面上卷的形象从西周晚期延续到春秋早期。兽眉弯转处垂直、兽眼外侧轮廓用双阴线雕刻是春秋早期的雕刻风格。龙鸟（凤）合成的造型在春秋战国时期的楚式玉龙佩中十分流行。两件玉兽面均出自曹门湾M1，制作时间与墓葬年代[3]一致，为春秋早期。

Ⅲ式玉兽面纹饰繁缛，双角仍可见对龙、对鸟造型，龙身中隐藏凤鸟，鸟身中阴刻龙首。刘家店子M1、黄君孟夫妇墓G1:4玉兽面形制、纹样近似，口部阴刻卷云纹，是春秋中期新出现造型。玉兽面阴刻纹饰繁密，整体风格已具有春秋中期特点，但略早于淅川下寺M1:12玉兽面[4]。

此后，玉兽面满饰龙首纹，形象模糊，五官较难识别。以淅川下寺1号墓为代表的玉兽面角、眼、口压缩在玉牌饰下端，上端挤满龙首纹[5]，与本文所论述的玉兽面形象已相去甚远。

从墓葬的时代和上述型式分析，各式玉兽面流行和使用年代清晰，将商代至春

[1] 徐天进，孟跃虎，李夏廷，张奎. 天马—曲村遗址北赵晋侯墓地第五次发掘[J]. 文物，1995（7）.

[2] 上海博物馆. 晋国奇珍——山西晋侯墓群出土文物精品[M]. 上海：上海人民美术出版社，2002:133.

[3] 方勤，吴宏堂. 穆穆曾侯——枣阳郭家庙曾国墓地[M]. 北京：文物出版社，2015:122.

[4] 河南省文物考古研究所等：《淅川下寺春秋楚墓》[M]. 北京：文物出版社，1991:100.

[5] 河南省博物馆，淅川县文管会，南阳地区文管会. 河南淅川县下寺一号墓发掘简报[J]. 考古 1981（2）.

秋中期前段的玉兽面分为五期，所属期段和各型、式的代表性玉兽面分列如下：

	A型	B型	C型	D型	E型
商代晚期前段	 Ⅰ式	 Ⅰ式	 Ⅰ式  Ⅱ式		
商代晚期后段		 Ⅱ式	 Ⅲ式		
西周早期			 Ⅳ式  Ⅴ式		
西周中期				 Ⅰ式	
西周晚期至春秋早期				 Ⅱ式	 Ⅰ式
春秋早期					 Ⅱ式
春秋中期前段					 Ⅲ式

三、玉兽面功能

玉兽面型式多样，不仅与年代有关，与其不同用途也有着密切关系。以上讨论所涉及的玉兽面，除出土于车马坑和具体位置不清的，大部分有较明确的出土位置和共存关系，这就为我们认识此种器物的用途提供了科学依据。

商代玉兽面出土于殷墟妇好墓、殷墟花园庄东地M54和滕州前掌大墓地。殷墟妇好墓绝大多数玉礼器出自潜水面下，具体陈放位置已无法搞清[1]。玉兽面上钻有圆孔，可供穿系佩戴；少数底部有孔，可供插嵌作为装饰品或艺术品使用。殷墟花园庄东地M54玉兽面出土于棺室内，发掘报告认为“除一些较大的玉礼器外，大部分玉器可能都是墓主人佩戴的装饰品，如玉兽面、玉管、动物形玉饰等。”[2]滕州前掌大墓地玉兽面分别出自棺内和车马坑，位置关系清晰。M119:2玉兽面出土于棺内，在墓主人头顶右侧。玉兽面上下边缘有穿孔，同出的还有玉蝉、玉管、玉璜等玉饰。M119墓主为女性，推测玉兽面同这些饰品组合用于佩戴。车马坑M40与M132共出土四件玉兽面。M40：12玉兽面，双面雕，两面纹饰相同，头顶部有一单面钻的圆孔，发掘报告撰写者认为这是一件笄帽，圆孔用于安插笄杆使用[3]。M132出土的三件玉兽面额部中央都有圆孔，可供穿系使用。车马坑出土的四件玉兽面与骨器、象牙器等被置于车舆内，有研究者认为“可能是驭者随身携带的装饰品”[4]。台北故宫博物院曾对其馆藏河南安阳殷墟西北冈出土的马羁饰进行复原，复原图中连接鼻梁带和颊带的节约为玉兽面[5]。可见，商代玉兽面既可与其他饰件组合佩戴，又可作为马具上的节约使用，兼具实用与装饰功能。

两周玉兽面主要出自墓葬棺室内，出土时多位于墓主人头部、颈部、胸腹部、手部及脚部附近。根据玉兽面在墓葬中的位置，并参照三门峡虢国墓地、北赵晋侯墓地、应国墓地等复原的项饰和串饰组合，发现两周时期玉兽面常与玉管、玉蚕形佩、束绢形佩、玉珠等组成串饰，装饰颈、胸腹、手部和足部等。

1. 装饰颈部

三门峡虢国墓地M2012出土的玉兽面与一件蝉形佩，六件形制相同的束绢形佩和108颗玛瑙珠相间串系而成，出土时位于墓主人头间[6]（图六）。玉兽面位于串饰下方，可能为吊坠。虢国太子墓M2011墓主颈部出土一组组合项饰，由一件玉兽面、六件马蹄形饰、一件束绢形佩和一百多件玛瑙珠分两行相间串系而成[7]。应国墓地也

[1] 中国社会科学院考古研究所.殷墟妇好墓[M].北京：文物出版社，1980:115.
[2] 中国社会科学院考古研究所.安阳殷墟花园庄东地商代墓葬[M].北京：文物出版社，2007:92.
[3] 中国社会科学院考古研究所.前掌大墓地[M].北京：文物出版社，2005:426.
[4] 王影伊，唐锦琼.前掌大马具的清理与复原研究[C]//前掌大墓地[M].北京：文物出版社，2005:637.
[5] 朱晓丽.中国古代珠子[M].广西：广西美术出版社，2013:81.
[6] 河南省考古研究所.三门峡虢国女贵族墓出土玉器精粹[M].台北：众志美术出版社，2002:64.
[7] 河南省文物考古研究所.三门峡虢国墓[M].北京：文物出版社，1999:356.

图六　玉项饰（虢国墓M2012:150）

图七　玉项饰（应国墓地M231:25）

图八　玉组佩（强家村一号墓）

出土一串组合玉项饰，由一件玉兽面与数件玛瑙管、玉管和玉珠等相间串联而成。出土时位于墓主人项后与右侧[1]（图七）。此外，北赵晋侯墓地M62:21玉串饰，出土时位于玉覆面下方，墓主颈部[2]。可见，玉兽面能与其他玉饰品共同组成项饰，佩戴于颈部。

2. 装饰胸腹部

陕西扶风强家村一号墓出土一组玉组佩，由玉兽面、玉璜、玉佩及玉管、玉珠连缀而成。上可系人之颈部，下垂至胸腹部。绚丽多彩，十分华贵[3]（图八）。泾阳高家堡早周墓葬中两件玉兽面与玉璜、玉兔、玉柄形器共同发现于墓主胸腹部，发掘者认为系佩戴装饰物[4]。此外，叶家山M111:681和M111:682两件玉兽面出土时位于墓主胸腹部右侧；弶国BZM6:15玉兽面出土时也位于墓主胸部。因此，玉兽面也可串联于组

[1]　河南省文物考古研究所，平顶山市文物管理局. 应国墓地 Ⅰ 上[M]. 郑州：大象出版社，2011: 388.

[2]　李夏廷，张奎. 天马——曲村遗址北赵晋侯墓地第四次发掘[J]. 文物，1994（8）.

[3]　古方. 中国出土玉器全集（陕西）[M]. 北京：科学出版社，2005:72.

[4]　葛今. 泾阳高家堡早周墓葬发掘记[J]. 文物，1972（7）.

图九　左手腕饰（虢国墓M2011:446）

图十　右手腕饰（虢国墓M2011:449）

图十一　右手腕饰（虢国墓M2012:118）

图十二　右手握饰（芮国墓M26:267）

玉佩中，佩戴在胸腹部。

3. 装饰手部

河南三门峡虢国墓M2011，墓主左右手腕处各出土一串腕饰。左手腕饰由八件玉兽面、七十颗玛瑙珠和两颗绿松石组合而成（图九）。右手腕饰由六件兽形玉饰和八十一颗玛瑙珠，两行相间组合而成[1]（图十）。虢国墓M2012墓主人右手腕部周围也出土了一组玉饰品，包括玉兽面和鸟形佩、蚕形佩及玉管等（图十一）。芮国墓M26墓主左手和右手各有一组玉握，M26:267为右手手握，由玉兽面与玉贝、玉蝉、

[1] 虢国博物馆.虢国墓地出土玉器[M].北京：科学出版社，2013:54–55.

玉龟、玉珠、玛瑙珠等串连成八条玉珠链，与方柱体两端相连。其中两条握于墓主手心，六条覆盖于墓主手背[1]（图十二）。M27芮公墓M27:208玉兽面出土时也位于墓主人左手掌附近。这些串饰应为佩戴于手部的装饰品。

4. 装饰足部

芮国墓M19:201和M19:204两件玉兽面分别出土于墓主左右脚踝处，附近散落的佩饰还有玉鱼、玉蚕、玉瑗等玉饰件。发掘简报中记录，墓主手腕、脚踝及肘部各有一组佩饰。随州叶家山M111:696和M111:705两件玉兽面出土时也位于墓主足部附近，该位置一同出土的还有玉瑗、玉镯、向日葵形佩等。推测玉兽面与这些玉饰件一起组合装饰足部。

综合以上讨论，可知商周玉兽面的用途至少有以下六种：(1）供插嵌使用的装饰品或艺术品；(2）充当马具节约；(3）作为项饰组件或坠饰，佩戴于颈部；(4）作为组玉佩的组件或坠饰，佩戴于胸腹部；(5）作为手腕饰组件，佩戴手部；(6）作为足饰组件，佩戴脚踝处。以上几种用途概括了已知大部分玉兽面的使用方法，也表明了玉兽面作为装饰品的主要功能。

[1] 陕西省考古研究所，渭南市文物保护考古研究所，韩城市文物旅游局.陕西韩城梁带村遗址M26发掘简报[J].文物，2008（1）.

曾国西周至春秋时期墓葬出土玉器初探

A Preliminary Study on the Jades Unearthed from the Zeng State Tombs from Western Zhou Dynansty to the Spring and Autumn Period

李晓杨（湖北省文物考古研究所）

陈　虎（湖北省文物考古研究所）

郭长江（湖北省文物考古研究所）

摘要：西周至春秋时期，曾国至今发掘有500余座墓葬。墓葬出土玉器可分为礼器、兵器、佩饰、装饰、工具和不知功用六类，在西周晚期之际形成一套固定的丧葬用玉组合。根据墓葬出土的玉器材料，可以将曾国墓葬出土的玉器分为四期。西周早期曾国墓葬用玉制度尚未形成，玉器文化因素与中原地区一致。两周之际曾国墓葬用玉制度初步形成，玉器文化因素继承西周早期文化因素。春秋中期曾国墓葬用玉制度形成，玉器文化因素以宗周文化为主，新出楚文化玉因素。春秋晚期曾国墓葬用玉制度进一步发展，玉器文化因素以楚文化因素为主，保留较多中原文化因素。

关键词：曾国　墓葬　玉器　礼仪制度

ABSTRACT: From the Western Zhou Dynasty to the Spring and Autumn period, more than 500 tombs have been excavated in Zeng State. The jades unearthed from the tombs can be divided into six categories: ritual objects, weapons, ornaments, decorations, tools and unknown functions, forming a set of fixed combination of funeral jades in the late Western Zhou Dynasty. According to the jade materials unearthed from the tombs, the jades unearthed from the tombs of Zeng State can be divided into four periods. In the early Western Zhou Dynasty, the system of jade used in the tombs of Zeng State had not yet been formed, and the cultural factors of jade ware were consistent with those in the Central Plains. At the time of the Western Zhou Dynasty and Eastern Zhou Dynasty, the system of jade used in the tombs of Zeng State was initially formed, and the cultural factors of jade inherited the cultural factors of the early Western Zhou Dynasty. In the middle of the Spring and Autumn Period, the system of jade used in the tombs of Zeng State came into being. The main cultural factor of jade ware was Zongzhou culture, and the new jade factor was Chu culture. In the late Spring and Autumn Period, the system of jade used in the tombs of Zeng State was further developed. The cultural factors of jade ware were mainly Chu culture, while the cultural factors of central plains were retained.

KEYWORDS: Zeng State; Tomb; Jade Article; Etiquette System

曾国墓葬从1978年发掘曾侯乙墓起已发掘近550座。学术界对曾国出土的青铜器及出土文献资料给予了重点关注，而对墓葬出土的玉器等随葬品没有过多研究。曾国墓葬是两周考古序列较完整、等级结构较齐备的一批墓葬资料，其包含大型曾侯及夫人墓，即叶家山曾侯谏、M28墓主、曾侯犺，曹门湾M1、郭家庙曾伯陭，义地岗曾公求、曾侯宝、曾侯得、曾侯與、M4曾侯，擂鼓墩曾侯乙、擂鼓墩二号墓主，义地岗曾侯丙等13位曾侯或疑似曾侯墓；曾伯霥、曾伯文、曾公子去疾等中等级贵族墓；苏家垄M85等小型墓葬。序列完整、等级结构合理的资料可以显示曾国长时段内不同等级墓葬的用玉特征变化。本文则从现有材料出发，观察西周至春秋时期曾国墓葬玉器出土情况及其反映的墓葬制度。

图一　叶家山M111出土玉器
（1.璧　2.有领璧　3.琮　4.圭　5.镯　6.环　7.钺　8.戚　9.戈　10.玦　11.簪　12.璜　13.鸮形佩　14.向日葵形佩　15.人鸟形佩　16.羽人鸟形佩　17.觿　18.龙形佩　19.鹿兽形佩　20.鸟形佩　21.兽面形佩　22.柄形器及附饰　23.玉管　24.螳螂形佩　25.棒形器　26.蚕形佩）

一

曾国墓葬第一期是叶家山期，年代在西周早期，出土玉器主要见于叶家山墓地。2010和2012年两次工作共在叶家山墓地发掘墓葬65座[1]。其中大型墓以曾侯墓

[1]　湖北省文物考古研究所，随州市博物馆.湖北随州市叶家山西周墓地[J].考古，2012，7:31–52；湖北省文物考古研究所，随州市博物馆.湖北随州叶家山西周墓地发掘简报[J].文物，2011，11:4–60.

M28[1]、M65[2]、M111[3]为代表，中小型墓以M107[4]为代表。

大型墓M28出土玉器28件（组），种类有柄形器、璧、琮、璜、觿、戈、笄、鱼、龙、蝉、兔、鹿、鸟、刀等。M65出土玉器27件（组），器类有戈、圭、环、簪及蝉等动物小佩饰，棺内多佩饰。M111出土玉器数量发生质的变化，达114件（组），种类也最丰富，器类有璧、琮、瑗、环、璜、镯、玦、觿、钺、戚、柄形器、棒形器、簪（笄）、圭、管、兽面形佩、向日葵、鸟、戈、戈形佩、龙、鹿首、鸮、虎、蟾、蚕、螳螂、鱼等30种（图一）。中型墓M107出土玉器19件，器类有璧、璇玑、管、笄、挖耳勺、戈形佩，和鱼、龙、燕、蝉、兔、蚕等动物形佩饰。

叶家山墓葬出土玉器从数量上看，除M111外，大型墓葬与中型墓葬并无明显差距。墓地出土玉器按功用可分为礼器类用玉、兵器类用玉、工具类用玉、身体装饰用玉、佩饰类用玉、其他功能用玉六类。其中礼器类玉有圭、琮、璧、璇玑等；兵器类玉有戈、钺、戚；工具类玉有挖耳勺等；身体装饰类玉有笄、镯、玦等；佩饰类玉有鱼、龙、蝉、兔、鹿、鸟等动物形和环、瑗、璜、觿、兽形佩、管等几何形佩饰；其他功能类玉有棒形器、柄形器等。

曾国墓葬第一期出土玉器有几个特点：(1）玉器出土地点比较分散，虽然大部分出土于棺内，但二层台与椁室出土玉器数量也占一定比重，如M111二层台及椁内出土玉器8件，占玉器数的7%；(2）玉器中佩饰类用玉数量最多，礼器类用玉和柄形器数量也较多，如M111佩饰类用玉占比近50%（图二）；(3）玉器中不见组佩现

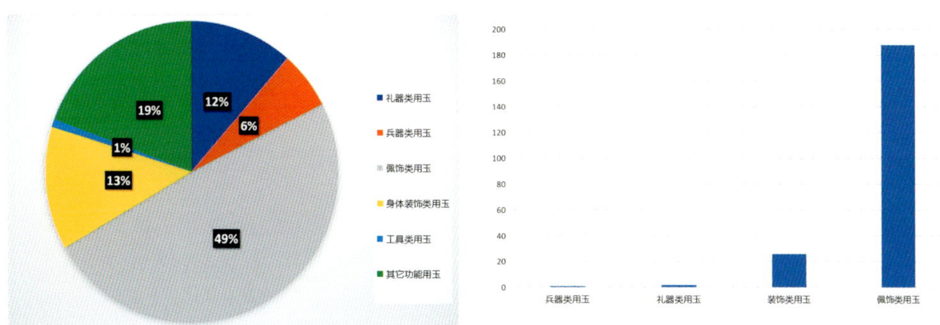

图二　叶家山墓地M111出土玉器种类比重图　　图三　郭家庙墓地2002年出土玉器种类分布

[1] 湖北省文物考古研究所，随州市博物馆. 湖北随州叶家山M28发掘报告[J]. 江汉考古，2013，4:3–57.
[2] 湖北省文物考古研究所，随州市博物馆. 湖北随州叶家山M65发掘简报[J]. 江汉考古，2011，3:3–40.
[3] 湖北省文物考古研究所，随州市博物馆. 湖北随州叶家山M111发掘简报[J]. 江汉考古，2020，2:3–86.
[4] 湖北省文物考古研究所，随州市博物馆，出土文献与中国文明研究协同创新中心. 湖北随州叶家山M107发掘简报[J]. 江汉考古，2016，3:3–40.

象，佩饰类玉器中象生形玉器较多，片状或管状玉饰较少，如M111象生形玉器出土34件，占佩饰类玉器的近60%；(4）柄形器数量较多，且多数棒形器随葬于漆觚附近，这类组合解决了功能类玉器的性质；(5）该期玉器与张家坡墓地[1]和宝鸡強国墓地[2]出土玉器文化因素基本相同，殷商遗玉数量较多，如张绪球先生统计有13件[3]，也见有石家河文化人鸟形玉佩、M55出土的红山文化勾云形玉佩[4]等更早时期的遗玉；(6）该期玉器纹饰多为阴刻线条纹或者片状玉饰整体阴刻人与凤鸟纹饰；(7）该期曾国墓葬用玉尚未形成一定制度，三个等级墓随葬玉器数量差别不大，均随葬两种以上的礼器用玉。

二

曾国墓葬第二期是郭家庙期，年代在西周晚期至春秋早期，出土玉器主要见于苏家垄墓地和郭家庙墓地。苏家垄墓地是春秋早中期一处典型的曾国小宗贵族墓葬集中的墓地，曾出土有“曾侯中子游父”铭文器和“曾太师”铭文铜鬲，2016~2017年新发掘出曾伯与克芈夫妇合葬墓和一批不知私名的中小型墓葬，材料多未发表[5]。郭家庙墓地经过2002年[6]和2014年[7]两次发掘，收获颇丰。这一时期大型墓葬有如郭家庙墓地的GM1[8]（图三）、GM21及夫人墓GM17（图四），中小型墓葬有如苏家垄墓地M79、郭家庙墓地GM16、GM22、CM43[9]、GM13[10]（图五）。郭家庙墓地被盗严重，玉器残存不全，苏家垄墓地资料未完全披露。因此该期单个墓葬出土玉器组合缺乏科学系统的材料。

总体观察西周晚期的郭家庙墓地，2002年发掘墓葬出土玉器227件（图三），其

---

[1] 中国社会科学院考古研究所.张家坡西周墓地[M].北京：中国大百科全书出版社，1999.

[2] 宝鸡市博物馆.宝鸡強国墓地[M].北京：文物出版社，1988.

[3] 张绪球.简论湖北叶家山曾国墓地商周玉器的年代与特征[C]//中国社会科学院考古研究所，广东省博物馆，广东省文物考古研究所，广州市文物考古研究院.夏商玉器及玉文化学术研讨会论文集.广州：岭南美术出版社，2018:241–247.

[4] 湖北省博物馆，湖北省文物考古研究所，随州市博物馆.随州叶家山—西周早期曾国墓地[M].北京：文物出版社，2013:51.

[5] 方勤，胡长春等.湖北京山苏家垄遗址考古收获[J].江汉考古，2017，6:3–9.

[6] 襄樊市考古队等.枣阳郭家庙曾国墓地[M].北京：科学出版社，2005.

[7] 方勤，胡刚.枣阳郭家庙曾国墓地曹门湾墓区考古[J].江汉考古，2015，3:3–11.

[8] 长江文明馆，湖北省博物馆等.穆穆曾候—枣阳郭家庙曾国墓地[M].北京：文物出版社，2015.

[9] 武汉大学历史学院，湖北省文物考古研究所.湖北枣阳郭家庙墓地曹门湾墓区（2015）M43发掘简报[J].江汉考古，2016，5:36–49.

[10] 湖北省文物考古研究所等.湖北枣阳郭家庙墓地曹门湾墓区（2014）M10、M13、M22发掘简报[J].江汉考古，2016，5:13–35.

图四　郭家庙墓地GM21、GM17出土玉器

（1.戈　2.琀　3.方体佩饰　4.方体佩饰　5~7.蹄形佩饰　8~9、12~13.龙形佩饰　10.蝉形佩饰　11.熊形佩饰　14.璜）

图五　郭家庙墓地中小型墓葬出土玉器

中兵器类用玉1件、礼器类用玉2件、身体装饰类用玉26件、佩饰类用玉包含珠管类玉器在内188件。大型墓葬GM21曾伯陭墓除玉戈外，基本为串珠类饰品。GM21的夫人墓GM17出土玉器数量最多，达141件，其中串饰占比近百分九十，该墓的串珠与玉佩的组合可能是曾国墓葬可见的最早的玉组佩。GM21与GM17比较而言，GM21曾伯陭墓出土有兵器类玉戈，这类玉器只出土于男性墓（图四）。中小型墓葬出土玉器较少（图五），如GM16出土玉器中虽串珠饰品占比近半，依然随葬有玦、环、佩等饰品；GM12出土的束帛形佩，可能是组佩的一部分。GM13则多见礼器类用玉，出土多件玉璧，这种现象说明该时期玉璧的功能可能已不再是礼器类，而转为佩饰类。GM22出土玉器组合则为小型墓葬最常见最典型的组合，即玉玦和玉琀的组合，这种组合表明玉玦由装饰功能逐步演变为固定丧葬用玉。郭家庙墓地出土玉玦多为单件，苏家垄墓地出土玉玦则多成双出现，位于头骨两侧。

2014年郭家庙墓地新发掘的一批墓葬，如CM1带墓道的大型墓葬，出土玉器数量较多（图六），既常见象生动物形玉饰，也包含较多的片状动物纹玉饰，还新出一些不知功能的三角体形玉器。这些玉器的发现，可能暗示曾国墓葬在郭家庙期已出现成熟配套的玉器组合。

西周晚期曾国墓葬出土玉器有几个特点：(1）不同等级墓葬出土玉器数量开始出现差别，大型墓葬随葬玉器数量较多，中小型墓葬出土玉器数量较少；(2）所有玉器均出土于棺内，椁室内鲜见有玉器出土；(3）出土的礼器类玉和兵器类玉较单

图六　郭家庙墓地CM1出土玉器

（1、3.虎形佩饰　2、4.龙形佩饰　5.鱼形佩饰　6~10.虎首纹佩饰　11.蝉纹佩饰　12.龙纹佩饰　13.扉棱状边缘方形佩饰　14.方形佩饰　15.束帛形玉　16.长条形佩饰　17.管饰、18.长方形佩饰　19.人形佩饰　20.三角体玉器）

图七　郭家庙墓地出土玉器与中原地区玉器比较
（1~3.梁带村墓地M300：8、M502：65、M51：14　4~6.郭家庙墓地GM12：2、GM16：12、GM17：59）

调，兵器类玉器只见玉戈，如GM21只出玉戈，不见钺、戚等玉兵，礼器类玉器此时只出土玉璧，玉圭等暂未见，且玉璧也见于中小型墓，可能该时期象征权力与身份等级的玉礼器有了多重的功能，如小型玉璧也可能已为玉组佩的总束部分；（4）此时期佩饰类玉器大量流行，数量也最多，新出几类新形式的玉器，如两侧带有三凹缺、两端各有两凹缺的扉棱状边缘长方形佩饰和各类管珠类串饰，并在后期的曾国墓葬中延续发展，也新出一种束帛形玉和马蹄形玉佩，根据中原地区上村岭虢国墓地M2001：659项佩饰[1]和梁带村芮国墓地M300：8和M502：65[2]的相似玉器，

[1]　河南省文物考古研究所，三门峡市文物工作队.三门峡虢国墓[M].北京：文物出版社，1999.

[2]　上海博物馆，陕西省考古研究院.金玉年华：陕西韩城出土周代芮国文物珍品[M].上海：上海书画出版社，2012:69–70；陕西省考古研究院，渭南市文物保护考古研究所等.梁带村芮国墓地：二〇〇七年度发掘报告[M].北京：文物出版社，2010.

可知这是玉项饰组合的一部分（图七），大量玉佩饰、玛瑙珠等串饰和束帛形玉等玉器组合反映此时曾国墓葬中出现玉组佩。但由于墓葬遭到早晚不同时期的破坏，没有发现完整的玉器组合；（5）该期墓葬玉器文化因素以宗周玉文化为主，CM1类大型墓葬继承西周早期叶家山墓地玉器风格，大量流行动物形佩饰，这些动物形佩饰多呈片状，少见立体状；（6）此时片状玉器纹饰开始阴刻龙纹或兽纹；（7）该期曾国墓葬用玉制度初步形成，大型墓葬随葬玉器数量明显较多，但是礼器类用玉在不同等级墓葬中均有出现，兵器类用玉只出土于男性墓葬中。新出现一种固定的丧葬用玉组合，即玉玦和琀从该期开始固定出现于所有曾国墓葬墓主头部。郭家庙墓地出土玉器的墓葬有20座，其中出玉玦的墓葬为11座，大致有50%出土率。

三

曾国墓葬第三期是枣树林期，年代在春秋中期，出土玉器主要见于义地岗墓群枣树林墓地、汉东东路墓地和苏家垄墓地部分墓葬。春秋中期是曾国墓葬葬俗与随葬品器形从宗周文化向楚文化过渡的关键阶段。枣树林墓地经过2019年的发掘，发现曾国春秋中晚期墓葬86座，其中春秋中期大型墓葬5座，即M190与M191曾公求及其夫人芈渔合葬墓、M168与M169曾侯宝及其夫人芈加合葬墓、M129曾侯得墓，春秋中期中型墓葬有M81与M110曾叔孙湛及其夫人季嬴墓和M189、M182、M143等一批不知私名墓，春秋中期小型墓葬有M180、M186等[1]。其他小宗墓地的小型墓葬以苏家垄墓地M85[2]为代表。

该期大型墓葬均位于枣树林墓地。枣树林墓地玉器均出土于棺内或盗洞内，种类较齐全，礼器类用玉有圭、璧、琮等，兵器类用玉有戈，实用工具类用玉有凿、刀、韘、柲帽形玉器等，装饰类用玉有笄、覆面等，不知功用类用玉有柄形器等。佩饰类玉器是墓地出土数量最多、器形最丰富的，主要包含串珠、立体形佩饰、片状佩饰和环、璜、瑗等。其中数量最多的是串珠，其次为片状佩饰。立体形佩饰主要为带穿孔的象生或规则几何体造型。象生造型主要包含龙、虎、兔、鱼、蚕、凤

[1] 湖北省文物考古研究所等.湖北随州枣树林墓地2019年发掘收获[J].江汉考古，2019，3:3–8；湖北省文物考古研究所等.湖北随州市枣树林春秋曾国贵族墓地[J].考古，2020，7:75–89.

[2] 湖北省文物考古研究所.湖北京山苏家垄墓群M85发掘简报[J].江汉考古，2018，1:26–33.

鸟、鸭、蝉等。这类玉器数量较少，在墓葬中大都只出土一件，少数墓葬出土两三件。规则几何体造型玉器常见长方体和三角体两种。这类玉器常见于大型墓葬或出土玉器数量稍多的中型墓葬。片状佩饰有觿，长方形、方形、梯形扉棱状边缘的龙纹佩饰，以及小型挂件，新出一些中部带凹槽的柄状佩和凤鸟形、兽首形佩饰。环、璜、瑗等多出土于大中型墓葬，常见与玦、琀等玉器搭配组合。墓葬大都配备丧葬用玉玦、琀，新出一些规则状的玉器，可能为玉塞。

M190与M191虽早期被盗，但依旧出土较多玉器。M190曾侯墓出土玉器264件（图八），其中串饰数量接近三分之二。工具类用玉有韘，该玉器与椁室内出土较多的木弓可能是配套使用的。装饰类用玉有玉覆面眼部、眉部和笄。玉覆面虽不完整，但这是曾国墓葬迄今为止所见最早的覆面。丧葬用玉有玦、琀，但棺内遭盗扰，玉器位置发生错乱。佩饰类用玉中片状佩饰数量最多，达70余件，其中扉棱状边缘的长方形佩饰数量最多，新出兽首形佩和凤鸟形佩。纺轮形玉器可能是组佩的总束。M190椁室内出土与兽首形佩相同的金箔，可能表明兽首形佩为包金或者镶金使用。该墓还出土数量相对较多的带穿孔、规则的立体形玉器，这些玉器均可见于梁带村芮国墓地玉器佩饰组合中。这些现象均说明，M190墓主下葬时存在多种组合佩饰。动物形玉器较少，只有两件为兔、龙形状。此外M190还出土一件玉髓质“天珠”，这可能与新疆、东南亚等边远地区贸易交流相关[1]。M191夫人墓出土玉器65件（图九），玉器多被盗扰至椁内填土和椁盖板上。玉器有瑗、璜、觿、玦、琀、蚕、双头龙带钩、几何形片状佩饰和串珠饰品。其中新出的一类中部带凹槽的扁条形玉器，该类玉器可能是玉器组合中的一部分。M190与M191墓出土玉器相比较看，两者玉器种类区别不大，曾侯墓多一些工具类玉器。

M168与M169近年被盗，玉器残缺不全。M168出土玉器137件（图十），绝大多数为串珠饰品，其次为各类佩饰，其余玉器有兵器类戈、工具类帽形器。M168虽不见礼器类玉圭，但出土一件磨光的骨角质圭，可能用于补充玉圭的功能。M168佩饰基本与M190曾公求墓相似，象生形玉饰为绿松石质龙形，新出一类带刃佩饰，可能为其他玉器的改器。M169出土玉器17件（图十），包含兵器类玉戈，佩饰类瑗、璜、蚕、桑叶、长方形扉棱佩和串珠饰。该墓出土玉戈，可能与墓主嬭加长时

[1]　巫新华.浅析新疆吉尔赞喀勒墓群出土蚀花红玉髓珠、天珠的制作工艺与次生变化[J].四川文物,2016,3:33–55.

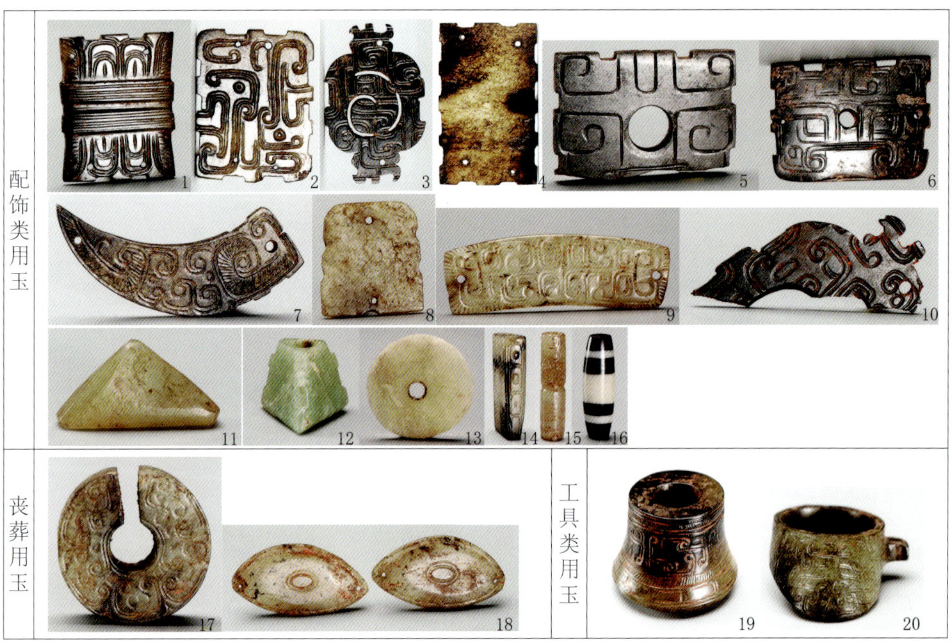

图八　枣树林墓地M190曾公求墓出土玉器

（1.束帛形佩饰　2、4.扉棱状边缘佩饰　3.凤鸟形佩饰　5.方形佩饰　6.蹄形佩饰　7.觿　8.蹄形佩饰　9.珩　10.兔　11.三角体佩饰　12.梯形台状佩饰　13.纺轮形佩饰　14.长方体佩饰　15.柱状佩饰　16."天珠形"管　17.玦　18.覆面眼部饰　19.帽形饰　20.韘）

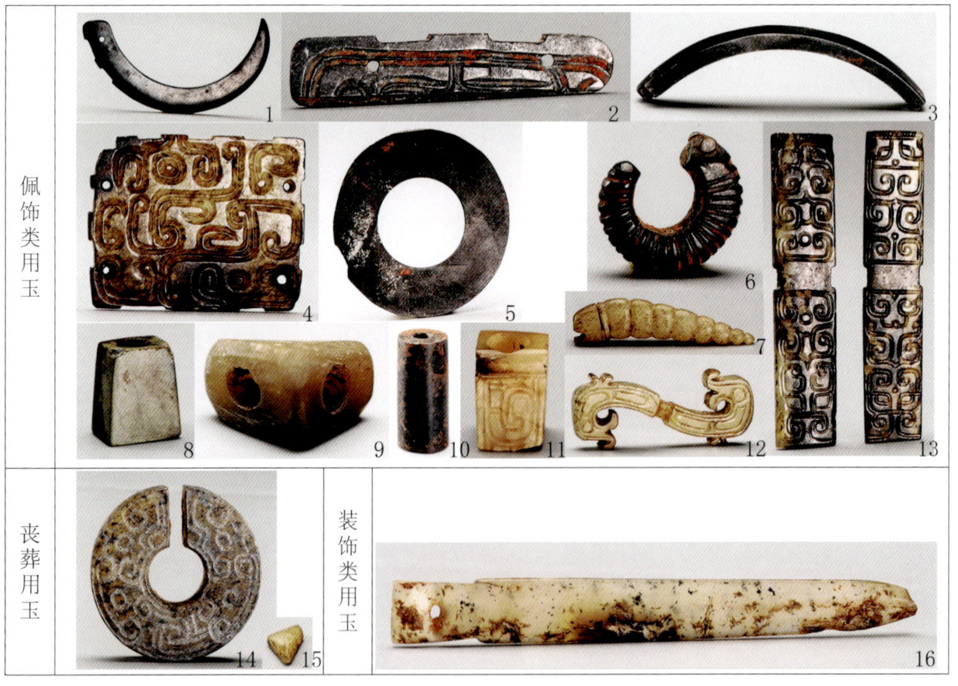

图九　枣树林墓地M191芈渔墓出土玉器

（1.觿　2.长条形玉器　3.璜　4.扉棱状边缘佩饰　5.环　6.蚕　7.蚕　8.长方体饰　9.三角体饰　10.管　11.长方体饰　12.龙　13.长条形饰　14.玦　15.琀　16.笄）

图十　枣树林墓地M168曾侯宝及夫人M169芈加墓出土玉器

（1、2、4.扉棱状边缘佩饰　3.玦形佩饰　5.兽首形佩饰　6.觿　7.长条形佩饰　8.龙　9.兽面纹佩饰　10.小环　11.管　12.长条形饰　13.玦　14.戈　15.帽形饰　16.璜　17.龙纹佩饰　18.环　19.桑叶佩饰　20.蚕　21.戈）

图十一　枣树林墓地M81与M110出土玉器

（1.梯形佩饰　2.扉棱状边缘佩饰　3.兽首形佩饰　4.带刃形佩饰　5.觿　6.三角形佩饰　7.长条形佩饰　8~9.长方体管状饰　10.龙　11.坠　12.珩　13~14.璜　15.环　16~17.玦　18.琀　19.戈　20.柄形器　21.扉棱状边缘佩饰　22.觿　23.鸟　24.长条形饰　25~26.璜　27.环　28.坠　29.玦　30~31.琀　32.笄）

间作为曾国监政者的身份有关。蚕与桑叶佩的组合与M191芈渔墓相同，这种固定搭配可能与曾侯夫人身份相关。

该期中型墓保存完整者以M81、M110为代表。M81男性墓出土玉器56件（图十一），佩饰类玉种类、数量最多。兵器类用玉有戈，礼器类用玉基本不见，装饰类用玉有坠和贝饰，不知功能类用玉有柄形器。该墓出土的玦数量、种类较多，包括四件璧状玦和两件管状玦。丧葬用玉的变化，说明春秋中期礼制改革期间较多不固定因素的产生。该墓出土的璜、珩、串珠与各类片状佩饰组合成不同的佩饰。片状佩饰既有典型的扉棱状边缘的长方形玉佩，还发现梯形龙纹佩、兽首形佩和三角形龙纹佩。此时，亚腰长条形玉佩饰与小环可能是组佩中结束的束佩。M110女性墓出土玉器79件（图十一），其中数量最多的是觿和串珠类饰品，不见礼器类和兵器类玉器。装饰类玉器只见环、笄和坠。其余佩饰类以扉棱状边缘的龙纹长方形佩为主，搭配觿、璜、串珠等使用。两座墓动物形佩饰只是各出土1件，分别为龙和兔的造型。两座异性墓间随葬玉器相比较，M110较M81数量多一些，主要体现在串珠，其余玉器数量差别不大。种类上M81见有兵器类玉戈和暂不知功用的柄形器，这两种玉器在M110墓中则不见。M81墓主随葬玉器可能既有腕饰、项饰还有其他部位佩饰，而M110墓主随葬玉器可能只包含项饰。

图十二　枣树林墓地M189出土玉器

枣树林墓地其他中型墓M189紧邻墓葬M190，出土玉器13件（图十二），均为佩饰，为璜、方体管、璧、觿和象生形（鸭与鸟）的组合。丧葬用玉有玦与琀。M182在M190不远处，出土玉器56件。装饰用玉有笄与环，笄为龙凤一体长柱状。佩饰类用玉为扉棱状长方形佩、串珠饰、璜、觿的组合，象生形玉器只见一件，为鹰的造型。丧葬用玉为双玦。小型墓如M180、M184、M186、M165等均出土少数几件玉器，多为丧葬用玉，一般为双玦与琀，或只见玦，或只见琀，不见其他种类玉器。

苏家垄M85只有铜簠铸有“宋子”的铭文。该铭文说明了这座小型墓葬与宋国关系密切，但从其他器物与墓葬形制看，该墓依然具有曾国墓葬的特征。该墓出土玉玦2件和玉琀3件。玉器出土于棺内墓主头部两侧，玉琀往往与墓主牙齿共存。玉琀大多素面、碎小、形状不规则，疑似不同种类玉器的残块。这类丧葬用玉组合与曾国第二期墓葬小型墓葬随葬的玉器组合是一脉相承的。

春秋中期曾国墓葬出土玉器有几个特点：(1) 不同等级墓葬出土玉器数量差距分化明显，大型墓葬出土玉器数百件，小型墓出土玉器或出土数件或无玉器；(2) 玉器种类逐步集中于佩饰与装饰类，礼器与兵器类用玉大量减少，礼器类用玉多见圭，兵器类用玉只见戈，串珠饰玉器占比较重，扉棱缘状长方形佩饰和觿大量流行，佩饰与串珠饰经过不同组合形成不同部位佩饰，象生形佩饰玉器大多较小，每墓仅出土一两件，装饰类用玉多见笄、环，工具类与不知功能类玉器较少见，多出于大型墓葬。丧葬用玉双玦和琀继续流行，新出现玉覆面；(3) 异性墓随葬玉器种类有所区别，礼器类用玉和兵器类戈在大型墓中男性和女性墓均有出土，在中型墓中却只见于男性墓，玉蚕或者玉桑叶等只发现于女性墓，不见于男性；(4) 此期玉器纹饰流行阴刻的龙纹，玉器阴刻纹饰多与铜器窃曲纹和变形龙纹相似；(5) 该期玉器与中原地区春秋早中期墓地出土组佩较多相似，当以中原文化因素玉器为主，M190出土“天珠”形玉器可能表明曾国玉器来源较广（图十三），同其他地区存在广泛的贸易文化

图十三　枣树林墓地M190天珠与其他地区比较

（1.新疆吉尔赞喀勒墓群M32天珠〔引自巫新华：《浅析新疆吉尔赞喀勒墓群出土蚀花红玉髓珠、天珠的制作工艺与次生变化》〕　2.枣树林墓地M190“天珠形”饰品）

交流；(6）该期玉器反映的礼制特征明显，大型墓葬流行玉组佩和象征权力与等级的玉器，中型墓葬流行较简单的佩饰，小型墓仅随葬玦、琀等通用的丧葬用玉。

四

曾国墓葬第四期是文峰塔期，年代在春秋晚期，出土玉器主要见于文峰塔墓地、枣树林墓地南部墓葬。该期曾国墓葬葬俗与随葬品器形以楚文化为主，保留有部分宗周文化因素。大型墓葬以M4曾侯墓[1]、M1曾侯與墓与M2[2]为代表，中型墓以M143、M142、M6曾公孙去疾墓[3]、东风油库M3[4]为代表，小型墓葬以东风油库M1

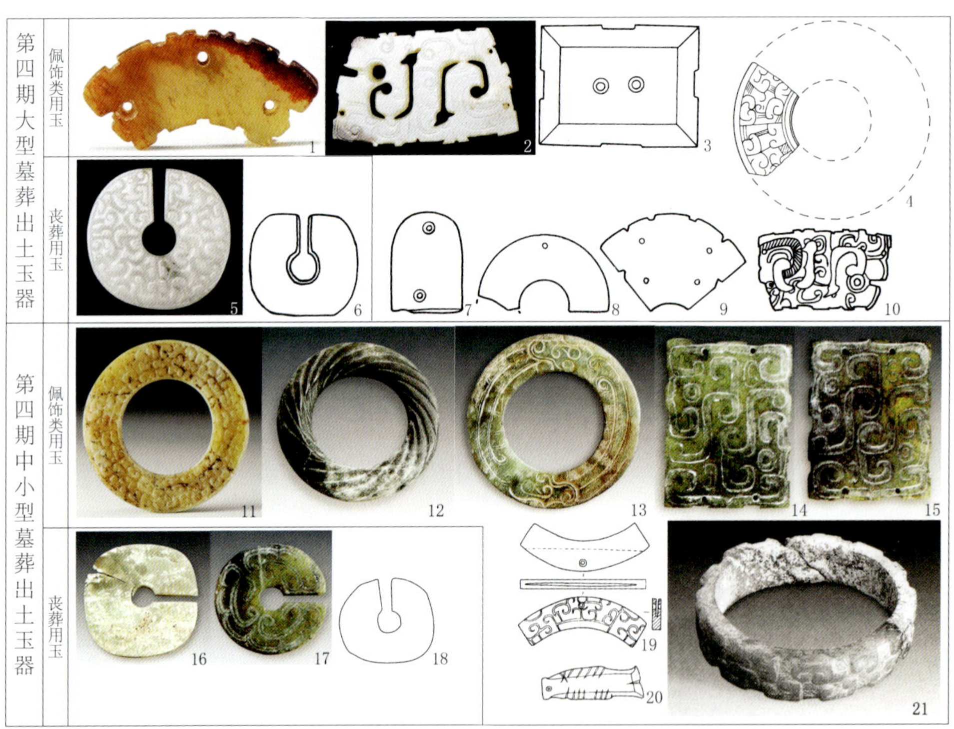

图十四　第四期曾国墓葬大中型墓葬出土玉器

（1.M2双首龙形玉璜　2.M1玉佩　3.M2方形佩饰　4.M4环　5~6.M1玦　7.M2蹄形佩饰　8~9.M2璜　10.M1龙纹佩饰　11.M6环　12~13.94M3环　14~15.94M3扉棱状边缘佩饰　16.94M2玦　17.94M3玦　18.M6玦　19.94M3璜　20.94M2鱼　21.94M3环）

[1]　湖北省文物考古研究所，随州市博物馆．湖北随州文峰塔墓地M4发掘简报[J]．江汉考古，2015，1:3–15.

[2]　湖北省文物考古研究所，随州市博物馆．随州文峰塔M1（曾侯與墓）、M2发掘简报[J]．江汉考古，2014，4:3–50.

[3]　湖北省文物考古研究所，随州市博物馆．湖北随州义地岗曾公子去疾墓发掘简报[J]．江汉考古，2012，3:3–26.

[4]　湖北省文物考古研究所，随州市曾都区考古队等．湖北随州义地岗墓地曾国墓1994年发掘简报[J]．文物，2008，2:4–18.

与M2[1]，即曾少宰黄仲酉与可的夫妻合葬墓为代表。

大型墓葬被破坏，基本只余棺椁底部。M4曾侯墓出土玉器4件（图十四），均残，为璧与佩饰，当是组佩的残留。M1曾侯與墓出土玉器4件（图十四），为佩饰与装饰类玉器。其中玉玦只有一件，另外一件为石玦配套。动物形佩饰演变为镂空的片状佩，不再是片状佩饰上阴刻动物纹。M2出土玉器29件（图十四），均为佩饰类玉器。该期璜为短弧的璜，新出一种扉棱状玉璜。扉棱状的长方形佩饰该期演变为多数素面，不再单面阴刻龙纹。

中型墓M6曾公子去疾墓出土玉器4件（图十四），为典型的丧葬用玉玦与琀的组合，另外两件佩饰为瑗。此时玉瑗纹饰既有继承第三期墓葬的阴刻勾连纹，也有该期新出的雕琢云纹。M160出土玉器16件，均为佩饰，包括环、梯形和串珠等。此墓新出一种窄长条形带刃玉器，出土7件，大小相似，这种玉器形制可能是仿铜刻刀样式。M143出土玉器14件（图十五），包含较多礼器类用玉，礼器类用玉有璧、琮、圭，佩饰类用玉有璜、玦、方形佩饰等。该墓玉器出土时位置摆放较为特殊，可以分三组（图十六），一组为一琮两圭一璧放置一起，一组为璧、璜放置一起，最后一组为玦、佩、璜放置一起。M143较多

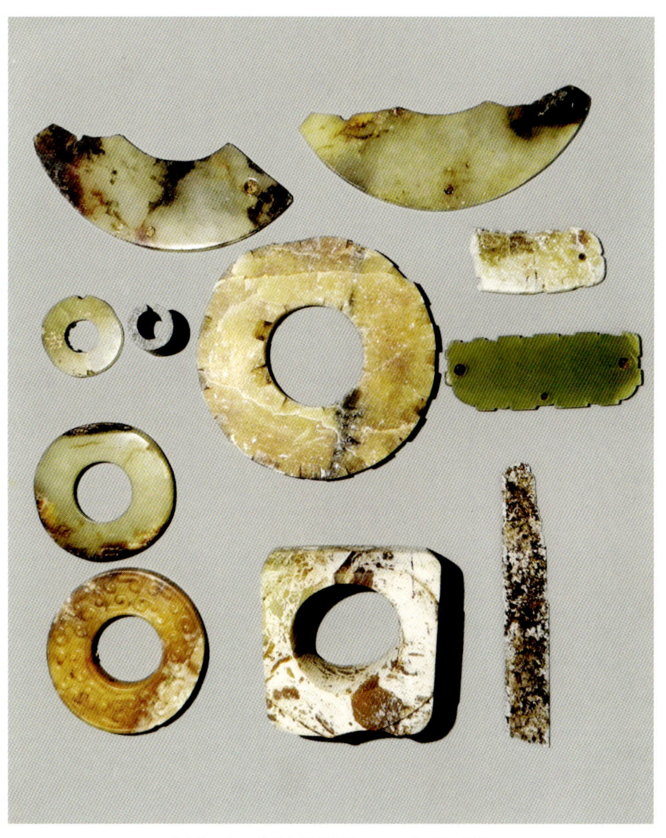

图十五　枣树林墓地M143出土玉器

[1] 参考文献的内容应为“湖北省文物考古研究所，随州市曾都区考古队等.湖北随州义地岗墓地曾国墓1994年发掘简报[J].文物，2008，2:4–18.”

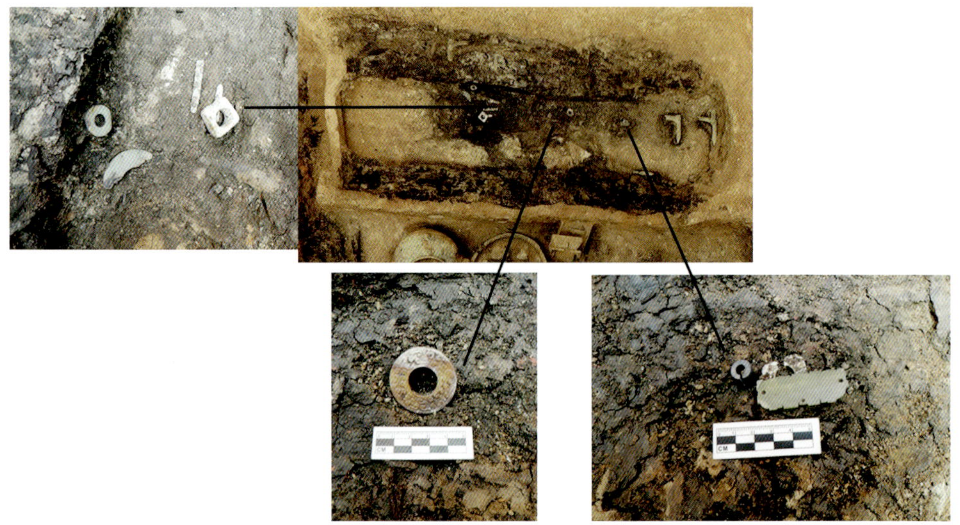

图十六　枣树林墓地M143棺内玉器分布照

礼器用玉的出土，说明该墓具有特殊性，可能表达曾国墓葬在春秋晚期礼制发生了变化。该墓出土的玉璧纹饰也使用了浮雕工艺。该期年代较晚的中型夫妻合葬墓中，东风油库M1“曾少宰黄仲酉”墓没有随葬玉器，其夫人M2“可”墓出土玉器6件（图十四），包含丧葬用玉玦，佩饰玉鱼和串珠饰品，均素面。年代最晚的东风油库M3出土有曾侯鼎铜器，表明该墓是比较重要的中型墓葬。该墓出土玉器15件（图十四），均为佩饰和装饰类玉器。装饰类用玉有环，佩饰类用玉有环、瑗、扉棱状长方形佩饰、璜和串珠。水晶质地的串珠是该期新出玉器种类。瑗的纹饰继承第三期墓葬玉瑗阴刻纹饰的技艺。侧边浮雕云纹的宽边环是该期新出土的一种玉环形制。

该期小型墓葬出土玉器数量比较少。年代稍早的M140只出土丧葬用玉圆角方形素面玦。临近M143的M142出土玉器5件，为笄、璜、玦、小琮，可分为礼器类用玉、装饰类用玉和丧葬用玉。

春秋晚期曾国墓葬出土玉器有几个特点：(1)玉器均出土棺内，在玉器数量不足的情况下，用形制相同的石质、骨角质器配套玉器；(2)墓葬贫富分化更明显。大型墓葬出土玉器数量依旧很多，纹饰精美、制作工艺精湛，中、小型墓葬玉器数量差别不大，均较少，玉器多素面；(3)此期墓葬中玉器种类依旧保留有不同佩饰和串饰组合的佩饰，装饰类用玉只有笄，丧葬用玉多为单件玦，礼器类用玉圭、琮、璧等只在个别墓葬中存在，不见兵器类用玉和工具类用玉，墓葬组佩种类单一，由少数的长方形佩饰、象生佩和串珠饰组成。象生形佩饰数量较春秋中期墓葬有所增加；（4）该期玉器纹饰除继承第三期墓葬阴刻龙纹外，新出浮雕纹饰，这些玉器形制与淅川下寺楚墓[1]、和尚岭和徐家岭楚墓[2]玉器形制相似。玉器纹饰也与青铜器纹饰开始出现浮雕纹饰的演变顺序是同步的，表明曾国“左右楚王”后审美观念发生了变化。

五

曾国西周早期至春秋晚期墓葬出土玉器具有明显的演变顺序。

第一期，曾国墓葬玉器出于墓葬多个地点，兵器类和礼器类用玉数量较多，象生形玉佩饰和柄形器大量流行，一些玉棒形器可能作为酒具使用。玉器纹饰多为单阴刻线或整体雕琢为动物形样式。玉器文化因素多见殷商时期和新石器时代文化因素残留。曾国墓葬用玉尚未形成固定礼制，在叶家山M111年代之前，大中小型墓葬玉器数量、种类、位置没有太大差别，无特殊玉器固定使用。虽然M111玉器数量与其他墓葬有了显著差距，但是其用玉种类与其他墓葬没有明显区分。

第二期，曾国墓葬玉器开始只出于棺内，兵器类和礼器类用玉数量开始减少，片状佩饰和串珠饰等佩饰类用玉大量流行，继承西周早期墓葬风俗，保留有一定数量的象生形玉佩饰。玉器纹饰多为阴刻龙纹等。扉棱状边缘长方形佩饰、束帛形玉饰、人龙纹佩饰等玉器均与中原地区同时期墓葬的玉器出土情况基本一致，墓葬具有浓厚的宗周玉文化因素。此时曾国墓葬用玉形成一定制度，不同等级墓葬用玉开始出现分化，大型墓葬出土玉器种类、数量均较丰富并大量使用玉组佩，礼器类和兵器类用玉也多出于大型墓葬，玦、琀开始作为墓葬内固定丧葬用玉出现于多数墓葬中。

第三期，曾国墓葬玉器出土地点、种类、纹饰等大都继承了第二期玉器的特点。兵器类和礼器类用玉数量只在大型墓或少数中型墓内，装饰类笄、环和璜、璧、几何形玉佩等片状佩饰与串珠饰等佩饰类用玉占出土玉器的绝大多数，新出一些立

[1] 河南省文物研究所，河南省丹江库区考古发掘队等.淅川下寺春秋楚墓[M].北京：文物出版社，1991.

[2] 河南省文物考古研究所，南阳市文物考古研究所等.淅川和尚岭与徐家岭楚墓[M].郑州：大象出版社，2004.

体几何形玉佩饰。每墓只出土一两件较小的象生形玉饰。玉器纹饰依旧以阴刻龙纹、变形龙纹等为主，多见改玉形制玉器。玦、琀依旧是出土频率最高的丧葬用玉，在玦、琀的基础上，该期新出现丧葬用玉覆面。玉器形制特点、组合方式与中原地区玉器基本一致。不同等级墓葬玉器种类、数量分化明显，形成了成熟的墓葬用玉制度。该时期曾国国力较为强盛，墓葬内出土了一些远距离贸易或文化交流的玉器。

第四期，曾国墓葬玉器出土数量较少，依旧只见于棺内。玉器种类稀少，礼器类用玉圭、琮等少见，佩饰类用玉由少数串珠、几何形佩饰、象生佩组合而成。玉器纹饰既有前期的阴刻纹，也新出一些浮雕云纹、龙纹等纹饰。玉器形制特点既保留了中原玉文化因素，浮雕玉器等也与楚文化玉器相似。该期中小型墓葬用玉差别不大，制度较为复杂。如礼器类用玉圭、琮、璧出于M143等较为特殊墓葬，单个墓M160出土较多带刃玉器，玉玦重新为单件随葬，在玉器没有的情况下用形制相同的石质、骨角质器补充玉器的不足。这些现象可能与春秋中期礼制改革后，墓葬用玉不再只依据墓主等级或权力来随葬玉器，或还根据墓主特殊身份或财富程度随葬玉器相关。

曾国西周至春秋时期墓葬出土玉器与青铜器等其他质地器物一样，从一个方面印证了曾国墓葬制度的演变发展，以及曾国历史文化从“左右文武”到“左右楚王”的风俗与礼制变革。

大冶铜绿山四方塘遗址出土玉石器材质及工艺特征研究

Researches on the Material and Craft of the Jades from Sifangtang Site in Tonglvshan, Daye City

罗泽敏（中国地质大学［武汉］珠宝首饰传承与创新发展研究中心）

陈　春（湖北省博物馆）

陈树祥（湖北省文物考古研究院）

舒　骏（中国地质大学［武汉］珠宝学院）

摘要：本研究针对湖北省大冶市铜绿山四方塘遗址墓葬区出土的21件玉（石）器开展材质、受沁、纹饰及工艺特征的研究。通过常规宝石学观测、大型仪器光谱和成分分析（傅里叶变换红外光谱、拉曼光谱、X射线衍射、扫描电镜、激光剥蚀电感耦合等离子质谱仪），对出土玉（石）器样品的矿物组成、颜色和受沁特征、矿物结构、显微形貌和微结构、主量和微量化学成分进行观察和分析，得出四方塘出土玉（石）器的材质共五大类，包括透闪石质软玉、云母质玉、石英质玉、绿松石和孔雀石，其中以透闪石质软玉为主。透闪质玉器和云母质玉器的纯度均不够高，除主体矿物成分外，还含有少量的长石、石英等杂质矿物；绿松石质玉器纯度较高。出土玉器总体受沁较为严重，以鸡骨白沁色为主；与现代软玉相比，受沁透闪石质玉器表面含有较高的Cu和Fe含量，可能是玉器在埋藏环境中长期与富含Cu、Fe的土壤和地下水接触受沁所致，与铜绿山本地富铜、铁的地质环境密切相关。通过肉眼观察和超景深立体显微镜记录出土的玉玦（13件）、玉璜形饰（1件）和玉觿（1件）的造型纹饰和微痕迹特征，发现玉器功能用途主要为装饰玉器。纹饰方面仅M1墓出土的2件玉玦琢刻有较为精美的单面龙纹，反映出春秋时期楚文化特征。

关键词：四方塘遗址 春秋玉器 材质 工艺特征

ABSTRACT: In this study, we carried out the detailed researches on the material, alteration, pattern and craft of 21 pieces of jade unearthed from Sifangtang relic in Tonglvshan, Daye City, Hubei Province. Through standard gemological tests, advanced spectroscopic and chemical analyses (Fourier Transform Infra-Red Spectrometer, Raman Spectrometer, X-ray Diffraction, Scanning Electron Microscope, and Laser Ablation Inductively Coupled Plasma Mass Spectrometer), the mineral composition, color characteristics and alteration features, mineral structure, micro morphology and microstructure, major and trace elements contents of these jade were obtained. The materials of the unearthed jade contain five categories, including tremolite nephrite, muscovite, quartz turquoise, and malachite. Tremolite nephrite is the main type of the jade. Both tremolite and muscovite jade are not pure mineral aggregates, containing small amounts of impurity minerals such as feldspar and quartz. While the turquoise exhibited high purity. Most of the jade showed serious color alteration, with mainly white chicken bones color. Compared with modern nephrite, the surface of tremolite jade displayed higher contents of copper and iron elements, which may due to the alteration caused by the long-term contact with Cu and Fe-rich soil and groundwater in the buried environment, strongly related to the Cu and Fe-rich geology environment in Tonglvshan. Based on the naked eye and super depth of field stereo microscope observation, the jade shape of Sifangtang contains Yujue, Yuhuang, and Yuxi. Yujue is the main type of unearthed jade. These jades should be mainly use as decoration due to small size. Only two Yujue from M1 tomb showed carved beautiful single-sided dragon pattern, which reflect the cultural

features of Chu State in the Spring and Autumn Period.
KEYWORDS: Sifangtang Site; Jade of the Spring and Autumn Period; Material; Pattern and Craft

一、引言

2012年10月，湖北省文物考古研究所在配合湖北大冶铜绿山遗址博物馆新馆选址及铜绿山国家考古遗址公园建设时发现了铜绿山四方塘遗址，2014年在遗址范围内发现了先秦时期墓葬区，2014年11月至2017年11月对墓葬区进行了发掘，清理夏商周时期墓葬246座，其中，夏代1座、商代2座、西周墓葬13座、春秋战国时期墓葬230座（多数为无随葬品的空墓），出土铜、陶、玉、铜铁矿石、石等质地文物290余件。四方塘遗址墓葬区是夏商周时期（含楚国）统治者在大冶铜绿山采冶铜铁矿而“聚工而葬”的一处墓地。墓葬保存较完整、时代较明确、随葬器物的矿冶生产特征显著，墓葬形制和随葬品等差异性反映出墓主生前不同的身份地位和分工。

四方塘遗址墓葬区出土玉石器数量不多，仅有10座墓葬出土玉石器，共21件，玉器基本为春秋时期。对该遗址出土玉石器的材质、受沁及工艺特征开展研究，对于了解遗址所在地区春秋时期玉器使用、琢玉水平等都有重要意义，也可为铜绿山古代铜矿采冶管理与生产者的族属以及楚国势力对该地区的扩张提供有效信息。本文以四方塘遗址墓葬区出土的21件玉（石）器为研究对象，综合运用宝石学基本观测、超景深立体显微镜、大型仪器——傅里叶红外光谱仪（Fourier Transform Infra-Red Spectrometer，FT-IR）、激光拉曼光谱仪（Raman Spectrometer，Raman）、X射线衍射仪（X-ray Diffraction，XRD）、扫描电子显微镜（Scanning Electron Microscope，SEM）、激光剥蚀电感耦合等离子质谱仪（Laser Ablation Inductively Coupled Plasma Mass Spectrometer，LA-ICPMS）对其进行材质种类的鉴定，观察分析受沁特征及造型纹饰，以期客观认识该地区的玉文化面貌。

二、研究方法和测试条件

首先对四方塘遗址出土的玉（石）器进行常规宝石学观测，主要基于肉眼、10倍放大镜、折射仪、静水称重仪、聚光手电筒等，对材质进行初步鉴定。可获得出土玉（石）器基本宝玉石学特征——颜色、光泽、透明度、相对密度、折射率五个方面；受沁特征——沁的颜色、沁的分布形态和受沁程度三个方面；材质特征——材质本色、质地结构和材质初步定名三个方面。观察记录为大型仪器测试选择代表性样品提供依据。

其次，利用肉眼观察、10倍放大镜观察、聚光手电筒和超景深立体显微镜，详细观察和记录出土玉（石）器的整体造型、纹饰细节、孔眼、抛光、琢制工艺等微痕迹特征纹饰工艺。

为了更加科学准确地分析出土玉（石）器材质的矿物组成、化学成分、微结构和形貌特征，根据测试仪器的条件以及出土玉（石）器的特征，对四方塘遗址出土的玉（石）器进行了大型仪器测试。主要选用的大型仪器为FT-IR、Raman、XRD、SEM和LA-ICPMS。FTIR、Raman与XRD属于谱学非定量测试技术，都可以对宝玉石的矿物物相进行定性分析，其中FT-IR与Raman光谱两者互为补充、相互印证，而XRD通过面扫描可以更加全面了解玉器的矿物相和结构特征；SEM为无损测试，主要用于观测出土玉（石）器的微观形貌和结构特征；LA-ICPMS属于微区定量测试技术，可获取出土玉（石）器的主量元素和微量元素含量。

对四方塘遗址出土的21件玉（石）器均进行了FTIR光谱测试，每件玉（石）器均选取2至3个不同位置进行测试，以保证结果的重复度与准确性。测试在中国地质大学（武汉）珠宝学院大型仪器实验室完成，设备为德国BRUKER公司VERTEX-80型傅里叶变换红外光谱仪，测试时将玉器表面抛光较好的区域放置于样品台，采用反射法进行测试。具体测试条件：光斑直径4mm，分辨率4cm^{-1}，每件样品扫描时间32s，扫描范围4000~400cm^{-1}。

Raman光谱测试在中国地质大学（武汉）珠宝学院大型仪器实验室完成，设备为德国BRUKER激光拉曼光谱仪。因样品舱尺寸限制，只对四方塘遗址出土的19件玉（石）器进行测试，每件玉（石）器测试3至4个点。其中对云母和透闪石质的13件玉器进行了全谱范围的拉曼测试，以便于观测3000~4000cm^{-1}跟OH

有关的特征峰。具体测试条件：激光器波长532nm，分辨率3~5cm^{-1}（全谱扫描为9~15cm^{-1}），扫描范围45~1550cm^{-1}（全谱为45~4450cm^{-1}），积分时间3s，积分次数10次，激光能量的选取随着样品受沁程度不同而改变，在5~20mW之间。

XRD分析在中国地质大学（武汉）材料与化学学院分析测试中心XRD实验室完成，设备为德国BRUKER D8 Advance X射线衍射仪。由于样品舱尺寸限制，仅对四方塘遗址出土的13件玉器进行了测试。具体测试条件：扫描范围5~90°，扫描速度10°/min，步长0.02。

对13件受沁程度不同的出土玉器和4件孔雀石，采用SEM进行微观形貌和结构特征观察。测试在中国地质大学（武汉）地质资源与矿产国家重点实验室进行，考虑到无损测试，样品未做任何表面处理（未喷碳或喷金），仅在低真空环境下观察。仪器型号：美国FEI公司Quanta 450FEG场发射扫描电子显微镜。测试条件：工作电压20kV，工作距离8.5mm，光阑孔径120μm。

因样品舱尺寸限制，选取尺寸较小的14件玉器开展LA-ICPMS测试，实验在中国地质大学（武汉）地质过程与矿产资源国家重点实验室完成。测试条件：激光剥蚀系统为Geolas2005，ICP-MS型号为安捷伦电感耦合等离子体质谱仪Agilant7500a，激光束斑44μm，激光波长193nm，激光频率6Hz，激光能量6J/cm^2。硅酸盐矿物（云母和软玉）采用USGS人工合成玻璃样品（BIR、BCR和BHVO）为标样，NIST610对仪器漂移进行监控；而碳酸盐矿物采用碳酸盐标样MACS-3、常规微量元素校正标样NIST610、BIR、BCR和BHVO对仪器漂移进行监控。以上样品均为国际标准物质。最终数据采用ICPMSDATACAL10.0软件进行离线处理，并用Excel软件进行归一化和数据直观化处理。

三、结果及讨论

（一）四方塘出土玉（石）器宝石学基本特征

常规宝石学观测结果显示，四方塘遗址出土的21件玉（石）器中，玉器有17件，石器有4件。其中玉器的材质品种有四类，分别为：透闪石质软玉、云母质玉、石英质玉和绿松石，占出土玉（石）器总件数的81.0%；石器的材质品种仅一类，为孔雀石，占出土玉（石）器总件数的19.0%。

出土的17件玉器中，软玉质玉器共11件，占出土玉器总件数的64.7%。软玉质玉器的相对密度主要分布在2.522~3.099范围之间，折射率在1.60~1.62范围之间。出土的软玉质玉器多为白—青白玉和糖玉，少数由于受沁严重无法确定种类。其中白—青白玉质玉器共5件，全部出自M41墓，占出土软玉质玉器总件数的45.5%，占出土玉器总件数的29.4%。白—青白玉主体颜色为白色，常略带黄色、浅褐色、或青色调，部分样品还带有少量的糖色，如M41：4（图一a）。四方塘出土的大部分白—青白玉质地较粗糙，由于受沁作用光泽和透明度均受到一定程度的影响，油脂光泽较弱，多呈蜡状光泽，半透明—微透明，由于表面较多次生物质覆盖导致内含物及内部结构特征不明显，透射光下内含物也少见（图一b）。

四方塘遗址出土糖玉质玉器4件，占出土软玉质玉器总件数的36.4%，占出土玉器总件数的23.5%。糖玉样品多呈黄褐或红褐色，有的颜色分布不均，弱油脂光泽，半透明，质地较粗，玉玦M88：1表面有较多次生裂隙，内部可见白色星点状物质（图二），两端断面参差状较锋利。

四方塘遗址一共出土了3件云母质玉器，为M1：5、M1：6和M1：7，占出土玉器总件数的17.6%。云母为层状结构硅酸盐黏土矿物，理想化学成分为$K\{Al_2[AlSi_3O_{10}](OH)_2\}$，其颜色为黄色略带褐色调，光泽明亮，多为玻璃光泽，半透明。由于云母的化学性质稳定，不易受外界次生物质的侵蚀，因此3件出土玉器几乎不受沁。其相对密度为2.803~2.845，折射率为1.56~1.61，隐晶质结构，质地细腻，透射光下M1：6和M1：7内部可见不均匀的似条带状结构（图三）；M1：5局部表面有黑色点状杂质呈浸染状分布并渗入内部（图四a），残损一端的断面可见较粗的矿物颗粒且呈油脂光泽（图四b）。

四方塘遗址出土的石英质玉器共2件，占出土玉器总件数的12.5%。其中M31：1呈灰黑色，因表面凹凸不平未进行抛光而显得光泽较弱，但仍可见较粗的石英颗粒呈油脂光泽，半透明，相对密度2.564，隐晶质结构，表面有黑色及黄白色次生物质覆盖（图五）。石英质玉M244：1呈灰白色，玻璃光泽，半透明，相对密度2.633，折射率1.54，可见土黄色次生物质沿表面线状裂隙分布。断面呈油脂光泽，有细小的石英颗粒，透射光下内部可见平行纤维状结构（图六b）。

四方塘遗址出土绿松石质玉器1件（M4：3），占出土玉（石）器总件数的

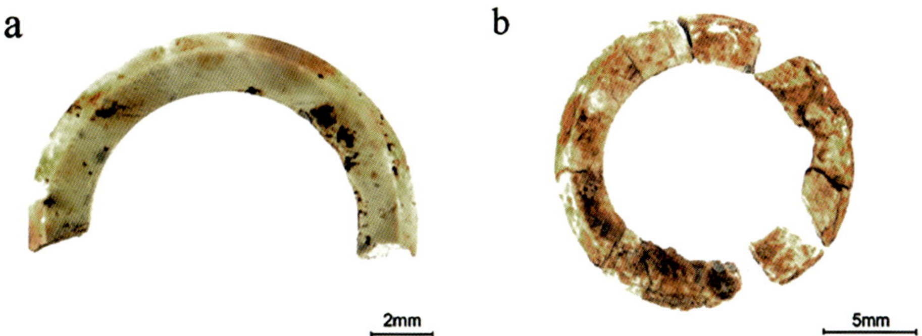

图一　四方塘遗址出土白~青白玉质玉器
（a. M41：4 b. M41：7）

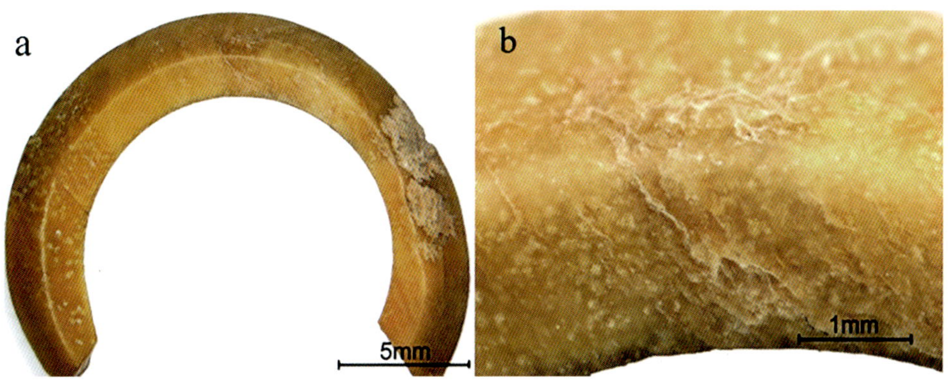

图二　四方塘遗址出土糖玉质玉器M88：1
整体图（a）；表面次生裂隙及内部白色星点状物质（b）

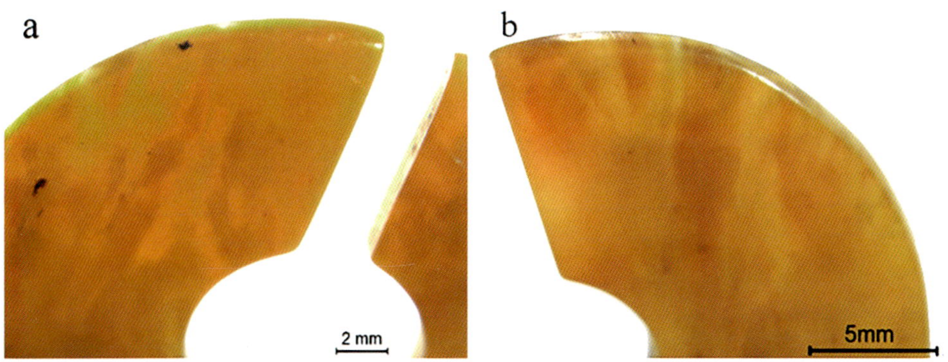

图三　四方塘遗址出土云母质玉器M1：6
（a）与M1：7（b）内部结构（透射光下）

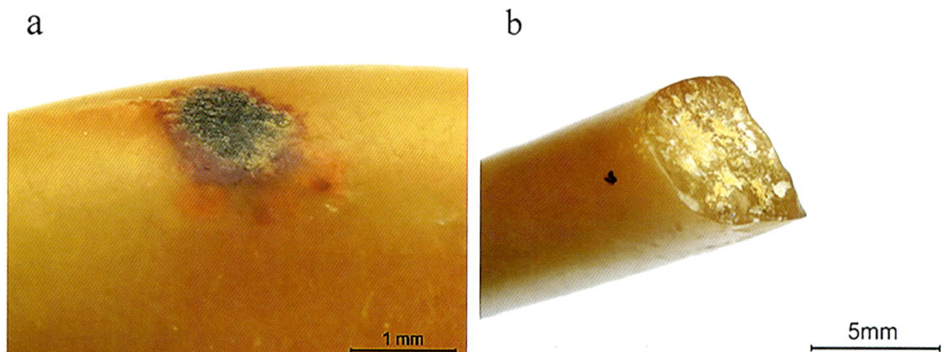

图四　四方塘遗址出土云母质玉器M1：5局部特征
（a.表面黑色杂质放大图b.残损断面放大图）

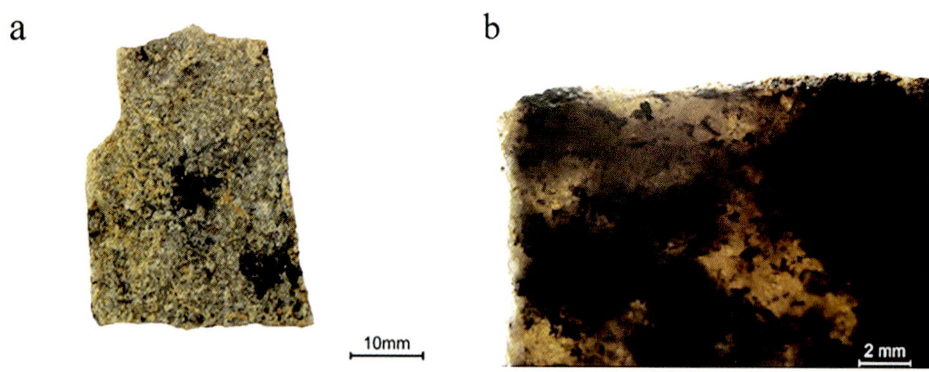

图五　四方塘遗址出土石英质玉M31：1整体图
（a）；局部透光下照片（b），呈半透明

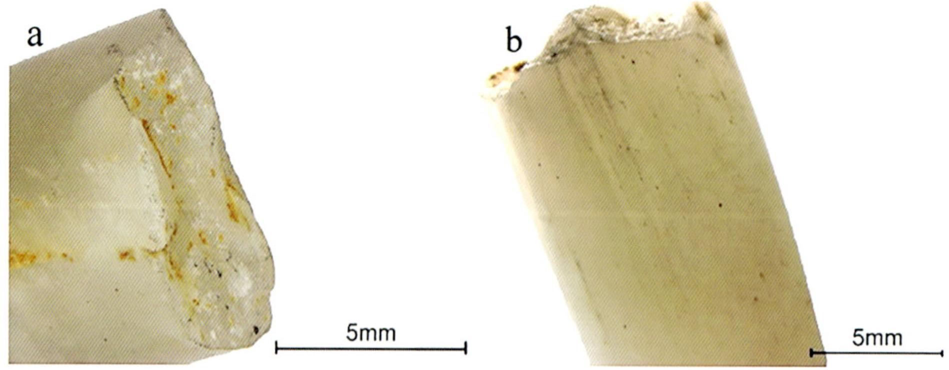

图六　四方塘遗址出土石英质玉M244：1局部特征
（a.残损断面放大图b.内部可见平行纤维状结构（透射光下）

4.8%。M4：3呈灰绿色（图七），整体石质较均匀，土状光泽，不透明，几乎不受沁，质地粗糙，疏松易吸水，表面可见较多小凹坑。

四方塘遗址出土的4件孔雀石，包含放射状孔雀石、同心环状孔雀石及块状不规则孔雀石，均未雕琢。因孔雀石本身形态不规则，且表面多有附着物，故未用折射仪测其折射率。孔雀石多呈丝绢—土状光泽，半透明—不透明，无明显受沁特征。图八为M140墓墓室底中部出土的放射状孔雀石正反整体图及局部放大图，颜色为绿色，放射状结构较致密。

（二）出土玉器受沁特征

四方塘遗址出土的这批玉器中，大部分都有不同程度的受沁。本文从受沁程度、沁的分布形态和沁的颜色分类三个方面进行研究，进而分析受沁对玉器的宝石学特征观察的影响。

按照出土玉器受沁体积占总体积的比例，对四方塘遗址出土玉器进行划分

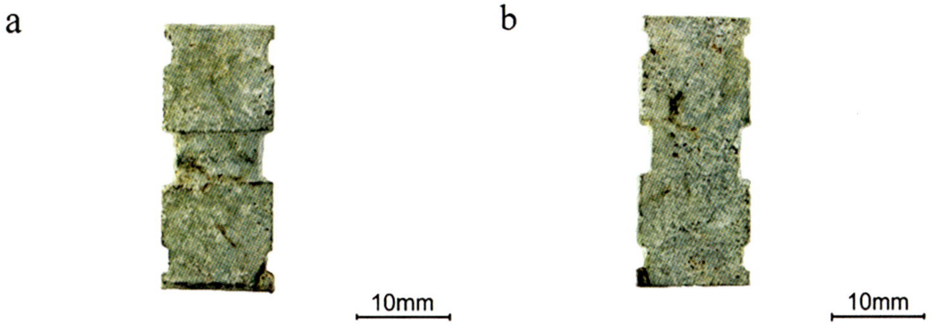

图七　四方塘遗址出土绿松石质玉器M4：3正面（a）与背面（b）整体图

图八　四方塘遗址出土孔雀石M140：3
（a.正面整体图b.背面整体图c.放射状结构局部放大图）

（图九），其中82.4%以上的玉器都受沁了，重度受沁占47%以上，这在一定程度上提高了古玉器研究的难度，也不利于后期保管。推测这批出土玉器受沁严重的原因，可能是该墓葬群的整体环境密封性差，或是该遗址使用的透闪石材质颗粒较粗、质地不佳，导致其易受周围环境的影响而受沁。

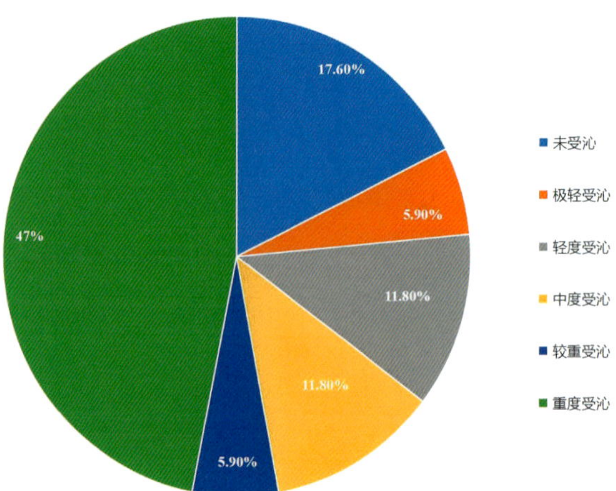

图九　四方塘遗址出土玉器受沁程度分布图

四方塘遗址出土玉器的沁多呈团块状、网脉状、星点状、体状等形态分布。同一件玉器上可能存在一种或多种颜色的沁，不同颜色的沁色大多数都交织分布在同一区域，单独分布在某一区域者少见。

四方塘遗址出土玉器沁的颜色可主要分为白色系、黑色系和褐色系，其中以白色系为主（11件），约占受沁玉器总件数（14件）的78.6%，褐色沁和黑色沁各占14.3%和7.1%。白色系的沁多呈带土黄色色调的白色或鸡骨白色，受沁程度较严重，且表面有大量黄褐色附着物；黑色系的沁即为颜色很深的黑色或各种深色调，受沁程度一般在中等以下，各色系的沁如图十所示。

玉器受中度以上沁会不同程度地改变玉器的孔隙度和密度。一般的影响规律是受沁越重玉器的孔隙度增大，相应地密度降低[1]。四方塘遗址出土的11件软玉质玉器中，由于受沁程度较重，以及材质本身可能带有石皮、杂质及附着物，受沁后其密度相对现代软玉密度明显降低，其中M41：2、M41：4、M41：8和M119：2密度降低较多，均降至2.522~2.598。

此外，受沁过程可能也会引起玉石成分的流入流出，改变玉石表面乃至体相的元素分布，关于四方塘遗址出土软玉质玉器因受沁造成元素含量的变化分析，详见下文LA-ICPMS部分。

[1]　朱勤文，蔡青，曹妙聪.浅析出土软玉质玉器的沁对玉质鉴定的影响[J].宝石和宝石学杂志，2015，17(6):8–15。

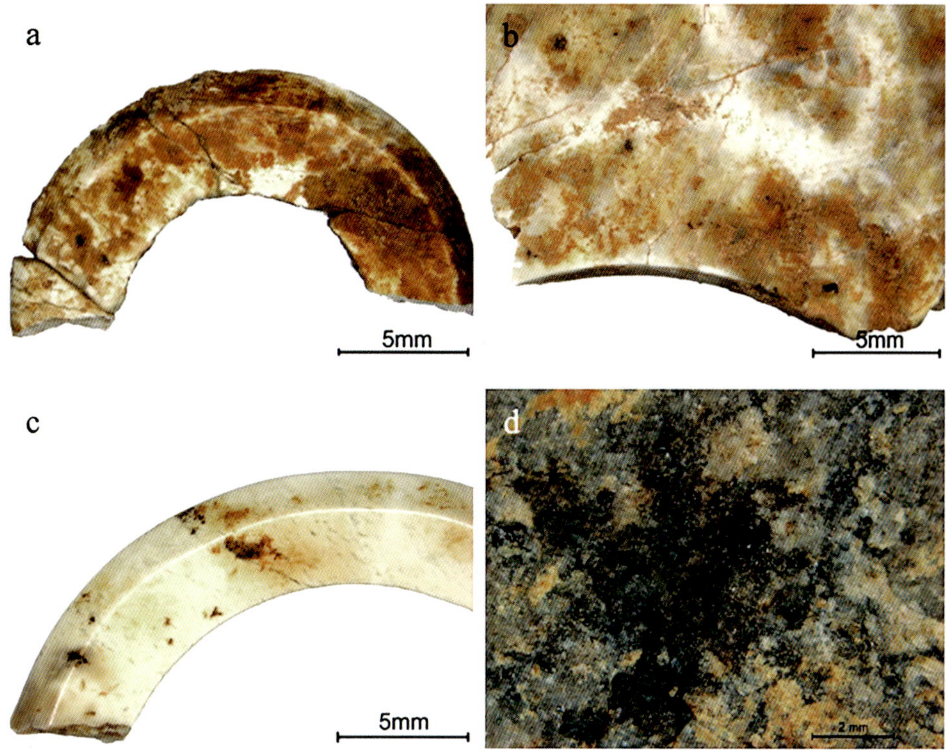

图十　四方塘遗址出土玉器不同颜色的沁
（a.软玉M41：5白色沁，表面附着大量黄褐色物质b. 软玉M41：8白色沁 c. 软玉M41：4鸡骨白色，局部有土黄色沁 d. 石英质玉M31：1黑色沁及黄褐色、黑色附着物）

（三）大型仪器测试分析

1.红外光谱物相分析

FT-IR测试结果表明，21件玉（石）器中，有11件玉器呈现透闪石的特征红外光谱；3件玉器呈现云母的特征红外光谱；2件显示石英的红外光谱；1件为绿松石的红外光谱；还有4件测试结果为孔雀石。

M41墓出土的8件玉器均呈现透闪石的特征红外光谱，部分玉器的红外光谱如图十一所示，样品显示1045、995、917、755、682cm^{-1}，以及543、511和462cm^{-1}的反射谱峰。其中900~1200cm^{-1}间的三个谱峰归属为O-Si-O和Si-O-Si的反伸缩振动及O-Si-O对称伸缩振动；600~800cm^{-1}低频区内的两个谱峰与Si-O-Si对称伸缩振动相关；400~600cm^{-1}的三个峰归属于Si-O的弯曲振动以及M-O的晶格振动[1]。

[1]　陈全莉，包德清，尹作为.新疆软玉、辽宁岫岩软玉的XRD及红外光谱研究[J].光谱学与光谱分析，2013，33(11):3144–3145.

M1墓出土的3件玉器测试结果均符合云母的红外特征光谱。以玉玦M1：6为例，样品显示1039、912、744、541和478cm^{-1}的谱峰（图十二）。其中1039cm^{-1}由Si-O-Si的伸缩振动所致，912cm^{-1}附近的谱峰属于OH摆动，748cm^{-1}处的谱峰与Si-O-Al的振动有关，534和477cm^{-1}处的谱峰由Si-O-Si的弯曲振动引起[1]。

石英质玉M31：1和M244：1的红外光谱如图十三所示，2件样品均符合石英的红外特征峰，其中1086、1168cm^{-1}附近的谱峰是Si-O-Si反对称伸缩振动所致，779、695和462cm^{-1}附近的峰为Si-O键对称伸缩振动峰，因此鉴定为石英质玉。

根据红外光谱，鉴定出土石器M54：1、M188：2、M140：3、M140：4均为孔雀石。其中M140：3的红外光谱如图十四所示，1490、1420、1390、1098、1050和880cm^{-1}为碳酸盐矿物的红外吸收峰，主要与基团振动有关，即由CO_3^{2-}、H2O倍频或合成模式产生[2]。

2. 拉曼光谱物相和结构分析

因部分出土玉器样品上存在尺寸较小的矿物晶体颗粒或杂质成分，而红外光谱的测试光斑较大，故利用显微激光拉曼光谱进一步鉴定这些颗粒的矿物组成。

玉器M41：1的主体成分经拉曼光谱测定为透闪石质软玉。样品表面可见明显的白色斑块状矿物杂质（图十五），经拉曼光谱微区测试鉴定其成分为钠长石。

拉曼光谱进一步证实M1号墓出土的3件玉器的矿物相为云母。以M1：5为例，其主要显示197、263和702 cm^{-1}的拉曼特征峰（图十六），与RRUFF数据库的云母拉曼光谱较大程度上吻合，其中702cm^{-1}处的谱峰由Si-O-Si的伸缩和弯曲振动所致，196、262、404cm^{-1}处的三个强峰是由阳离子—氧多面体（MO_6）振动引起[3]。

前人曾使用拉曼光谱法探究透闪石晶体结构配位中铁和镁的作用，发现不同颜色的软玉在3600~3700cm^{-1}之间存在不同数量和强度的拉曼信号，其中含Fe较高的暗绿—墨绿色软玉样品显示3675、3661和3645cm^{-1}三个特征峰，而白色及部分青白色透闪石质软玉只显示清晰的3675cm^{-1}，因此反过来根据这三个峰的数量及相对

[1] 杨春，张平，张琨．湖北巴东绢云母玉的宝石学研究[J].资源环境与工程，2009，23(1):78.

[2] Schuiskii, A.V., Zorina, M.L. Infrared spectra of natural and synthetic malachites[J]. Journal of Applied Spectroscopy, 2013, 80(4):578–579.

[3] 陈英丽，赵爱林，殷晓，迟广成．辽宁宽甸绿色云母玉的宝石学特征及颜色成因探讨[J].宝石和宝石学杂志，2012，14(1):48.

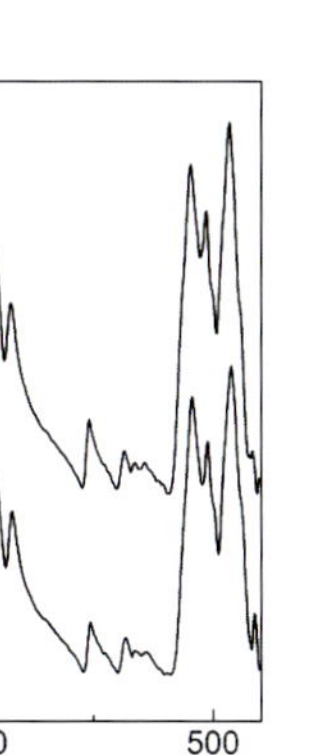

图十一 四方塘遗址出土透闪石质软玉M41：2和M41：4的红外光谱
（横坐标代表波数，纵坐标为相对强度）

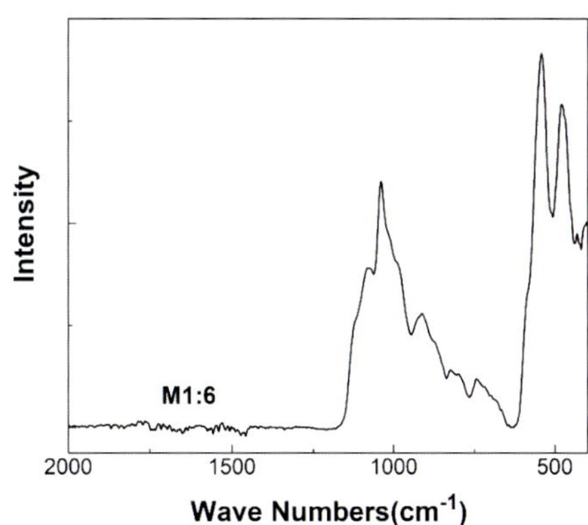

图十二 四方塘遗址出土云母质玉M1：6的红外光谱图

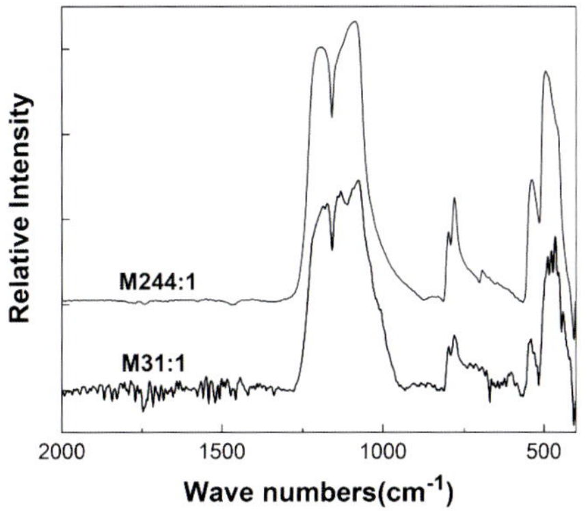

图十三 四方塘遗址出土石英质玉M31：1和M244：1的红外光谱图

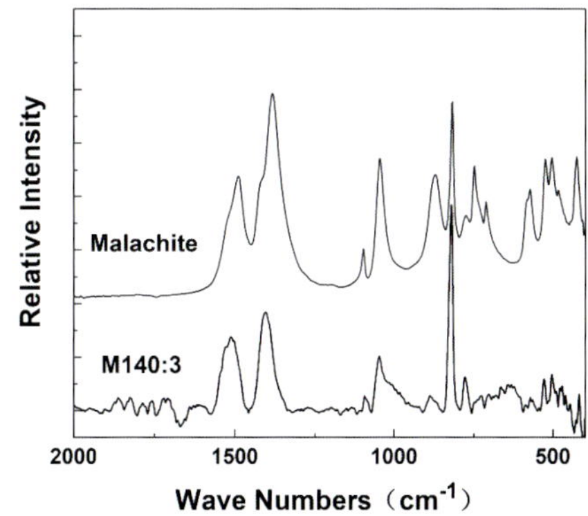

图十四 四方塘遗址出土孔雀石M140：3与RRUFF数据库孔雀石的红外光谱对比图
（参考的国际矿物学RRUFF数据库孔雀石样品编号为R050508-1）

a

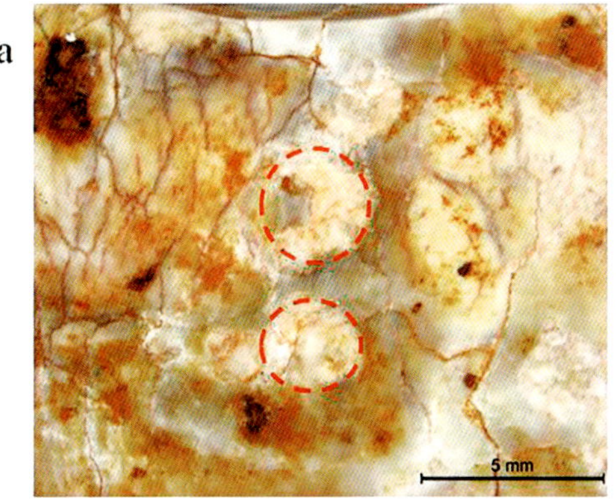

b

Relative Intensity
Albite
M41:1_white
200 400 600 800 1000 1200
Raman Shift(cm^{-1})

图十五 a.四方塘遗址出土透闪石质软玉M41：1表面白色斑块（红色虚线圈所示）b.白色斑块的拉曼光谱与钠长石的标准拉曼光谱一致，RRUFF数据库钠长石编号R040068-3，横坐标为拉曼位移，纵坐标为相对强度

强度可以判断软玉的颜色种类[1]。即当拉曼光谱中仅存在3675cm^{-1}附近的一个特征峰时，说明软玉只含少量Fe^{2+}，在颜色上可以被划分为白—青白玉；3661cm^{-1}拉曼峰的存在与绿色调有关；而3645cm^{-1}只在暗绿色和蓝绿色软玉中出现。对于受沁严重难以辨认体色的出土软玉质玉器，这一方法可以辅助我们判断其最初的颜色（即本色）。本文对四方塘遗址出土的11件透闪石质软玉进行了拉曼全谱测试，测试结果显示了一致性，所有测试样品在3600~3700cm^{-1}区域均只呈现3672cm^{-1}附近的一个拉曼特征峰，以M41：3为例，其拉曼全谱如图十七所示，因为本文除糖玉外的7件软玉归为白—青白玉。

3. XRD物相和结构分析

因XRD样品舱尺寸限制，仅对13件玉器进行了XRD扫描分析。其中11件玉器表现出透闪石的衍射峰，1件玉器显示白云母的最强衍射峰，1件玉器与绿松石的衍射图谱吻合。对于透闪石质玉器，除了几个最强衍射峰以外，大部分样品中都出现一些信号较弱的杂质矿物的衍射峰，经鉴定主要的杂质矿物种类为长石和石英（图十八）。透闪石质玉器样品整体衍射峰强度稍弱，峰形较尖锐，总体结晶程度中等。

云母质玉器的XRD谱如图十九所示，以M1：7为例，样品主要特征谱线为3.31Å，2.55Å，9.81Å，4.42Å，4.95Å和1.50Å，与云母的主要衍射峰（白云母$^{-1}$M，ICSD：63123）一致；其余中等强度的衍射峰如2.97Å，3.18Å，3.47Å，3.70Å和2.78Å等为长石族矿物的特征衍射峰，主要包括正长石及钠长石在内的钾长石系列；还有一些衍射信号较弱的峰如4.26Å对应少量石英（ICSD：34180）矿物。样品整体衍射峰强度中等，峰形尖锐，结晶程度较好，但同样成分不纯，含有杂质矿物。

而玉器M4：3的XRD测试结果则显示纯度较高的绿松石（图二十），样品主要特征谱线3.65Å，2.89Å，3.41Å，6.11Å和4.75Å等，与绿松石的主要衍射峰（ICSD：21062）一致，未见明显杂质峰。

XRD测试表明四方塘遗址出土的透闪石质玉器和云母质玉器的成分不纯，除主要矿物透闪石或白云母外，还含有长石、石英等杂质矿物。这与宝石学基本特征检测发现的透闪石质软玉玉器的相对密度偏低相吻合。而绿松石质玉器的纯度较高。

[1] Feng, X.Y., Zhang, Y., Lu, T.J. et al. Characterization of Mg and Fe contents in nephrite using Raman spectroscopy[J]. Gems & Gemology, 2017, 53(2):204–212.

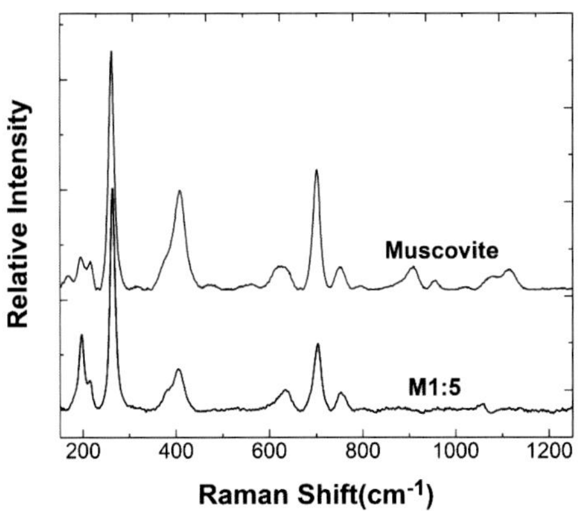

图十六　四方塘遗址出土云母质玉M1：5与云母的标准拉曼光谱对比图
（参考的RRUFF数据库云母编号为R040124）

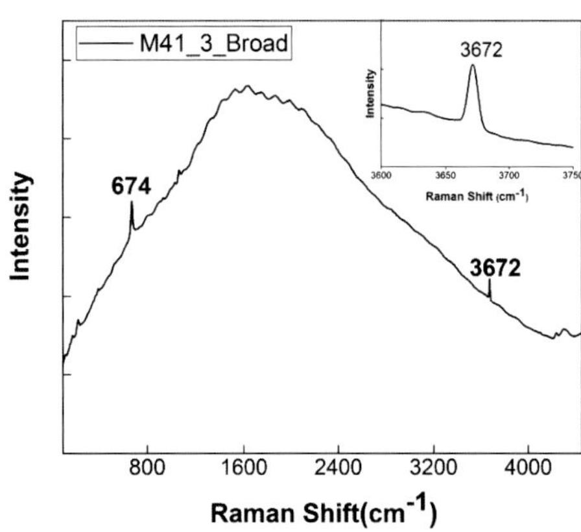

图十七　四方塘遗址出土软玉M41：3拉曼光谱全谱图及3600-3700cm-1局部放大图

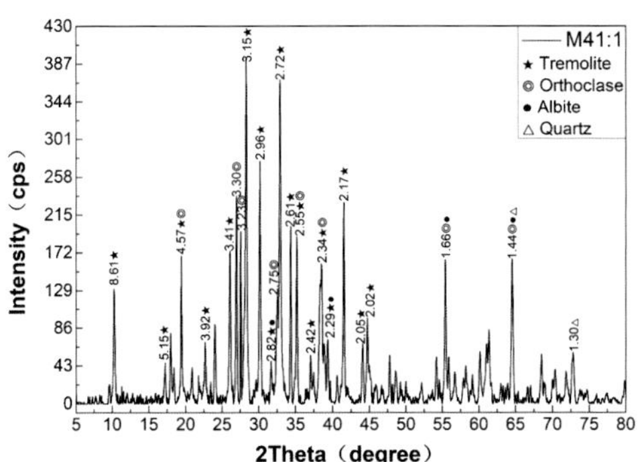

图十八　四方塘遗址出土软玉质玉器M41：1的XRD图谱
（图中Tremolite为透闪石，Orthoclase为正长石，Albite为钠长石，Quartz为石英；横坐标为X射线入射角的两倍（2θ），纵坐标为衍射强度）

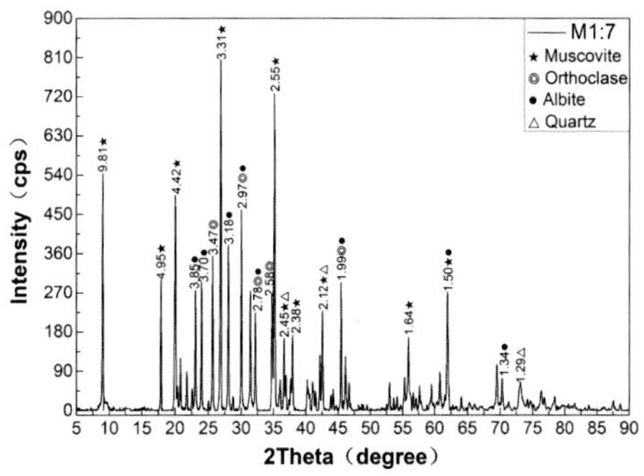

图十九　四方塘遗址出土云母质玉器M1：7的X射线衍射图谱
（图中Muscovite为白云母）

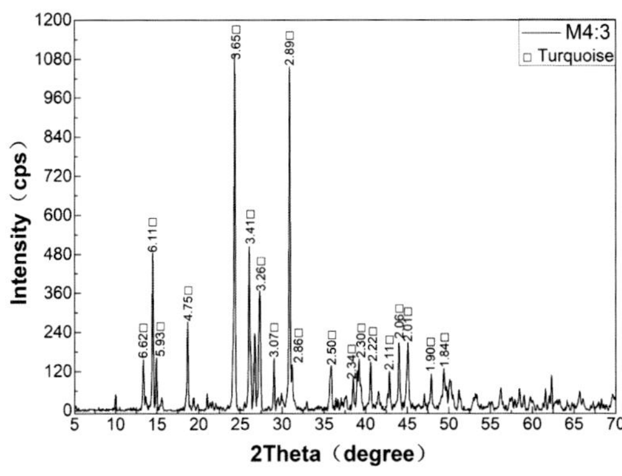

图二十　四方塘遗址出土绿松石质玉器M4：3的X射线衍射图谱
（图中Turquoise为绿松石）

4. 微形貌和结构观察

四方塘遗址出土部分透闪石质玉器在SEM下的显微结构如图二十一所示，样品在放大2000~2500倍时可以观察到显微纤维交织变晶结构，透闪石矿物晶体长短不一，呈束状分布，定向性较弱，排列较紧密，孔隙不明显（图二十一a、b）；放大至20000倍可见清晰的长柱状矿物晶体，且矿物晶体间可见明显空洞（图二十一c）。在放大300~400倍左右断口处即可见整体呈层状结构，放大2500倍下层状结构分布更明显（图二十一d、e）。同时，在样品表面除纤维状透闪石矿物晶体外，还可见一些边缘圆滑的杂质矿物颗粒（图二十一f），与上文XRD测试结果吻合。

云母质玉器在扫描电镜下可见内部云母的片状、层状结构，层与层之间排列紧密，基本无孔隙。样品表面整体较为平整，无明显凹坑，但可见粒状矿物杂质。

出土孔雀石样品的微结构与形貌特征如图二十二所示，图a、b为M140：3样品的形貌特征图，明显可见其颗粒形状规则，呈长柱状或针状，沿同一方向定向排列，颗粒较细长（长度约1mm，宽度约20μm）；图c、d为M140：4样品的形貌特征图，定向排列不明显，高倍镜下可见其柱状颗粒较细小，大约为10μm长、2.5μm宽（图二十二d）；其他采集的古铜矿遗存和现代孔雀石多为定向排列、颗粒较细小。

5.成分特征

表一为利用LA-ICPMS所测试出土玉器主要氧化物含量的平均值。从主量元素可以看出，所测试的14件玉器中有11件玉器的SiO_2含量在56.70~58.61wt%，MgO含量在25.30~27.40wt%，CaO含量在13.22~14.08wt%，皆在软玉的理论成分（MgO 24.81 wt%，CaO 13.81 wt%，SiO_2 59.17 wt%）附近，还有少量FeO、Al_2O_3、MnO等氧化物存在，符合软玉的化学组成。M1墓出土的3件玉器的SiO_2含量为45.16~46.96 wt%，Al_2O_3含量在35.38~37.05 wt%，K_2O含量在10.47~11.12 wt%，与云母的理论成分（K_2O 11.8 wt%，Al_2O_3 38.5 wt%，SiO_2 45.2 wt%，H_2O 4.5 wt%）相近[1][2]。

[1] 陶继华，李武显，蔡元峰，岑涛. 南岭东段龙源坝印支和燕山期二云母花岗岩中白云母矿物化学特征及地质意义[J]. 中国科学：地球科学，2013，43(10)：网络版附表1–5.

[2] 侯江龙，李建康，王登红，陈振宇，赵鸿，李超. 四川甲基卡锂矿床花岗岩体中云母类矿物的元素组成对矿区成矿条件的指示[J]. 地球科学，2018，43(增刊2)：123–125.

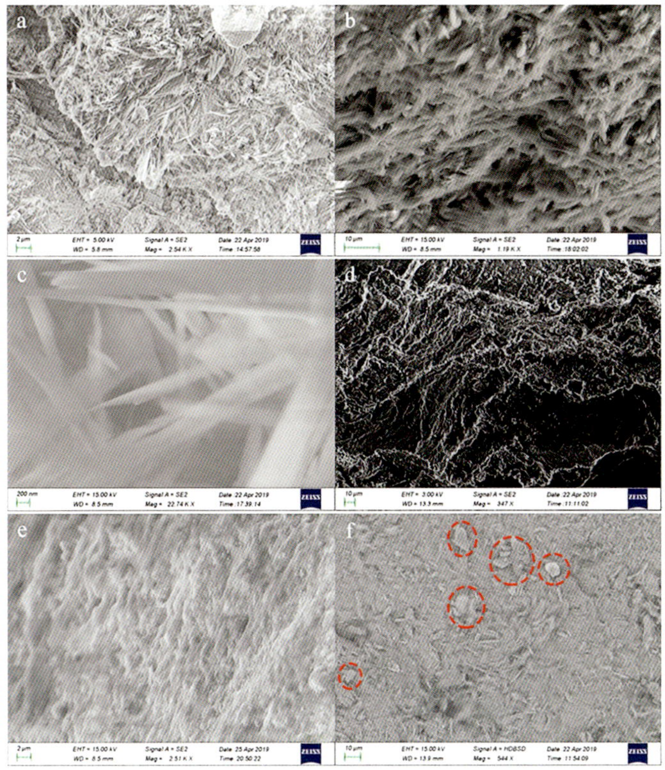

图二十一　四方塘遗址出土部分透闪石质玉器微观形貌和结构图
（a、b. M41：1和M41：4的纤维交织结构 c. M41：3长柱状透闪石矿物晶体 d、e. M119：3和M88：1断口处的层状结构 f. M41：8所含杂质矿物颗粒，红色虚线框所示）

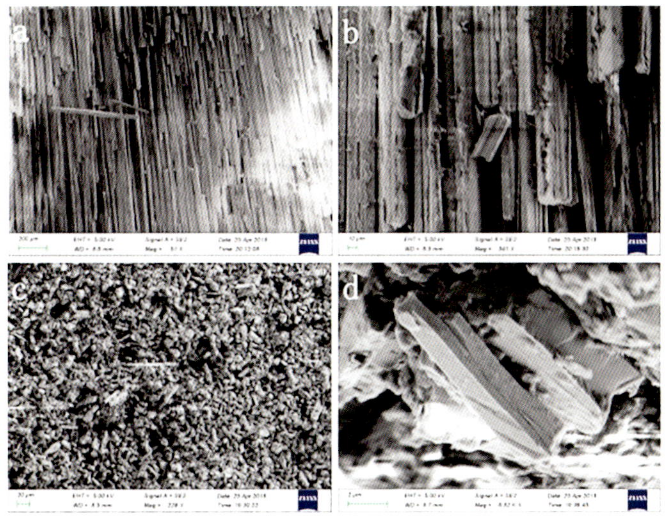

图二十二　四方塘遗址出土孔雀石M140：3（a、b）和M140：4（c、d）微观形貌和结构图

表一 四方塘遗址部分出土玉器主要氧化物含量表（wt%）及材质种类

编号	SiO_2	MgO	CaO	FeO	Al_2O_3	MnO	Na_2O	K_2O	TiO_2	材质
M1：5	45.16 (0.282)	0.12 (0.016)	0.05 (0.049)	0.62 (0.034)	37.05 (0.405)	0.00 (0.000)	0.44 (0.005)	11.12 (0.056)	0.05 (0.004)	云母
M1：6	46.96 (0.999)	0.28 (0.027)	0.02 (0.039)	1.18 (1.631)	36.10 (1.631)	0.00 (0.000)	0.54 (0.042)	10.60 (0.290)	0.01 (0.002)	云母
M1：7	46.48 (0.393)	0.23 (0.018)	0.08 (0.145)	1.05 (0.084)	35.38 (0.382)	0.00 (0.000)	0.52 (0.028)	10.47 (0.072)	0.01 (0.002)	云母
M41：1	57.43 (0.352)	26.21 (0.239)	13.85 (0.119)	1.70 (0.023)	0.36 (0.004)	0.10 (0.002)	0.13 (0.005)	0.07 (0.005)	0.04 (0.001)	透闪石
M41：2	57.31 (0.113)	26.45 (0.151)	13.65 (0.106)	1.65 (0.068)	0.43 (0.002)	0.16 (0.011)	0.11 (0.001)	0.05 (0.002)	0.03 (0.001)	透闪石
M41：3	57.98 (0.538)	26.49 (0.870)	14.08 (0.393)	0.70 (0.060)	0.19 (0.026)	0.06 (0.007)	0.25 (0.065)	0.13 (0.028)	0.01 (0.000)	透闪石
M41：4	57.17 (0.321)	26.74 (0.341)	13.83 (0.003)	1.27 (0.064)	0.33 (0.008)	0.12 (0.002)	0.22 (0.010)	0.13 (0.003)	0.02 (0.001)	透闪石
M41：5	56.70 (0.065)	26.81 (0.058)	13.32 (0.061)	2.11 (0.032)	0.43 (0.009)	0.15 (0.008)	0.19 (0.026)	0.11 (0.017)	0.02 (0.002)	透闪石
M41：6	56.77 (0.187)	27.21 (0.117)	13.83 (0.134)	1.40 (0.047)	0.30 (0.005)	0.12 (0.005)	0.13 (0.026)	0.07 (0.014)	0.005 (0.000)	透闪石
M41：7	56.70 (0.234)	27.40 (0.063)	13.91 (0.171)	1.06 (0.051)	0.35 (0.016)	0.16 (0.001)	0.16 (0.071)	0.10 (0.045)	0.01 (0.000)	透闪石
M41：8	56.76 (0.900)	26.94 (0.513)	13.81 (0.363)	1.51 (0.083)	0.36 (0.016)	0.16 (0.003)	0.18 (0.019)	0.09 (0.010)	0.02 (0.000)	透闪石
M88：1	57.19 (0.072)	26.70 (0.069)	13.68 (0.094)	1.56 (0.073)	0.31 (0.007)	0.13 (0.001)	0.12 (0.002)	0.07 (0.002)	0.01 (0.002)	透闪石
M119：2	58.61 (0.317)	25.30 (0.408)	13.67 (0.122)	0.99 (0.006)	0.42 (0.008)	0.02 (0.000)	0.54 (0.006)	0.26 (0.004)	0.03 (0.001)	透闪石
M119：3	57.96 (0.458)	25.74 (0.412)	13.22 (0.166)	2.07 (0.165)	0.42 (0.010)	0.12 (0.008)	0.18 (0.104)	0.09 (0.053)	0.03 (0.006)	透闪石

注：表中所有数据均为对应样品三个测试点的平均值，括号内为标准偏差。

对四方塘遗址出土玉器的微量元素进行分析时，发现出土的透闪石质软玉都表现出较高的Cu含量，明显高于现代产地软玉中的Cu含量。由于四方塘出土的透闪石质玉器材质多为白—青白玉和糖玉，本文选取现代软玉中的白—青白玉与之进行成分对比。而云母质玉器因为基本未受沁，Cu元素含量并未表现出异常。

图二十三为透闪石质软玉的Cu元素含量随LA-ICPMS测试时间的变化曲线图，可以看出，四方塘出土透闪石玉（图中彩色曲线）中Cu的信号强度显著大于现代软玉（黑色曲线，强度基本为0），并且随着激光剥蚀时间的延长，信号强度呈现从高到低的衰减，表明Cu元素在玉器的表面最为富集，向内含量略有降低。

不同出土透闪石质玉器样品中Cu含量的差异，可能与玉器本身结构的致密程度有关，M41：3在所有的透闪石质玉器中相对密度较高（2.885），结构较致密、受沁程度低，仅为轻度受沁，透明度为半透明，其表面检测到的Cu元素含量相对较低（图二十三中红色线）；而其他样品如M41：4，M41：5等多为重度受沁，相对密度已经低至2.6附近，局部微透明-不透明，Cu含量相对较高（图二十三中蓝色和绿色线）。本文推测结构疏松的透闪石质样品可能更容易吸附环境中的Cu离子，使其从表面向内部逐渐渗入。

本文还对比了四方塘出土透闪石质软玉和现代软玉中的Fe含量的差异（图二十四），总体趋势上，Fe元素在出土透闪石质玉器中的含量明显高于现代白—青白玉。并且Fe元素在不同出土样品中的分布规律与Cu元素基本一致，即同一墓葬

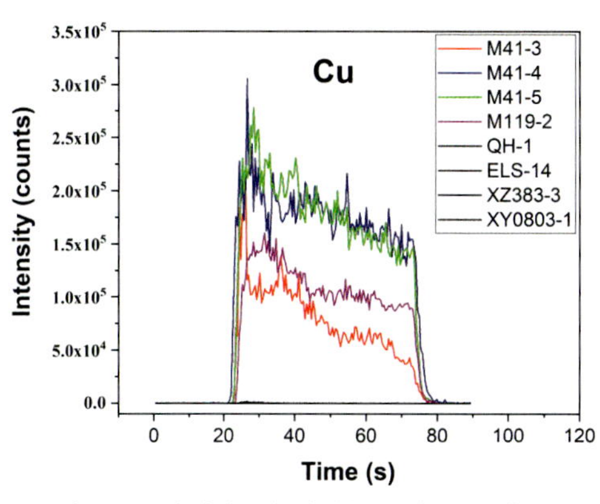

图二十三　四方塘出土部分透闪石质玉和现代软玉中Cu元素随LA-ICPMS测试时间的变化曲线，图中QH、ELS、XZ383、XY0803代表青海、俄罗斯、新疆、岫岩所产的现代白~青白玉

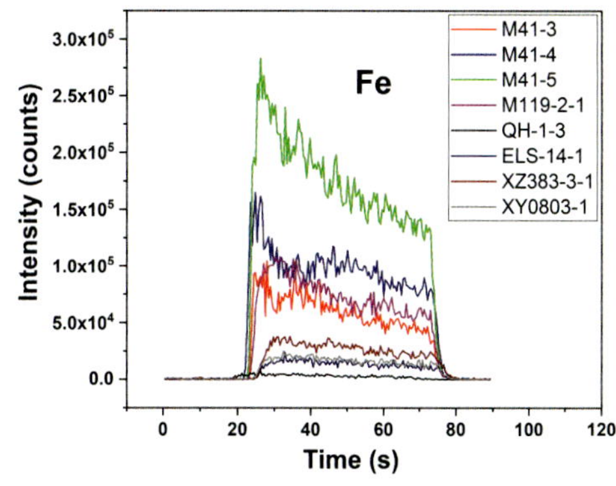

图二十四　出土部分透闪石质玉和现代软玉中Fe元素随LA-ICPMS测试时间的变化曲线

中结构较粗、受沁严重的玉器样品中Fe元素的含量（M41：4、M41：5）高于轻度受沁的样品（M41：3）。因墓葬中无朱砂出土，出土玉器成分中未发现Hg元素异常现象。

关于四方塘出土透闪石质软玉呈现较高的Cu、Fe含量的原因，本文认为这与当地的大环境密切相关，铜绿山是我国著名的古铜矿冶遗址，铜铁矿石和冶炼残渣中的Cu、Fe等元素可经地表风化淋滤作用以离子形态进入土壤及地下水中[1]，四方塘遗址墓葬区的玉器长期受到周围土壤或地下水中的影响，结构较粗的透闪石质玉器相对于其他玉器更容易吸附Cu、Fe等元素，在其表面富集后向内逐渐渗入；另外结构疏松的透闪石质玉器表面附着物较多，这些附着物多为黏土物质，也容易吸附Cu、Fe等元素。

（四）形制和纹饰工艺特征

本文对四方塘遗址出土的17件玉器进行了功能形制的分类（表二）。从出土玉器的功能分类来看，四方塘遗址出土玉器均为装饰用玉；而从出土玉器的器形种类来看，四方塘遗址出土玉器主要为玉玦（13件），璜形饰和玉觿各有1件、另有2件无具体形制分类。

表二　四方塘遗址出土春秋玉（石）器功能器形数量统计表

玉（石）器形制	功能大类	出土编号	数量	占比
玉玦		M1：6~7	13	76.5%
装饰玉器		M41：1~8； M88：1； M119：2~3		
璜形饰		M1：5	1	5.9%
玉觿		M244：1	1	5.9%
其他	--	M4：3；M31：1	2	11.8%

1.形制和纹饰特征

四方塘遗址共出土玉玦13件，分别出自M1、M41、M88和M119墓中。M1墓出土的2件玉玦如图二十五所示，编号为M1：6和M1：7，其大小形制和质地基本

[1]　牟保磊，元素地球化学[M].北京：北京大学出版社，1999.

相当，应为同一块料切割而成。两件玉玦厚度均匀、平度好、圆度好、内孔也较圆、玦缺口窄而平直。玉玦虽然体形不大，但琢刻有龙首纹，较为精美；不见小孔眼，应无法穿绳悬挂佩戴，推测为一对耳饰，因此将此2件归为装饰玉器。

这2件玉玦的正面用双阴刻线刻划有卷曲的龙纹，构图较为繁密，布局有序，雕刻线条流畅，以四条龙首纹为主体，左右两端龙首纹在缺口处张口相对，中部一对龙的头部相背，张口方向相反，共身体和一圆眼或椭圆眼。龙的上唇向上翻卷且较长，下唇向内钩卷，长舌下垂，以圆圈纹表示龙眼，以简单的卷云纹表示龙角（图二十五a）。另外可以注意到，在M1：6玉玦中部龙眼下方、两端龙舌下方及眼睛前部，M1：7玉玦中部右侧龙舌下方、上唇前部以及右端龙上唇内部均有一短阴刻线，大部分较为平直，少数具有一定弧度，推测可能与当时楚地玉器的雕琢风格有关。玉玦背面光素无纹。

M41墓出土的8件玉玦全为素面，无纹饰，但大小不一，形制也有不同特点。其中M41：1、2、6、8尺寸偏大，M41：3、4、5和7偏小。除M41：1和M41：2钻有小孔之外，其余6件均无小孔眼。按照内孔直径占整体直径之比，本文将其大致分二式。

Ⅰ式共3件。为M41：1、M41：2和M41：8，总体特点是：均呈薄板状，肉相对较宽，内径约占直径50%，玦的正面外弧均有刃，外缘斜坡状，中间起棱，部分玉器如图二十六所示。M41：1（图二十七a）内外弧边较平直，但圆度一般，边刃宽度与玦整体宽度比约为1：4，玦口平直且呈八字形，玦上有3个小孔，分别分布在与缺口相对的上方、左侧下方和右侧中部。M41：2（图二十七b）内外弧边较平直，圆度较好，外弧刃的宽窄非常不均匀，边刃宽度与玦整体宽度比1：3~1：5不等，玦口平直且互相平行，外刃与玦口连接处与玉戈的尖部有些相似之处，玦上有4个小孔，较均分布在右侧中部，其中有1个孔未打穿。M41：8内外弧边不够平直，外弧刃宽窄稍有不均，边刃宽度与玦整体宽度比约为1：3，玦口由于残损不可见其形状。

Ⅱ式共5件。为M41：3、M41：4、M41：5、M41：6和M41：7，总体特点是：内孔大，肉窄，内径约占直径60%~75%不等。玦的正面外弧均有刃，外缘斜坡状，中间起棱，部分玉器如图二十八。M41：3呈薄板状，内外弧边平直，圆度好，边刃宽窄基本均一，边刃宽度与玦整体宽度比接近1：1，玦口平直紧靠且互

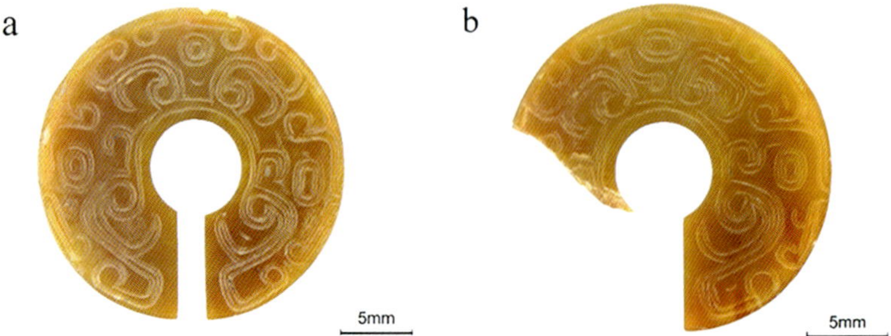

图二十五　四方塘遗址出土玉玦M1：6（a）与M1：7（b）

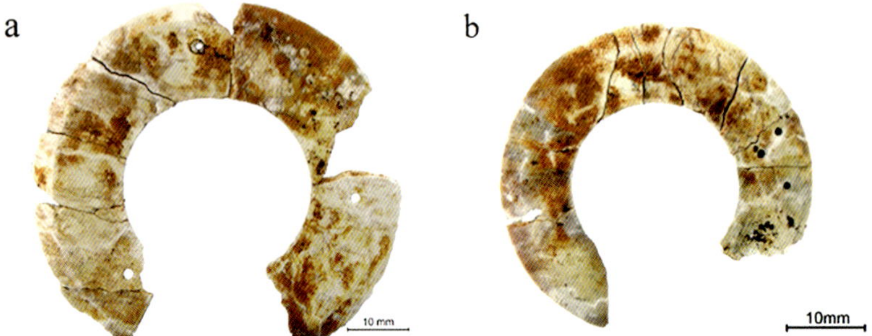

图二十六　四方塘遗址出土Ⅰ式玉玦M41：1（a）与M41：2（b）

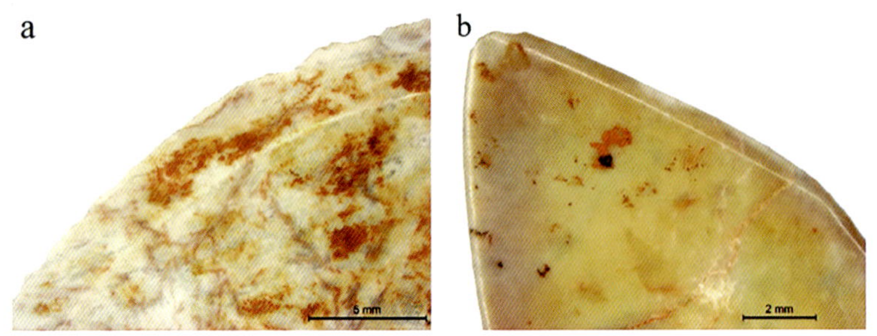

图二十七　四方塘遗址出土Ⅰ式玉玦形制特征
（a.M41：1外弧的边刃 b. M41：2玦口处）

图二十八　四方塘遗址出土Ⅱ式玉玦M41：3（a）与M41：6（b）

相平行，缺口处切面不与玉器表面垂直，而是成一定的角度，宽度不均，且中间起棱（图二十九a）。M41：4呈薄板状，内外弧边不够平直，圆度较差，边刃宽窄不均匀，边刃宽度与玦整体宽度比约为1：2.5，反面外边部也有刃，但其宽度远远窄于正面边刃且不均匀，玦口由于残损不可见其形状。M41：5呈板状，内外弧边不平直，圆度较差，内壁粗糙，边刃宽窄不均匀，边刃宽度与玦整体宽度比1：3，玦缺口不居中，整体对称性差，口边平直紧靠且互相平行。M41：6呈偏厚的薄板状，内外弧边较平直，圆度较好，玦边刃宽窄基本均一，边刃宽度与玦整体宽度比1：3，玦口平直紧靠且互相平行，口宽3~4mm，缺口处切面表面成一定角度，中间起棱（图二十九b）。M41：7呈板状，内外弧边不够平直，圆度较好，但内壁粗糙，边刃宽窄稍不均，边刃与整体宽度比1：3，玦口形状不可见。

除M1墓以外的3座墓葬（M41、M88、M119）出土的玉玦在形制上有一较大的共同点，即用似斜刀的手法在玉器外缘作出锋利的边刃，使肉中间起棱。这种玉石器物上琢磨出锋利边棱的工艺见于西周和春秋，战国时期逐渐消退。

四方塘遗址出土的玉璜形饰出自M1墓，编号为M1：5，属于窄扁体型弧形（图三十a），制作工艺简单，素面无纹饰，内外弧均无扉棱。一端残损（图三十b），另一端可见双面喇叭形牛鼻孔，一面孔较深，已打穿，另一面较浅，两孔间未打穿，两孔对称性较差，中部无孔眼。

四方塘遗址出土的1件玉觿出自M244墓，编号M244：1。其上端已残损，不见孔眼和动物头部，暂将其归为使用类装饰玉器。整体形制为厚而圆的角形，圆雕（图三十一a）。素面无纹饰，表面光滑，由于上端残（图三十一b），不可见其完整形制，但根据时代特点推测其较宽的一头或简单雕刻，抑或被雕琢成动物的头首，且有钻孔，用于悬挂在腰间。

2.琢制工艺特征

四方塘遗址出土玉器绝大多数都是片雕，很少数为半圆雕和圆雕，如M1：5玉璜为半圆雕，M224：1玉觿为圆雕。玉器个体都较小，片状也较薄，可见将玉料切割成较小较薄的片状，是四方塘古代玉工匠们制玉的第一步。

在四方塘遗址出土玉器中很难观察到明显的切割痕迹。鉴于当时已经具备利用金属冶玉的条件，由此推断当时的主要切割工具为青铜薄片，用青铜薄片带动解玉砂切割出较薄的片状粗胚。

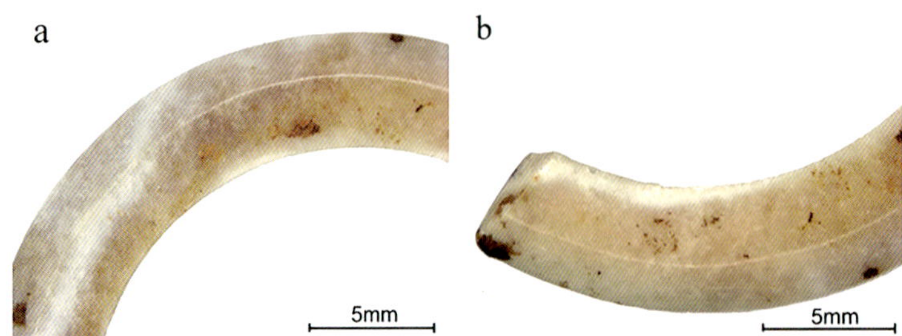

图二十九　四方塘遗址出土Ⅱ式玉玦形制特征
（a. M41：3外弧的边刃 b. M41：3玦口处）

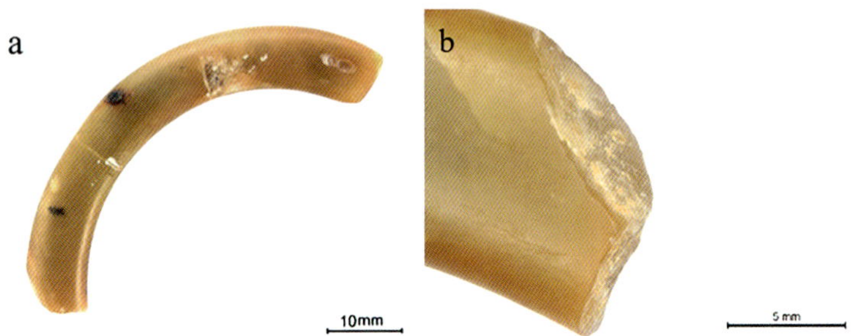

图三十　四方塘遗址出土玉璜M1：5
（a. 窄扁体型弧形素面玉璜整体图 b. 玉璜残损一端的断面）

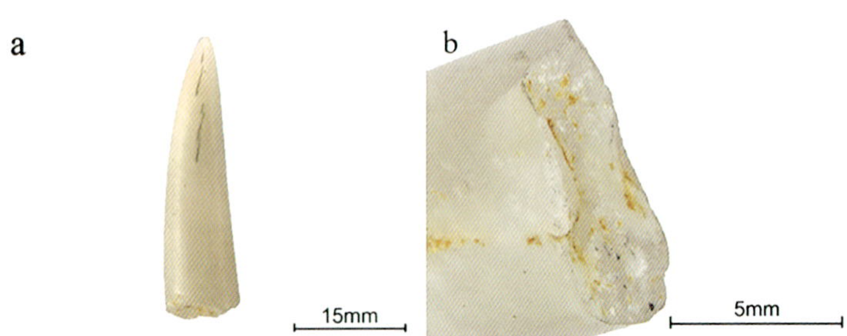

图三十一　四方塘遗址出土玉觿M244：1
（a. 角形圆雕素面玉觿整体图 b. 玉觿残损上端的断面）

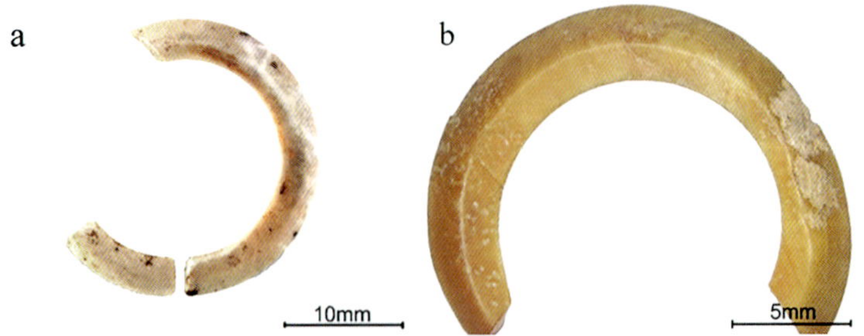

图三十二　四方塘圆形片状玉器形制工艺水平表现
（a. 玉玦M41：3工艺水平较高 b. 玉玦M88：1工艺水平较差）

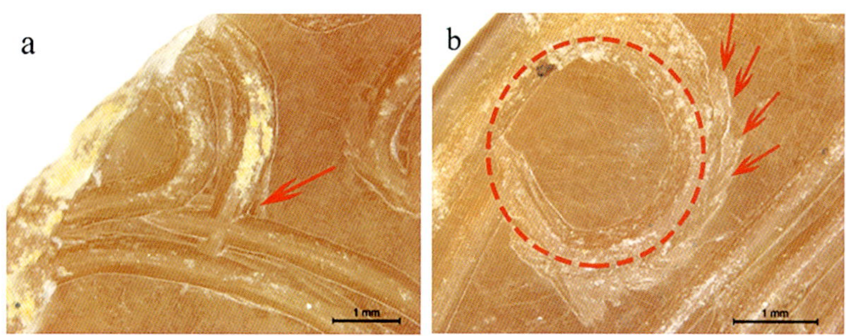

图三十三　四方塘遗址出土玉器的弧形阴刻线细节
（a. 纹饰交叉处 b. 歧出的“蚂蚁脚”）

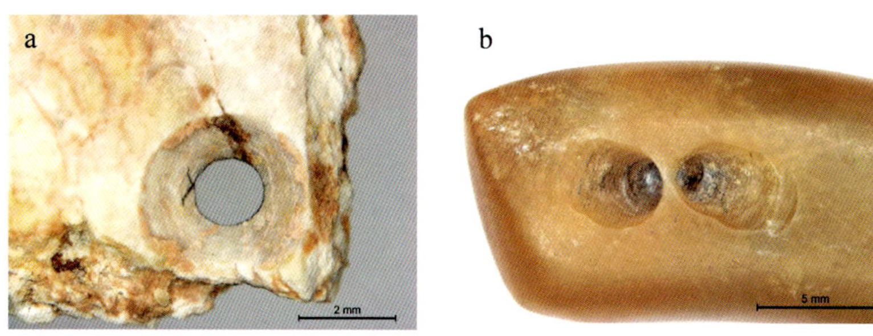

图三十四　四方塘遗址出土玉器实心钻工艺特征
（a. 玉玦M41：1单面钻孔 b. 玉璜M1：5的牛鼻孔）

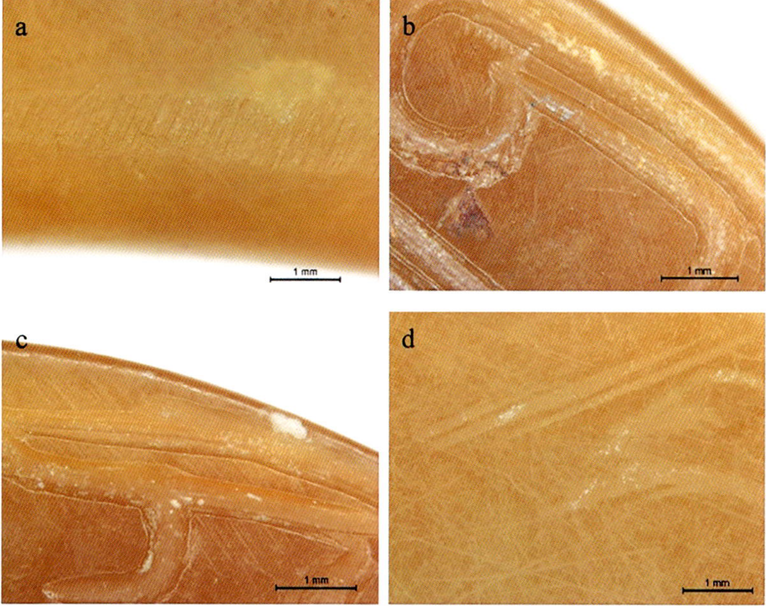

图三十五　四方塘出土玉器上的抛光痕
（a. 玉璜M1：5局部抛光痕 b. 玉玦M1：6局部抛光痕 c、d. 玉玦M1：7局部抛光痕）

除了剖料切割工艺外，玉器的圆度、平整度和厚薄均匀程度也是玉器琢制工艺水平的体现。四方塘遗址出土的玉器既有工艺较好的，也有工艺不够好或较差的。如M41：3玉玦的工艺较精致，圆度好、平整度好、厚薄较均匀，内外弧边平直、棱也挺直，玦口平直且宽窄较均匀（图三十二a）。相比之下，M88：1玉玦就留有若干工艺缺陷，如圆度差、外弧边不挺直、内圆孔略偏、厚薄不够均匀等（图三十二b）。

四方塘遗址出土的17件玉器中，绝大部分为素面，仅M1墓的2件玉玦M1：6和M1：7琢制了纹饰。此2件玉玦均为单面纹饰，双阴刻线为主，少数云纹和短线为单阴刻工艺。阴刻痕整体较为流畅，末梢较尖锐，刻痕深度及宽度基本一致，当方向发生改变时可见不同的曲线段相交时互相叠压的现象（图三十三a）。刻痕侧面的特征为，笔直延伸处呈底部平直、深度基本一致的沟槽；刻痕方向改变或线条较短时，沟槽为两端尖、浅，中间略凹、深的弧状，符合砣具加工玉器留下的特点。

另外，弧形阴刻线的边缘可见大量呈放射状排列的歧出的“蚂蚁脚”（图三十三b），这些“蚂蚁脚”由许多条微小直线组成，推断这种痕迹是由玉工手持工具反复推碾刻划而成的。砣具在玉器表面以旋转运动切入，反复刻划短直线并逐步变化方向，最后形成弧线，当砣具改变方向时，附着的解玉砂由于惯性运动在玉器表面造成一系列微破裂面，从而在弧线边缘和尽头留下许多歧出的短线。

M1：6和M1：7玉玦在琢纹工艺方面风格相近，工艺缺陷也有很多相同点，由此推测这2件玉玦应是由同一名工匠同时期制作。略显逊色的阴刻工艺可能是由于制作此玉器的材质硬度太低（云母摩氏硬度2~3），与砣具硬度差异较大；或是工匠的技术水平有所欠缺造成。

四方塘遗址出土玉器的孔眼既有实心钻，又有管钻，大多数圆形片状玉器孔口一般较圆，片雕玉玦中的小孔眼主要是单面实心钻的喇叭形孔（图三十四a），孔口附近常见螺旋纹，偶见圆弧形内凹痕迹残留；而大孔的打孔取芯方式以单面管钻为主，但孔壁周围仍常见似台痕的痕迹，即从一面仍可见明显的斜坡面，另一面不太明显，两面不对称。玉璜M1：5的钻孔则使用特殊的牛鼻孔，孔眼呈喇叭状（图三十四b）。

四方塘遗址出土的玉器基本都有抛光，抛光效果多数一般，M1墓的3件玉器经显微放大能明显观察到玉器表面的抛光痕迹，且抛光痕粗细有所不同。M1：5仅在断口处附近见到小区域短、直、略粗且平行排列的抛光痕（图三十五a）；M1：6有纹饰的一面也有两个方向交叉约120° 定向排列的抛光痕（图三十五b）；M1：7上可见大量较细、较直的平行排列的抛光痕（图三十五c），也有朝两个方向交叉定向排列的，交角约150° （图三十五d）。

其他玉器抛光痕迹均不明显，其中M119：2玉玦以及M244：1玉觿抛光效果较好，玉器表面光滑，特别是M244：1玉觿，光泽明亮；M41：1~8、M119：3、M4：3、M31：1等由于受沁较严重或是表面次生物质的覆盖未观察到明显抛光痕。

四、结论

本研究通过宝石学基础特征观测、超景深立体显微镜、大型仪器光谱和成分分析，详细研究了四方塘遗址出土的21件玉（石）器的材质和受沁特征、结构和微形貌特征、形制和纹饰工艺特征，得出以下几点结论：

1.四方塘遗址出土的21件玉（石）器的材质品种有五类，含透闪石质软玉、云母质玉、石英质玉、绿松石和孔雀石。其中玉器17件，石器4件。数量上以软玉质玉器占优势，共11件，占出土玉器总数的64.7%，这与中国古代玉器的主流材质是一致的。结合宝石学外观特征，以及拉曼光谱3600~3700cm^{-1}只出现1个特征峰，判定软玉质玉器中有7件为白—青白玉，4件为糖玉。四方塘遗址出土软玉质玉器整体色调偏灰暗、颗粒较粗、质地一般，不属于优质玉料。

2.四方塘遗址出土云母质玉3件，石英质玉2件，绿松石质玉1件，孔雀石原石4件。其中云母质玉质地较佳，结构细腻，基本未受沁。

3.四方塘遗址出土透闪石质玉器大多受沁程度比较严重，重度受沁玉器8件，占出土玉器总数的47.0%。表明该墓葬群的整体环境密封性差，并且透闪石等玉器材质颗粒较粗、质地不佳，导致其易受周围环境的影响而受沁。沁的颜色主要分为白色系、黑色和褐色系，以白色系为主，占68.75%。沁的形态分布可以有团块状、网脉状、星点状、体状等。受沁也会引发玉器成分的变化，四方塘遗址出土透闪石质软玉相对现代软玉具有明显高含量的Cu、Fe元素，应与当地富铜、铁的大环境（长期作为铜铁冶炼矿区）密切相关。

4.四方塘遗址出土玉器主要出自M1、M88中型墓和M41、M119这2座小型墓，出土玉器数量分别为3件、1件、8件和2件，共计14件，占出土玉（石）器总数的

61.9%。由于出土玉（石）器数量不多，在一定程度上影响了功能种类的不足。四方塘遗址出土玉器含玉玦、玉璜、玉觿，还有2件（M4：3和M31：1）未进行功能形制的划分。因出土玉器尺寸均较小，本文将其全部归为装饰玉器。这与春秋晚期玉器佩饰盛行的一般特征相符合。

5. 出土玉器种类以玉玦为主。四方塘遗址出土玉玦多达13件，占出土玉（石）器总数的61.9%。墓葬出土时多成偶数出现，全部为装饰玉器。装饰玉玦，在形制上均具有边刃锋利，肉中起棱的形制特点，属于西周-春秋时期的工艺特征，其中M41墓的玉玦按照内孔直径占整体直径比的大小大致可分为内孔较小的和内孔大的二式，分别有3件和5件。而M1墓出土的2件玉玦厚度均匀、平度好、圆度好，无佩戴小孔，制作工艺在同批玉器中最为精湛，单面琢有双阴刻线龙首纹，龙首纹形态和分布具有春秋时期的典型特点，本文认为其可能兼具日常礼仪和装饰功能。

6.四方塘遗址出土玉器绝大多数都是片雕，很少数为半圆雕和圆雕。绝大部分为素面，仅有M1墓出土的2件玉玦（M1：6、M1：7）琢制了单面纹饰。纹饰以双阴刻线龙纹为主，阴刻痕整体较为流畅，末梢较尖锐，刻痕深度及宽度基本一致，由此推测阴刻纹饰使用的工具应是添加了解玉砂的旋转砣具。玉玦上可见线条交叉、歧出“蚂蚁脚”等工艺缺陷。钻孔方式有单面钻和双面钻，以及一种特殊的“牛鼻孔”，以单面钻为主。孔眼大部分都存在工艺缺陷。玉器基本都经过抛光，但抛光效果多数一般，放大观察能明显见到表面的抛光痕迹。

7.从每个墓葬出土玉器的材质、数量和纹饰工艺可以看出，四方塘遗址出土玉（石）器并不完全符合中国古代玉器出土一般特点，较高等级的墓葬如M1中并无软玉质玉器出土，而是出土了3件质地优良的云母质玉器，其中2件单面雕琢有精美的龙首纹；而软玉出土数量虽占比大，却大多出土于小型墓中，且这批软玉质地不佳，受沁较重。由此可见，软玉的颜色品种和质地的差异对于玉器主人身份等级的判断有着较大的影响。除此之外，同一墓葬出土玉（石）器材质种类均只有一种，材质种类之不丰富也可以说明四方塘遗址墓葬主人的身份仅为中低级贵族，或一般平民。

附记：本文写作得到国家社科基金重点项目“大冶铜绿山矿冶遗存考古新发现资料整理与研究”（17AZD025）、国家社科基金一般项目“两周曾国玉器整理与研究”（20BKG045）的资助。

物有其性：对玉和骨两类物质的知识考古

The Intellectual Archaeology of Jade and Bone in a Religious Context

徐　峰（南京师范大学文博系）

摘要：在宗教背景中，玉和骨都曾作为“显圣物”而存在。这一共有的特质，加上两者在自然特征上也有诸多相似，使得玉和骨在若干层面呈现了相似的知识或观念结构。将玉和骨置于广阔的时空背景中比较与阐发，让一个隐蔽的属于两种物质知识传统上不可分割的统一性或者说观念中的同构现象得以显现。作为物质，玉和骨都在中国传统文化中被赋予意义，同时也是社会力量的汇聚所在。简而言之，物有其性，人赋其灵。

关键词：显圣物　玉骨　精神文化　观念的同构

ABSTRACT: In a religious context, we can see that both jade and bone are generally regarded as exhibiting the characteristics of a hierophany. Additionally, they have many physical similarities, which shape their common conceptual structure. Thus, in the epistemological tradition, jade and bone are often expressed similarly. By placing them in a broad temporal and spatial comparative context, we shed light on the similarity of the embedded connotations that are shared across culture.

KEYWORDS: Hierophany; Jade; Bone; Epistemological; Isomorphic Idea

20世纪80年代后期，人类学、考古学、博物馆学、文化研究等相关领域都开始重视物及物质文化研究，强调物有不可取代的价值，因而其可以成为一个重要的研究领域。[1]物是社会结构或社会存在的附属物，凝结了诸多思想观念等形而上的因素。沉默之物实际上具有一种“文本（text）”的性质，它就如同一个“外在符号储存（external symbolic）”。[2]因此，透过人类历史上形形色色的物质遗存：陶、石、玉、骨、铜等是可以看到一个虽已消逝但却足够迷人的精神世界的。[3]彭兆荣曾经指出：“以认知角度观，物始终存在于人的视野中，并作为一个‘非人’的‘他者’，成为‘人类’审视和认知自我的‘镜像’。”[4]

在长久以来这类透物见人的研究中，诸如玉器、铜器的研究一直是大热。原因很简单，如同人类自己有三六九等之分一样，作为“造物主”，人也将分类、等级的思想加诸器物，玉器、铜器无疑属于被“永宝之”的一类高等级器物，作为一种信息储存系统，它们凝聚了相对多的思想信仰因素，围绕它们的研究自然也就更多，并且也更容易形成稳定与长久的知识文化传统。比如关于金玉的文化叙事和文化建构就具有绵延的传统，“金缕玉衣”“金玉良缘”“金风玉露”“金声玉振”等词汇就是最好的体现。[5]金玉之外，其他类型物质之间也有联系。比如，玉和骨这两类物

[1] 黄应贵.物与物质文化[M].台北:“中研院”民族学研究所,2004；舒瑜.“物”的民族志：视野与方法[N].中国社会科学报,2019-06-04.

[2] 杰西卡·罗森.中国的丧葬模式——思想与信仰的知识来源[C]//邓菲,黄洋,吴晓筠等.祖先与永恒：杰西卡·罗森中国考古艺术文集.上海：三联书店,2011:173.

[3] 在考古学界,“透物见人”属于精神文化考古。参见俞伟超.含山凌家滩玉器和考古学中研究精神领域的问题[C]//文物研究(第5辑).黄山：黄山书社,1989；李伯谦.关于精神领域的考古学研究[J].中国文物科学研究,2007(3):5–7；何驽.怎探古人何所思——精神文化考古理论与实践探索[M].北京：科学出版社,2015.

[4] 彭兆荣.物·非物·物非·格物——作为文化遗产的物质研究[J].文化遗产,2013(2):11–16.

[5] 有关金玉组合的研究,可参见叶舒宪.金镶玉的华夏起源[J].检察风云,2013(7):89–91；吴中胜.金玉崇拜与《文心雕龙》的金玉之喻[J].人文杂志,2015(9):76–81；胡建升.金声玉振的文化阐释[J].民族艺术,2012(4):75–82；董洁.唐代金玉结合器物再探[J].考古与文物,2017(4):77–82.在文学研究领域,以物的意象来表现现实是常见的手法。特别经典的是《红楼梦》中的“木石前盟”和“金玉良缘”,可参见张丽红.爱情原型的神话意象——论《红楼梦》“木石前盟”的象征意义[J].社会科学战线,2011(12):136–142.

质在自然属性、知识传统等方面有着诸多可兹比较之处。[1]本文对玉和骨两类物质的比较并不是在谱系学背景下进行的器物类型学研究，而是在物质文化史和宗教视野下，对这两类物质进行泛文化的知识考古的探讨[2]，揭示出在人类文化发展史上，由于文化的交流、互渗及碰触而导致的相似的知识传统或观念同构。在物质材料世界中，玉和骨在自然属性上的相似，以及在知识观念传统的生产中形成的密切联系是世所罕见的。这项比较也属于物的生命史的探讨，是有关物的文化传记。[3]由物的历史命运，我们亦得以窥视传统文化的延续和变迁。

一、光彩与神圣

中国是玉的国度，玉文化传统在中国的历史上源远流长。早在新石器与青铜时代，玉文化即已兴盛。这种兴盛不仅体现在玉器被当作装饰物，同时作为通灵的礼器。人类开发、设计、占有玉器和玉外在的光彩美丽以及神圣的特性有着密不可分的联系。这是因为玉石外观上的光彩易让人产生视觉上的愉悦，进而将人类的感知引向神秘的领域。

玉是珍贵的资源，拥有滑腻如脂的质地、流动如云的纹彩。一言以蔽之，“玉，石之美者。”所谓“石之美”，强调的正是玉的光彩，包括颜色、亮度。《山海经·西山经》中记载：“丹水出焉，西流注于稷泽，其中多白玉。是有玉膏，其原沸沸汤汤，黄帝是食是飨。是生玄女。玉膏所出，以灌丹木，丹木五岁，五色乃清，五味乃馨。……瑾瑜之玉，坚栗精密，浊泽而有光，五色发作，以和柔刚。天地鬼神，是食是飨；君子服

[1] 中国学界罕有从比较的视野论及玉和骨的知识传统。西方学术界直接的讨论也未见，不过有两个案例颇有趣味，值得一提。它们暗示了相关研究者认为玉和骨存在诸多潜在的相似。新西兰外交部在1988年举办了一个主题新颖有趣的展览：骨·石·贝壳。在南太平洋的新西兰，自新石器时代以来，骨、石和贝壳就是三种得到广泛使用的自然资源，在长久的历史使用时，它们形成了当地文化的基础，并被附加了诸多社会价值，如货币流通、权力与等级的象征。新西兰外交部举办这一展览的目的不是这些物质的货币价值，而是聚焦于它们在自身文化中真正的审美价值。发生在任何事物（或多或少）之间的比较都存在着可兹比较——核心是相似——的前提。新西兰的这一展览将骨、石、贝壳，而不是其他物质置于一起比较，说明认识到了彼此的相似之处。另一个是哈佛大学主编的对于来自奇琴伊察献祭之井中的物品的介绍与研究。有学者专门将玉、石、骨归类介绍和讨论。参见Bone · Stone · Shell：New Jewellery New Zealand, a New Zealand Ministry of Foreign Affairs Exhibition managed by the Crafts Council of New Zealand, Inc. March 1988；Moholy-Nagy, H., Ladd, J.M. Objects of stone, shell, and bone[M]//Coggins, C.C. Artifacts from the Cenote of sacrifice, Chichen Itza, Yucatan. New Haven：Peabody Museum Press, 1992:99–152.

[2] 本文涉及的玉取其广义，即“温润而有光泽的美石”。而骨骼包括“内骨骼”（人和高等动物的骨骼在体内，由许多块骨头组成）和“外骨骼”（节肢动物、软体动物体外的硬壳以及某些脊椎动物体表的鳞、甲等叫外骨骼）.

[3] Kopytoff, I. The cultural biography of things：commoditization as process[C]// Appadurai, A.(ed.). The Social Life of Things：commodities in Cultural Perspective. Cambridge：Cambridge University Press, 1986.

之，以御不祥。”[1]杨伯达认为，玉的美，再具体点说，玉的光彩，和玉之神性有密切关联。玉之美是衍生事神之举的土壤。[2]有考古学者研究认为，黄绿色玉器成为东亚地区新石器时代以来墓葬和祭祀遗址中最具代表性的遗物。浅黄绿色调闪石玉，成为初生生命抽象意念和人类植物宇宙观的物化体现，是人从植物生态摄取生命力量的象征。[3]

光彩与神圣之间的内在联系不独中国的玉器材料可证，世界其他文明传统中同样可见，这就体现了人类精神文化层面对玉的知识认知上的“不谋而合”。在美索不达米亚，天青石是一种备受推崇的石头，因其具有的宇宙学意义而成为神圣，代表着星空。[4]在玉文化十分发达的中美洲文明（Civilization of Mesoamerica）中，玉代表着水、年轻和生长中的玉米作物，这些都是对于人类生命至关重要的。[5]玉被认为可以吸收水分，有磁性的质量，能给它周围的土地带来绿色和丰收。[6]研究玛雅文明的学者认为，半透明的玉很有深度，如果盯着玉质看，会看到好像在一个安静的水池中有绿色的植物。玉象征了对于营养和生存负责的“基本的必需的力量”。[7]不只有绿色玉石显示出光彩和神圣的联系，黑色亦然。在中美洲，黑曜石也被视为玉的一种。这种分类与中国将美石也当作文化上的玉是一样的。[8]尼古拉斯·桑德斯（Nicholas Saunders）专门讨论过黑曜石。这种石头之所以风靡，其中一个因素是它那具有吸引力的黑色之光。它刺激了一个持久与普遍的本土审美，塑造了物质与人的关系、人与神的关系。黑曜石最强大的功能是作为武器和祭祀性刀具来使用。于是尼古拉斯用“黑暗之光”来形容黑曜石。[9]在墨西哥，玉是一种稀有而珍贵的材料。他们的诸神，如天、海、玉米以及大地在某种程度上均和玉有着相同的色调。[10]

骨雕的历史远早于玉雕，早在旧石器时代，就有大量的角、牙雕刻。新石器时

[1] 袁珂.山海经校注[M].上海：上海古籍出版社，1980:41.

[2] 杨伯达.史前和田玉神灵论[J].中国宝石，2004，13(3):178–182.

[3] 邓聪.兴隆洼文化玉器与植物宇宙观[J].赤峰学院学报（汉文哲学社会科学版），2008(S1):21–34.

[4] 米尔恰·伊利亚德.神圣的存在：比较宗教的范型[M].晏可佳，姚蓓琴，译.桂林.广西师范大学出版社，2008:411。

[5] Snarskis M.J. From jade to gold in Costa Rica：how, why, and when[J]. Gold and Power in Ancient Costa Rica, Panama, and Colombia, 2003:159–204.

[6] Sahagún, B. D. Florentine codex：general history of the things of New Spain, Volume 13[M]. Anerson, A.J.O. (trans. & ed.). Santa Fé：The School of American Research & University of Utah, 1950:78.

[7] Sahagún, B. D. Florentine codex：general history of the things of New Spain, Volume 13[M]. Anerson, A.J.O. (trans. & ed.). Santa Fé：The School of American Research & University of Utah, 1950:78.

[8] 对中美洲玉的定义，也分成矿物学上的和文化上的两种。见Sahagún, B. D. Florentine codex：general history of the things of New Spain, Volume 13[M]. Anerson, A.J.O. (trans. & ed.). Santa Fé：The School of American Research & University of Utah, 1950:78。

[9] Saunders, N.J. A dark light：reflections on obsidian in Mesoamerica[J]. World Archaeology, 2001, 33(2):220–236.

[10] Crouch, D.E. Stone and metal jewelry of pre-Columbian Middle America[J]. Central States Archaeological Journal, 1964, 11(3):106–113.

代以来，玉雕和骨雕的发展并行不悖。在器类（如匕、簪、针、扳指、人像、缀饰、笄、钗、冠、牌等）、形制、纹饰、切割工序、打磨、花纹装饰等诸多方面，制玉和制骨是相当一致的。比如，有学者曾指出，大汶口文化的骨牙雕筒和良渚文化的玉琮有着原初的共性。[1]白马藏族的“鱼骨牌”饰品体现了对史前玉璧、骨璧或蚌璧的继承性，其胸饰的方形鱼骨牌，从质地、佩戴部位来看，应来源于史前玉璜。[2]玉和骨都曾被用于制作衣服的材料，比如汉代的“金缕玉衣”。青海清代藏传佛教中有骨雕服饰艺术。[3]满族有一种萨满骨服以布为底衬，以动物骨为主要原料，是由骨切割、雕刻出各种大小不同、厚薄不均的骨片拼合而成。[4]以上介绍旨在说明玉和骨因为物质属性上的相似，而在器物的制作上也产生了很多相同。

和玉的光辉亮丽相比，一提到骨，似乎与之相伴的是腐朽、死亡这类黑暗的负面特征。这种认识无疑是片面的。骨有其光彩的一面。新鲜的猪骨外表洁白如玉。利用大型动物骨骼，如鲸骨制作的器物很有光彩。一种产于亚洲内陆的骨质品——骨咄色泽如玉，是贵重的外销商品和贡品。[5]考古中出土的各类骨器，即便在地下埋藏了很长时期，有些仍不失光泽，常有玉的“即视感”。此外，长久埋在土中经过各种腐蚀作用而在玉器表面形成的一层或薄或厚、或白或黄的皮壳称为“鸡骨白”。这个形象的称谓也从一个侧面反映了玉和骨表面特征的相似。中国的史前遗址中曾出土过不少鸡骨白玉器。

玉的光彩和神圣有关联，而这种神圣的力量通常是就原始宗教而言的。在普遍的意义上，“泛灵论（animaism）”认为一切物体中都寄居着神秘的力量，神圣可以在任何形式，甚至在最为陌生的形式中被看见，而玉和骨显然是更加特殊的具有神圣力量的物质。骨的光彩和神圣这组关系在宗教背景中也存在。在萨满教理论中，骨头就像一块水晶或一粒种子，是永恒的光和生命重新萌发之源。它既是储藏着生命力之源的容器，又不易被毁坏或消灭，让人联想到生命力的长存。[6]在佛教理论中，骨是光辉意象之物。《禅秘要法经》有“见诸骨人白如珂雪”“白玉人”或“以

[1] 刘爱君.论大汶口文化骨牙雕筒与良渚玉琮的原初共性[J].山东师范大学学报（人文社会科学版），2011，56(3):82–85.
[2] 余永红.白马藏族“鱼骨牌”饰品的考古学研究[J].青海民族研究，2014，25(4):153–158.
[3] 宋卫哲.“琢骨为衣”——青海清代藏传佛教骨雕服饰艺术与文化探略[J].青藏高原论坛，2017，5(2):105–109.
[4] 谷颖.略论萨满骨服的神话内涵[J].长春师范学院学报（人文社会科学版），2010，29(1):34–37.
[5] 邱轶皓.“骨咄”新考——对内陆亚洲物质交流的一个考察[J].社会科学战线，2018(2):129–142.
[6] 哈利法克斯.萨满幻象与神话[J].叶舒宪，译.百色学院学报，2019，32(1):1–15.

白骨光普照一切”等语。[1]佛的遗骨舍利更是具有异常的光彩。舍利，梵文的音译，原意指尸体或身骨。佛教用以指释迦牟尼佛，后来也指高僧大德火化后的骨殖及珠状物。《大唐西域记》载：“伽蓝北有窣堵波，高二百余尺，金刚泥涂，众宝厕饰，中有舍利，时烛灵光。”“顶骨伽蓝西南，有旧王妃伽蓝，中有金铜窣堵波，高百余尺，闻诸土俗曰：其窣堵波中有佛舍利升余，每月十五日，其夜便放圆光，烛耀露盘，联辉达曙，其光渐敛，入窣堵波。”[2]又如，当年康僧会初至建业传播佛教时，孙权问之“有何灵验”，康僧会为之请来佛祖舍利。“既入五更，忽闻瓶中铿然有声。会自往视，果获舍利。明旦呈权，举朝集观，五色光焰，照耀瓶上。权手自执瓶，泻于铜盘，舍利所冲，盘即破碎。权肃然惊起曰：“希有之瑞也！”[3]

《魏书·释老志》记载：“魏明帝曾欲坏宫西佛图。外国沙门乃金盘盛水，置于殿前，以佛舍利投之于水，乃有五色光起，于是帝叹曰：‘自非灵异，安得尔乎？’遂徙于道东，为作周阁百间。佛图故处，凿为濛汜池，种芙蓉于中。”[4]

在这些描述中，关于舍利的灵异自有夸饰成分，但其反映的佛骨舍利的光彩与神圣这种观念却是显而易见的，并且从中不难看出对舍利特征描绘中“玉化”的倾向。从实物来看，不同地区出土的传为佛祖遗骨舍利的物品在外观上也的确颇具光彩。西安法门寺唐代地宫中曾出土佛指舍利，色如古玉，白中泛黄，晶莹剔透。法显在游记中曾记载那竭国界醯罗城存放佛陀顶骨的神龛：“骨黄白色，方圆四寸，其上隆起。”[5]

二、通灵媒介：玉和骨的功能

通过上文的比较与阐述，我们可以知道玉和骨都是神圣之物。当然，我也要特别强调的是，这里所谓玉和骨是神物，不是说所有的玉和骨都具有神圣的力量，而是说在文化传统中，玉和骨具有若干相似的特性，进而，人类确曾将玉和骨当作非凡之物来对待，它们在人类的巫术—宗教经验中是有意义的，因为它显现了这样或者那样的象征体系。它们都具有神圣力量的潜质，特别是制作精美的玉器和骨器凝

[1] 鸠摩罗什等译.禅秘要法经[M]//大正藏(第15册).台北：新文丰出版公司,1983:248.
[2] (唐)玄奘,辩机.大唐西域记校注[M].季羡林等,校注.北京：中华书局,1985:120+156.
[3] (梁)释僧祐.出三藏记集[M].苏晋仁,萧錬子,点校.北京：中华书局,1995:513.
[4] (北齐)魏收.魏书·释老志[M].北京：中华书局,1974:3029.
[5] 法显.高僧法显传[M]//大正藏(第51册编号2085).台北：新文丰出版公司,1983:858下栏.

结了大量的劳动成本，属于贵重物品，并且与身份、等级保持着高度关联。[1]

米尔恰·伊利亚德（Mircea Eliade）曾从宽泛的意义上探讨神圣力量，他把那些拥有神圣力量的物质称为“显圣物（hierophany）”。他认为宗教的历史就是由无数“神显”的实体所构成的历史。处在历史中的人通过“神显”而与“神圣”相遇，体验“神圣”。[2]神显的形式，也即象征物或显圣物的形式是多种多样的，比如山、玉石、树、铜鼎、圣骨等等。

爱弥尔·涂尔干（Émile Durkheim）对显圣物也有过一番讨论。他说：“每一个储灵珈不论为何使用，都被列入到显要的圣物之中，它的宗教神圣地位无出其右，甚至用来指称它们的词也表明了这一点。这不仅是一个名词，还是一个具有神圣意义的形容词。储灵珈的功效并不仅仅体现在把凡俗者拒之于外。遗失储灵珈是一场灾难，是群体所能遭受的最大不幸。”[3]联系玉和骨来看，历史文献中记载的关于玉和骨的呈献、赏赐、贿赂以及遗失的现象屡见不鲜。对玉和骨进行仪式（如开光）而令之具有神圣力量的例子也比比皆是。[4]

接下来，我们借助文献和民族志材料进一步呈现具有神圣力量的玉和骨的通灵功能。这也是玉和骨相似的又一方面。体现玉和骨通灵功能的例子在文献和民族志中有很多。先秦时期用玉来祭祀是一种常见的习俗。祭祀的对象通常是自然界的神灵与人类社会已故的先祖。祭祀在本质上是一种与神灵交流的方式，而神灵与世俗分处于不同的宇宙层或者空间。所以要交流，就必须借助通灵媒介——可以让“神力显现（krato-phany）”的物质。

根据文献的记载，玉器是祭礼中的常备物品。璧是用于祭祀通灵最重要的器类之一。《周礼·大宗伯》中曰：“以苍璧礼天，以黄琮礼地。”[5]除了礼天外，璧还频繁出现在祭祀山川河流的场合。《山海经》中多次提及用璧祭地。《南次二经》：“毛用一璧瘗”；《北次三经》：“皆用一璧瘗之”；《东次二经》：“婴用一璧瘗”；《中次十经》：“婴用一璧瘗”。[6]瘗是祭法。《诗·大雅·云汉》：“上下奠瘗，”毛传：“上祭天，下祭

[1] 随葬骨器与身份等级关联的讨论，可参见黄晓雷，金熙茗.大甸子墓地随葬骨器分析[J].辽宁省博物馆馆刊，2015:89–93.

[2] 米尔恰·伊利亚德.宗教思想史（第一卷）[M].吴晓群，晏可佳，译.上海：上海社会科学院出版社，2011:5.

[3] 爱弥尔·涂尔干.宗教生活的基本形式[M].北京：商务印书馆，2015:154–155.

[4] 柯嘉豪.佛教对中国物质文化的影响[M].上海：中西书局，2016:58–65.

[5] （汉）郑玄注，（唐）贾公彦疏.周礼注疏（十三经注疏本）[M].赵伯雄，整理.北京：北京大学出版社，1999:562.

[6] 袁珂.山海经校注[M].上海：上海古籍出版社，1980:15+99+110+163.

地，奠其礼，瘗其物。”《山海经》中用璧瘗之，即用璧祭地。[1]

《左传》有多例沉璧于水的记载。《左传·文公十二年》:“秦伯以璧祈战于河。”《左传·襄公十八年》:“晋侯伐齐，将济河，献子以朱丝系玉二瑴，……沈玉而济。”[2]《左传·昭公二十四年》:“冬十月癸酉，王子朝用成周之宝珪沉于河。”杜注:“祷河求福。”[3]此类事例甚多,《史记》中亦有，不一一列举。同样是沉璧于河，除了是出于祭祀外，璧还被当作人与神灵之间信用的一种凭证。如《左传·定公三年》:“蔡侯归，及汉，执玉而沈，曰:‘余有所济汉而南者，有若大川!’。”誓不再朝楚。[4]

在一些重要事务不能决时，人们也会利用玉作为媒介向神请问。《左传·昭公十三年》:“(楚)共王无冢适，有宠子五人，无适立焉，乃大有事于群望而祈曰:‘请神择于五人者，使主社稷。’乃遍以璧见于群望，曰，当璧而拜者，神所立，谁敢违之。”平王弱，抱而入，再拜，皆厌纽。纽谓之鼻。杨伯峻注曰:“凡器物之隆起如鼻者皆谓之鼻。此璧当亦有鼻。厌同压。压纽即当璧。”[5]这是显示玉璧作为一种显圣物的非常生动的例子。

古书中还有焚玉而祭以通神的记载。《礼记·祭法》:“燔柴于泰坛，祭天也。”“燔柴于泰坛者”，谓积薪于坛上，而取玉及牲置柴上燔之，使气达于天也。”[6]

在其他古代文明中，也有玉石类物品被用于占卜通灵的例子。如在尤卡坦玛雅(Yucatec Maya)，萨满利用水晶作为占卜所用的仪式工具和获取知识。在照明仪式中，萨满将水晶置于祭坛上盛了水或液体的碗中。萨满通过触摸液体中的水晶来用自己的力量将水晶唤醒。随后，作为占卜程序的一个组成部分，萨满将水晶从碗中取出，并在烛火中看它们。水晶表面浮现出与萨满所提问题相关的形象，比如疾病的原因或来源。在伊察玛雅(Itzaj Maya)，某些占卜水晶被称作sastu'n，Sastu'n这个词来自sasil，意味“透明的、光亮的、清澈的”。Sastu'n是圆的，橘子般大小。拥有Sastu'n的人可以利用这种物体来治病，寻找树林里的药草，以及寻找失物或者人。[7]

我们对于骨作为通灵媒介的现象也毫不陌生。最有名的自然是商代用来占卜的

---

[1] (汉)郑玄注,(唐)贾公彦疏.周礼注疏(十三经注疏本)[M].赵伯雄,整理.北京:北京大学出版社,1999: 1405.
[2] 杨伯峻.春秋左传注(修订本)[M].北京:中华书局,1981:1036–1037.
[3] 杨伯峻.春秋左传注(修订本)[M].北京:中华书局,1981:1452.
[4] 杨伯峻.春秋左传注(修订本)[M].北京:中华书局,1981:1532.
[5] 杨伯峻.春秋左传注(修订本)[M].北京:中华书局,1981:1350.
[6] (汉)郑玄注,(唐)孔颖达疏.礼记正义(十三经注疏本)[M].龚抗云,整理.北京:北京大学出版社,1999:1510.
[7] Brady, J.E., Prufer, K.M. Caves and crystalmancy: evidence for the use of crystals in ancient Maya religion[J].Journal of Anthropological Research, 1999, 55(1):129–144.

牛羊的肩胛骨或龟甲。民族学材料中还常见鸡骨占卜或鱼骨占卜。在骨卜中，龟甲占卜之所以最盛行，可能与龟的长寿和强大的灵性有关。《周易 · 系辞》说："定天下之吉凶，成天下之亹亹者，莫大乎蓍龟。"[1]骨骼何以通灵？在萨满教观念中，无论人或动物，其"灵魂"都是寄居在骨头里，而通过骨头便可再生出生命，正是因为骨骼具有特殊的力量，占卜者才能以此为媒介与神灵沟通。[2]伊利亚德曾介绍瓦休甘河—奥斯加克（Vasyugan—Ostyak）萨满坐着以胸骨做成的船，划着用肩骨做成的桨在其他世界中环游，来寻找病人的灵魂。[3]这则民族志材料反映了骨器的特殊功能。中国舞阳贾湖遗址中出土的丹顶鹤尺骨制作的笛子以及龟甲制成的响器，也颇能反映骨的通灵。

中美洲文明中也有类似的利用骨本身的特性而产生的物质实践。耶鲁博物馆收藏有一件来自墨西哥尤卡坦（Yucatan）半岛玛雅遗址的人像。这种人像同时有两种材质的，一种是骨，一种是玉，这也反映了骨与玉的相似或某种可代替（alternative）的关系。值得注意的是，其中用骨制作的人像取自海牛（manatee）的骨。有研究者对之做了一项知识考古的分析，他认为海牛的行为对深入思考一些隐喻性问题提供了契机。海牛具有同时在淡水和咸水中生存活动的能力。近海而居的古代玛雅人无疑意识到了海牛的这种特性，故很可能将之视为一种过渡性（transitional）动物，将这种"过渡性"动物的骨骼用于艺术品以及祭祀品的制作，是为了借助这种骨头所具有的过渡性能力来援助人类本身的过渡或穿越性旅程；将用海牛骨制成的人像随葬，可以引导亡者通过地下水世界，从一个世界到另一个世界。[4]

佛教背景中的佛骨、舍利当然也具有神通之力，是神圣力量的来源，佛陀在入灭前亲自宣布，供养他的舍利将为信徒带来功德。舍利中有神力存在意味着它能够响应祈福而祛病送子。通过委托制作具有纪念意义的佛教艺术作品，分发神圣的舍利，统治者们不仅表现他们自己与神圣力量间亲密的关系，同时也在更加世俗的层面上，展示了他们收敛物质资源的能力所达到的无人能及的程度。[5]

[1] （魏）王弼注，（唐）孔颖达疏．周易正义（十三经注疏本）[M]．卢光明，李申，整理．北京：北京大学出版社，1999:341.
[2] Eliade, M. Shamanism：archaic techniques of ecstasy[M]. Trask, W.R. (trans.). London：Arkana, 1989:158–165.
[3] Eliade, M. Shamanism：archaic techniques of ecstasy[M]. Trask, W.R. (trans.). London：Arkana, 1989:164.
[4] O'Neil, M. Bone into body, manate into man[M]. New Haven：Yale University Art Gallery Bulletin, 2002:92–97.
[5] 柯嘉豪．佛教对中国物质文化的影响[M]．上海：中西书局，2016:31–32+80.

三、关联和比喻：玉骨和身体

人类视玉和骨为显圣物更加极致的实践是试图在这类物品和身体之间建立关联，甚至融合。从考古发现来看，最常见的现象便是人死后用玉器和骨器随葬，前者尤甚。自新石器时代以来，不同区域的史前文化中，如良渚、红山、凌家滩文化等都有大量玉器随葬的现象。玉器围绕在死者的身边，起到护佑身体的作用。这种葬玉文化发展到极致，便是金缕玉衣的出现。金缕玉衣将死者的身体全面包裹，显然意在令身体不朽。九窍塞也有同样的性质。葛洪在《抱朴子》中说："金玉在九窍则死者为之不朽。"夏鼐认为其可以对尸体起神秘的巫术作用。[1]

经过漫长的新石器和青铜时代的用玉，尤其是葬玉传统的发展，玉和身体的密切关系及玉能够护佑身体的观念一直得到发展和传承。玉器作为一种显圣物，烘托了人之身体的神圣。随着时间的推移，我们可以看到人们希望自己的身体如玉这样一种观念。1983~1984年，考古学家在湖北的张家山发现了一批竹简，其中有"脉书"。脉书中提到一种锻炼和饮食的方式，可以滋养"玉体"。"夫流水不腐，户枢不蠹，以其动。动则实四支而虚五臧，五臧虚则玉体利矣。"[2]考古中发现的用玉制作的人像也不在少数。

此外，东周时期"玉德"观念得到发展，人们"比德于玉"。"君子无故，玉不去身"这类表达鲜明地反映了玉和身体的关联与比兴。

再来看骨，首先，在墓葬中，和身体关联的随葬品，玉只是其中一类（当然是突出的一类）。除玉外，骨制品也是不可忽视的。常见的骨类物品有龟甲、野猪獠牙、鳄鱼骨板、猪的下颚骨、牛角、象牙等等。此类现象在大汶口文化、良渚文化、商周墓葬中都是比较流行的。

墓葬中常见玉石、骨类随葬品，很可能与玉和骨的坚韧特征有关。在金属出现之前，玉石和骨是最坚硬的物质。坚韧而不易腐朽，某种意义上是生命长寿的暗喻。

而佛教中的舍利被认为是神圣力量的来源，其吸引力来自人们相信它法力无边。因此佛祖的顶骨、高僧的舍利被供养。佛教也有观念认为：佛教修行可以转变

[1] 夏鼐.汉代的玉器——汉代玉器中传统的延续和变化[J].考古学报，1983(2):125–145.

[2] 江陵张家山汉简整理小组.江陵张家山汉简《脉书》释文[J].文物，1989(7):72–74.

身体。如有经文如是曰："此舍利者，是戒定慧之所熏修。"[1]

玉和骨在用作比喻上也是一样的。玉被用来比喻身体，如"玉体""玉人""玉碎""玉音"等。而骨本身就与身体、生命相关。在萨满教观念中，生命寄寓在骨头中。在佛教背景中，中古时期禅宗的僧人将自己的身体视为一种圣体。莫舒特（Morten-Schlütter）认为，禅师与道教徒一样，均需要有特殊的"骨骼"，方可实现自己佛性的特殊潜质，才有特殊的身体来将他们与其他那些芸芸众生区分开来。[2]同样在道教信仰中，不少道教材料指出，只有具备仙骨者，才能受学重要经书，最终获得仙果。[3]所谓"仙骨"就是指体内之骨骼，自与身体、生命有关。

骨可象征身体和生命在中美洲文明中有更为经典的例子。中美洲文明中有很多神灵。有些神灵的形象是"骨架化（skeletonized）"的，太阳神兼战神（Huitzilopochtli）"生而无肉，徒具骨骼。""黎明之主（Lord of Dawn）"，即"金星（Venus）"的形象是骨架化的；"冥界之主（Lord of the land of the Dead）"，即"冥王（Mictlanteuctli）"也是骨架化的。骨架化人物所传递的是"Tonalli"，即"光辉"或"太阳的热量"。[4]

中国传统文化中与骨有关的褒义的有"铮铮铁骨""傲骨"，贬义的则有"软骨""轻骨"等。这种相似的比喻手法一并见于文学创作上。南朝刘勰《文心雕龙》中屡有"雕"字，"雕"字本字为"琱"。《尔雅·释器》："玉谓之雕。"吴中胜认为《文心雕龙》书名用"雕"字，有玉生产的文化烙印。[5]至于骨，写作中强调"立骨"艺术。作文讲究风骨，一如为人。风骨成为中国古代文论的基本概念和术语。简言之，骨被广泛用来譬喻生命结构和文章结构的内在层次。[6]

除了玉、骨各自可比喻身体外，我们还可以在中外材料中，看到玉、骨和身体的完美合一，即"玉骨"。这个词的字面意思是"玉做的骨"或"如玉的骨"，"玉骨"是人类思想境界中追求优秀完美的体现。在器物制作层面，人类很早就有相应的实践。早在大汶口文化时期，即已出现过骨器上镶嵌绿松石的现象，玉和骨的结

---

[1] 柯嘉豪. 佛教对中国物质文化的影响 [M]. 上海：中西书局，2016:35.

[2] 莫舒特，纪赟译. 圣体、圣地：中古中国禅宗的禅师与作为神圣居所的身体 [M]// 陈金华，孙英刚. 神圣空间：中古宗教中的空间因素. 上海：复旦大学出版社，2014:447–466.

[3] 白照杰. 炼骨成真：中古道教仙骨信仰研究 [J]. 道教学刊，2018(1):48–66.

[4] Haly, R. Bare bones: rethinking Mesoamerican divinity[J].History of Religions, 1992, 31(3):269–304.

[5] 吴中胜. 金玉崇拜与《文心雕龙》的金玉之喻 [J]. 人文杂志，2015(9):76–81.

[6] 姚爱斌. 生命之"骨"的特殊位置与刘勰"风骨"论的特殊内涵 [J]. 文艺理论研究，2016，36(1):128–139.

合远早于玉和金。这种现象属于物质文化发展史上的“文化杂交”，玉和骨的结合属于杂交人工制品。[1]

而在文化观念层面，玉骨代表的是一种至高的品质和境界。例如，在佛教徒的禅定修炼中，有一种观念是强化并转变一个人的骨头，把它变成不朽的白色的玉骨。《禅秘要法经》:“以定心力作一高台想，自观已身。如白玉人结加趺坐。以白骨光普照一切。作此观时。极使分明。坐此台已。如神通人。住须弥山顶。观见四方。无有障阂。自见故身。了了分明。见诸白骨。白如珂雪。”“自见身体。白如玉人。”[2]又曰 :“自观头骨，见头骨白如颇梨色。如是渐见举身白骨，皎然白净，身体完全，节节相拄。”[3]佛教中恰有对佛陀“佛骨纯白”的赞叹。中古道教推崇的仙骨也有“青”色。成书于初唐的《太上一乘海空智藏经》:“复作是念：骨色异相，青黄白色，如是骨相，亦复非我。”[4]青、白二色恰恰也是玉常见之色。

修道者主张，通过服食和修炼，可转化身体。比如“服金者寿如金，服玉者寿如玉”。[5]中古道教材料中有不少“玉骨”的记载。《上清高上灭魔玉帝神慧玉清隐书经》:“子有玉骨，当寻宝经，勤心苦行，克造云营，上之玄宫，朝谒三清。”[6]“玉骨”除单独出现外，还有“玉骨紫藏”“玉骨金藏”等语汇。此外尚有“青骨”“金骨”等说法。

中美洲神话中，居然也有将骨玉化的观念。此玉骨乃造物之用，是非凡的神物。“羽蛇神（Quetzalcoatl）进入冥界，在冥界之主，即冥王（Mictlanteuctli）和冥王夫人（Mictlancihuatl）之前抵达，羽蛇神告诉他们 :‘的确，我为玉骨（jade bone）而来，你们拥有它。’冥王问道 :‘你要它干什么？’羽蛇神回道 :‘它对神创造万物很重要。’冥王把骨给了羽蛇神，但不情愿永久性给他。当羽蛇神带着一副男女的骨架离开冥界时，冥王令神在羽蛇神落地之处钻了一个洞，玉骨被打碎了。当羽蛇神从惊恐中醒来时，梭罗堤（Xolotl）——羽蛇神的‘动物伪装（nahualli）’或说是其‘孪生兄弟’带着碎骨来到生灵之地，这些碎骨被置于玉制器皿中，随后被一个女性

---

[1] 关于“文化杂交”，参见（英）彼得·伯克.文化杂交[M].南京：译林出版社，2016:13–17.

[2] 鸠摩罗什等译.禅秘要法经[M]//大正藏（第15册），台北：新文丰出版公司，1983:248–249.

[3] 鸠摩罗什等译.禅秘要法经[M]//大正藏（第15册），台北：新文丰出版公司，1983:244+252.

[4] Schipper, K., Verellen, F. The Taoist canon[M]. Chicago：The University of Chicago Press, 2004：527–529；白照杰.炼骨成真：中古道教仙骨信仰研究[J].道教学刊，2018(1):48–66.

[5] 葛洪著，王明校释.抱朴子内篇校释[M].北京：中华书局，1985:204.

[6] 佚名.上清高上灭魔玉帝神慧玉清隐书经[M]//道藏（册33）:762c–763a.

碾成粉末，接着，羽蛇神及一众其他神灵，依次划割生殖器，将血放到器皿中。然后神说道：‘凡人诞生了。现在他们将向我们忏悔’。”[1]

不难看出“玉骨”作为一种普遍原型在不同文明传统中的存在，这也正体现了思想史上不可分割的统一性，或者也可以说体现了观念中“看不见的同构（invisible isomorphic idea）”。玉、骨合一成“玉骨”是两者在外观、知识传统诸特征上相似的完美体现。或许正因为玉骨代表着一种完美的结合，所以它也常被用来表现高超的艺术境界。譬如形容白瓷艺术有“玉骨凝脂中国白”之语。形容绘画艺术高超有“玉骨冰心”之谓。杜甫《徐卿二子歌》中有句“秋水为神玉为骨。”

不过，值得指出的是，金玉都是不朽的物质，在金风雨露、金声玉振等语汇中，金、玉是互文。而骨可化为玉，以及玉骨的表达，说明了在人类的观念传统中，玉的质素是强于骨的。

四、显圣物、神圣空间与权力

在宗教史学家看来，各种宗教现象中均存在着一个不可化约的因素，那就是“神圣（the Sacred）”。[2]通过上文的讨论，我们知道玉和骨在人类文化知识体系中，都曾有过被视为显圣物的历史。神圣物体的存在，表明神圣出现了自我表征。神圣总是自然表征为一种与“自然”存在完全不同的另一种存在。[3]

显圣物的存在让神圣从世俗中脱颖而出。显圣物需要一个安置之所，这便是“神圣空间（sacred space）”的出现。伊利亚德认为，在宗教思想结构中，世界可以被分为“神圣与世俗（Sacred and Profane）”两个层面。[4]神圣空间是超群的神圣之地，它表现了事物在某个方面取得了一种突破。[5]这种突破便是“神显”。当神圣以任何显圣物表证自己的神圣的时候，这不仅是空间的均质性的中断，更是一种绝对实在的展示，也展示了它与其所属的这个广垠苍穹非实在性的对立。神圣空间

[1] Lehmann, W. Die geschichte der K önigreiche von Colhuacan und Mexico[M] Stuttgart：Verlag von W. Kohlhammer, 1938：1419–1440； 转 引 自Haly, R. Bare Bones：Rethinking Mesoamerican Divinity[J].History of Religions, 1992, 31(3):269–304.

[2] 米尔恰 · 伊利亚德. 神圣的存在：比较宗教的范型[M]. 晏可佳，姚蓓琴，译. 桂林：广西师范大学出版社，2008:7.

[3] 米尔恰 · 伊利亚德. 神圣与世俗[M]. 王建光，译. 北京：华夏出版社，2002:2.

[4] 米尔恰 · 伊利亚德. 神圣与世俗[M]. 王建光，译. 北京：华夏出版社，2002:1–31.

[5] Eliade, M. Shamanism：archaic techniques of ecstasy[M]. Trask, W.R. (trans.). London：Arkana, 1989:259.

代表了非均质性的空间，世俗空间则是均质性的空间。神圣空间之所以从世俗空间中脱离出来，形成一种非均质性空间，正是因为神灵力量的显现。所以维特斯基（Vitebsky）认为神圣空间是一个神灵的领域。如果我们看到神灵在周围出现，那么这个领域是不能从地理上被移除的。[1]

玉和骨作为显圣物，人类为了安置它们而特地营造的空间便是神圣空间，或者也可以说，由于玉和骨的显圣物属性，它们表证了一处神圣空间。无论何种形式的神显都会改变周围的空间：原先为世俗的领域，由此变成一个神圣的领域。在显圣物与神圣空间的结构关系上，玉和骨表现了相当的一致。圣物的生产、收藏、安放、消费，由社会的统治阶层主导。这样的神圣空间太多，包括了墓葬、祭祀坑、洞穴[2]、水域[3]、佛塔[4]、地宫[5]等等。

佛舍利是骨骼的一种，它在万物有灵观念渗透下的象征功能，赋予了佛舍利传达佛（神）意志的中介作用。舍利成为人佛感应交流的工具[6]，并有能力将周围的空间神圣化。[7]历史上对于佛骨的崇拜和迎奉，无非是为了用钱财物品换取所谓超自然之力对自己的救助与保护，从而增强自身的自信心和自我感。而一般信众崇拜佛骨，则是出于虔诚希望佛祖早日救其脱离苦海，解脱苦难，以达到心灵的极大满足与安慰。这就是佛骨崇拜的宗教目的，也是佛舍利魅力之所在。[8]与此相似，玉器也曾经频繁被当作祈福禳灾的重要灵物。玉可以用来止息神灵之怒，也可用于消除火灾等等。玉和舍利都是王权的象征物。它们都可以被视为一种可以创造、流通及交换的神圣商品。通过华丽的圣骨函、隆重的仪式，以及层出不穷的各种神迹，被不断创造出新的价值。[9]就如同帕特里克·格里考证神圣遗迹商品在欧洲中世纪的流

---

[1] Vitebsky, P. The Shaman：Voyages of the Soul, ecstasy and healing from Siberia to the Amazon[M]. London：Macmillan, 1995:15.

[2] Brady, J.E., Prufer, K.M. Caves and crystalmancy：evidence for the use of crystals in ancient Maya religion[J].Journal of Anthropological Research, 1999, 55(1):129–144.

[3] 有很多这方面的研究，可参见Orellana, M.D. The Sacred Cenote of Chichen Itza[J]. Artes de Mexico, 1972(152):76–80. 有学者对“献祭之井”中出土的物品做过分类研究，见Moholy-Nagy, H., Ladd, J.M. Objects of stone, shell, and bone[M]//Coggins, C.C. Artifacts from the Cenote of sacrifice, Chichen Itza, Yucatan. New Haven：Peabody Museum Press, 1992:99–152.《左传》中有沉玉于水，祭祀水神的记载.

[4] （北齐）魏收.魏书·释老志[M].北京：中华书局，1974:3028.

[5] 陕西省法门寺考古队.扶风法门寺塔唐代地宫发掘简报[J].文物，1988(10):1–28；南京市考古研究所.南京大报恩寺遗址塔基与地宫发掘简报[J].文物，2015(5):4–52.

[6] 杨维中.法门寺佛骨崇拜析[J].西北大学学报（哲学社会科学版），1994(1):72–78.

[7] 莫舒特，纪赟译.圣体、圣地：中古中国禅宗的禅师与作为神圣居所的身体[M]//陈金华，孙英刚.神圣空间：中古宗教中的空间因素.上海：复旦大学出版社，2014:447–466.

[8] 杨维中.法门寺佛骨崇拜析[J].西北大学学报（哲学社会科学版），1994(1):72–78.

[9] 于薇.圣物制造与中古中国佛教舍利供养[M].北京：文物出版社，2018:13.

通一样：神圣之物是保存之物，它们被放置于墓穴中，如遗骨。它们以礼物或者偷盗的方式在中世纪欧洲各国家之间辗转，或成为朝圣对象，吸引朝圣者。[1]

结语

在广阔的时空背景和绵延的历史大传统中对玉和骨做一场知识考古的比较，可以揭示它们在知识传统建构中呈现的诸多相似的精神文化。玉和骨既是物质，同时也承载着宗教和文化，既在审美的层面被开发使用，同时又具有宗教象征的意义。玉和骨发展的历史既是包含了深奥、质朴的观念的历史，也是一部世俗审美的历史，是一部器物作为表达手段之潜能不断增长和扩张的历史。[2]作为物质，玉和骨都在中国传统文化中被赋予意义，同时也是社会力量的汇聚所在。简而言之，物有其性，人赋其灵。

附记：本研究系国家社科基金重大项目“长江下游社会复杂化及中原化进程研究”（20&ZD247）阶段性成果。

[1] Geary, P. Sacred commodities：the circulation of medieval relics[C]//Appadurai, A.(ed.) The social life of things：commodities in cultural perspective. Cambridge：Cambridge University Press, 1986:169–191.

[2] 柯嘉豪.佛教对中国物质文化的影响[M].上海：中西书局,2016:151.

"jade" 源流考

The Conceptual History of 'Jade'

陈典（中国科学院大学人文学院考古学与人类学系）

摘要：国内学术界对玉的概念多有探讨，但对其英文对应词"jade"的关注似乎不多。事实上，"jade"一词从诞生之初就特有所指，和珠宝的含义相差甚远。上个世纪对"jade"的翻译传播更是间接影响到了早期中国学者对的"玉"概念的界定。本文通过对"jade"之来龙去脉做一番粗浅梳理，尝试透过一词的流变窥见各文化对"玉"的观念变迁。
关键字：玉　jade　概念　源流

ABSTRACT: The concept of 'Yu' has been much discussed in domestic academic circles, but not much attention seems to have been paid to its English equivalent 'jade'. In fact, the term 'jade' has been specific since its inception and is far removed from the meaning of jewellery. The spread of the translation of 'jade' in the last century indirectly influenced the definition of the concept of 'Yu' by early Chinese scholars. In this paper, the author attempts to sort out the history of 'jade', and show how the word has changed across cultures.
KEYWORDS: Yu; Jade; Concept; Source and Course

引言

“玉”文化在中国源远流长，是东方精神生动的物化体现，亦是传统文化精髓的物质根基。玉一直是中华民族的瑰宝，其有着民族传统的内涵，凝聚着物质的、社会的、文化的综合观念。但是由于中西方的认识差异，“玉”一词的翻译始终存在争议。

在不同的英语文本中，“玉”会被翻译为jade、gem、jewel、jewellery及precious stone等不同的词汇或词组。比如，美国诗人埃兹拉·庞德（Ezra Pound）的《诗经》英译本便对同样的字眼“玉”选择了迥异的翻译策略。他将《魏风 · 汾沮洳》中的“美如玉”译为“such a gem”；将《秦风 · 小戎》中的“温其如玉”译为“neat as jade”；将《秦风 · 渭阳》中的“琼瑰玉佩”译为“girdle stone”；将《召南·野有死麕》中的“有女如玉”译为“as a jewel flawless found”[1]。由此可见西方学者对“玉”的概念并没有非常清晰的认识。不过，在现代宝石学的分类体系下，“玉”和珠宝或宝石存在严格的区分[2]。在此界定下，“jade”与“玉”的含义最为接近。Jade包含有“nephrite”与“jadeite”两个含义，nephrite为软玉（透闪石玉），jadeite为硬玉（翡翠）。翡翠的英文词汇jadeite源自jade这一词根，ite则是矿物学命名惯用的后缀。这说明jade的现有含义很可能在其本意上有所延展。“玉”的狭义概念也是透闪石玉和翡翠，这和“jade”所指的范畴一致[3]。所以总体而言，目前主要还是以“jade”一词作为中文概念里“玉”的对应。虽然在现代观念下的“jade”同“玉”两者的意思非常接近，但jade一词并非单纯为“玉”特地制造的词汇，其自身渊源颇为复杂。一些学者在了解不深的情况下对jade一词多有误用[4]。

以往国内学术界对“玉”的概念已有许多深入探讨，如从文本的角度廓清了

---

[1] Pound E. The Confucian Odes: The Classic Anthology Defined by Confucius [M]. Seattle: New Directions, 1954.

[2] 张蓓莉. 系统宝石学[M]. 北京：地质出版社，2006.

[3] 栾秉璈. 从软玉的定名说起[C]//.2009中国珠宝首饰学术交流会论文集.2009:205–208.

[4] 注：兹举一例。古典文学名著《红楼梦》有一英译本，由哥伦比亚大学中文教授王际真于1929年出版。在该版本中，译者将黛玉的名字翻译为“black jade”，直译即“黑色的玉石”。这一俨然信达雅兼备的译法其实存在很大的误会。因为jade还有一个意思是“驽马”或者“荡妇”，源于中古英语的chade或者是yaud（当然还有一些更古旧的词源）。其类似于拟声词，本意应该只有“驽马”的含义，也指代拖货车的马，然后在一些文学作品中再用以比喻性格暴躁的女性，经年累月引申出“荡妇”的含义。若照此理解，black jade似乎带有一些蛇蝎淫女的意思，完全误导了英文读者。当然，该译本还因为其他诸多问题遭到了中外学者的严厉批评。见 姜其煌. 欧美红学[M]. 郑州：大象出版社，2005，第136页.

“玉”的称谓在中文语境中的流变[1]，从材料的角度梳理了“玉”的概念在治玉历程中的变化[2]。然而，目前对英语里对应程度最高的词汇“jade”的概念变迁所论甚少。若能以“jade”一词的源流为线索观照域外玉文化的发展脉络，将会对当下中华玉文化的对外传播提供重要参考，更会对构建中国形象，获取国际认同，提升文化软实力有所助益。

1. 欧洲人对玉的称谓

在跨文化、跨地区、长时段的物质交流历史中，一些事物可能会发生名称的改换和含义的转变。因此，在探讨“jade”的源流问题前，首先需要厘清它在不同地域与文化中的称谓。Jade一词虽然在多数欧洲语言中写法一样，但也有不同者。比如，意大利语写作giada。但是同样的写法却有不尽相同的发音，比如西班牙语为'hade，英语为dʒeɪd，法语为ʒad（ə），葡萄牙语为ʒade。尽管欧洲一些地区也产玉，考古学家甚至还在一些欧洲的新石器时代遗址中零星发现玉石制品[3]，但是由于欧洲先民更偏爱透明的宝石，随后便几乎舍弃了对玉的开发利用。

目前学界较为普遍的观点认为，jade源于西班牙语“piedra de ijada”，其字面意思为flank stone或stone of the side。在译为法文时该词变为“pierre de l’ejada”，但由于某次印刷失误又成为“pierre de le jada”，逐渐定性为如今的形式jade[4]。所谓的stone of the side，就是将玉石放置在人体腰身一侧的皮肤上，用以治疗肾脏疾病。类似的，葡萄牙人更是将这种矿物直接命名为“pedra de la mijada”，即“排尿的石头”（mijade意为排尿），他们似乎认为这种矿物可以促进肾结石通过排尿释出。关于“jade”和“玉”的关联，曾有法国学者提出过一个异想天开的观点，其表示“jade”就是从汉语的“玉”直接音译而来，由yu到ya，再到yad和jad，最终成型为jade[5]。当然，这一单纯基于法语发音近似（上文已述jade法语读音为ʒad［ə］）的猜想很快遭到欧洲其他国家学者的冷嘲热讽与严厉否定。

另一个英文词汇“nephrite”，其来源存在两种说法。一者认为是源于希腊文“nephros（νεφρός）”，意为肾，后被引申为治肾病的石头；另一种说法为西班牙航

[1] 施光海，张小冲，徐琳，李新岭．“软玉”一词由来、争议及去“软”建议[J]．地学前缘，2019，26(03):163–170.

[2] 曾卫胜．中国古代玉器材料研究[C]．收录于《中国玉器通史·清代卷下》．深圳：海天出版社，2014.

[3] Kostov, R.I. Nephrite-yielding prehistoric cultures and nephrite occurrences in Europe: archaeomineralogical review[J]. Haemus Journal, 2013, 2: 11–30.

[4] Desautels, P.E. True Jade[C]. In: The Jade Kingdom. Boston: Springer, 1986.

[5] Ward, F. Jade[M]. Bethesda: Gem Book Publisher, 1996.

海者从墨西哥带回当地印第安人为治愈或减轻腰肾疾病而佩戴的玉石[1]。即是说，不论是jade还是nephrite，都具有几乎相同的医用功能，两者含义可能是混淆的。假设我们接受nephrite一词是从西班牙语衍生的说法，也就是来自据称是阿兹特克人的词汇，那么这一用来承载中华玉文化延绵近万年的“软玉”概念，源头其实却是中美洲广泛使用的翡翠——“硬玉”。

究竟是何种情况造成了这种貌似颠倒的情况？若要给予合理解释，便不得不先弄清几个疑问 :“jade”表示“玉”的语源学脉络究竟如何，其源头难道仅仅止步于西班牙语，而“jade”又是如何且何时和“nephrite”发生纠缠的，两者含义是否存在相互影响的关系。这都促使研究者必须深入文本，仔细爬梳辨析。

2. 美洲人对玉的称谓

最早有关中美洲玉石的文献记录出现在西班牙殖民者尚未征服墨西哥时科尔特斯（Cortes）给卡洛斯五世（Carlos V）的信中（1520年）。其中第二封（Lopez and Cortés, nd）谈到了阿兹特克人认为珍贵的绿色石头。蒙特祖马一世（Mohtecuzoma I）赠予科尔特斯5块绿色的石头，让他作为礼物送给卡洛斯五世。西班牙人在附信中称这些石头为“piedras verdes”（绿色石头），但他没有提到阿兹特克人用玉石来治疗肾脏疾病的事实。在其他方面，科尔特斯还写道，阿兹特克人称这种石头为chalchihuitl。而chalchihuitl来自xalli（沙子）+xihuitl（草的颜色），也就是“草色的石头”，这就对应上了翡翠的特征[2]。

这几枚宝石让当时的西班牙官员大开眼界。1525年，皮特·马特·德安吉拉（Pietro Martire d'Anghiera）以亲见者的口吻在其书中描述了宝石的半透明属性，并将之和“esmeraldas”（即祖母绿）相提并论[3]。

其后，贝尔纳迪诺·德·萨阿贡（Fray Bernardino de Sahagún）神父也对阿兹特克的玉石有过记述。他将其中一些石头定义为“piedra verde preciosa”（绿色宝石），并径直称其为esmeraldas。重要的是，他列出了阿兹特克人对不同品种玉石的名称，并补充了其中一些品种的外观和治疗用途。Chalchiuitl是所有绿色石头的通用名称。其中，Quetzalitzli和Quetzalchalchiuitl是两个类似祖母绿的品种。Quetzalli的意思是

[1] Raphael, O. “JADE” [J]. Journal of the Royal Society of Arts, 1936, 84: 338–46.

[2] Foshag, W.F. Chalchihuitl—a study in Jade[J]. American Mineralogist, 1955, 40: 1062–1070.

[3] Taube, K.A. Olmec Art at Dumbarton Oaks[M]. Dumbarton Oaks Research Library and Collection, Trustees for Harvard University, Washington, DC, 2004.

"绿色的羽毛"，Itzli的意思是"燧石"。根据它们的透明程度与光泽表现，推断其应当是翡翠。此外，神父关注到了宝石的医用效果。比如，Iztacchalchiuitl（雪花石）有着鸡蛋壳般的颜色，有时会有绿色或浅蓝色的脉络，具有药用价值，但书中没有具体说明。但是对另一种绿白间杂的石头Xiuhtomoltetl，他提供了更为丰富的医用描写。这种石头的碎屑与冷水混合，对于医治内部炎症和心痛有相当大的好处；阿兹特克人甚至还从临近地区危地马拉和索科努斯科获取这种石头，并制作成串珠戴在手腕上[1]。通过这两个信息的匹配，也许就诞生了阿兹特克人用这种石头来治疗肾脏疾病的传说。

1563年，科特斯的同伴之一贝尔纳尔·迪亚斯·德尔卡斯蒂略（Bernal Diaz del Castillo）在统治危地马拉时撰写过一份报告，但它因为某些原因迟至1632年才被送达西班牙。其中谈到西班牙人逃离阿兹特克首都特诺奇蒂特兰（Tenochtitlan）的事件，这场战斗导致了不少西班牙人死亡，贝尔纳尔描述他手里有四枚绿色宝石chalchihuis，可以用来治疗他的伤口，还能用它们来换取食物[2]。

根据目前文献，在此时间之前尚无任何与jade相关的记载。在1565年医生尼古拉斯·蒙纳尔德斯（Nicolò Monardes）出版的一部药学著作的词条中才终于出现了jade的踪迹。尼古拉斯称一类绿色的石头为"piedra de yjada"（字面意思为放在一旁的石头），品质很好，有些呈现乳白色，而接近祖母绿的深绿色品种为最优者[3]。印第安人把这些宝石加工成不同的形状，把它们作为配饰悬挂于身用来治疗腰腹疼痛与胃病。它的主要功用是减轻侧腹的疼痛和排出结石。尼古拉斯在此列举了数个凭借佩戴此类宝石缓解甚至根除病痛的例子，最后总结到这种神奇的宝石拥有一种隐藏的特性，通过它产生奇妙的效果，可以对肾脏和炎症，以及胃痛起到治疗作用。

迭戈·杜兰（Diego Durán）神父是另一位被派往墨西哥向当地人传教的方济各会教士。他在当地游历的时候，观察到阿兹特克神庙中雨神特拉洛克（Tlaloc）的雕像在脖子上戴着一串绿色的石头，作为项圈，那种石头当地土著称之为Chalchihuitl，且用黄金镶嵌；在神的耳朵上，垂戴着一些被西班牙人称为"de hijada"（字面意思

[1] Foshag, W.F. Chalchihuitl—a study in Jade[J]. American Mineralogist, 1955, 40: 1062–1070.

[2] 同[1].

[3] Monardes, N. Primera y segunda y tercera partes de la Historia medicinal de las Cosas que se traen de nuestras India Occidentales que sirven en medicina[M]. Sevilla: Alonso Escrivano, 1574.

为在一旁)的石头[1]。由此可见这种宝石与水的崇拜也存在关系。这类耳饰其实是中美洲人普遍使用的线轴耳环(spool earrings),流传下来的文物足以推断这种石头就是翡翠。这也意味着hijada在1574年就被用来表示翡翠。

英国探险家沃尔特·罗利(Walter Raleigh)爵士也在中美洲之外发现了类似的宝石。1596年,他在奥里诺科河三角洲(该地位于委内瑞拉)的部落中向一位土著酋长询问有关传说中的亚马逊人的情况,酋长告诉他,他们真实存在,这些亚马逊妇女会用绿色的石头来换取黄金。沃尔特解释道这些绿色的石头就是被西班牙人称为“piedras de hijadas”的宝石,并陈述自己曾因为脾脏坚硬而痛苦不堪,就是通过这类宝石医治成功的。具有实证精神的沃尔特之后还在英国国内开展过实验,并邀请了几位公证人确认这类绿色宝石具有治疗侧痛和腰肾方面疾病的功效[2]。

有医生解释道,此种宝石特性温良,放在侧腹区域可以冷却肾脏产生的热量,所以能够治疗肾脏疾病甚至各种绞痛。因为此种宝石也与“piedra de los riñones”(肾石)混为一谈。有后世学者猜测种种奇效或传说很可能是为了增加宝石的额外价值所杜撰出来的,潜在的商业价值令当时从事航海贸易的商人赚得暴利。以讹传讹,肾石之名也因为医疗功能有了正式的拉丁语名称“lapis nephriticus”,该词源自希腊语中肾脏的nephroi[3]。如此,关于“nephrite”一词两个源头的说法也就汇流一处了,其诞生并非早在希腊时代,而是滥觞于大航海时代。

3. 中亚人对玉的称谓

目前看来,jade一词似乎是突然出现在文本“piedra de yjada”中,蒙纳尔德斯记载的称谓和之前以及同时代人的记录都不尽相同。这就需要考察是否存在其他因素影响过当时的西班牙语。从8世纪初到15世纪末,阿拉伯帝国一直统治着西班牙半岛的部分地区。而且,欧洲基督教统治者也曾向帖木儿和蒙古人派遣过大使,比如在1412年出行的克拉维霍(Clavijo)[4]。更为著名的就是马可·波罗来华,他曾在新疆多地亲眼目睹过和田玉。Jade的来源是否跟更早期的欧亚交流存在关系,这就还需要在其他文化的文献资料中找寻蛛丝马迹。

---

[1] Durán, F.D. Historia de las Indias de Nueva España e Islas de la Tierra Firme[M] Mexico Egleston: Thomas, 1880.

[2] Raleigh, W. Sir Walter Ralegh’s Discoverie of Guiana[M]. ed. Joyce Lorimer, The Hakluyt Society, Cambridge University Press, 2006.

[3] Ward, F. Jade[M]. Bethesda: Gem Book Publisher, 1996.

[4] 车效梅,桑敬鹏.10~11世纪的君士坦丁堡与丝路贸易研究[J].新丝路学刊,2021(03):23-50.

毋庸置疑，玉石一直以其有益的特性而备受关注，此种观念在东亚可以追溯到史前时期。而在中世纪的阿拉伯文、波斯文、突厥文和蒙古文的资料中，这些所谓的特性主要表现为避邪，比如祈祷战斗的胜利甚或是免受雷击。还有一部分神异性质表现为发挥药用功效，预防或治疗某些内部器官的疾病。

从词汇上而言，波斯语和阿拉伯语中的yašm、yašf、yašb和yaṣb等词都能被用来指代玉石，这些词的源头可以追溯到巴比伦和亚述的文本里[1]。10-11世纪波斯大学者比鲁尼（Abū Rayḥān Muḥammad b. Aḥmad Bīrūnī）的《医药书》（Kitāb al-Ṣay-dana）中，就记载了这些读法，他还称忒耳迷（Tirmizī）方言读作yasht，不花剌（Bukharā）方言读作mashb和yashb。12世纪内沙不里（Muḥammad ibn Abī al-Barakāt Jawharī Nayshābūrī）在《内扎米珍宝书》（Javāhir-nāma-yi Niẓāmī）中也记载了中西亚地区人民对玉石的不同称谓："在呼罗珊，玉石被称作yashm，突厥语称之为qāsh。而yashb则是阿拉伯语。"[2]实际上，该词的词源非常古老，存在于整个印欧语和闪米特语言系统中。古希伯来语称Ichapa，古希腊语为iáspis，古亚述语作yashpū/ashpū，粟特语为'yšp[h]，拉丁语作iaspis，古法语作jaspe[3]。据语言学家的考证，yašb和yaṣb通常指代碧玉，演变为了今日所用的jasper[4]。而与yašf/yašb完全同义，古代近东地区使用的yashpu/ashpu则指代隐晶质的玉髓或者玛瑙。似乎能排除掉jade一词受到了阿拉伯文化的影响。

无独有偶，在今天的蒙古民间传说中，玉石（haš）仍然被认为对肾脏（bur）很有益处，这可能是一种极其古老的信仰。蒙古语的haš源自突厥语qāš，这也是马可·波罗在游记中记录的称呼[5]。从读音上，就能发现其与和田地区最为著名的两条河流——玉龙喀什河（UrungQāšOkuz）与喀拉喀什河（QārāQāšOkuz）的紧密关系。玉石被称为qāš至少可以追溯到麻赫穆德·喀什噶里（Mahmud al-Kashgari）在10世纪70年代的编纂的《突厥语大词典》[6]。于此观之，这些称谓似乎

[1] Ahmet T. "Yada Stone" in Turkish Culture and XVIII. Its Use in the Ottoman-Russian Wars at the End of the Century[J]. Belleten, 2000, 64: 863–900.

[2] 陈春晓. 中古于阗玉石的西传[J]. 西域研究, 2020(02):1–16+170.

[3] 同[2].

[4] Keene, M. Old World Jades outside China, From Ancient Times to the Fifteenth Century[C]. In: Gülru Necipoğlu, Doris Behrens-Abouseif, Anna Contadini (eds), Muqarnas Series 21: Essays In Honor Of J.M. Rogers, BRILL, The Nederlands, 2005.

[5] Paul, P. Notes on Marco Polo[M]. Paris: Imprimerie National Librairie Adrien, 1959.

[6] Gerard, C. An Etymological Dictionary of Pre-Thirteenth-Century Turkish, Oxford, 1972.

也与jade毫无关联。

但是，在突厥和蒙古的一些仪式中，萨满经常会使用石头来引发降雨或者风暴。诸如yāt、yāi、yad ā /jada/yadeh、jādu和jādi等词频繁出现其中。《突厥语大词典》的编纂者喀什噶里曾记载他亲身出席过类似的活动，在样磨（yaghma）突厥的都城，萨满用神异的石头召唤来大雪扑灭了一场火灾。这种用法和中国人用玉石祈求龙王降雨几乎如出一辙，两者极有可能存在一定联系。但是也需注意玉的中古读音为ngyuk[1]，并不能显示出这些词语直接来自中国的输出。不过，这些词语的写法与jade的确存在相似性，很难否认前者对后者造成的潜在影响。

在此可以提供一种合理的猜想，西班牙人对美洲翡翠的认识有一个从感性到理性的过程，由最开始的绿色石头“piedras verdes”到之后的“放在一旁的石头”“piedra de yjada”，逐渐认识到翡翠的药用价值。这个词组在欧洲传开，有了变体，其使用渐频，因此出现简写。这一阶段可能会受到中世纪时期残存的口语影响，比如yadā、jada、jādu或者jādi等词语经过口耳相传也被欧洲人知晓，它们都表示充满神异作用的石头。于是两者相合，迸发孕育出了jade一词。

不论是jade还是nephrite，似乎这种玉石在所有文化中都和肾有关系。其实，这一认识在中国也不例外，甚至比其他文化更早，《神农本草经》等医书中就有所记载[2]。不过，这种石头被称作“阳起石”，顾名思义，阳起石有温肾壮阳之功效。严格说来，阳起石并非狭义含义的玉。但是从现代矿物学意义上而言，透闪石和阳起石是同族矿物，两者非常近似，阳起石就是透闪石中的镁离子2%以上被二价铁离子置换而成的矿物。较之其他文化更甚的是，中国古人还发明了食玉的做法。常见的食玉方法有用酒送服玉粉、把玉粉和草药煮成“玉浆”、将玉研磨成粉后揉搓成小丸等几类。“食玉之风”在魏晋南北朝时期尤为盛行，满足了古人对超凡脱俗、远离尘世的幻想，同时也应当觉察出古人对玉石的药用效果已经有了朴素认识[3]。从某种意义上来讲，中国的玉也能勉强算是“肾石”。不过，中国的玉是透闪石玉，美洲和欧洲的“肾石”是翡翠。

[1] 注：汉典在线查询网站，ngyuk为玉的古韵罗马字，见https://www.zdic.net/zd/yy/sgy/%E7%8E%89

[2] 陈怀民. 腰痛病证古代文献研究[D]. 北京中医药大学，2013.

[3] 李鹏飞. 从古代食玉成风看中国传统玉文化审美经验的跃迁[J]. 宝石和宝石学杂志，2014，16(05):75–80.

4. 科学认识下的玉

科学革命之后，大量现代学科初具雏形。出于对概念的严谨，许多学者着手对以往文献中的用词进行规范。1789年，第一个使地质学系统化成为一门科学的人，德国的亚伯拉罕·戈特洛布·维尔纳（Abraham Gottlob Werner），在其专著中首次采用了nephrite一词。1811年，首创宝石学一词的苏格兰人约翰·平克顿（John Pinkerton）在其书中的词条下写下了“jade, the giada of Italians”，意即jade是意大利语中的giada[1]。

在19世纪之前，欧洲人理解的“玉”很可能只有翡翠，因为无论是jade还是nephrite，都是以从美洲发现的绿色宝石为指称对象。两者含义的分离完全是由于法国矿物学家德穆尔（Alexis Damour）的研究造成的。他在1846年，运用现代矿物学方法对中国清廷玉器的一些样品开展详细分析。他发现中国玉器主要由一种角闪石族的钙镁铁硅酸盐矿物组成，且以为这就是“肾石”，便用“nephrite”定名此矿物（透闪石玉）[2]。到了1863年，德穆尔还在被掠玉器中发现了一种属辉石族的钠铝硅酸盐矿物，可能意识到了一些不对的地方，便以jade作为词根将其命名为“jadeite”（翡翠）[3]。或许关于jade的某些说法对德穆尔产生了深刻影响，使他将这两种品质优异的矿物一同列入jade的范畴。如此，jade一词的含义最终定型，而其中的误会都隐匿于庞杂的历史文本与仍在口耳相传的语言中。

德穆尔不仅测试了化学成分和矿物学性质，还测试了两种玉石的硬度，透闪石玉的摩式硬度为6—6.5，翡翠的摩式硬度为6.5—7。现代科学早已指出摩氏硬度是一种不准确的量度，误差可以在0.5—1之内。1868年，日本明治维新运动开始，在新兴思潮的影响下一些日本学者将欧洲的研究成果引进到日本。在1890年，日本出版了一部德语、英语和日语矿物互译名的书册。该书作者小藤文次郎对于西学囫囵吞枣，将德穆尔的发现随意引申，首次将英文“nephrite”翻译为日文“軟玉”，同时还有“硬玉”一词译自“jadeite”[4]。另一种“硬玉”就是翡翠。1921年，留洋归国的地质学家章鸿钊在《石雅》一书中参考欧洲及日本的相关文献，首次将“软玉”

---

[1] Robbio, G. Dizionario istorico ragionato delle gemme, delle pietre e de'minerali[M]. Naples, 1824.

[2] Damour, Alexis. Analyse du jade oriental, réunion de cette substance à la Trémolite[J]. Annales de chimie et de physique, 3e série, 1846, 16: 469–474.

[3] Damour, Alexis. Notice et analyse sur le jade vert. Réunion de cette matière minérale à la famille des Wernerites[C]// Comptes rendus hebdomadaires des séances de l'Académie des sciences. 1846, 56: 861–865.

[4] Koto B. The mineral mines: English, German and Japanese[M]. Tokyo: Maruzen, 1890.

和“硬玉”的概念引入中国。章鸿钊在《石雅》中写道：“上古之玉，繁赜难祥。求之于今，其足当《管子》九德、《说文》五德之称而无愧者，盖有二焉：一即通称之玉，东方谓之软玉，泰西谓之纳夫拉德（nephrite）；二即翡翠，东方谓之硬玉，泰西谓之桀特以德（jadeite），通称之玉”[1]。

其实早在明代，宋应星已经从产状的角度论述了“软玉”和“硬玉”的区别，而且与日本人的用法截然不同。《天工开物》载：“凡玉璞，根系山石流水。未推出位时，璞中玉软如棉絮，推出位时则已硬，入尘见风则愈硬。谓世间琢磨有软玉，则又非也。”对于透闪石玉而言，如果玉璞含有较多的白云石围岩则硬度较低，如果经过风化水冲剥蚀掉这些杂质围岩则硬度提升。

自从章鸿钊的引介，“软玉”一词逐渐成为主流。甚至在若干版本的珠宝玉石国家标准中都使用了“软玉”一词[2]。但是“硬玉”不硬，“软玉”也不软，反而因韧性较高而使加工更为困难。幸而近年来出现很多学者呼吁要将废除“软玉”这一不符合科学规律的称呼，让“玉”与“jade”的概念在曲折的历程里不要再行弯路[3]。

结语

综上所述，英语词汇jade源自古西班牙语对中美洲人所用翡翠的描述，历经法语、意大利语演变而来，约于16世纪成型。由于翡翠治愈腹部疼痛的功效与“肾石”相近，jade所指逐渐与nephrite发生混淆。直到19世纪，经由现代矿物学的研究之后，才有学者将jade与nephrite严格区别开来，并将jade的派生词jadeite赋予翡翠，而且明确了jade的范畴。本文仅对jade的源流进行了粗浅的梳理，肯定存在诸多不妥之处，还请方家批评指教。囿于笔者学识鄙陋，本文尚无法解答一些疑问。比如，西方语境中“肾石”一词的流变情况如何？其所指矿物为何？所指矿物有无变化？中亚诸多语言中对“玉”的称谓是否对jade一词产生过实际影响？以jade为代表的玉文化在欧洲的传播路径具体又如何？这都还需后续深入研究。

[1] 章鸿钊.石雅[M].北平：农商部地质调查所印行，1921.

[2] 中华人民共和国地质矿产行业标准.珠宝玉石鉴定标准．DZ / T0044–93[S]．北京：中国标准出版社，1993.

[3] 施光海，张小冲，徐琳，李新岭.“软玉”一词由来、争议及去“软”建议[J].地学前缘，2019，26(03):163–170.

中美洲古典时代玛雅玉器科技考古研究综论

Review on Archaeological Science of Maya Jade Artifacts During the Classic Period in Mesoamerica

石晓薇（复旦大学文物与博物馆学系）

王　荣（复旦大学文物与博物馆学系）

摘要：中美洲文明中较为重要的三个文明，奥尔梅克、玛雅及阿兹特克文明，都孕育出独特的玉文化，它至晚于公元前2000年左右开端，随着16世纪阿兹特克帝国的覆灭而消亡，延续了约3500年之久，是世界范围内较为古老的玉文化。中美洲玉文化以其材质、器型、象征意义等特色独立于世，至玛雅的古典时代达到繁荣。本文通过梳理古典时代玛雅玉器的科技考古研究现状，探究中美洲用玉由蓝向绿的颜色转变原因、单一或多源的玉料产地分析以及精英与平民阶层生产并使用玉器等内容。此外，本文通过对比分析探讨了中美洲和中国玉文化的异同之处，表明两地在装饰、礼仪、丧葬、医疗等方面具有很大的相似性，而在材质利用、治玉工具的选择方面存在差异。

关键词：中美洲 古典时代 玛雅 玉石 科技考古

ABSTRACT: The Olmec, Maya, and Aztec—the three most significant civilizations in Mesoamerica—all produced distinctive jade cultures that date to around

2000 BC and perished with the collapse of the Aztec Empire in the 16th century, lasting about 3500 years, which is one of the considerably ancient jade cultures in the world. The Mesomerican jade culture was distinct from the rest of the globe and thrived during the Classic Period of Maya, due to the material, shape, symbolic meaning, and other qualities. This paper examines several issues about the reason for the blue to green color change in Mesoamerican jade, the analysis of single or multiple sources of jade origin, and the manufacture and use of jadewares by elites and commoners through the current scientific and archaeological researches on the Classic Period of Maya. In addition, this paper also compares and contrasts the jade cultures of Mesoamerica and China during the same period, drawing the conclusion that while there are similarities between two jade cultures in ornamentation, ritual, funeral customs, and medicinal use, there are also differences in the choice of materials and tools for jade production.
KEYWORDS: Mesoamerica; Classic period; Maya; Jade; Archaeology of Science and Technology

引言

中美洲认识并使用玉（Jade）始于奥尔梅克文明（2000 BC~400 BC）的早期[1]，之后近一千年，玉的象征意义与制作工艺达到了繁盛阶段，具有本土特色的玉文化在中美洲地区逐渐形成，并一直持续到西班牙的征服时期（1521 AD）[2]。中美洲所使用的“玉”异于其他地区是因为它既符合“由自然界产出的，具有美观、耐久、稀少性和工艺价值的矿物集合体或少数非晶质体”的广义概念，又具有以翡翠（Jadeite）为主，次要矿物有绿辉石、钠长石、透辉石等的狭义概念[3]。

学者们对中美洲“玉”的命名与探究大约始于16世纪，西班牙人登陆中

[1] Tremain, C. G. Pre-columbian “jade” : Towards an improved identification of gree-colored stone in Me soamerica[J]. Lithic Technology, 2014, 39(3):137–150.

[2] Lange, F. W. Introduction[C]//Precolumbian jade: new geological and cultural interpretations. Salt Lake City: University of Utah Press, 1993: 3–4.

[3] Harlow, G. E. Middle American jade: geologic and petrologic perspectives on variability and source[C]//Lange, F. W. (ed.). Precolumbian jade: new geological and cultural interpretations. Salt Lake City: University of Utah Press, 1993: 9.

美洲后发现了被当地人称为Chalchihuil的绿玉[1]；至16世纪中后期，其被译为西班牙语Piedra de ijada或Piedra de los rinones，同时期的拉丁语文献则译为Lapis nephriticus[2]。17~18世纪，Piedra de ijada在被译成法语（Pierre de l'ejade）时，由于拼写错误，l'ejade变成了le jade[3]。由于欧洲人没有区分玉材的不同，最终中美洲与其他地区的“玉”被简化为英语“Jade”[4]。18世纪末，中国玉被归入闪石族并定名为软玉（Nephrite）[5]，随着矿物学的不断发展，法国学者亚历克西斯·德穆尔（Alexis Damour）在1864年通过化学元素组成确认了来自亚洲的玉包含两类：一类为软玉，另一类被德穆尔命名为属于辉石族的翡翠（Jadeite）[6]。基于这一认识，德穆尔在1881年才确认中美洲绿玉的化学组成与翡翠一致[7]。

此外，中美洲玉材颜色的变化也是其玉文化的特色之一。从奥尔梅克人喜爱蓝绿色翡翠[8]到玛雅人、阿兹特克人偏爱绿色玉[9]，这是由于前古典时代（Preclassic Period，2000 BC~250 AD）[10]中美洲社会由简单向复杂过渡，人们从狩猎采集的生活方式向更加定居和依赖农业的经济方式过渡，他们对岩石的颜色偏好也相应从蓝色向绿色转移。例如，前古典时代早期，墨西哥韦拉克鲁斯州（Veracruz）埃尔玛纳提（El Manatí）和恰帕斯州（Chiapas）Cantón Corralito的居民多使用冷蓝色材料，之后两处遗址出土的石斧已变为绿色，表明在前古典时代结束时，玉石器的首选颜色已从深蓝黑色调变为淡黄绿色调，材质也集中为翡翠和蛇纹石[11]。

作为玉石的繁荣期，玛雅是一个复杂的概念，是玛雅人、玛雅语和玛雅文明的简称和统称。有记载显示在400 BC~900 AD期间，玛雅先民呈现从中美洲西南

---

[1] Hammond, N., Aspinall, A., Feather, S., et al. Maya jade: source location and analysis[C]//Earle, T. E., Ericson J. E. (eds.). Exchange systems in prehistory, New York: Academic Press, 1977: 35–36; Desautels, P. E. The jade kingdom[M]. Boston: Springer, 1986: 2–3.

[2] Desautels, P. E. The jade kingdom[M]. Boston: Springer, 1986: 2–3.

[3] Palmer, J. P. Jade[M]. London: Spring books, 1967: 7.

[4] Gump, R. Jade: stone of heaven[M]. New York: Doubleday and Co., 1962: 20.

[5] Desautels, P. E. The jade kingdom[M]. Boston: Springer, 1986: 2–3.

[6] Damour, A. Notice et analyse sur le jade vert: Réunion de cette matière minérale à la famille des wernerites[C]//Comptes rendus hebdomadaires des séances de l' Académie des Sciences 56, Paris: Mallet-Bachelier, 1863: 861–865.

[7] Palmer, J. P. Jade[M]. London: Spring books, 1967: 7.

[8] Griffin, G. G. Formative Guerrero and its jade[C]//Lange, F. W. (ed.). Precolumbian jade: new geological and cultural interpretations. Salt Lake City: University of Utah Press, 1993: 203.

[9] Jaime-Riverón. Olmec greenstone in early formative Mesoamerica: exchange and process of production[J]. Ancient Mesoamerica, 2010, 21(1): 123–133.

[10] Seredin, A. The macrosignified of formative Mesoamerica: A semiotic approach to the “Olmec” style[J]. Ancient Mesoamerica, 2021, 32(2): 204–214.

[11] Jaime-Riverón. Olmec greenstone in early formative Mesoamerica: exchange and process of production[J]. Ancient Mesoamerica, 2010: 123–133.

部的太平洋沿海平原向北部尤卡坦半岛迁移的趋势[1]，后世确认整个玛雅分布在现在的墨西哥尤卡坦半岛（Yucatan Peninsula，Mexico）、伯利兹（Belize）、危地马拉（Guatemala）以及洪都拉斯（Honduras）和萨尔瓦多西部（Western El Salvador）的大片地区[2]。古典时代（Classic Period，250 AD~900/1100 AD）[3]是玛雅文明的全盛期，此时玛雅社会的地理范围主要集中在尤卡坦半岛上的南部低地（Southern Lowlands）（图一）[4]；这一时期玛雅玉器不仅造型丰富、制作精美，而且具有彰显较高身份地位的象征意义[5]，玛雅人热衷于开采与利用绿玉，因为他们相信绿色与世界的中心、土壤肥沃程度和玉米都有关[6]。此外，玛雅中心地区以南也发现了翡翠制品，以哥斯达黎加、洪都拉斯东北部较多，而萨尔瓦多东部、洪都拉斯南部和尼加拉瓜较为罕见[7]。此后，阿兹特克人还定义了不同单词来区分不同绿色调的玉石，例如，Quetzalitztli取自绿咬鹃尾羽的颜色，代表质量最好的半透明翠绿玉[8]；Chalchihuil为草绿色（herb-green）的玉石[9]，是最常见的半透明绿玉，这种造词法也反映了阿兹特克人对绿色材质的重视[10]。

综上可见，无论是精神文化层面还是制作技艺方面，古典时代的玛雅玉器都在中美洲具有重大影响力，因此本文通过整理该时期一些遗址出土玉器的科技考古研究来深化对玛雅古典时代玉文化的认识。

---

[1] Marroquin, C. G. Maya political economy: a spatial, temporal, and contextual analysis of jade deposits throughout the Southern Lowlands[C]//Guderjan, T. (ed.). The ancient Maya city of Blue Creek, Belize: wealth, social organization and ritual. Oxford: British Archaeological Reports Ltd., 2016: 149, 151.

[2] Pye, M. E., Clark, J. E. Introducing Olmec archaeology[J]. Studies in the History of Art, 2000, 58: 8–17; Sharer, R. J., Traxler, L. P. The ancient Maya[M]. Redwood city: Stanford University Press, 2006.

[3] Marroquin, C. G. Maya political economy: a spatial, temporal, and contextual analysis of jade deposits throughout the Southern Lowlands[C]//Guderjan, T. (ed.). The ancient Maya city of Blue Creek, Belize: wealth, social organization and ritual. Oxford: British Archaeological Reports Ltd., 2016: 160.

[4] Marroquin, C. G. Maya political economy: a spatial, temporal, and contextual analysis of jade deposits throughout the Southern Lowlands[C]//Guderjan, T. (ed.). The ancient Maya city of Blue Creek, Belize: wealth, social organization and ritual. Oxford: British Archaeological Reports Ltd., 2016: 151.

[5] Inomata, T. The power and ideology of artistic creation: elite craft specialists in Classic Maya society[J]. Current anthropology, 2001, 42(3): 321–349.

[6] Taube, K. A. The symbolism of jade in Classic Maya religion[J]. Ancient Mesoamerica, 2005, 16(1): 23–50.

[7] Stone, D. Z. Jade and jade objects in Precolumbian Costa Rica[C]//Lange F W. (ed.). Precolumbian jade: new geological and cultural interpretations, Salt Lake City: University of Utah Press, 1993: 141–142.

[8] Bernick, A. M. Chalchiuitl on paper: reading the illustrations of jade in Book XI of "The Florentine Codex" [D]. A dissertation of Master Degree, Southern Methodist University, 2011: 2, 25.

[9] Foshag, W. F., Jay, I. K. Mineralogical studies on Guatemalan jade[J]. Smithsonian Miscellaneous Collections, 1957, 135(5): 1–60.

[10] Andrieu, C., Rodas, E., Luin, L. The values of Classic Maya jade: a reanalysis of Cancuen's jade workshop[J]. Ancient Mesoamerica, 2014, 25(1): 141–164.

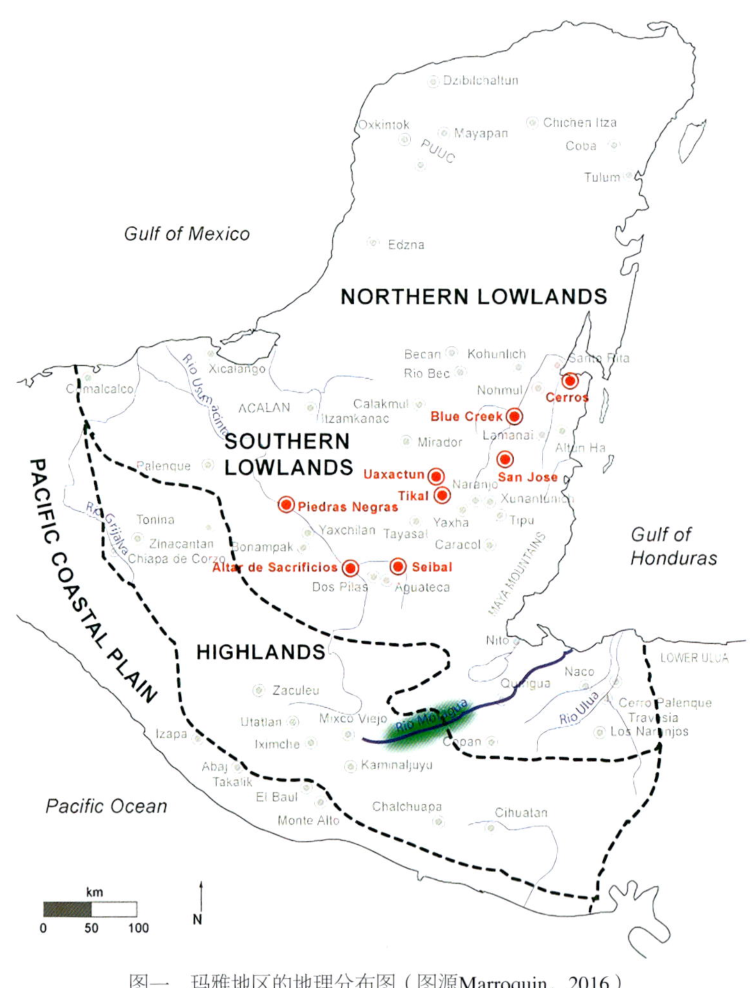

图一　玛雅地区的地理分布图（图源Marroquin，2016）

一、中美洲出土玉器的科技研究进展

学者们已在现今墨西哥的帕伦克（Palenque）、现今伯利兹（Belize）的帕比顿（Pacbitun）、现今危地马拉（Guatemala）的乌卡纳尔（Ucanal）等多个玛雅古典时代的遗址中发现了大量玉石遗物。在玛雅人使用玉的习惯中，翡翠及其类质同象变体——绿辉石都属于当地的重要玉材，其具有美丽温润的光泽、较高的硬度和韧性以及稀缺性，进而在众多绿色材料中脱颖而出。此外，高品质绿石的存在赋予了贵族墓葬和神庙遗址更高的重要性。因此，玛雅古典时代使用玉石的具体材质、器型与墓葬等级之间的关联引起了学者们的研究兴趣。

随着现代科技在考古学中的不断应用，很多分析方法可以用于帮助鉴别中美洲出土玉器的材质、产地、工艺等信息，以便为人们了解中美洲用玉制度提供可靠的科学证据。本节将以中美洲玛雅的一些古典时期遗址为例，阐释当前科技考古中不同的分析技术如何帮助了解玉石的各类信息，遗址位置如图二所示。

（一）科技考古方法

中美洲考古发现的大多数绿石没有经过进一步分析就被归类为玉，部分原因是缺乏适当的分析方法[1]。随着越来越多绿石器的出土，通过肉眼观察可知其中一些器

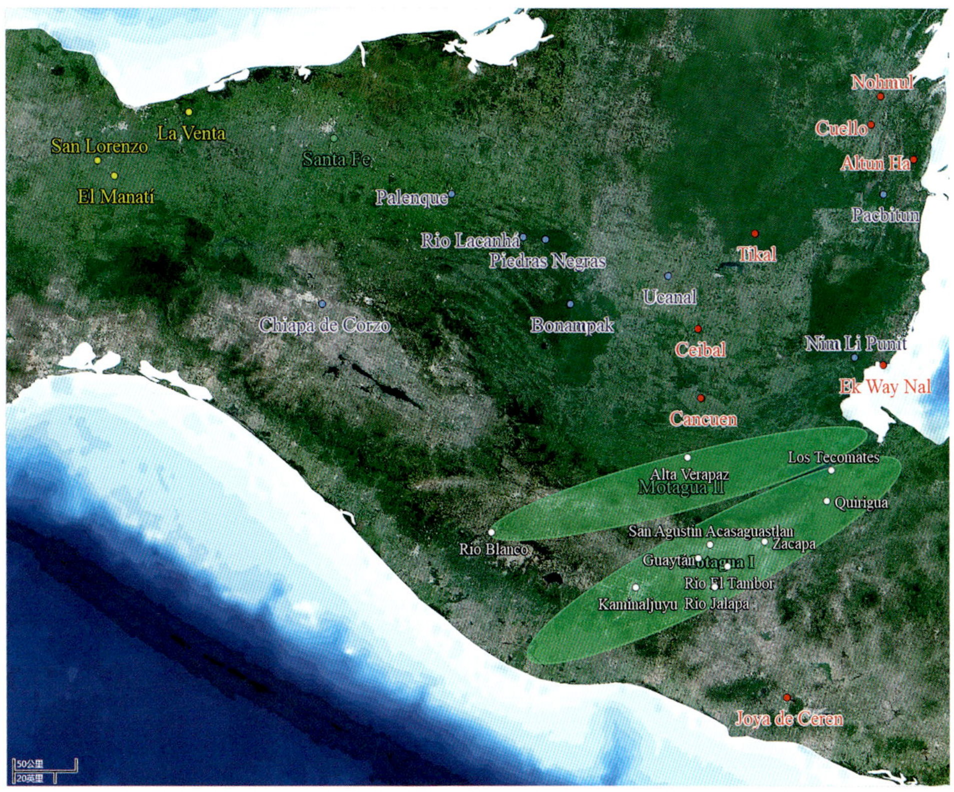

图二　中美洲古典时期部分玛雅遗址

（蓝色代表贵族墓葬；红色代表平民墓葬；白色代表作坊遗址；绿色代表玉石矿区或矿点；黄色代表部分奥尔梅克遗址）

[1] Trojanowicz, M. Analytical microtechniques in archaeometry[J]. Microchimica Acta, 2008, 162(3): 287–288.

物的材质不是翡翠，这表明出土的绿石遗物可能由多种多样的绿色矿物组成[1]。因此，首先需要确定这些绿石器的具体矿物成分，使用的方法以无损分析测试为主，必要的有损测试为辅，获取器物的典型光谱、化学元素组成等信息。

从宏观角度来说，外观和颜色的差异是鉴别矿物的首要标准，因此，① 玛雅绿石的矿物学描述贯穿从实地记录露头至手标本外观描述的整个研究过程；② 学者们可以通过观察颜色初步判断考古遗物的矿物种类；③ 为了排除风化对颜色的影响，常用比色技术（CM）客观地测量和确定一个给定样品的颜色[2]，学者们会在每个物体上选择不同的点，从绿-红和黄-蓝这四种色域来进行测量，以最大可能确定色调的变化，帮助重现原色。

从微观方面来说，岩相学是首选的分析方法，使用的工具是各种显微设备，如利用光学显微镜观察样品薄片的微观纹理和结构，这对于了解矿物岩石的起源至关重要；此外，现代岩相实验也使用电子显微探针进行全岩化学分析。其次，光谱学技术是常用矿物鉴别方法，目前常用的用于分析材质和物相结构的分子光谱学技术有：① 傅里叶变换红外光谱（FTIR）是一种可以识别和保护文化遗产材料的无损技术，该技术允许识别有机或无机物中与特定分子官能团相关的特征振动[3]，研究时使用前反射法可以做到无损与原位测试。② 拉曼光谱（Raman）具有无损、快速、灵敏、可重复和高性价比的特点，作为红外光谱分析的补充技术[4]，装配带有LED灯的可移动显微镜和照相机能有助于记录遗物的外观和测试位置的信息。该技术正越来越多地被用于文物分析中，特别是用于单一矿物材料的鉴定[5]。当光学手段不足时，可以通过X射线衍射（XRD）分析来自岩石样品的单个矿物颗粒，不过它的精度是建立在粉晶衍射的基础上，因此目前采用的非破坏性鉴定文物的衍射法会损失一些精度。

---

[1] Delgado Robles, A. A., Ruvalcaba Sil, J. L., Claes, P., et al. Non-destructive in situ spectroscopic analysis of greenstone objects from royal burial offerings of the Mayan site of Palenque, Mexico[J]. Heritage Science, 2015, 3(1): 1–13; Manrique-Ortega, M. D., Claes, P., Aguilar-Melo, V., et al. Non-invasive characterization of stone artifacts from the Great Temple of Tenochtitlan, Mexico[J]. MRS Online Proceedings Library (OPL), 2017, 1656: 293–307.

[2] Miliani, C., Domenici, D., Clementi, C., et al. Colouring materials of pre-Columbian codices: non-invasive in situ spectroscopic analysis of the Codex Cospi[J]. Journal of Archaeological Science, 2012, 39(3): 672–679.

[3] La Russa, M. F., Ruffolo, S. A., Barone, G., et al. The use of FTIR and micro-FTIR spectroscopy: an example of application to cultural heritage[J]. International Journal of Spectroscopy, 2009, (2009): 1–5.

[4] Centeno, S. A., Williams, V. I., Little, N. C., et al. Characterization of surface decorations in Prehispanic archaeological ceramics by Raman spectroscopy, FTIR, XRD and XRF[J]. Vibrational Spectroscopy, 2012, 58: 119–124.

[5] Perez-Rodriguez, J. L., Robador, M. D., Haro, M. C., et al. Non-invasive analytical techniques applied to characterize the components of ancient golden medallions[J]. Heritage Science, 2013, 1(1): 1–11.

目前常用的用于分析化学元素组成的原子光谱学技术有：① X射线荧光光谱（XRF）由于其便携性、无损性和多元素识别能力[1]，是文物学领域中应用较为广泛的定量元素分析技术。② 电子探针（EPMA）利用电子束照射后产生的特征X射线来分析矿物微区的化学组成，可以对大部分元素进行定性和定量。③ 中子活化分析（INAA）是利用反应堆、加速器或同位素中子源产生的中子作为轰击粒子，使样品中的元素活化为放射性核素，再定性和定量分析核素衰变产生的射线能量和强度，进而确定物质的元素组成[2]。④ 用于痕量多元素分析的质谱仪较多应用于科技考古中，如电感耦合等离子体质谱仪（ICP-MS）和傅立叶变换离子回旋共振质谱仪（FT-ICR-MS）[3]，其技术原理为样品分子在高温等离子体区域被电离和解离成原子和双原子离子[4]，之后用质谱仪进行检测。质谱方法具有很高的灵敏度，元素含量的检测浓度可以低至10^{15}分之一。

综上所述，学者们进行科技考古工作时也在排除肉眼或显微镜观察以及单一使用某种科技手段造成的误差，如经常采用便携式红外光谱、拉曼光谱和X射线荧光光谱的联合分析方式，用于中美洲玛雅玉石遗物的研究[5]，其结果有助于探讨出土玉器的材质、玉料来源、制作工艺、用玉制度等方面的信息。

（二）科技考古应用于鉴别玉的材质

2.1 帕比顿遗址

帕比顿（Pacbitun）遗址位于现今伯利兹（Belize）西部如图二所示，海拔约240米，位于伯利兹河（伯利兹境内最长河流）上游的丘陵上，热带森林与水资源丰富。遗址中发现石碑和祭坛遗迹，石碑上带有华丽的雕刻图像（或许是该遗址早期的统治者）及象形文字，该遗址可以追溯到玛雅古典时代早期（250 AD~600

[1] Cuevas, A. M., Gravie, H. P. Portable energy dispersive X-ray fluorescence and X-ray diffraction and radiography system for archaeometry[J]. Nuclear Instruments and Methods in Physics Research Section A: Accelerators, Spectrometers, Detectors and Associated Equipment, 2011, 633(1): 72–78.

[2] Hammond, N., Aspinall, A., Feather, S., et al. Maya jade: source location and analysis[C]//Earle, T. E., Ericson, J. E. (eds.). Exchange systems in prehistory, New York: Academic Press, 1977: 54–55.

[3] Healy, P. F., Doran, M. C., Georg, R. B., et al. Mass spectrometric analysis of ancient Maya greenstone artifacts from Pacbitun, Belize[J]. Journal of Archaeological Science: Reports, 2018, 19: 526–537.

[4] March, R. E. An inductively coupled plasma study and an ion cyclotron resonance matrix-assisted laser/desorption study at high mass resolution of two ancient Maya greenstone artifacts from Pacbitun, Belize, and two decorative jade specimens[J]. Rapid Communications in Mass Spectrometry, 2020, 34: 8629.

[5] Gargano, M., Ludwig, N., Pandini, D. Use of optical fibre in spectrometry and colorimetry with remote probes[J]. JAIC-Journal of the International Colour Association, 2012, 8, 36–43; Manrique-Ortega, M. D., Claes, P., Casanova-González, E., et al. Non-invasive analysis of green stone pieces from Tomb 1 of Chiapa de Corzo, Chiapas[J]. MRS Online Proceedings Library (OPL), 2014, 1618: 17–29.

AD），显示帕比顿是一个富足且有影响力的玛雅低地政治中心[1]。

帕比顿遗址墓葬中出土了两件玉质遗物[2]，如图三[3]所示，分别呈浅绿色带有深绿色条纹和浅绿色带有白色条纹的外观，两件吊坠被雕刻和打磨成几乎圆形的张嘴人脸，背部未抛光，较为粗糙，顶部有一个很细的小孔，便于悬挂。由于墓葬位于遗址的中心位置，加之墓中有制作精良的玉质随葬品以及使用大量玉薄片覆盖的葬仪，表明墓主人是帕比顿的贵族或精英阶层。

Healy等利用质谱法分析帕比顿吊坠的化学组成，结果显示其由钠、钾、钙、

图三　帕比顿出土翡翠人脸吊坠（图源Healy，2018）

[1] Healy, P. F. An Early Classic Maya monument at Pacbitum, Belize[J]. Mexicon, 1990, 12(6): 109–110.

[2] Healy, P. F., Doran, M. C., Georg, R. B., et al. Mass spectrometric analysis of ancient Maya greenstone artifacts from Pacbitun, Belize[J]. Journal of Archaeological Science: Reports, 2018: 526–537.

[3] Healy, P. F., Doran, M. C., Georg, R. B., et al. Mass spectrometric analysis of ancient Maya greenstone artifacts from Pacbitun, Belize[J]. Journal of Archaeological Science: Reports, 2018: 526–537.

铝和铁氧化物组成，不含镁的氧化物，表明该件吊坠是翡翠制成的[1]。他们发现中美洲地区翡翠的氧化物组分在化学成分和丰度上非常稳定，如同Foshag和Leslie测试所得中美洲翡翠的氧化钠、氧化铝和二氧化硅的相对质量比例约为1:2:5[2]，而缅甸翡翠中这些氧化物的比例略高[3]。

2.2 帕伦克遗址

帕伦克（Palenque）（100 BC~850 AD）位于墨西哥恰帕斯州（Chiapas）如图二所示，其在古典时代（250 AD~900 AD）成为玛雅地区最具影响力的城市之一，有大量保存完好的具有不同功能和尺寸的建筑，显示它是一个重要的政治、经济和宗教中心[4]。

帕伦克有四座主要的神庙，即第十八—A神庙（Temple XVIII-A，250 AD~450 AD）、十字神庙（Temple of the Cross，300 AD~600 AD）、第十八神庙（Temple XVIII，600 AD~850 AD）和骷髅神庙（Temple of the Skull，700 AD~770 AD）。其中，骷髅神庙是公认的帕伦克贵族墓地，毗邻埋葬着国王巴加尔二世（K'inich Janaab' Pakal）的铭刻神庙（Temple of the Inscriptions）和埋葬“红皇后”（Red Queen）、可能为巴加尔的妻子[5]的第十三神庙（Temple XIII）以及第十二—A神庙（Temple XII-A）（600 AD~750 AD，包括600 AD~700 AD的Otolum阶段和700 AD~750 AD的Murciélagos阶段），两个墓葬出土了中美洲最丰富的绿石制品，表明绿色石头在帕伦克是政治和经济主导地位的象征[6]。

帕伦克遗址中四座主要神庙墓葬出土随葬玉器的主要器型有扁珠、管珠和吊坠组合而成的项链、手镯等以及纪念性匾牌、雕像等，如图四[7]所示；Robles等对这些绿石器物进行了XRF、红外和拉曼光谱测试分析，可得其材质以翡翠为主，

[1] Healy, P. F., Doran, M. C., Georg, R. B., et al. Mass spectrometric analysis of ancient Maya greenstone artifacts from Pacbitun, Belize[J]. Journal of Archaeological Science: Reports, 2018: 526–537.

[2] Foshag, W. F., Leslie, R. Jadeite from Manzanal, Guatemala[J]. American Antiquity, 1955, 21(1): 81–83.

[3] 陈晶晶.危地马拉中部麦塔高河谷断裂带翡翠的宝石矿物学研究[D]. 硕士学位论文，北京：中国地质大学（北京），2009: 14–19.

[4] Delgado Robles, A. A., Ruvalcaba Sil, J. L., Claes, P., et al. Non-destructive in situ spectroscopic analysis of greenstone objects from royal burial offerings of the Mayan site of Palenque, Mexico[J]. Heritage Science, 2015, 3(1): 1–13.

[5] Tiesler, V., Cucina, A., Pacheco, A. R. Who was the Red Queen? Identity of the female Maya dignitary from the sarcophagus tomb of Temple XIII, Palenque, Mexico[J]. Homo, 2004, 55(1–2): 65–76.

[6] Delgado Robles, A. A., Ruvalcaba Sil, J. L., Claes, P., et al. Non-destructive in situ spectroscopic analysis of greenstone objects from royal burial offerings of the Mayan site of Palenque, Mexico[J]. Heritage Science, 2015, 3(1): 1–13.

[7] Delgado Robles, A. A., Ruvalcaba Sil, J. L., Claes, P., et al. Non-destructive in situ spectroscopic analysis of greenstone objects from royal burial offerings of the Mayan site of Palenque, Mexico[J]. Heritage Science, 2015, 3(1): 1–13.

图四　帕伦克出土绿石珠串饰及匾牌（图源Robles et al，2015）

钠长石、绿辉石、石英、云母以及天河石等次之；Robles等还发现对于项链、腰带、面具等器物而言，玛雅先民会选用呈现不同绿色调的各种材质的珠、片等组合在一起[1]。由此可见，翡翠作为玛雅人重视和珍惜的材料被大量随葬于贵族墓葬中，同时玛雅人对绿色调的偏爱也促使他们选择不同的绿色矿物来制作高等级器物。

Ortega等人发现"红皇后"的葬具石棺内外覆盖朱砂，墓室中随葬大量绿石制

[1] Delgado Robles, A. A., Ruvalcaba Sil, J. L., Claes, P., et al. Non-destructive in situ spectroscopic analysis of greenstone objects from royal burial offerings of the Mayan site of Palenque, Mexico[J]. Heritage Science, 2015, 3(1): 1–13.

品，其材质为孔雀石、翡翠、钠长石、石英，另有一些贝壳、骨头和珍珠制品；绿石材料主要被制成王冠、大小面具、头饰、项链、胸饰、手镯、吊坠、珠饰和雕像，玛雅人相信它们会指引并陪伴女王前往Xib'alb'a（玛雅人的冥界）[1]。Ortega等人确定了部分玉石器物的具体矿物成分，例如，红外和拉曼光谱分析显示该墓的主面具是用119件孔雀石片、4件三角形白色翡翠片和2件圆形黑曜石镶嵌而成的，黑色黑曜石和白色翡翠分别被用来模拟人脸面具的瞳孔和巩膜；小型面具是由106件绿色、黄色和红色物质制成，绿色、黄色物质可能是钠长石、绿辉石、石英及石英+文石，红色物质可能是碳酸盐；除面具外，其他器型的材质包括翡翠、钠长石、绿辉石、石英和碳酸盐以及它们不同形式的混合物（翡翠和钠长石、钠长石和绿辉石、翡翠和绿辉石、石英和碳酸盐），例如，吊坠、王冠、胸饰和项链中的绿色和蓝色玉石主要是翡翠、绿辉石和钠长石或它们的混合物，而黄橙色且具有特殊天然纹理的玉石是石英，一件头饰是由103块绿辉石、37块石灰石和14颗贝壳珠制成的[2]。

由此可见，帕伦克神庙区域和“红皇后”墓葬拥有中美洲地区最特殊的玉石随葬品之一，不仅因为玉石原料流通少而在该遗址的墓葬中数量丰富且材质多样，例如，翡翠、钠长石、天河石等；还因为绿色孔雀石、白色翡翠以及黄橙色石英和玉髓组成的多彩颜色组合显示了“红皇后”随葬品的美学价值。这些玉石随葬品具有稀少与美观的特性，突显王室墓葬的高规格葬仪，也证实了帕伦克强大的政治和工商业力量。

2.3 博纳帕克遗址

博纳帕克（Bonampak）是位于墨西哥恰帕斯州（Chiapas）的一座古典时代的玛雅城市，如图二所示。该遗址中壁画建筑（Murals Building）2号房间（Room 2）下方发现墓葬的相对年代可以追溯到公元750年到800年之间，随葬品中除去黏土物品和贝壳之外，学者们还发现了数百颗绿色石珠及绿石制品，如两件手镯、一件项圈、一件腹部装饰物、两件环状耳饰等，由此可见墓主人身份贵重[3]。

---

[1] Manrique-Ortega, M. D., Casanova-González, E., Mitrani, A., et al. Spectroscopic examination of Red Queen's funerary mask and her green stone offering from the Mayan site of Palenque, Mexico[J]. Spectrochimica Acta Part A: Molecular and Biomolecular Spectroscopy, 2020, 234: 118205.

[2] Manrique-Ortega, M. D., Casanova-González, E., Mitrani, A., et al. Spectroscopic examination of Red Queen's funerary mask and her green stone offering from the Mayan site of Palenque, Mexico[J]. Spectrochimica Acta Part A: Molecular and Biomolecular Spectroscopy, 2020, 234: 118205.

[3] Aguilar-Melo, V., Mitrani, A., Casanova-Gonzalez, E., et al. Molecular and X-ray spectroscopies for noninvasive characterization of Mayan green stones from Bonampak, Chiapas[J]. Applied Spectroscopy, 2019, 73(9): 1074–1086.

Aguilar-Melo等人对出土的172块玉石进行了分析，其中傅里叶红外光谱测试大中型器物，而拉曼光谱仪主要针对小型器物，也可以佐证红外光谱的鉴别结果。Aguilar-Melo等人的测试分析得出，大部分绿石的材质是翡翠，部分是翡翠与绿辉石的混合物，少部分被鉴定为钠长石、石英、蛇纹石或微斜长石（天河石）。对于28块红外和拉曼光谱分析后均无法明确鉴定矿物种类的玉石样品，Aguilar-Melo等人使用X射线衍射和X射线荧光光谱进行了定性和定量的分析，结果显示这些玉石样品属于混合物，包括四种矿物组成：翡翠、绿辉石、钠长石和石英，因而很难通过光谱分析鉴别出准确材质[1]。

此外，Aguilar-Melo等人总结了博纳帕克遗址和其北部拉坎哈（Lacanhá）流域遗址（Rio Lacanhá，恰帕斯州一条重要河流）发现的绿色石头制品[2]，结果显示：第一，博纳帕克出土翡翠制品比例高达83.3%，包括翡翠（3.6%）、翡翠+钠长石（5.8%）、翡翠+绿辉石（66.7%）、翡翠+绿辉石+钠长石（7.2%）；第二，博纳帕克2号房间下方墓室发现的138件绿石制品中，102件材质包含绿辉石（翡翠+绿辉石或翡翠+绿辉石+钠长石），占比为74%，而拉坎哈等遗址的占比为24%[3]，帕伦克遗址的占比为17%（41件绿石文物中7件含绿辉石）[4]；第三，博纳帕克出土的蛇纹石族器物占比12.3%，而周边地区选择翡翠与钠长石和天河石的混合物制品相对较多[5]。由此可见，博纳帕克出土了高比例的翡翠、绿辉石及蛇纹石，表明该遗址存在高等级贵族墓地。

2.4 小结

绿色在玛雅文明中象征着生命，绿石器在玛雅文明中是保存亡灵的媒介[6]，因此，玛雅人在葬礼、祭祀、祈福等活动中大量使用绿石器，如同本节提及的帕比顿、

[1] Aguilar-Melo, V., Mitrani, A., Casanova-Gonzalez, E., et al. Molecular and X-ray spectroscopies for noninvasive characterization of Mayan green stones from Bonampak, Chiapas[J]. Applied Spectroscopy, 2019, 73(9): 1074–1086.

[2] Navarro Castillo, M., Pérez Morales, A. G., Daniels, J. T., et al. Ceramic and lithic studies of the Northern Lacanhá River Basin and their implications for late classic political and economic interactions in the region[J]. Península, 2021, 16(1): 55–84

[3] Aguilar-Melo, V., Mitrani, A., Casanova-Gonzalez, E., et al. Molecular and X-ray spectroscopies for noninvasive characterization of Mayan green stones from Bonampak, Chiapas[J]. Applied Spectroscopy, 2019, 73(9): 1074–1086.

[4] Delgado Robles, A. A., Ruvalcaba Sil, J. L., Claes, P., et al. Non-destructive in situ spectroscopic analysis of greenstone objects from royal burial offerings of the Mayan site of Palenque, Mexico[J]. Heritage Science, 2015, 3(1): 1–13.

[5] Aguilar-Melo, V., Mitrani, A., Casanova-Gonzalez, E., et al. Molecular and X-ray spectroscopies for noninvasive characterization of Mayan green stones from Bonampak, Chiapas[J]. Applied Spectroscopy, 2019, 73(9): 1074–1086.

[6] Taube, K. A. Flower mountain: concepts of life, beauty, and paradise among the Classic Maya[J]. RES: Anthropology and Aesthetics, 2004, 45(1): 69–98.

帕伦克、博纳帕克等遗址都是玛雅古典时代的重要城市，遗址中的皇室和贵族墓葬或礼仪性建筑出土了大量绿石器物，如珠、管、人像吊坠、匾牌等。

对于玛雅绿石器的科技考古研究而言，学者们往往利用红外和拉曼光谱、X射线荧光光谱以及颜色测量的方法，无损并快速鉴定绿石器，其材质多以翡翠为主，以绿辉石、钠长石、蛇纹石为辅，而石英、云母及天河石等材质偶有使用；学者们还利用XRF和质谱仪成功地分析了绿石的元素组成，通过不同元素的特征X射线相对强度对翡翠及其他材料的来源进行统计研究，对玉材溯源提供了数据支撑。

（三）科技考古应用于识别玉的产地

因为玛雅人使用频率最高的玉材是翡翠，所以Foshag等[1]、Hammond等[2]、Bishop等[3]、Harlow[4]、Taube等[5]、Rochette等[6]从20世纪中叶至21世纪初对中美洲玛雅及其周边地区进行了地质调查并认识到翡翠形成于构造板块碰撞而发生的变质作用过程中，进而在以危地马拉莫塔瓜断层带（Motagua Fault Zone，Guatemala，下文简称MFZ）为主的区域内发现了翡翠矿。

3.1 20世纪中叶的产地识别

根据翡翠的成矿机理，翡翠矿最外层是橄榄岩或蛇纹石化橄榄石（蛇纹岩）构成的围岩，其中硬玉岩经由动力变质作用形成隔离脉；第二层是滑石、绿泥石片岩和黑色闪长岩组成的剪切带；中心是硬玉岩在高温低压条件下不断结晶而形成相对纯净的翡翠并伴生钠长石等矿物[7]。

[1] Foshag, W. F., Leslie, R. Jadeite from Manzanal, Guatemala[J]. American Antiquity, 1955, 21(1): 81–83; Foshag, W. F., Jay, I. K. Mineralogical studies on Guatemalan jade[J]. Smithsonian Miscellaneous Collections, 1957, 135(5): 1–60.

[2] Hammond, N., Aspinall, A., Feather, S., et al. Maya jade: source location and analysis[C]//Earle, T. E., Ericson, J. E. (eds.). Exchange systems in prehistory, New York: Academic Press, 1977: 35–67.

[3] Bishop, R. L., Sayre, E. V., Mishara, J., et al. Compositional and structural characterization of Maya and Costa Rican jadeitites[C]//Lange, F. W. (ed.). Precolumbian jade: new geological and cultural interpretations. Salt Lake City: University of Utah Press, 1993: 30–60.

[4] Harlow, G. E. Middle American jade: geologic and petrologic perspectives on variability and source[C]//Lange, F. W. (ed.). Precolumbian jade: new geological and cultural interpretations. Salt Lake City: University of Utah Press, 1993: 9–29; Harlow, G. E. Jadeitites, albitites and related rocks from the Motagua Fault Zone, Guatemala[J]. Journal of Metamorphic Geology, 1994, 12(1): 49–68; Harlow, G. E., Murphy, A. R., Hozjan, D. J., et al. Pre-Columbian jadeite axes from Antigua, West Indies: description and possible sources[J]. The Canadian Mineralogist, 2006, 44(2): 305–321.

[5] Taube, K. A., Sisson, V. B., Seitz, R., et al. The sourcing of Mesoamerican jade: Expanded geological reconnaissance in the Motagua region, Guatemala[C]//Taube, K. A. (ed.). Olmec Art at Dumbarton Oaks, Pre-Columbian Art at Dumbarton Oaks No.2, Washington: Dumbarton Oaks, 2004: 203–228.

[6] Rochette, E. T., Hirth, K. Jade in full: prehispanic domestic production of wealth goods in the middle Motagua Valley, Guatemala[C]//Hirth, K. G. (ed.). Housework: craft production and domestic economy in ancient Mesoamerica, 2009: 205–224.

[7] 崔文元，施光海，杨富绪，张利春．一种新观点——翡翠新的岩浆成因说[J]. 宝石和宝石学杂志，2000, 2(3): 16–21.

Foshag和Leslie确认危地马拉原生翡翠与蛇纹石紧密相连[1]，Foshag和Jay得出危地马拉翡翠周围也存在独特形式的伴生矿物，因此，硬玉岩中不同含量的辉石和钠长石可以帮助学者们区分危地马拉翡翠与其他产地翡翠的不同之处；在矿物学中，常用的分析法是根据辉石等类质同象系列的端元矿物分子来计算中间矿物的化学成分。据此原理，Foshag和Jay利用偏光显微镜、X射线粉晶衍射及成分测试的手段对危地马拉、缅甸及欧洲的翡翠进行了比较，结果显示，（1）危地马拉翡翠可分为三个不同的矿物学品种：①翡翠（Jadeite），含少量透辉石（约10%），这是危地马拉翡翠的主要品种；②透辉石-翡翠（Diopside-jadeite），翡翠50%，透辉石50%；③高铁辉石玉（暗绿玉）（Chloromelanite，$Na(Al, Fe^{3+})Si_2O_6$），一种暗绿色至黑色品种的翡翠。（2）缅甸产硬玉（钠铝辉石）大于95%的翡翠。（3）欧洲主要是高铁辉石玉（暗绿玉）[2]。

Hammond等在前人的研究基础上通过实地探访与观察对危地马拉翡翠资源的特征和分布进行了调查，并利用各种科技考古手段分析了采集的翡翠，借此来示踪玛雅出土玉器来源。Hammond等人初步认为危地马拉莫塔瓜山谷（Motagua Valley）中Manzanotal、Usumatlan和El Jute为原生矿露头，而Rio La Palmilla、Rio Huijo以及Quebrada La Oscurana附近都是次生矿露头，其中Rio La Palmilla和Rio Huijo露头由直径0.2米到2.0米的大块砾石组成，巨石从上游被河水侵蚀与冲积到这两处河床[3]。各露头的地理位置如图二、图五[4]所示，其中绿石的产状情况如下：

（1）原生露头情况

① Manzanotal（MA）露头，又称Manzanal，最早于1952年由Foshag和Leslie[5]发现，该露头位于通往巴里奥斯港（Puerto Barrios）的公路附近，自古以来交通便利，其海拔约450米。于MA中可见大量的巨型钠长石，具有坚硬的棕色风化壳，有些已经从山坡上被侵蚀剥落出来，其中的玉是斑驳的浅绿色。此外，在距离MA露头

[1] Foshag, W. F., Leslie, R. Jadeite from Manzanal, Guatemala[J]. American Antiquity, 1955, 21(1): 81–83.

[2] Foshag, W. F., Jay, I. K. Mineralogical studies on Guatemalan jade[J]. Smithsonian Miscellaneous Collections, 1957, 135(5): 1–60.

[3] Hammond, N., Aspinall, A., Feather, S., et al. Maya jade: source location and analysis[C]//Earle, T. E., Ericson, J. E. (eds.). Exchange systems in prehistory, New York: Academic Press, 1977: 47–50.

[4] Hammond, N., Aspinall, A., Feather, S., et al. Maya jade: source location and analysis[C]//Earle, T. E., Ericson, J. E. (eds.). Exchange systems in prehistory, New York: Academic Press, 1977: 46.

[5] Foshag, W. F., Leslie, R. Jadeite from Manzanal, Guatemala[J]. American Antiquity, 1955, 21(1): 81–83.

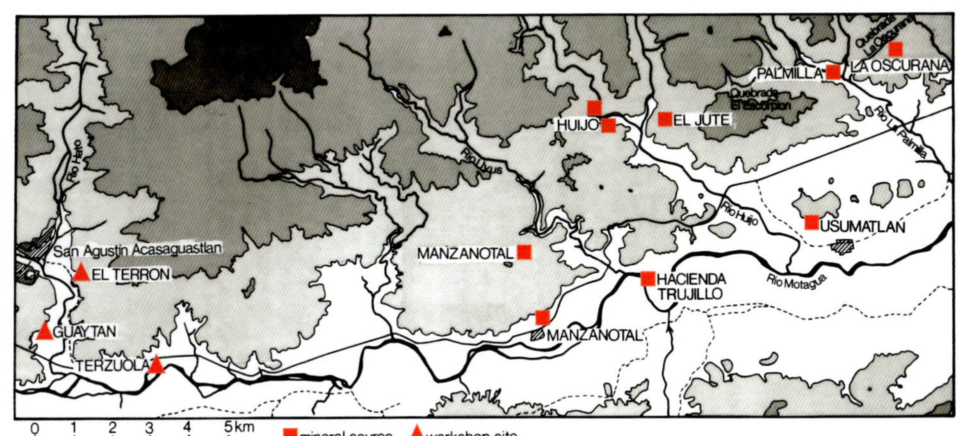

图五　危地马拉莫塔瓜谷内绿石露头和制玉作坊的位置示意图（图源自Hammond et al，1977）

百米外出现经过搬运的绿石巨砾，经初步测试得到其含有约14%的氧化钠，因此也进行了采样并将该地命名为MN（见图五靠南侧的Manzanotal露头）。

② El Jute（JU）露头位于普韦布洛村落（Pueblo）东南1公里的一座小山上，海拔约500米。该露头具有水平层理结构，有四层出露地表，因此Hammond等人对每层取样五块样品，它们呈独特的苹果绿色，具有纤维状结构并可见棕色的斑点。

③ Usumatlan（US）位于Manzanotal（MA）露头向东8公里外朝南的山坡上，海拔约300米。露头处可见一个3米深、直径5米的空洞，洞旁有风化土，洞中淤塞，表明这可能是一个开采玉石的露天矿洞，可能是前哥伦布时代第一个被发现的土著人开采的玉矿。该露头的玉呈现一种斑驳的淡绿色，外观与MA露头的玉相似。

（2）次生露头情况

翡翠次生露头由流水或其他搬运作用形成，包括：

① Rio La Palmilla（PA）露头海拔300米以下，其上有许多水蚀卵石，其周围山峦的海拔均超过1000米。该处玉石结晶好，质地非常坚硬，颜色呈浅绿色。

② Rio Huijo（HU）露头主要为两块巨石，海拔300~325米。该处玉石具有结晶度高的结构，与PA露头相似，但其颜色更深。

③ Quebrada La Oscurana（OS）露头位于莫塔瓜谷南侧的河流上游，海拔400~500米之间，距Quebrada La Oscurana与Rio La Palmilla交汇处上游约2公里。产出颜色为苹果绿的玉，与JU露头相似。

（3）治玉作坊遗址

在上述露头附近，包括危地马拉圣阿古斯丁 · 阿卡萨瓜斯特兰（San Agustin Acasaguastlan）和基里瓜（Quirigua）遗址出土了代表不同加工阶段的玉石碎片；卡米纳尔朱尤（Kaminaljuyu）遗址出土了有锯切割痕迹的大块砾石。这些证据表明危地马拉存在大量的治玉活动。因此，Hammond等人通过继续考察确认三处邻近圣阿古斯丁·阿卡萨瓜斯特兰的治玉作坊遗址，具体情况如下：

① Terzuola（TZ）遗址，位于从危地马拉到巴里奥斯港的公路外93公里处。该遗址位于高速公路以南一处悬崖上，其下方有一片洪积平原，从该遗址中已发现玉石和其他岩石碎片，包括黑曜石和古典时代晚期的陶瓷碎片。

② El Terron（ET）遗址，海拔300米左右，位于圣阿古斯丁·阿卡萨瓜斯特兰的普韦布洛村西南方，地处巴兰卡河（Barranca）的入口处，巴兰卡河向西1公里后流入哈托河。

③ Guaytan（GT）遗址，位于哈托河西岸圣阿古斯丁 · 阿卡萨瓜斯特兰以南1.8公里处，与东岸El Terron（ET）遗址的海拔高度相同。

（4）墓葬遗物及其他

Hammond等人采集了危地马拉Zacapa（ZA）和Los Tecomates（TE）的绿色矿物[1]，以及来自伯利兹北部Nohmul（NM）遗址的一颗玉珠和一件玉吊坠遗物[2]，如图二所示。此外，他们还征集了由私人提供的来自哥斯达黎加（Costa Rica，CR）的六件蓝色玉珠遗物和来自洪都拉斯（Honduras，HN）的一颗绿色玉珠遗物[3]。

对玛雅的翡翠制品进行示踪，需要对玉器和翡翠矿的科学数据进行比对分析，得出翡翠制品和已知矿区的翡翠原料有相似的元素组成，进而判断出玛雅人使用的翡翠原料的来源。Hammond等人主要利用绿石薄片进行岩相学分析，使用电子微探针和中子活化分析测试样品化学元素，并利用统计学进行聚类分析，学者们分析得出，所有危地马拉露头的绿石样品可分为两类[4]：第一类包括来自原生的MA、US及

[1] Hammond, N., Aspinall, A., Feather, S., et al. Maya jade: source location and analysis[C]//Earle, T. E., Ericson, J. E. (eds.). Exchange systems in prehistory, New York: Academic Press, 1977: 50–51.

[2] Hammond, N. Preclassic to Postclassic in northern Belize[J]. Antiquity, 1974, 48(191): 177–189.

[3] Hammond, N., Aspinall, A., Feather, S., et al. Maya jade: source location and analysis[C]//Earle, T. E., Ericson, J. E. (eds.). Exchange systems in prehistory, New York: Academic Press, 1977: 51.

[4] Hammond, N., Aspinall, A., Feather, S., et al. Maya jade: source location and analysis[C]//Earle, T. E., Ericson, J. E. (eds.). Exchange systems in prehistory, New York: Academic Press, 1977: 51–55.

次生的PA、HU露头的样品。通过显微镜可观测到此类样品以翡翠、透辉石、绿辉石为主要矿物，钠长石、钠云母和磷灰石为次要矿物；就其化学元素组成来说，除钠、铝、硅之外，还有一定量的铁和铬。其中，MA和US原生露头的玉材可能是具有相似的化学元素组成和不同结构的同质多象变体。此外，ZA、TE露头的样品在化学元素组成上来说也是翡翠或绿辉石，说明零散分布于危地马拉的玉料也是被工匠从原生或次生露头开采出来的。第二类是主要来自JU和OS次生露头的样品，经鉴定其不是翡翠而是绿色石英岩，学者们观察到这类样品呈现破碎的石英脉状结构并测得其由铬元素致色。

Hammond等人还对危地马拉露头的玉和危地马拉治玉作坊或玛雅地区的墓葬遗物进行了岩矿学鉴定，分析了他们之间的联系：1）对于治玉作坊的样品来说，ET遗址主要玉材是翡翠，来自MA或US露头；TZ遗址中有来自HU露头的翡翠，也有来自JU或OS露头的玉髓；GT遗址主要是玉髓材料，来自JU或OS露头，此处也发现了未知来源的透辉石—绿泥石；根据遗址和露头的地理分布可以推测，圣阿古斯丁·阿卡萨瓜斯特兰的工匠会跋涉20公里获取绿石原材料，却很少选择PA露头的玉材，可能是由于PA露头的玉材产量较低；2）Hammond等人根据化学组成分析认为伯利兹NM玉遗物是选择HU露头的翡翠原料并在危地马拉TZ作坊中制成，而哥斯达黎加CR的玉珠为玉髓材质且来源未知，洪都拉斯HN的翡翠珠也不属于上述的露头[1]。

综上所述，Hammond等人的研究证明，在危地马拉的莫塔瓜谷既存在翡翠的原生露头，也存在着翡翠的次生巨石露头，另有钠长石、石英以及与翡翠原石具有相似外观的非辉石玉。所有这些材料都被该地区的玛雅居民开采利用，说明他们掌握了加工中高硬度玉石的方法。虽然电子探针和中子活化技术的结合有望对一些玉石来源进行可靠的判断，但是这两种测试是有损的，受文物安全的限制会造成测试数据有限。因此，要进一步研究玛雅的玉石来源，不仅需要有更多的地质勘探和采样，还需要提高无损测试的精度。

3.2 20世纪末~21世纪初的产地识别

Bishop等人通过中子活化及X射线衍射测试确认了玛雅出土玉石制品的化

[1] Hammond, N., Aspinall, A., Feather, S., et al. Maya jade: source location and analysis[C]//Earle, T. E., Ericson, J. E. (eds.). Exchange systems in prehistory, New York: Academic Press, 1977: 53–60.

学组成：浅色样品含58.91%二氧化硅、24.6%氧化铝、12%氧化钠、1.97%氧化钙、1.29%氧化镁、1.01%氧化亚铁以及微量氧化铬、氧化钾和氧化锰；深色样品含53.8%二氧化硅、14.4%氧化铝、6.2%氧化钠、10.36%氧化钙、7.46%氧化镁、2.32%氧化亚铁、0.10%氧化铬以及微量氧化钾和氧化锰，学者们通过与危地马拉莫塔瓜翡翠矿中的原岩样品进行比较，得出两者组成基本相同，再次确认莫塔瓜地区是中美洲出土翡翠器物的来源地[1]。

Harlow将Hammond及Foshag等人确定的翡翠来源定为Motagua-Ⅰ[2]，也被称为莫塔瓜断层带南部（SMFZ）[3]。随着“奥尔梅克蓝”玉材是否来自莫塔瓜仍未定论，以及哥斯达黎加不断发现蓝绿色、绿色的玉器，Harlow将研究重点放在危地马拉的莫塔瓜河谷是否中美洲玉石的唯一来源[4]。通过地质调查，Harlow发现危地马拉莫塔瓜山谷沿着莫塔瓜断层带（MFZ）延伸，可能有数百英里的横向偏移。莫塔瓜断层带似乎与天鹅断裂带（Swan Fracture Zone）连接，并有数百万年的活跃历史，这样的断层有利于翡翠的成矿。因此，Harlow沿着莫塔瓜断层寻找构造化蛇纹岩，定位了翡翠的一个中美洲产地——Motagua-Ⅰ，大致范围见图二，特征矿物成分是翡翠、钠长石、石英、多硅白云母和榍石等。

不过，沿着与莫塔瓜断层相连的天鹅断裂带向东，虽然在洪都拉斯海湾群岛罗阿坦附近可以找到小型蛇纹岩，但是没有发现翡翠。因此，Harlow认为中美洲翡翠主要分布在莫塔瓜断层带附近，通过采样与分析，他在此处发现了翡翠以及适合翡翠形成的超镁铁岩，并将莫塔瓜断层带北部（NMFZ）的Polochic断层定为Motagua-Ⅱ[5]，大致范围可见图二，特征矿物成分是翡翠、方沸石、钠云母和霞石等。同

[1] Bishop, R. L., Sayre, E. V., Mishara, J., et al. Compositional and structural characterization of Maya and Costa Rican jadeitites[C]//Lange, F. W. (ed.), Precolumbian jade: new geological and cultural interpretations. Salt Lake City: University of Utah Press, 1993: 30–60.

[2] Harlow, G. E. Middle American jade: geologic and petrologic perspectives on variability and source[C]//Lange, F. W. (ed.). Precolumbian jade: new geological and cultural interpretations. Salt Lake City: University of Utah Press, 1993: 9.

[3] Knaf, A. C. S., Shafie, T., Koornneef, J. M., et al. Trace-elemental and multi-isotopic (Sr-Nd-Pb) discrimination of jade in the circum-Caribbean: Implications for pre-colonial inter-island exchange networks[J]. Journal of Archaeological Science, 2021, 135: 105466.

[4] Harlow, G. E. Middle American jade: geologic and petrologic perspectives on variability and source[C]//Lange, F. W. (ed.). Precolumbian jade: new geological and cultural interpretations. Salt Lake City: University of Utah Press, 1993: 13–29.

[5] Harlow, G. E. Middle American jade: geologic and petrologic perspectives on variability and source[C]//Lange, F. W. (ed.). Precolumbian jade: new geological and cultural interpretations. Salt Lake City: University of Utah Press, 1993: 9–10, 15–16; Knaf, A. C. S., Shafie, T., Koornneef, J. M., et al. Trace-elemental and multi-isotopic (Sr-Nd-Pb) discrimination of jade in the circum-Caribbean: Implications for pre-colonial inter-island exchange networks[J]. Journal of Archaeological Science, 2021, 135: 105466.

时，Harlow发现中美洲出土翡翠器物的颜色变化可以在莫塔瓜地区找到对应，即颜色变化可以在不同矿物组成的翡翠中出现，例如，翠绿色翡翠可能是生成于蛇纹石环境中，系铬铁矿的铬混入的结果；绿色较深并发黑的翡翠含大量铬元素；蓝绿色的“奥尔梅克蓝玉”可能是含有富钠的碱性角闪石、钠—钙质角闪石或绿辉石；部分哥斯达黎加出土的翡翠器物是由绿辉石（来自Motagua-Ⅱ）和黑绿色翡翠共同组成；但是，利用电子探针和中子活化技术不能将所有出土玉器与莫塔瓜河谷的翡翠联系起来的现象，Harlow认为可能原因包括：① 缺乏多样化和大量的岩矿及考古样品，使得分析受限；② 莫塔瓜河谷的南北部可能存在次要矿物组成不同的翡翠矿[1]。

对于哥斯达黎加玉器来说，Lange和Bishop通过实验室检测到大部分哥斯达黎加“玉”为石英、透辉石或其他矿物，只有7%~10%的文物由翡翠制成[2]，除了少数被确定为来自危地马拉的莫塔瓜地区外，其他原材料的产地是未知的，目前也没有在哥斯达黎加发现明确的翡翠矿。不过，哥斯达黎加中部Tibas山谷附近出土了蓝色玉石器，可能反映出奥尔梅克文化对哥斯达黎加的影响，虽然Harlow认为哥斯达黎加不太可能是中美洲翡翠的来源地，但是Bishop等人认为在出土玉器的地方或附近有可能的翡翠来源[3]。Reynoard在北大西洋地区的河床上发现了一些与哥斯达黎加玉器相似的绿石，通过基础测试确定绿石的材质既有翡翠、也有石英，考虑到此处出土玉器分布较广，因此Reynoard认为北大西洋沿岸存在一个翡翠来源[4]，后经采样与分析测试可知古巴与多米尼加共和国境内都存在翡翠矿[5]。

此外，Harlow等人从西印度群岛的安提瓜（Antigua）岛的作坊发掘出有装饰功

---

[1] Harlow, G. E. Middle American jade: geologic and petrologic perspectives on variability and source[C]//Lange, F. W. (ed.). Precolumbian jade: new geological and cultural interpretations. Salt Lake City: University of Utah Press, 1993: 16–29.

[2] Lange, F. W., Bishop, R. L. A search for jade sources and prehistoric settlement on the Santa Elena peninsula[J]. Journal of the Steward Anthropological Society, 1983, 14(1–2): 221–225.

[3] Bishop, R. L., Sayre, E. V., Mishara, J., et al. Compositional and structural characterization of Maya and Costa Rican jadeitites[C]// Lange, F. W. (ed.), Precolumbian jade: new geological and cultural interpretations. Salt Lake City: University of Utah Press, 1993: 35–60.

[4] Reynoard, M. A possible source of raw material for the Costa Rican lapidary industry[C]//Lange, F. W. (ed.), Precolumbian jade: new geological and cultural interpretations, Salt Lake City: University of Utah Press, 1993: 63–67.

[5] García-Casco, A., Rodríguez Vega, A., Cárdenas Párraga, J., et al. A new jadeitite jade locality (Sierra del Convento, Cuba): first report and some petrological and archeological implications[J]. Contributions to Mineralogy and Petrology, 2009, 158(1): 1–16; Schertl, H. P., Maresch, W. V., Stanek, K. P., et al. New occurrences of jadeitite, jadeite quartzite and jadeite-lawsonite quartzite in the Dominican Republic, Hispaniola: petrological and geochronological overview[J]. European Journal of Mineralogy, 2012, 24(2): 199–216.

能的宝石，也发现了玉斧及其碎片，其玉材是翡翠，类似中美洲的翡翠。安提瓜岛遗址可以追溯公元250~500年，大致相当于玛雅古典时代早期。Harlow等人采用矿物学和岩石学技术对其中的十件玉器进行了检查，对于材质来说，翡翠为主要矿物，次要矿物包括绿辉石、钠长石、白褐色云母、石英、黝帘石；对于结构来说，可观察到明显的石英纹理，这是世界上大多数产地的翡翠所没有的特征，目前只有危地马拉莫塔瓜断层带南部（SMFZ，Motagua- Ⅰ）的翡翠中含有大颗粒石英和白云母；因此，Harlow等人认为安提瓜出土玉器可能来自危地马拉莫塔瓜断层带南部，但不能排除古巴、伊斯帕尼奥拉岛（东部属于多米尼加共和国）等类似地质地形中的未知翡翠来源[1]。

3.3 近年来的产地识别

近年来，X射线荧光光谱应用于考古遗物产地鉴别研究十分普遍，该方法着眼于化学元素分析，优势有无损、检测灵敏度高；学者们通常使用因子分析方法和散点图的形式来阐释出土玉器与特定产地的翡翠的元素特征，从而示踪来源[2]。据此原理，Aguilar-Melo等人将X射线荧光光谱测试所得常量和微量元素的X射线强度进行统计分析[3]，他们利用Al、Si、Cl、K、Ca、Ti、Cr、Mn、Fe、Ni、Cu、Zn、Ga和Sr的归一化强度的对数进行主成分分析，结果表明，博纳帕克遗址2号房间墓葬的随葬品混合使用了危地马拉莫塔瓜断层（MFZ）内的翡翠[4]。

Robles等人也通过该方法选取从危地马拉维拉帕斯（Verapaz，位于莫塔瓜北谷）和莫塔瓜（Motagua）南谷原矿中开采的翡翠样品，因为两地既存在古矿遗址，又存在现代矿床且翡翠质量相对较好；他们将现代矿床开采的翡翠与帕伦克（Palenque）遗址中出土的不同时代玉石进行化学元素组成的分析，得出帕伦克翡翠制品的元素组成差别较大，可能不是同一来源的；Robles等人认为帕伦克的玛雅人在不同时期会选用不同产地的翡翠[5]，即公元250~450年，属于帕伦克早期的

[1] Harlow, G. E, Murphy, A. R., Hozjan, D. J., et al. Pre-Columbian jadeite axes from Antigua, West Indies: description and possible sources[J]. The Canadian Mineralogist, 2006, 44(2): 305–321.

[2] Gargano, M., Ludwig, N., Pandini, D. Use of optical fibre in spectrometry and colorimetry with remote probes[J]. JAIC-Journal of the International Colour Association, 2012, 8: 36–43.

[3] Aguilar-Melo, V., Mitrani, A., Casanova-Gonzalez, E., et al. Molecular and X-ray spectroscopies for noninvasive characterization of Mayan green stones from Bonampak, Chiapas[J]. Applied Spectroscopy, 2019, 73(9): 1074–1086.

[4] Manrique-Ortega, M. D., Claes, P., Casanova-González, E., et al. Non-invasive analysis of green stone pieces from Tomb 1 of Chiapa de Corzo, Chiapas[J]. MRS Online Proceedings Library (OPL), 2014, 1618: 17–29.

[5] Delgado Robles, A. A., Ruvalcaba Sil, J. L., Claes, P., et al. Non-destructive in situ spectroscopic analysis of greenstone objects from royal burial offerings of the Mayan site of Palenque, Mexico[J]. Heritage Science, 2015, 3(1): 1–13.

第十八——A神庙（Temple XVIII-A）中出土面具上大部分的翡翠镶嵌物组分很少对应于维拉帕斯和莫塔瓜南谷矿床，因此可以推断出一个目前仍未知的翡翠来源；而公元600~850年期间，维拉帕斯和莫塔瓜南谷的翡翠及其伴生矿物成为帕伦克制造绿石装饰品的主要来源，这种变化可能是由于玛雅古典时代后期，帕伦克城的政治、经济高度发达使得贸易路线扩大，因此当地人能从危地马拉翡翠矿床获得更多的原材料[1]。

此外，作为玛雅地区少见的孔雀石材质的产地问题，有学者假设用于“红皇后”随葬面具的孔雀石可能来自墨西哥塔巴斯科州（Tabasco）圣达菲（Santa Fe）矿，圣达菲位于“红皇后”在位时期帕伦克所统治的区域，如图二所示。为了证实该推断，Ortega对圣达菲矿区开采的孔雀石样品和“红皇后”随葬面具上的一件孔雀石镶嵌物进行了X射线荧光光谱的多变量元素分析，最终比较分析的结果表明，二者在元素组成之间没有准确的联系，即来自圣达菲矿的孔雀石含有微量元素，如锰、镍、锌、铅、砷和锶，而这些元素在“红皇后”墓的孔雀石镶嵌物中没有被检测到[2]。

3.4 小结

在西班牙征服中美洲后，翡翠等绿石没有得到珍视，一度使得其来源问题成谜，直到1952年Foshag和Leslie在莫塔瓜山谷重新发现翡翠岩，才使他们认识到危地马拉是玛雅翡翠的来源[3]，1977年Hammond等人通过科技手段将危地马拉莫塔瓜谷古翡翠矿与出土玉器对应[4]。同时，地质学家Harlow也发现莫塔瓜谷及周边的地质环境满足翡翠的成矿条件[5]。然而，在莫塔瓜谷发现的翡翠与用来生产奥尔梅克和哥斯达黎加的蓝绿色玉相比，蓝色调更清淡，绿色调更浓郁[6]，因此有关该

[1] Andrieu, C., Rodas, E., Luin, L. The values of Classic Maya jade: a reanalysis of Cancuen’ s jade workshop[J]. Ancient Mesoamerica, 2014, 25(1): 141–164.

[2] Manrique-Ortega, M., Casanova-González, E., Mitrani, A., et al. Spectroscopic examination of Red Queen's funerary mask and her green stone offering from the Mayan site of Palenque, Mexico[J]. Spectrochimica Acta Part A: Molecular and Biomolecular Spectroscopy, 2020, 234: 118205.

[3] Foshag, W. F., Leslie, R. Jadeite from Manzanal, Guatemala[J]. American Antiquity, 1955, 21(1): 81–83.

[4] Hammond, N., Aspinall, A., Feather, S., et al. Maya jade: source location and analysis[C]//Earle, T. E., Ericson, J. E. (eds.). Exchange systems in prehistory, New York: Academic Press, 1977: 45–60.

[5] Harlow, G. E. Middle American jade: geologic and petrologic perspectives on variability and source[C]//Lange, F. W. (ed.). Precolumbian jade: new geological and cultural interpretations. Salt Lake City: University of Utah Press, 1993: 9–16.

[6] Seitz, R., Harlow, G. E., Sisson, V. B., et al. “Olmec Blue” and Formative jade sources: new discoveries in Guatemala[J]. Antiquity, 2001, 75(290): 687–688.

地区翡翠的多源理论应运而生。1990年至今，Harlow在危地马拉莫塔瓜谷南北两侧发现了组成不同的翡翠岩[1]，Orr认为仍难以将墨西哥格雷罗州、洪都拉斯、萨尔瓦多和哥斯达黎加等地出土的翡翠器物与莫塔瓜谷翡翠完全对应[2]。因此，学者们怀疑哥斯达黎加等地出土的翡翠可能来自中美洲的其他地区，还可能来自太平洋或北大西洋翡翠产地，溯源中美洲出土玉器可以帮助建立玛雅与其他地区的贸易网络[3]。

（四）古典时代玛雅人的用玉制度

前古典时代中期至后古典时代（1000 BC~1697 AD），只有玛雅贵族能在墓葬、储藏室和少数仪式中使用翡翠制品[4]。至玛雅的古典时代（250 AD~900 AD），玛雅皇室和其他精英才能佩戴并随葬由高质量的半透明翡翠精心制作的牌饰、小雕像和耳饰等[5]，而与玛雅王室密切相关的手工艺人可能在玛雅低地城市的宫殿作坊或家庭作坊完成这些翡翠制品的制作[6]。

4.1 玛雅贵族用玉

（1）贵族的随葬玉器

王室或贵族墓葬中出土的玉器具有数量大、质量好的特点，例如帕比顿（Pacbitun）遗址中经雕刻、抛光和钻孔的浅绿色人脸吊坠[7]；Chiapa de Corzo遗址的贵族夫妻墓葬出土丰富的随葬品，包括2700颗绿石珠（材质有翡翠、蛇纹石、绿石英、绿松石等）、900颗珍珠、45块黄铁矿和50块琥珀[8]；帕伦克（Palenque）遗址中

[1] Harlow, G. E. Middle American jade: geologic and petrologic perspectives on variability and source[C]//Lange, F. W. (ed.). Precolumbian jade: new geological and cultural interpretations. Salt Lake City: University of Utah Press, 1993: 16–29.

[2] Orr, H. S. Olmec jade: a cross-cultural perspective[M]. Victoria: University of Victoria, 1992: 10.

[3] Tremain, C. G. Pre-columbian "jade": Towards an improved identification of green-colored stone in Mesoamerica[J]. Lithic Technology, 2014, 39(3): 137–150.

[4] Aoyama, K., Inomata, T., Pinzón, F., et al. Polished greenstone celt caches from Ceibal: the development of Maya public rituals[J]. Antiquity, 2017, 91(357): 701–717; Kovacevich, B., Callaghan, M. G. Fifty shades of green: interpreting Maya jade production, circulation, consumption, and value[J]. Ancient Mesoamerica, 2019, 30(3): 457–472.

[5] Kovacevich, B., Callaghan, M. G. Fifty shades of green: interpreting Maya jade production, circulation, consumption, and value[J]. Ancient Mesoamerica, 2019, 30(3): 457–472.

[6] Halperin, C. T., Hruby, Z. X., Mongelluzzo, R. The weight of ritual: Classic Maya jade head pendants in the round[J]. Antiquity, 2018, 92(363): 758–771; Rochette, E. T. Out of control? Rethinking assumptions about wealth goods production and the Classic Maya[J]. Ancient Mesoamerica, 2014, 25(1): 165–185.

[7] Healy, P. F., Doran, M. C., Georg, R. B., et al. Mass spectrometric analysis of ancient Maya greenstone artifacts from Pacbitun, Belize[J]. Journal of Archaeological Science: Reports, 2018, 19: 526–537.

[8] Manrique-Ortega, M. D., Claes, P., Casanova-González, E., et al. Non-invasive analysis of green stone pieces from Tomb 1 of Chiapa de Corzo, Chiapas[J]. MRS Online Proceedings Library (OPL), 2014, 1618: 17–29.

绿石及其他彩色材料制成的各类首饰、雕刻品等[1]；博纳帕克（Bonampak）遗址中几百颗绿石珠及饰品[2]，以及这些墓葬中使用玉薄片或朱砂覆盖的葬仪，均证明玛雅贵族珍视绿色矿物并将其作为高等级随葬器。其中，尤以帕伦克两座王室墓葬的绿石随葬品最丰富，本节将简析帕伦克玛雅贵族的用玉情况。

Robles等人认为，古典时代的玛雅人选择了材质不同以及绿色调差异大的玉石，这可能是玛雅人使用矿物的多样性，更可能是玛雅社会文化或其信仰宗教的原因。Robles等人从帕伦克不同神庙遗址入手，通过色度仪的测量发现：① 对于建造年代相近的不同神庙而言，例如，铭刻神庙（Temple of the Inscriptions）、骷髅神庙（Temple of the Skull）、十字神庙（Temple of the Cross），其出土随葬玉器显示出玛雅人对绿色调石头的偏爱，如绿色调的翡翠、绿辉石、钠长石、云母和石英等，蓝色调的天河石；② 对于建造年代相隔较大的不同神庙而言，骷髅神庙和第十八神庙（Temple XVIII）中出土随葬玉器的绿色调范围变化较大；而建造时间较早的十字神庙和第十八——A神庙（Temple XVIII-A）中出土随葬玉器的绿色调变化较小，色调变化的一个可能原因是十字神庙和第十八——A神庙比骷髅神庙和第十八神庙等级更高，绿石可能经过更仔细的挑选导致色调变化小；另一个可能的原因是，公元600年后，随着贸易路线的扩展和帕伦克城市的发展，绿石原料的供应量增加，促使玛雅人可以大量使用[3]。

玛雅地区的随葬面具常使用翡翠、绿辉石、石英或蛇纹石材料制作，因此帕伦克将孔雀石镶嵌在面具上是非常独特的。一般而言，孔雀石主要用作矿物颜料，其在玛雅古典时代很少用作装饰品，如小块吊坠和珠子。另一方面，玛雅人通常使用贝壳来装饰面具的眼白部分，而“红皇后”墓选择了罕见的白色翡翠来装饰面具，这是由于不含其他杂质元素的纯净翡翠才能呈现出白色，这一特征说明了白色翡翠的应用也许是为了彰显墓主人的高贵地位[4]。

---

[1] Manrique-Ortega, M. D., Casanova-González, E., Mitrani, A., et al. Spectroscopic examination of Red Queen's funerary mask and her green stone offering from the Mayan site of Palenque, Mexico[J]. Spectrochimica Acta Part A: Molecular and Biomolecular Spectroscopy, 2020, 234: 118205.

[2] Aguilar-Melo, V., Mitrani, A., Casanova-Gonzalez, E., et al. Molecular and X-ray spectroscopies for noninvasive characterization of Mayan green stones from Bonampak, Chiapas[J]. Applied Spectroscopy, 2019, 73(9): 1074–1086.

[3] Delgado Robles, A. A., Ruvalcaba Sil, J. L., Claes, P., et al. Non-destructive in situ spectroscopic analysis of greenstone objects from royal burial offerings of the Mayan site of Palenque, Mexico[J]. Heritage Science, 2015, 3(1): 1–13.

[4] Manriqne-Ortega, M. D., Casanova-González, E., Mitrani, A., et al.Spectroscopic examination of Red Queen's funerary mask and her green Stont offering from the Mayan Site of Palenque, Mexico[J]. Sepectro chimica Actapart A: Molecular and Biomolecular Sectroscoopy, 2020, 234:118205.

综上所述，比色法研究提供了有关考古材料各种色调的可靠信息。据观察，属于相近年代的不同遗址的玉器，颜色并不相似。例如，铭刻神庙、骷髅神庙、十字神庙等神庙内发现的随葬品显示出玛雅人对绿色调石头的偏爱，如绿色调的翡翠、绿辉石、钠长石、云母和石英等，蓝色调的天河石；“红皇后”墓的绿石因其材料的种类、选择和使用而与众不同，大多数随葬品都是用绿石雕刻而成的，但墓葬中也存在着一些黄橙色的石头和一些人为涂上红色颜料的石头。此外，与玛雅其他地区发现的绿石随葬品相比，巴加尔二世和“红皇后”的墓葬使用了翡翠、钠铬辉石、钠长石、绿辉石、云母、石英、绿玉髓、绿泥石和铁锂云母等不同绿色调的制品。绿石原材料的选择和获取代表了一种只限于精英阶层的特殊权力，绿石原材料的多样性代表了帕伦克在巴加尔二世和“红皇后”执政时期的强大政治和经济影响力，用玉需求多、数量大，代表了帕伦克城市的辉煌时期[1]。

（2）贵族的特殊玉饰

在玛雅，贵族精英除了随葬天然的、美丽的玉石器物，还会使用具有特殊作用或形制的玉饰品以及异于一般情况的大尺寸、大质量的玉器。

① 在中美洲文化中，有充分的证据表明存在多种治疗牙齿磨损、残缺等疾病的方法以及牙科修复技术，例如，在玛雅地区的墨西哥南部、危地马拉、洪都拉斯、伯利兹、萨尔瓦多、尼加拉瓜以及哥斯达黎加的北部，有大量经过治疗的牙齿和骨骼的残留证据，其目的既是缓解病痛，也是为了美容或确定人的身份等级[2]。同时，玛雅地区也有将牙齿与头骨分离并随葬的传统，如伯利兹（Belize）以及危地马拉佩滕中部和东部（Central and Eastern Peten，Guatemala），精英或皇室个人墓葬中的储物容器里可以发现疏松的人类牙齿，可能作为祭品和陪葬[3]。

作为玛雅主要政体都城之一的皮埃德拉斯·内格拉斯（Piedras Negras，又译“黑石城”），如图二所示，位于现在的危地马拉Sierra del Lacandón国家公园。皮埃德拉斯·内格拉斯始于前古典时代晚期（约250 BC），在整个古典时代统治一大片地区，是一个王权中心，并延续至古典时代末期（930 AD）。有史料证据表明，该地存在

[1] Delgado Robles, A. A., Ruvalcaba Sil, J. L., Claes, P., et al. Non-destructive in situ spectroscopic analysis of greenstone objects from royal burial offerings of the Mayan site of Palenque, Mexico[J]. Heritage Science, 2015, 3(1): 1–13.

[2] Jiménez, R. V. Symbol of Maya Dentistry[J]. Revista Odontológica Mexicana, 2015, 19(4): 218–221.

[3] Schnell, J., Scherer, A. Classic Maya dental interventions: evidence for tooth extractions at Piedras Negras, Guatemala[J]. Bioarchaeology International, 2021, 5(1–2): 47–67.

图六　皮埃德拉斯·内格拉斯（Piedras Negras）出土玉牙镶嵌物
（图源Schnell and Scherer，2021）

两种牙科治疗干预措施，如拔牙以及镶嵌的美容修饰方法，这得到了考古发掘证实，即至少发现了一些牙齿以及可供镶嵌的玉牙成品[1]，如图六[2]所示。

② Nim Li Punit（意为“大帽子”）遗址位于现今伯利兹的南部，即玛雅地区的东部边缘，如图二所示。该遗址始建于公元150年左右，至公元800年达到鼎盛时期，但在公元900年随着人口流失而被遗弃。该遗址中出土一件T形、由蓝绿色材料制作的胸饰，被称为风宝石（Wind Jewelry），宽188毫米，高104毫米，厚8毫米，无凹面，属于伯利兹出土的第二大玉石，如图七[3]所示。玉胸饰的背面有30个象形文字，其薄边有12个穿孔，大多数为成对出现，可能用来悬挂玉珠或贝壳小装饰品；一个直径为4毫米的长孔沿胸饰的长轴到其边缘，玛雅先民可能用绳子穿过该长孔后再佩戴此胸饰。通过对遗址中石碑及这件胸饰上的象形文字进行解读后，Prager等人认为玛雅国王在祭祀“风神”的仪式中佩戴了此胸饰[4]。

③ 如图二所示，在危地马拉的乌卡纳尔（Ucanal）考古遗址发现了玉头吊坠

[1] Schnell, J., Scherer, A. Classic Maya dental interventions: evidence for tooth extractions at Piedras Negras, Guatemala[J]. Bioarchaeology International, 2021, 5(1–2): 47–67.

[2] Schnell, J., Scherer, A. Classic Maya dental interventions: evidence for tooth extractions at Piedras Negras, Guatemala[J]. Bioarchaeology International, 2021, 5(1–2): 47–67.

[3] Prager, C. M., Braswell, G. E. Maya politics and ritual: an important new hieroglyphic text on a carved jade from Belize[J]. Ancient Mesoamerica, 2016, 27(2): 267–278.

[4] Prager, C. M., Braswell, G. E. Maya politics and ritual: an important new hieroglyphic text on a carved jade from Belize[J]. Ancient Mesoamerica, 2016, 27(2): 267–278.

图七 Nim Li Punit出土T型玉饰
（图源Prager and Braswell，2016）

（图八）[1]，指出了古典时代玛雅皇家仪式中一个很少被考虑的元素：重量。乌卡纳尔是玛雅广泛的贸易网络中的一环，因此发展颇为繁荣，并在古典时代末期（800 AD~950 AD）处于该城市人口的鼎盛时期。玉头吊坠发现于皇家或精英建筑群的一个墓葬中，呈圆形，尺寸180 × 113.3 × 79.8 mm，重2363g，采用高浮雕与圆雕成人头形象，并在侧面钻孔用于悬挂。该玉坠的大尺寸与大质量使其成为装饰玛雅腰带的一个罕见例子，虽然其象征着精英官员的威望和财富，但对佩戴者来说也是一种沉重的负担[2]。

重量对玛雅人的祭祀活动有着丰富涵义。例如，① 持有重型玉器可能是玛雅政界人士和皇室、精英阶层的责任，即这些贵族通过佩戴或使用这些玉石饰品和礼器参与公众性表演来保证土壤的肥沃，以此使平民安居乐业[3]。② 玛雅统治者通过穿戴一定重量的玉饰来向他们的神进行祭祀和奉献，如统治者和他的家人穿装饰玉坠的服装进行舞蹈表演[4]。③ 地位较低的玛雅贵族也会将珍贵的大尺寸、大质量玉饰品作为礼物

[1] Halperin, C. T., Hruby, Z. X., Mongelluzzo, R. The weight of ritual: Classic Maya jade head pendants in the round[J]. Antiquity, 2018, 92(363): 758–771.

[2] Halperin, C. T., Hruby, Z. X., Mongelluzzo, R. The weight of ritual: Classic Maya jade head pendants in the round[J]. Antiquity, 2018, 92(363): 758–771.

[3] Halperin, C. T., Hruby, Z. X., Mongelluzzo, R. The weight of ritual: Classic Maya jade head pendants in the round[J]. Antiquity, 2018, 92(363): 758–771.

[4] Grube, N. Classic Maya dance: evidence from hieroglyphs and iconography[J]. Ancient Mesoamerica, 1992, (3): 201–18; Looper, M. G. To be like gods: dance in ancient Maya civilization[M]. Austin: University of Texas Press, 2009: 64–65.

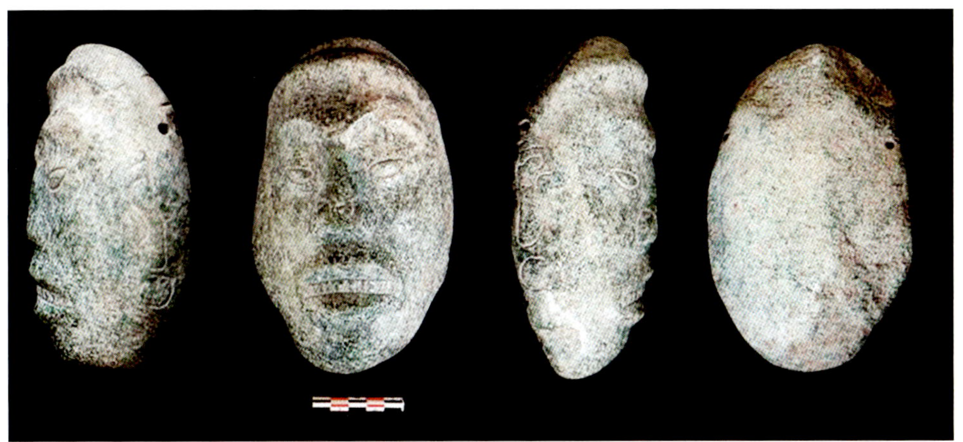

图八 乌卡纳尔（Ucanal）出土大型玉头（图源Halperin et al，2018）

或贡品送给联盟中地位更高的贵族，来维系双方的关系[1]。

4.2 玛雅平民用玉

（1）古典时代早中期

如图二所示，蒂卡尔（Tikal）、坎古恩（Cancuen）等与玛雅平民有关的考古遗址中发现了大量由翡翠和其他不同质量的绿石制成的珠（Bead）和斧（Celt）[2]，学者们推测这些珠与斧可能是玛雅平民于当地市场购买的[3]，且翡翠珠或斧可能也是平民之间交换的媒介[4]。Aoyama等人指出前古典时代中期塞巴尔（Ceibal）遗址发现的两件翡翠质地和十件绿石质地的斧有明显使用与磨损痕迹，认为这些玉斧是进行木雕或其他精细木工工作的实用工具；而出土的蓝绿色半透明的翡翠和其他绿石斧都没有使用痕迹，认为这些玉斧是该地区举行葬礼或祭祀仪式时用到的器物[5]。蒂卡尔、坎古恩和塞巴尔的例子表明，一些质量中低等、颜色不鲜明的翡翠也同样会被前古典时代的玛雅人用作实用器。

[1] Stuart, D. Jade and chocolate: bundles of wealth in Classic Maya economics and ritual[C]//Guernsey, J., Reilly, F. K. (eds.). Sacred bundles: ritual acts of wrapping and binding in Mesoamerica. Barnardsville: Boundary End Archaeology Research Center, 2006: 127–144.

[2] Kovacevich, B., Callaghan, M. G. Fifty shades of green: interpreting Maya jade production, circulation, consumption, and value[J]. Ancient Mesoamerica, 2019, 30(3): 457–472: Rochette, E. T. Out of control? Rethinking assumptions about wealth goods production and the Classic Maya[J]. Ancient Mesoamerica, 2014, 25(1): 165–185.

[3] Masson, M. A., Freidel, D. A. An argument for Classic era Maya market exchange[J]. Journal of Anthropological Archaeology, 2012, 31(4): 455–484.

[4] Freidel, D. A., Masson, M. A., Rich, M. Imagining a complex Maya political economy: counting tokens and currencies in image, text and the archaeological record[J]. Cambridge Archaeological Journal, 2017, 27(1): 29–54.

[5] Aoyama, K., Inomata, T., Pinzón, F., et al. Polished greenstone celt caches from Ceibal: the development of Maya public rituals[J]. Antiquity, 2017, 91(357): 701–717.

图九　Ek Way Nal出土翡翠斧（图源Mckillop and Harlow，2019）

McKillop介绍了考古发掘首次出土属于玛雅古典时代的翡翠工具——斧，如图九[1]所示，来自伯利兹南部Ek Way Nal遗址的一个制盐厨房内[2]，如图二所示。Ek Way Nal遗址中的佩恩斯克里克盐厂（The Paynes Creek Salt Work）由几十个木制的制盐厨房组成，由古典时代的玛雅人建造。翡翠是一种坚硬的岩石，从半透明到不透明，显微纤维交织的变晶结构使得其韧性特别高，非常适合作为一种实用工具[3]。McKillop对该斧进行了矿物微观结构观察和化学元素微探针分析，指出了其质量非常高，矿物组成为翡翠、透辉石、钙铁辉石和霓石，以及其他矿物，包括方沸石、绿辉石、钾长石、锆石和榍石，这与危地马拉翡翠矿的矿物组成是一致的，此外，该翡翠斧的矿物成分中没有发现云母、硬柱石和石英，因此无法确定其来自莫塔瓜断层的南侧或北侧[4]。

由上可见，制盐厨房里发现的高质量翡翠斧证实了玉器制品并不只局限于精英使用，平民也可以获得较高质量的翡翠，用于与制盐有关的日常性活动。

（2）古典时代晚期

到了玛雅的古典时代晚期，多个本地和长途交换的路线已经发展起来，由翡翠

[1] McKillop, H., Harlow, G. E., Sievert, A., et al. Demystifying jadeite: an underwater Maya discovery at Ek Way Nal, Belize[J]. Antiquity, 2019, 93(368): 502–518.

[2] McKillop, H., Harlow, G. E, Sievert A, et al. Demystifying jadeite: an underwater Maya discovery at Ek Way Nal, Belize[J]. Antiquity, 2019, 93(368): 502–518.

[3] McKillop, H., Aoyama, K. Salt and marine products in the Classic Maya economy from use-wear study of stone tools[J]. Proceedings of the National Academy of Sciences, 2018, 115(43): 10948–10952.

[4] McKillop, H., Harlow, G. E., Sievert, A., et al. Demystifying jadeite: an underwater Maya discovery at Ek Way Nal, Belize[J]. Antiquity, 2019, 93(368): 502–518.

等玉石制成的精致物品在各个玛雅城邦国家的上层社会之间相互流通，它们被用作建立和维持政治联盟的礼物[1]；而玛雅各地区的平民百姓也可以通过治玉时的剩余或贸易获取玉石[2]。

萨尔瓦多的Joya de Ceren是玛雅古典时代的一个平民小村庄遗址，如图二所示。该地大约在公元600年时遭受一场突然的火山爆发而被掩埋，因此许多文物也被保存在了原处。Sheets发现几乎该遗址的每个家庭都有玉斧（Axe），其可能是用来砍伐建造房屋所需的木材[3]。据文献调查，Joya de Ceren的居民在古典时代已经可以自给自足，每家每户会用自己的剩余财富换取其他平民或精英的物品，例如，玉斧、黑曜石工具和彩色陶瓷[4]。

Rochette在2009年和2014年证实玛雅的精英和平民住户都参与了用敲击法塑造翡翠原石，以及用锯切和钻孔法制作翡翠珠、镯等制品的工作，并且玛雅平民也可以通过市场贸易获得翡翠和其他有价值的商品，但是平民所获绿石制品的数量和质量与玛雅王室的藏品和随葬品是有区别的[5]。Rochette等[6]、Hammond等[7]、Andrieu等[8]和Demarest等[9]对位于危地马拉高地与低地交界处的古典时代晚期坎古恩（Cancuen）遗址进行了研究，具体认识如下：

坎古恩遗址大部分平民和部分精英的居住地中存在一个治玉作坊，其中发现大量玉石碎片、燧石和黑曜石的工具、陶瓷器、家用器物碎片和动物骨骼，陶瓷器

[1] Aoyama, K., Inomata, T., Pinzón, F., et al. Polished greenstone celt caches from Ceibal: the development of Maya public rituals[J]. Antiquity, 2017, 91(357): 701–717.

[2] Freidel, D. A., Masson, M. A., Rich, M. Imagining a complex Maya political economy: counting tokens and currencies in image, text and the archaeological record[J]. Cambridge Archaeological Journal, 2017, 27(1): 29–54.

[3] Sheets, P. D. Provisioning the Ceren household: the vertical economy, village economy, and household economy in the southeastern Maya periphery[J]. Ancient Mesoamerica, 2000, 11: 217–230.

[4] Freidel, D. A., Masson, M. A., Rich, M. Imagining a complex Maya political economy: counting tokens and currencies in image, text and the archaeological record[J]. Cambridge Archaeological Journal, 2017, 27(1): 29–54.

[5] Rochette, E. T., Hirth, K. Jade in full: prehispanic domestic production of wealth goods in the middle Motagua Valley, Guatemala[C]//Hirth, K. G. (ed.). Housework: craft production and domestic economy in ancient Mesoamerica, 2009: 212–215; Rochette, E. T. Out of control? Rethinking assumptions about wealth goods production and the Classic Maya[J]. Ancient Mesoamerica, 2014, 25(1): 165–185.

[6] Rochette, E. T, Hirth, K. Jade in full: prehispanic domestic production of wealth goods in the middle Motagua Valley, Guatemala[C]//Hirth, K. G. (ed.). Housework: craft production and domestic economy in ancient Mesoamerica, 2009: 207–218.

[7] Hammond, N., Aspinall, A., Feather, S., et al. Maya jade: source location and analysis[C]//Earle, T. E., Ericson, J. E. (eds.). Exchange systems in prehistory, New York: Academic Press, 1977: 35–67.

[8] Andrieu, C., Rodas, E., Luin, L. The values of Classic Maya jade: a reanalysis of Cancuen' s jade workshop[J]. Ancient Mesoamerica, 2014, 25(1): 141–164.

[9] Demarest, A. A., Andrieu, C., Torres, P., et al. Economy, exchange, and power: new evidence from the late Classic Maya port city of Cancuen[J]. Ancient Mesoamerica, 2014, 25(1): 187–219.

的定年显示作坊年代在公元790年至800年之间。治玉作坊毗邻一个主要港口，表明坎古恩不仅是玉器制作地，还是玉器交易地。坎古恩遗址共发现玉碎片3725件，玉器成品262件，其中，97%的玉碎片和8%的玉器成品发现于治玉作坊中。由于作坊中缺少雕刻过的玉碎片，以及在精英居住地发现了石灰石抛光机，因此，坎古恩的平民玉工可能只参与玉石的早期生产，主要涉及的工序包括打击、锯切和钻孔；而更复杂的治玉工序，如雕刻等，可能是由精英完成的，精英可能也监督玉器的制作过程。

Andrieu等人[1]将坎古恩治玉作坊的玉碎片颜色分为三类：① 浅绿色，从非常浅的绿色到浅蓝绿色不等；② 深绿色，从灰蓝绿色到暗蓝绿色；③ 亮绿色，主要以脉状纹理出现，这些颜色上的差异会出现在同一原材料上，此外，白色的钠长石脉也常在此地的玉料上出现。遗址中玉器成品的器型包括斧、珠、塑像和吊坠，其拥有更多样的颜色，包括：浅绿色、深绿色和亮绿色以及橄榄绿色、蓝绿色和黑色六种。值得注意的是，作坊中只有浅绿色的翡翠材料需经预成型后制成不同器型，深绿色翡翠和白色钠长石则可直接打磨成小珠子。例如，作坊出土玉料中超过20%显示出绿色脉纹，这些脉状纹理附近的人工痕迹表明工匠会对玉料进行挑选；在坎古恩遗址中发现许多玉器成品呈现出这种绿色，表明这些绿色的部分可能被作坊工匠系统性地取走并制作成型，然后在整个遗址中进行交换。同时，作坊中的玉料尺寸也相对较大，最大的长度超过10 cm，宽度超过15 cm。该作坊主要进行的是玉料的储存和简单的分类与预成型工作。

综上所述，作坊里的工匠们可以将深绿色和浅绿色玉材（翡翠或伴生矿物）从白色材料（钠长石）中完全分离出来，这表明他们已经掌握一定辨别和处理原料的能力；而玉碎片和成品在坎古恩遗址的分布取决于原材料的质量、颜色及器型。如同坎古恩遗址中精英住所或其附近常能发现亮绿色和浓郁绿色的玉器（器型较复杂，尺寸较大）；而浅绿色和深绿色玉器（器型较简单，尺寸较小）的分布更广更无序，例如，同心圆形的绿色玉耳饰或人像吊坠主要在精英环境中被发现，较小的深绿色耳饰或小珠子分布更广泛，一些甚至在简单的坑中被发现。由此可见，玛雅社会中存在严格的规则，决定不同质量的玉的分布，同时，玉的颜色和器型也能反映玛雅社会阶级。

[1] Andrieu, C., Rodas, E., Luin, L. The values of Classic Maya jade: a reanalysis of Cancuen’s jade workshop[J]. Ancient Mesoamerica, 2014, 25(1): 141–164.

4.3 小结

玛雅的用玉制度因身份地位的差别而不同，是以高等级人群为尊，以高等级人群为先。玛雅皇室等精英阶级成员拥有社会上大量的翡翠，他们不仅生前佩戴精雕细琢的翡翠珠串、耳饰、牌饰等，而且死后还在墓中随葬超过百件绿石，其材质多样，器型丰富，质量精良。然而，玛雅平民是为精英们制造翡翠及其他绿石器的主要力量；他们无法佩戴玉饰，目前还没有发现绿石首饰随葬于平民墓，只在平民制盐作坊遗址出土了带有使用痕迹的翡翠斧，说明平民拥有的翡翠大多作为工具，质量较差，无法获取优质绿石原料资源。

二、中西用玉对比

玉文化在世界范围内都有发展，如在东亚、中美洲、南太平洋和欧洲地区的人类文化中占有一席之地。虽然地理上相隔较远，但古代中国和玛雅似乎有过沟通交流[1]，两地的人们都偏爱与崇拜玉。在东亚玉文化中，玉是中国人心中“德行”的载体；在中美洲玉文化中，玛雅人认为玉是梦之石（Dream Stone）[2]，因此，玉在两地的精神世界中都发挥重要作用。此外，中国和玛雅玉文化在丧葬礼仪和等级制度等社会和象征意义方面有着相似的表现，但两地对玉料的认识和选择以及在治玉工艺上却又大相径庭[3]。本节将从上述几方面浅析中国和玛雅人用玉的异同之处。

（一）材质之异及风化机制之同

中国和中美洲的玉器在材质上存在本质的不同，前者常用透闪石材质，后者多用翡翠材质。因此，在探究两地出土玉器的风化机制时也需注意材质特征，借此判断玉料被古人利用时的原初状态，进而为文物考古以及保护工作提供科学支撑。

根据中国国家标准《和田玉——鉴定与分类》的定义，中国常用的“玉”是以

[1] Phillips, P. The role of transpacific contacts in the development of New World Pre-Columbian civilizations[C]//Wauchupe, R. (ed.). Handbook of middle American Indians, Vol. 4. Austin: University of Texas Press, 2021: 304; Towle, J. Jade: an indicator of trans-Pacific contact?[C]//Yearbook of the association of Pacific coast geographers, Honolulu: University of Hawai'i Press, 1973, 35: 165–166.

[2] Pearson, N. The seven archetypal stones: their spiritual powers and teachings[M]. New York: Simon and Schuster, 2016: 36.

[3] 徐琳. 中国与中美洲玉文化的初步比较[C]//故宫博物院主编：山川菁英——中国与墨西哥古代玉石文明，北京：紫禁城出版社，2012: 3–4.

透闪石为主要矿物，次要矿物有阳起石，含少量方解石、透辉石、石墨、黄铁矿、铬铁矿、磁铁矿、石英、蛇纹石、绿泥石等的软玉（Nephrite）；透闪石属于角闪石族中的一种钙镁硅酸盐，化学式为$Ca_2Mg_5Si_8O_{22}(OH)_2$，属于双链状硅酸盐结构，透闪石颗粒以毛毡状结构排列并呈现出细腻的油脂光泽为佳[1]。学者们重点研究了透闪石和阳起石的风化，将因自然因素发生的颜色变化作为观察风化的直观因素，其中，白化现象因在中国玉料和玉器中存在的数量多、范围广而最受瞩目，主要原因为矿物内部结构因溶解、水解等风化作用导致的疏松变白[2]，这与中美洲辉石、长石的风化机制有相似之处。

中美洲玛雅地区最为珍视的玉材是翡翠（Jadeite）。参照中国国家标准《珠宝玉石—名称》[3]，翡翠是以硬玉为主要矿物，钠质（钠铬辉石）和钠钙质辉石（绿辉石）为次要组成，并含有角闪石、长石、铬铁矿、褐铁矿等的“辉石玉”。硬玉，即钠铝辉石，是辉石族中的一种钠铝硅酸盐，化学式为$NaAl(Si_2O_6)$，属于单链状硅酸盐结构，显微纤维交织的变晶结构使得抛光好的翡翠可呈现水润的玻璃光泽。目前，当翡翠（钠铝辉石）构成岩石组成的75%或更多时，可将其命名为“翡翠”[4]，其成矿条件是高压低温的变质作用，故在地表条件下不稳定。

Garza-Valdés在1990年[5]和1993年[6]根据中美洲玉的表面变化现象进行了自然风化相关研究。Garza-Valdés在古典时代危地马拉瓜伊坦（Guaytán，Guatemala）作坊遗址（如图二所示）发掘了1901件绿石及碎片，之后使用多种技术对各种绿色薄片、碎珠及玉斧进行了分析测试，包括光学显微镜以及电子显微探针、红外光谱、扫描电子显微镜、X射线衍射等方法，结果显示，1901件玉石器或碎片中，1253件为钠长石（66.02%），97件为翡翠（5.10%），剩余为蛇纹石、燧石等材质；在此基础上，Garza-Valdés从矿物组成变化、结构变化、晶体化学成分变化和矿物晶体变化等四个方面重点分析了钠长石和翡翠的自然风化现象，表明两者的风化原

[1] 中国国家标准化管理委员会.和田玉—鉴定与分类：GB/T 38821—2020[S].北京：中国标准出版社，2020.
[2] 王荣.中国早期玉器科技考古与保护研究[M].上海：复旦大学出版社，2020: 431–435.
[3] 中国国家标准化管理委员会.珠宝玉石—名称：GB/T16552–2017[S].北京：中国标准出版社，2017.
[4] Schmid, R., Fettes, D., Harte, B., et al. How to name a metamorphic rock[C]//Fettes, D., Desmons, J. (eds.). Metamorphic rocks: A classification and glossary of terms. Cambridge: Cambridge University Press, 2007: 10.
[5] Garza-Valdes, L. A. Technology and weathering of Mesoamerican jades as guides to authenticity[J]. MRS Online Proceedings Library (OPL), 1990, 185: 321–357.
[6] Garza-Valdés, L. A. Mesoamerican jade, surface changes caused by natural weathering[C]//Lange, F. W. (ed.). Precolumbian jade: new geological and cultural interpretations. Salt Lake City: University of Utah Press, 1993: 104–124.

理类似，具体如下：

首先，钠长石的主要变化是化学风化中的水解和溶解。当钠长石与水接触时，水解反应开始，钠离子和溶解的二氧化硅形成三水铝石；随着三水铝石和溶解的二氧化硅的增加，它们将反应先形成无定形的高岭石，再随着溶解和再沉淀形成结晶的高岭石。若高岭石层间有水存在时，会形成以埃洛石为主的蚀变产物，呈毛毡状分布于风化长石的蚀变坑内。

其次，钠长石的溶解速度比高岭石或埃洛石的形成速度更快，因此会产生过量的游离态二氧化硅和钠，进而形成蒙脱石。此外，酸性环境下二氧化碳溶解形成的碳酸参与反应时，也可以形成蒙脱石，此时碳酸既参与水解反应，也参与氧化反应。翡翠和钠长石的风化反应过程非常相似，即翡翠与氢离子（H^+）反应生产高岭石，并释放钠离子和二氧化硅（或硅酸）。

综上可见，在水与岩石的相互作用中，硅酸盐的水解和溶解并不均匀，它们易发生在表面能量高的区域，如亚晶界、位错、扭曲的边缘和角落等。这种带状溶解在晶体表面形成蚀刻区，这在发掘的玉斧表面得到了印证[1]。

（二）治玉工具之异及工序之同

中美洲居民既会开采山体获得宝玉石（原生矿），也会从溪流中拣选卵石（次生矿）[2]，早至前古典时代（奥尔梅克文明繁盛期[3]以及玛雅文明前期[4]）已发展出了先进的宝玉石加工技术。例如，韦拉克鲁斯州（Veracruz）和塔巴斯科州（Tabasco）的奥尔梅克文明遗址（图二所示，公元前13世纪）出土了耳珠饰、锛或斧、锥形器等造型简单、光素无纹的玉器[5]；格雷罗巴尔萨斯河（Rio Balsas）附近存在玉石加工作坊（约公元前1000年），其中燧石或黑曜石制的石质工具被用来进行玉石加工[6]；属于奥尔梅克文明的拉文塔（La Venta）遗址（公元前900年）

---

[1] Garza-Valdés, L. A. Mesoamerican jade, surface changes caused by natural weathering[C]//Lange, F. W. (ed.). Precolumbian jade: new geological and cultural interpretations. Salt Lake City: University of Utah Press, 1993: 117–121.

[2] Hammond, N., Aspinall, A., Feather, S., et al. Maya jade: source location and analysis[C]//Earle, T. E., Ericson, J. E. (eds.). Exchange systems in prehistory, New York: Academic Press, 1977: 45–49.

[3] Ramírez-Núñez, C., Cyphers, A., Parrot, J., et al. Multidirectional interpolation of lidar data from southern Veracruz, Mexico: Implications for early Olmec subsistence[J]. Ancient Mesoamerica, 2019, 30(3): 385–398.

[4] Rice, P. M. Middle Preclassic interregional interaction and the Maya lowlands[J]. Journal of Archaeological Research, 2015, 23(1): 1–47.

[5] Thomson, C. W. Chalcatzingo jade and fine stone objects[C]//Grove, D. C. (ed.). Ancient Chalcatzingo. Austin: University of Texas Press, 1987: 295–304.

[6] Griffin, G. G. Formative Guerrero and its jade[C]//Lange, F. W. (ed.). Precolumbian jade: new geological and cultural interpretations. Salt Lake City: University of Utah Press, 1993: 203–210.

出土了大量翡翠雕刻品[1]：塞巴尔（Ceibal）的玛雅文明早期遗址（约公元前1000年）就已出土过绿石斧[2]。

至古典时代的玛雅，Garza-Valdés通过分析瓜伊坦（Guaytán）作坊遗址发现玛雅人已有一套治玉工序：对绿石开料后，玛雅人通过啄击（pecking）和锯切（sawing）进行预成型，再借助三种不同的技术得到最终的形状：磨制（grinding；sanding）（使用的磨床说明该技术已被熟练利用）、铰孔（reaming，对于小件的耳饰或头饰的精加工）和抛光（polishing）。当需要制作特殊形制的器物时，玛雅人也采用特殊的技术，如雕刻（craving; engraving; incising）、开槽（grooving）和钻孔（drilling，前面提的铰孔reaming仅针对耳饰或头饰）。其中，钻孔包括两种基本技术：实心钻和管钻，瓜伊坦出土了许多燧石实心钻头，同时也发现了许多管钻的岩芯，显示该地先民采用了两种钻孔方式。最常见的古代管钻工具是竹子，莫塔瓜山谷的工匠们会使用一种被称为Streptochaeta sodiroana的草本竹子，但因其在中美洲有限分布，仅在危地马拉的维拉帕斯（Verapaz）、佩滕南部（Southern Peten）、伊扎巴尔（Izabal）和伯利兹南部（Southern Belize），因此，竹制管钻工具的利用可能不如石制管钻工具[3]。

Garza-Valdés[4]在瓜伊坦作坊遗址还发现了一些玻璃状颗粒，通过红外光谱显出类似于硅藻土的吸收带，据此推知这些颗粒是硅砂，可能用作抛光剂。Garza-Valdés在部分玉器的红外光谱分析中发现了残余抛光剂——硅藻土和氧化锡混合物的特征吸收带，显示古典时代玛雅先民可能使用了复合类的抛光材料，表明这一时期抛光材料的多样性。

Taube及Kovacevich等人对图二的危地马拉Rio El Tambor及坎古恩（Cancuen）作坊遗址进行了调研，对当时玉石加工有了新的认识。Taube等人[5]认为Rio El

[1] Clark, J. E., Colman, A. Olmec things and identity: a reassessment of offerings and burials at La Venta, Tabasco[J]. Archeological Papers of the American Anthropological Association, 2013, 23(1): 14–37.

[2] Aoyama, K., Inomata, T., Pinzón, F., et al. Polished greenstone celt caches from Ceibal: the development of Maya public rituals[J]. Antiquity, 2017, 91(357): 701–717.

[3] Garza-Valdes, L. A. Technology and weathering of Mesoamerican jades as guides to authenticity[J]. MRS Online Proceedings Library (OPL), 1990, 185: 321–357.

[4] Garza-Valdes, L. A. Technology and weathering of Mesoamerican jades as guides to authenticity[J]. MRS Online Proceedings Library (OPL), 1990, 185: 321–357.

[5] Mazariegos, O. C. Ancient jade workshops: archaeological reconnaissance in the Upper Río El Tambor, Guatemala[C]// Hruby, Z., Braswell, G. E., Mazariegos, O. C. (eds.). The technology of Maya civilization, political economy and beyond in lithic studies. London: Routledge, 2011: 155–162.

Tambor工匠已经了解玉石的部分物理特性，会为了预防玉石在成型时破裂造成损耗，而挑选内部结构致密、结晶好的原材料。同时，由于玉石的高硬度，工匠会使用较大的玉质锤（jade hammerstones）进行啄击；而较大玉块的弯曲断裂表明，热剥落（heat spalling）是另一种分裂巨大原料的方法。Rio El Tambor遗址只出现了预成型的玉斧，没有抛光、线切割或制造珠子的证据，表明这些山区的工匠们很可能只负责生产的最初阶段，这一观点得到了Kovacevich的认同。另外，Kovacevich研究了坎古恩（Cancuen）的治玉过程，结果显示，① 坎古恩工匠会使用石英、燧石、黑曜石等为主的锯切割法，之后也会使用绳子或皮革进行线切割；辅助切割的磨料有两类：干磨料主要为金刚砂、石英砂、翡翠粉等，湿磨料是以动物油脂为主，用来浸润矿物砂和玉料；② 雕刻工具多是玉石本身和燧石；③ 钻孔工具有玉石、燧石、木材或骨头等，木材或骨头也会和干湿磨料一起使用；小型器物只选择单面钻，较大的器物则选择两面钻，从而留下双锥形孔洞，中美洲的钻头可以用手转动，也可以用绳子带动；④ 抛光所使用的主要是木头、竹子和金刚砂，通过出土实物和显微镜观察显示，坎古恩的石灰石抛光机是与抛光料（磨料）一起使用的，其中心常有凹陷，可能用于抛光珠子[1]。

综上所述，玉器制作工艺的发展与治玉工具的进步相辅相成，中美洲治玉使用的石质工具限制了该地玉器的器型规整度、纹饰精细度等美学体现；而金属工具以及治玉砣机的出现，使得中国玉器出现了精致的外观器型和精美的纹饰，达到了很高的艺术水准。因此，治玉工具的不同使得中国和中美洲在治玉水平上存在差异。

（三）价值体现之同

中美洲和中国在配饰、祭祀习俗和礼仪等级方面，都明确了玉的高级地位，均认为玉比其他宝石以及黄金更珍贵。

使用玉材制作器物是中美洲玉文化的一种特征，玛雅文明早期已有使用玉石的证据，例如，位于伯利兹北部的奎洛（Cuello）遗址（公元前900年）出土了少量玉

[1] Kovacevich, B. The organization of jade production at Cancuen, Guatemala[C]//Hruby, Z., Braswell, G. E., Mazariegos, O. C. (eds.). The technology of Maya civilization, political economy and beyond in lithic studies. London: Routledge, 2011: 151–163.

器[1]，至公元前650~公元前400年，仅成年男性墓葬使用了少量翡翠珠[2]；公元前450年的阿顿哈（Altun Ha）皇家墓葬使用了少量钠长石等材质的玉珠[3]。

至古典时期（250 AD~900 AD）的玛雅，复杂技法雕刻的精美玉器只出现在皇家或贵族墓葬中，表明玉材的难得以及玉器具有的特殊象征意义。至阿兹特克文明时期，玉更是一种珍贵商品，例如，一件相对较小的Chalcahui比一担黄金更有价值；公元1519年，阿兹特克统治者蒙特祖马二世（Motecuhzoma II）送给西班牙征服者赫尔南多·科尔特斯（Hernán Cortés）一批玉石和黄金[4]。

此外，玛雅人会用“他有一颗玉石的心”来评价一位品行高尚、备受尊敬的人[5]。类似的是，中国商末至西汉初的德玉阶段（相当于玛雅前古典时代），士大夫阶层将“君子”与“玉德”相互关联[6]，如同东汉许慎在《说文解字》中将玉赋予了君子的“仁、义、智、勇、洁”五德[7]，意在将玉的内在特性、外在美和君子的精神世界相通，提醒君子要以玉观己，达到理想化道德境界。因此，将玉与真、善、美和神等相提并论，在中国和玛雅都很常见[8]。

（四）使用功能之同

4.1 相似的祭祀功能

在中美洲和中国的玉文化中，玉是通神或者祭祀祖先的重要载体。

前古典时期，奥尔梅克人用翡翠与蛇纹石制作大祭司的面具或进行放血仪式的放血器[9]；还制作锛、斧等祭祀与供奉自然或上天，例如埃尔玛纳提（El Manatí）遗

[1] Hammond, N. Jade and greenstone trade[C]//Cuello: An early Maya community in Belize, Cambridge: Cambridge University Press, 1991: 199.

[2] Rochette, E. T. Jade in full: Prehispanic domestic production of wealth goods in the middle Motagua Valley, Guatemala[C]//Hirth, K. G. (ed.) Housework: craft production and domestic economy in ancient Mesoamerica. Washington, DC: American Anthropological Association, 2009: 207.

[3] Pendergast, D. M. Dressed to kill: jade beads and pendants in the Maya Lowlands[J]. BEADS: Journal of the Society of Bead Researchers, 1998, 10(1): 3–12.

[4] Towle, J. Jade: an indicator of trans-Pacific contact?[C]//Yearbook of the association of Pacific coast geographers, Honolulu: University of Hawai'i Press, 1973, 35: 166.

[5] Towle, J. Jade: an indicator of trans-Pacific contact?[C]//Yearbook of the association of Pacific coast geographers, Honolulu: University of Hawai'i Press, 1973, 35: 165–172.

[6] 李银德.中国玉器通史 · 秦汉卷[M].深圳：海天出版社，2014: 4.

[7] （汉）许慎.说文解字[M].北京：中华书局，1963: 10.

[8] Towle, J. Jade: an Indicator of trans-Pacific contact?[C]//Yearbook of the Association of Pacific Coast Geographers, Honolulu: University of Hawai'i Press, 1973, 35: 166.

[9] Reilly, F. K. The shaman in transformation pose: a study of the theme of rulership in Olmec art[J]. Record of the Art Museum, Princeton University, 1989, 48(2): 5–21.

址[1]和拉文塔（La Venta）遗址[2]的出土玉器。玛雅人延续了玉器的祭祀功能，例如，属于古典时期的玛雅Nim Li Punit遗址出土了一件T形玉饰，通过文献研究，学者们认为这是玛雅国王在祭祀“风神”的仪式中佩戴的玉饰[3]。至后古典时期，阿兹特克祭司会佩戴镶嵌绿松石片的面具，用以祭祀雨神等自然之神；或直接将该面具佩戴在神的肖像上，表达了他们的敬仰[4]。

中国先民主要推崇祖先神、自然神和天神，相当于玛雅前古典时代的商周时期，贵族阶层用玉璧、玉圭等器物借助“率民以事神”进行祈福和占卜[5]；相当于玛雅古典时代早段的两晋时期，民众已有共识，即玉器具有“辟邪保吉”的功能[6]，由此统治阶层达到了取得民众的信任并巩固皇权的目的。

由此可见，中美洲和中国的先民均利用玉器来实现与神灵沟通，但两地信仰的宗教不同会造成祭祀方式上存在差异。

4.2 相似的佩玉礼玉功能

两地人民均有佩戴玉器的传统，他们均认为玉不仅可以美化自己，而且反映佩戴者的身份、地位和等级，进而起到维护社会稳定的作用。

根据出土器物或文献研究，玛雅古典时代的皇室成员及其他贵族的衣物装饰中，玉珠和吊坠最为常见。玛雅皇室和贵族不仅将特定的宗教图像融入礼服的每一个部分，而且在身体各处都会装饰有绿色元素，包括头饰、耳饰、项链、胸饰、腰带、手镯、脚镯等，玉饰品和服装的组合加强了玛雅皇室和贵族这类精英人群的社会地位等级，体现精英人群与神灵之间的联系，彰显他们拥有沟通天地与生死的权力和地位[7]。

对于中国封建帝王而言，头冠是冕服的重要组成部分，其上的冕旒装饰有垂坠的玉珠；对于贵族和士大夫阶层而言，组玉佩或串饰常被佩戴于身体的不同部位，

[1] Ortiz, P., del Carmen Rodríguez, M. The sacred hill of El Manatí: A preliminary discussion of the site' s ritual paraphernalia[J]. Studies in the History of Art, 2000, 58: 74–93.

[2] Clark, J. E., Colman, A. Olmec things and identity: A reassessment of offerings and burials at La Venta, Tabasco[J]. Archeological Papers of the American Anthropological Association, 2013, 23(1): 14–37.

[3] Prager, C. M., Braswell, G. E. Maya politics and ritual: an important new hieroglyphic text on a carved jade from Belize[J]. Ancient Mesoamerica, 2016, 27(2): 267–278.

[4] McEwan, C., López Luján, L. Moctezuma: Aztec ruler[M]. London: British Museum Press, 2009: 158.

[5] 古琨璋.中国玉器通史 · 周代卷[M]. 深圳：海天出版社，2014: 5, 99–100.

[6] 左骏，王志高.中国玉器通史 · 三国两晋南北朝卷[M]. 深圳：海天出版社，2014: 100–105.

[7] Kovacevich, B., Callaghan, M. G. Fifty shades of green: interpreting Maya jade production, circulation, consumption, and value[J]. Ancient Mesoamerica, 2019, 30(3): 457–472.

起到规范行为举止、区分身份地位、维护贵族阶层统治的目的[1]。至相当于玛雅古典时代后段的隋唐时期，随着印绶制度的出现，组玉佩的“礼器”功能减弱，而以装饰作用为主，常见的器型组合如璧、璜、珠管等[2]。由此可见，玉器进入帝王的冠冕体系是政治秩序的象征，反映帝王是神圣的天子，表现出一种中国式的外在美；而玉器进入中国文人的配饰体系是德行与精神的象征，表现出士人品德的内在美[3]。

4.3 相似的丧葬功能

从中美洲和中国的丧葬文化来看，两地都用玉作为随葬品。中国丧葬玉器的形制与人们生前使用的存在不同之处，至汉代已经发展形成了一套完整的丧葬用玉制度，达到了用玉葬仪的高峰，如随葬玉衣、玉窍塞、玉握、玉琀等一系列器物，时人认为使用玉可以使尸身不朽、灵魂不灭[4]。中美洲的墓葬也经常随葬玉器，但是器型有所不同，例如，奥尔梅克时期的墓葬随葬美洲虎形玉器，玛雅时期的墓葬随葬有雕刻的玉牌[5]，玛雅先民也认为玉石可以指引亡灵的旅途，达到永恒[6]。

中国和中美洲均有用玉石堵住身体孔道的习俗，最常见的是在逝者的嘴里放入玉片。例如，中美洲人也将精美玉石雕刻的面具等器物随葬并覆上朱砂[7]，他们还将玉片和未煮熟的米饭或玉米一起放入逝者口中，该习俗一直延续至玛雅时期[8]；中国自新石器时代已有该习俗，至相当于玛雅古典时代后段的隋唐时期，中国先民有时仍将水银和朱砂放在嘴里并用玉珠、玉片塞住，有时使用玉石面具覆盖逝者面部[9]。

4.4 相似的医疗功能

中国和中美洲先民在玉石医疗方面存在相同观念：两地均使用佩戴、祈福的外在方式发挥玉的精神疗法，追求玉的健康功能，而中国先民还会服食玉及相关制品

[1] 吉琨璋.中国玉器通史·周代卷[M].深圳：海天出版社，2014: 183–186.
[2] 刘云辉，韩建武.中国玉器通史·隋唐五代卷[M].深圳：海天出版社，2014: 32, 102.
[3] 张法.玉：作为中国之美的起源、内容、特色[J].社会科学研究，2014, (3): 177–185.
[4] 徐琳.中国与中美洲玉文化的初步比较[C]//故宫博物院主编：山川菁英——中国与墨西哥古代玉石文明，北京：紫禁城出版社，2012: 5.
[5] Towle, J. Jade: an indicator of trans-Pacific contact?[C]//Yearbook of the association of Pacific coast geographers, Honolulu: University of Hawai'i Press, 1973, 35: 167–168.
[6] Manrique-Ortega, M. D., Casanova-González, E., Mitrani, A., et al. Spectroscopic examination of Red Queen's funerary mask and her green stone offering from the Mayan site of Palenque, Mexico[J]. Spectrochimica Acta Part A: Molecular and Biomolecular Spectroscopy, 2020, 234: 118205.
[7] Stirling, M. W. The Olmecs, artists in jade[C]//Lothrop, S. K. (ed.). Essays in Pre-Columbian art and archaeology. Cambridge, USA: Harvard University Press, 2013: 44, 52.
[8] Towle, J. Jade: an indicator of trans-Pacific contact?[C]//Yearbook of the association of Pacific coast geographers, Honolulu: University of Hawai'i Press, 1973, 35: 168.
[9] 刘云辉，韩建武.中国玉器通史·隋唐五代卷[M].深圳：海天出版社，2014: 99–102.

来治愈疾病。

中国古代医药的源起是药食同源，所用之药包括各种植物及矿物岩石，涉及的治疗方法有内用法，包括服和食，以及外用法，包括佩戴、涂抹等方式[1]。上古时期，先民期望通过内用或外用药物的方式保健或治愈疾病，例如《山海经》中具保健功能的瑾瑜玉（即美玉）[2]；直到明代，李时珍著《本草纲目》收录“玉”“玉膏”“阳起石”等九种玉石的医疗功能，可治疗小儿惊啼、腹部或者肋部的癖块带来的疼痛、面身瘢痕及生育疾病[3]。

中美洲玉常用于治疗腰部（肾脏、脾脏、肝脏）疾病，使用佩戴接触或按摩的外用法。其医疗功能可能起源于中美洲神话，例如，水神（Chalchihuites）是“穿长袍佩戴绿色珠宝”的母亲形象，因此代表她的绿色宝石被中美洲先民认为含有“生命物质”，即“宝石水”（Jewel water）或“生命之血”（Life blood），从而将玉石与水联系起来并与医疗产生关联[4]。中美洲人相信在腰部或腹部揉动这样的绿色石头可以治疗脾脏、肾脏和肝脏的疾病，或是将玉片放在患病部位，如佩戴在背部或腰部可以治疗附近器官的结石症状——脾脏结石（Spleen stones）或胆结石（Gallstones）[5]。中美洲玉石的药用功能一直持续到西班牙殖民时期的早期，例如，16世纪西班牙国王菲利普二世（Philip II）会通过亲吻玉石、用玉石触碰发炎的关节和疼痛的腹部等方式来缓解精神和身体上的不适[6]。

三、总结

国外对中美洲玛雅玉石的材质、产地及象征意义等方面的研究颇多，随着考古学与地质学及现代科学技术的融合，对中美洲古典时代玛雅用玉、治玉的科技研究可总结为以下三点：

[1] 赵匡华，周嘉华. 中国科学技术史（化学卷）[M]. 北京：科学出版社，1998: 228.

[2] 龚胜生，罗碧波.《山海经》的医学地理学价值[J]. 华中师范大学学报（自然科学版），2012，46(3): 351–357.

[3] （明）李时珍. 本草纲目（校点本第一册）[M]. 北京：人民卫生出版社，1979: 498–502, 581–582.

[4] Mackenzie, D. A. Myths of pre-Columbian America[M]. North Chelmsford: Courier Corporation, 1996: 171–173.

[5] Towle, J. Jade: an indicator of trans-Pacific contact?[C]//Yearbook of the association of Pacific coast geographers, Honolulu: University of Hawai'i Press, 1973, 35: 170–171.

[6] Holohan, K. E. Mesoamerican idols, spanish medicine: jade in the collection of Philip II[C]//Ivanic, S., Laven, M., Morrall, A. (eds.). Religious materiality in the early modern world. Amsterdam: Amsterdam University Press, 2019: 239–241.

1. 从材质来说，玛雅地区用玉的选择范围较广，目前已被证实的矿物有翡翠、钠长石、绿辉石、石英、透辉石、蛇纹石和少量的天河石、孔雀石等材料。然而，材质选择也离不开颜色因素，鉴于绿色在玛雅人心中代表着可作食物的玉米以及生命的力量，玛雅人只选择上述材质中的绿色品种。

2. 对于古典时代玛雅玉石的示踪问题，包括两个方面：首先，属于玛雅文明的危地马拉存在莫塔瓜断裂带，给翡翠成矿所需的高温低压提供了天然的优越的地质条件；其次，玛雅地区考古遗址出土的大量玉石为观察及各类物相分析和元素测试积累了充足的数据，一些科学实验室还建立了数据库，为今后研究提供充实的资料。因此，玛雅地区可以应用以矿区—出土遗物结合的研究逻辑，深入加强确定遗址或墓葬与古今玉矿等方面的研究，从而提高该地区产地示踪的准确率。中国由于利用翡翠较晚，且境内没有翡翠原矿，加之文献记载翔实，故而产源示踪的准确性较高，但透闪石—阳起石玉的产地众多，给产源示踪研究造成了很大困难。

3. 玉在玛雅有着较高的实用价值与象征意义，因此，玛雅的古典时代只有皇室或贵族精英才能在生前和身后使用玉器。同时，一部分精英掌握了复杂的治玉知识，还掌握了书写、举行仪式以及学习新知识的能力，使得他们可以垄断中美洲的玉石资源。因此，玛雅平民工匠只参与玉器生产的早期阶段，而更复杂的制作工序，如成型、雕刻（纹）等是由玛雅精英完成的。

中美洲和中国玉文化的对比分析显示两地在装饰、礼仪、丧葬、医疗等方面具有很大的相似性，而在材质利用、治玉工具的选择方面存在较大差异，今后应加强两地的对比研究。在研究中国玉器时，应以材质为基础，目前虽已有成熟的岩矿学鉴定手段来区分透闪石和翡翠，且从现有成果来看，应用效果令人满意，但其他工作尚有改进和发展的空间，今后可在以下三个方面加强：

1. 中美洲已存在确切年代的古矿址与出土文物双向衔接的研究模式，两者均有一定年代区间数据使得研究具有针对性，示踪成功率更高，这种研究逻辑一直指导着中美洲翡翠产地研究。与之相较，中国具有确切年代的古透闪石玉矿不多，使得从现代矿区联系出土文物的示踪模式有了很大的不确定性，即现代矿区矿点可能并非以往先民所开采之矿区，这增加了中国玉器产源研究的难度。

2. 同位素在矿物示踪研究中具有很大优势，但由于文物的表面磨损或风化等情况会影响一些测试的精度，因此要利用好微量元素示踪的经验，但不能一味照搬[1]。目前使用多测试方法联合及X射线荧光光谱从主量元素含量的方面展开玉石文物示踪的研究。

3. 透闪石与翡翠的磨损程度、杂质和风化等因素会对光谱形状和强度、微量元素的含量等造成影响，可以思考从仪器的精度等方面降低误差，也可以测试大量不同保存状态的玉石样品，建立数据库，降低干扰。

[1] Wang, R., Shi, X. W. Progress on the nephirte Sources of jade artifacts in ancient China from the Perspective of isotopes[J]. Frontiers in Earth Science, 2022, 10: 1008387.

首届古代玉器青年学术论坛纪要[1]

麦蕴宜（广东省文物鉴定站）校

2016年9月11日~12日，“首届古代玉器青年学术论坛”在复旦大学顺利召开。该论坛由复旦大学文物与博物馆学系与中国社会科学院考古研究所考古科技实验研究中心联合主办。来自中国社会科学院考古研究所、黑龙江省文物考古研究所、陕西省考古研究院、浙江省文物考古研究所、辽宁省文物考古研究所、复旦大学、中国科学院大学、山东大学、辽宁大学、南京师范大学、山东工艺美术学院、中国科学院上海光学精密机械研究所、故宫博物院、国家博物馆、上海博物馆、南京博物院、湖北省博物馆、广东省博物馆、内蒙古博物院、重庆中国三峡博物馆、青州市博物馆、良渚博物院、徐州博物馆、虢国博物馆、常州博物馆、荆门市博物馆、上海市文物保护研究中心、湖北省文物交流信息中心、山东省潍坊市文物局等高校、研究所、博物馆和其他文博机构的50多位代表参与了本次论坛。在一天半的论坛期间，共有30位青年学者做了专题报告。

本次论坛由复旦大学文博系王荣和中国社会科学院考古研究所叶晓红倡议发起。在玉器研究领域，这是首次将众多青年学者汇聚一堂的专题性会议。该论坛旨在促进广大青年玉器研究学者之间的交流，更好地为青年学者搭建学术交流平台，从而深入发掘古代玉器的历史、文化、科技价值及内涵。

[1] 整理于2016年9月。

一、开幕式

论坛由复旦大学文物与博物馆学系王荣主持，他表示本次青年论坛有三大特点：一是轻形式、重内容；二是日程紧凑、覆盖面广；三是专业性、学术性、前沿性及纯洁性兼具。其次，王荣认为对于普通民众来说，能看到古代玉器已是一生有幸，能上手盘摸古代玉器已是二生有幸。许多玉器是与会学者亲手考古发掘出土的，或经过与会学者的研究，使其价值得以提取，物质实体得以保存，并促进玉器这一珍贵文化遗产的传承，因此研究人员从事的是三生有幸的工作。最后，对于青年学者的玉器研究之路，王荣用八个字进行了概括——不忘初心，贵在坚持。

复旦大学文物与博物馆学系系主任陆建松教授进行了开幕致辞。陆建松首先对各位来宾表示欢迎，并感谢大家远道而来参加论坛。随后，他鼓励青年论坛这一形式，指出青年是促进学科持续发展的生力军。对于玉器的探讨研究，陆建松认为不应仅集中于其材质、用途等功能，更需要揭示其背后蕴藏的文化内涵、文化背景等内容。最后，他对此次论坛寄予殷切希望，即通过这次专业性、学术性极强的论坛，各方代表能够进行充分的讨论交流，促进对于玉器文化的认识，将来更好地为公众服务。

二、9月11日上午上半场

9月11日上午共有十位学者发言，分为上下两场。每场的五位学者报告完毕之后，有15分钟的提问交流时间。上午场的演讲是按照报告主题的时代早晚先后关系进行排序的。上半场演讲内容主要是新石器时代各考古学文化的出土玉器及其内涵，由中国社会科学院考古研究所何毓灵以及山东大学历史文化学院王芬担任主持人。

报告人：李有骞（黑龙江省文物考古研究所）

发言主题：黑龙江省饶河小南山遗址新发现的玉器及年代[1][2]

[1] 部分学者汇报内容已发表，现主要收录期刊发表信息。

[2] 相关研究已发表，详见：黑龙江省文物考古研究所，饶河县文物管理所.黑龙江饶河县小南山遗址2015年Ⅲ区发掘简报[J].考古，2019(08):3–20.

小南山遗址位于黑龙江东北部饶河县的乌苏里江左岸。小南山为孤立的小山，南北约1000米，东西约400米。小南山遗址自20世纪50年代发现以来已开展相关考古工作，因1991年修建瞭望塔时发现一座墓葬，出土67件玉器、56件石器和3件牙坠饰而引起广泛关注，但由于其并非经过考古发掘，墓葬的年代具有一定争议。为明确小南山遗址内涵，黑龙江省文物考古研究所于2015年对该遗址进行发掘，发掘区位于遗址东中部，其中第一区和三区出土较多玉器。第一区出土的玉器主要在石堆遗迹附近和第3层中，类型有珠、璧、锛、匕形器、弯条形器等。第三区的玉器主要在二号墓中，墓葬凿基岩为穴，长和宽约2米，深约1米，填土为烧土，残存少量人骨，因火烧无法得出测年数据，推测墓主置于墓坑后经过火烧再填埋。随葬有玉珠、玉管、玉环、玉璧等，还有少量石器。邻近的三号墓出土玉斧1件、石筒形器1件以及石镞数件等。^{14}C测年结果表明，玉器所处年代约为距今9200~8600年（校正后），这与共存的陶器和石器类型学显示的年代完全吻合。总之，小南山遗址是我国目前发现的较早的一批玉器，能够为玉器的起源和早期发展研究提供直接证据，同时对于探讨渔猎经济孕育上古文明具有重要意义。

报告人：王苹（中国社会科学院考古研究所）

发言主题：红山文化玉龙造型来源探析

红山文化玉器能够反映当时社会等级和权力观念，是当时社会分工、社会分化和宗教祭祀的产物。其中，玉龙艺术和工艺水平高，极具代表性，其造型可能来源于四种动物。一是野猪，夏家店下层文化、赵宝沟文化、兴隆洼文化等多处新石器时期文化的遗址或墓葬皆出土野猪骨骼或野猪形象的随葬品，一些雕塑作品及陶器纹饰也有野猪的形象。红山文化晚期的一类玉猪龙上可以看到类似野猪的獠牙、大耳朵、长吻部等形象。二是熊，古文献中对熊多有记载，比如黄帝号有熊氏、梦熊生子具有吉兆含义等。如今，当代的北方狩猎民族仍旧对熊有着特殊的情感。兴隆洼遗址曾出土一件“陶猪”，根据其四足的形象来判断，应该是熊。红山晚期的另一类玉龙，其吻部较短、耳朵较小、眼睛圆睁，形象类似于熊。三是鸟，那斯台、胡头沟等红山文化遗址都出土过鸟形象的遗存，如玉鸮、鸟形玦等。那斯台遗址出土一件石雕鸟型龙，具有鸟喙和翅膀的特征。四是鹿，三星他拉和翁牛特旗出土的红山文化C形龙，其吻部上翘，具有水滴状的眼睛，类似于鹿。而其背部的鬣，根据赵宝沟文化小山遗址尊形器上刻划的鹿、猪等动物具有勾角形造型来推测，可能是其翅膀。总之，红山文化的玉猪龙造型来源复杂，绝非是单一的动物形象；其头部形象写实，而身体形象则是较为抽象的。红山文化玉猪龙来源于兴隆洼、赵宝沟等文化，并对后世的商代玉龙产生了深远的影响。

报告人：熊增珑（辽宁省文物考古研究所）

发言主题：红山文化玉猪龙功能探析

目前可知的玉猪龙数量大约为44件，其中6件有明确出土地点，分别是：牛河梁第二地点2件，即N2Z1M4：2（淡绿色，微泛黄）和N2Z1M4：3（白色蛇纹石岩质）；第十六地点1件，N16M14：3（淡绿色，泛黄）；半拉山墓地1件，M12：2（淡绿色，质地细腻，表面有白色沁斑）；东山岗墓地1件；田家沟墓地1件。学术界对玉猪龙的功能性认识主要有：可能是宗教祭祀的通灵之物；代表的动物形象是熊，可能与黄帝有直接联系；玉猪龙代表着熊和蛇两类动物，可能在祭祀时使用。熊增珑认为，研究玉猪龙的功能，需要分析其在积石冢中的出土位置和共存关系。埋葬玉猪龙的墓葬内均有人骨，但墓主均为非正常死亡状态，推断其可能在战争中身亡；墓葬所处位置不在积石冢中心部位；墓葬随葬品丰富；玉猪龙出土数量极少，同一墓地只出土1~2件，说明墓主身份极为特殊。结合以上特点可以推测，玉猪龙形制比较固定，应该是一种礼器，是当时军事首领所专有的器物，同时也是军权的象征。

报告人：陈明辉（浙江省文物考古研究所）

发言主题：论马家浜时期的玉文化与社会发展

据统计，马家浜时期遗址数量共110余处，主要分布于环太湖地区、宁绍地区和宁镇地区。分析该时期遗址的陶器谱系，可以发现马家浜文化主要分为早和晚两大阶段，早期主要使用圜底釜和平底釜系统，晚期则由鼎逐渐取代了釜。距今7000~6300年的马家浜文化早期大致是一个平等的社会，也是玉器的滥觞时期。这一时期出土玉器的遗址主要有环太湖地区的骆驼墩、邱城、罗家角、祁头山，宁绍地区的河姆渡、傅家山，宁镇地区的丁沙地，社会分层很不明显，玉器使用极少，器形主要有玦、管、璜等，玉文化的出现可能与兴隆洼文化密切相关。到了距今6300~5900年的马家浜文化晚期阶段，遗址数量激增至近百处，并产生中心性遗址，出现较明显的社会分化现象，产生了早期的权贵，石钺及玉璜、玉玦等玉器成为墓葬中标志身份、权力和地位的重要载体，在长江下游流域三个用玉文化中心，即北阴阳营文化、薛城文化和东山村文化中最为突出。马家浜玉文化对长江中游、海岱地区产生了积极影响，形成了包括长江中游和下游、江淮地区的玉文化半月形文化圈。

报告人：范晓佩、周伟（荆门市博物馆）

发言主题：龙王山墓地出土玉器刍议

龙王山墓地位于荆门市子陵镇，于2007年6~11月发掘，共揭露大溪文化晚期至屈家岭文化早期墓葬203座，其中出土玉器墓葬22座。发掘器物总数达9000多件，其中出土玉器67件，主要分布于大型墓和少量中型墓，大多为装饰品，包括璜20件（以桥形为主，另有个别弧形璜，尺寸在10cm以上较多）、镯13件、坠18件、管7件、环3件、串珠2件、璧1件、锛1件、圭形器1件。这些玉器上大部分都有钻孔，钻孔目的可分两种：用以装饰或挂系的钻孔，或用以修复断裂的小孔。其中，后者主要用于玉璜、玉镯、玉环，出土的20件玉璜中有12件残断重组器，此类钻孔位于器物内侧及断面，能够达到一定的隐形修复效果。相较于长江流域同时期其他考古学文化，龙王山墓地出土玉器有以下特征：首先，该墓地玉器主要为玉璜，并未发现玉玦，这一情况与薛家岗相同，而长江流域其他考古学文化则出土众多玉璜和玉玦。其次，龙王山玉璜以桥形为主，形体较长，不同于其他遗址的半璧形或半环形。第三，多数龙王山玉器断裂后进行了钻孔修复，在其他地区较为少见或仅是孤例。龙王山遗址出土玉器的钻孔技术之所以发达，推测有如下原因：①本地玉矿匮乏，玉材获取不易，使得对残断碎玉进行再加工的需求增加，促进工艺进步。②玉器钻孔时所需的高速回转运动与陶器轮制原理基本一致，制陶工艺或为玉器的钻孔提供技术支持。厘清史前玉石器的产地和流通情况，并关注其加工技术，将能够为探讨文化特征及文化交流提供新视角。

提问环节

本场的关注点主要集中在龙王山墓地上。有学者问道：龙王山墓地共发掘了203座墓地，出土9000多件随葬品，数量为何如此惊人？龙王山墓地发掘领队龙永芳解释：这9000多件随葬品绝大多数是小型陶质明器，而且同一墓中出土的同类器非常多，诸如小黑陶杯、罐等；且大多数陶器为碎片，因此最终修复好的完整陶器的数量远没有这么多。此外，出土的陶器数量多且器型具有一定代表性，可以根据随葬的陶器和器物组合对墓葬进行分期，目前发掘报告尚在整理中。

有学者问道：龙王山墓地是否发现葬具？陶器与遗骨的叠压关系又是怎么样的？龙王山墓地发掘领队龙永芳回答：未发现葬具。由于南方的土壤酸性较强，无法发现更多相关的有机质遗存来证明葬具的存在。而陶器与遗骨的叠压关系根据墓葬形式不同分为两种：一种是墓坑中间放置器物的墓葬，陶器则直接叠压在遗骨之上；另一种是在墓坑四周放置器物的墓葬，陶器与遗骨无叠压关系。

还有学者问道：龙王山墓地出土玉器的接合之处为何看上去如此完好平整？这是人为制作的还是意外打断的？是否具有某种特殊含义？龙王山墓地发掘领队龙永芳解答：有些玉器在断面处可以观察到打磨的痕迹，因此推测玉器是出于某种原因破碎了之后重新打磨再接合使用的。而接合起来的玉器也并非严丝合缝，接合处仍可看到一些小缝隙。目前出土的67件玉器当中没有残器，这些玉器或是完整器，或是原已残断但被古人打孔修复可拼接完整。例如，龙王山墓地十号墓出土的一件玉镯，发掘时已断为5节，散落在墓坑的不同部位，但经过简单的清洗拼接发现：残断的这5节玉镯两端都带有斜钻孔且能够完整拼合。根据以上信息推测，当时玉料稀少，珍贵的玉器是墓主身份等级的象征，因此即使破碎了也要修复继续使用。

此外，有学者提问：河姆渡文化石玦是否与马家浜文化玉玦有一定联系？浙江省文物考古研究所陈明辉回答，河姆渡文化石玦数量众多，对于其来源，很多专家认为与兴隆洼文化有关，但目前两地之间这一时段的考古材料仍较少，有待日后新的发现。也有学者对小南山文化的玉器颇感兴趣并进行了提问，相关报告人都一一进行了解答。

三、9月11日上午下半场

9月11日上午第二场的报告共有五位学者发言，演讲内容主要也是新石器时代各考古学文化的出土玉器及其内涵，由中国社会科学院考古研究所王苹以及辽宁省文物考古研究所熊增珑担任主持人。

报告人：王芬（山东大学历史文化学院）

发言主题：大汶口文化玉环初探

一般而言，中国早期玉器可以划分为东北、黄河中上游、黄河下游、长江中游、长江下游、东南共六大区域。大汶口文化处于黄河下游地区，包括山东全境与其相邻的苏豫皖部分地区，这一区域玉器相较于西辽河或环太湖地区的发现而言，数量较少，类型简单，主要为装饰用玉，而礼仪用玉和工具用玉较少。此前研究主要集中于龙山文化玉器，大汶口文化玉器的情况亟待进一步探讨，其中玉环（包括镯、臂钏、指环、小璧环）作为常见器型，是本项研究的重点。2016年上半年，位于鲁北地区的焦家遗址进行了考古发掘，发掘分为南北两区，共计约1100平方米。该遗址共发现大汶口文化房址61处，墓葬135座，以及大汶口、龙山和汉代灰坑530余处。墓葬出土随葬品1666件/套，其中玉器约290件，包括小件玉环80件、璧形环30件、镯和指环30余件。镯可分为扁体、柱体、圆体三种情况，部分断裂后穿孔补缀。部分环有线切割痕迹，或成组，充当挂饰，或铺于墓主身下。指环有的戴在墓主手指上，有的穿孔挂于颈部。焦家遗址玉器的发现为大汶口文化玉器的研究提供了新的视角，如以玉环为代表的装饰用玉在社会复杂化进程中的身份象征意义，大汶口中期玉器的扩散和传播通道，以及距今5300~4500~3800年跨区域的族群流动、政治格局与文化变迁。

报告人：仲召兵（浙江省文物考古研究所）

发言主题：史前玉石钺安柲绑缚方法[1]

史前玉石钺安柲的绑缚方法研究可以从考古发现的图像、模型及实物着手，目前形成了一定的共识——钺与柲垂直，柲上对应钺的位置开銎，钺上的V形朱痕代表线绳绑缚的方向，高等级墓葬玉钺一般安柲，柲上往往有髹漆绘彩、镶嵌玉粒等复杂装饰；而分歧则在于V形朱痕和磨划痕的形成原因——朱痕是有意绘制还是绑缚沾染形成，磨划痕是故意刻划而成还是绑缚磨损痕迹。在目前的考古发现中，桐庐小青龙遗址M10：2漆柲玉钺尤为特殊。该钺绳条、朱痕与黑彩三者重叠，朱痕由绳条沾染朱漆形成，经X射线能谱分析，漆器成分为暗红色的三氧化二铁和鲜红色的

[1] 相关研究已发表，详见：仲召兵，郎爱萍．史前玉、石钺的安柲方法探析[J]．东南文化，2017(03):82–85.

朱砂。其V形朱痕开角大，上方线条直接延伸会超出柲的顶端，而且朱痕还延伸至玉钺的侧面。由此推测，该件玉钺的安柲方法为：线绳由玉钺的圆孔向两侧呈V形展开，然后在玉钺的上下两侧交错成结，线绳两端再以相互平行的方式绑缚在柲上，为使绑缚更加牢固，还会拉绳经过钺的穿孔与柲相绑，以及沿玉钺顶部绑缚，最后再髹漆绘黑彩。对于其他遗址出土的大量玉石钺而言，绑缚方法和朱痕形成原因还存在其他可能。有的V形朱痕延伸至钺的顶端及整个穿孔边缘，且十分规整，更有可能是直接绘制形成的。有的钺（如薛家岗遗址M58：8石钺）朱痕为彩绘纹饰，中间有从穿孔向外延伸的V形空白，极大可能是先通过线绳绑缚的方式安柲，再朱绘纹饰导致的。海盐西长蚌出土的石钺的V形痕细长，明显是刻划形成的。还有的钺有宽带状的V形痕，可能是绑缚形成的，但还有另一种印痕覆盖在V形痕的上方，所以也可能在制作时已经形成。总之，玉石钺的安柲绑缚方法是多样的，其上朱痕的形成也有着多种原因，部分为绳条绑缚沾染形成，部分为有意涂绘。在玉石钺批量化生产的背景下，有意涂绘朱痕和刻划痕更可能用以象征绑缚，而不一定真正安柲。

报告人：庄丽娜（中国国家博物馆）

发言主题：东山村遗址出土石器的微痕分析

长江下游地区自马家浜文化晚期以来逐步形成石器随葬的习俗，至良渚文化时期，石器在随葬品中占有较大比例，且制作精美。其是否具有实用功能，抑或是专门用于随葬，可以通过低倍显微法（16X-160X）观察实用部位的微痕，并结合石器的材质、重量和工艺，并与已发表的可控实验结果进行对比，从而形成认识。56件观察样本来自张家港市东山村遗址的10座崧泽文化时期墓葬，大部分出土于6座大墓，器型主要为石锛、石钺和石凿。石锛原材料主要为泥岩和砂岩，所见的微痕主要可以分为三种情况：磨损和微疤（或条痕、磨圆、光泽）组合、V型疤痕+刃角崩损+磨制条痕、仅见V型微疤。石凿因石质较差，风化程度严重，能够观察到的微痕较少，刃缘存在三种微痕：仅见V型疤痕或V型疤痕和刃角崩损共存、片疤或磨圆组合、未开刃。石钺无完好刃缘，微疤（V型、羽状、折断式）和磨制条痕被磨圆和光泽覆盖，孔缘处部分区域磨圆和光泽度较高，呈对称分布，仅1件刃缘有砍砸产生的阶梯状疤痕。根据这些石器上观察到的V型疤痕（矿物颗粒脱落造成）、磨制条痕（平行、浅、分布广泛）、刃角崩损（随葬或发掘造成）、刃缘未开刃、刃缘锋利而无其他微痕，可推测其未经使用，专门用于随葬；出现彗星状短条痕、磨圆、光泽，可推测其可能曾用于刮削；石钺孔缘特定区域的磨圆痕迹与光泽则推测与捆柄相关。由此可以看出，东山村遗址存在专门为随葬而制作的石器，但就同一器型的多件随葬石器而言，其功能不能一概而论。仍有部分微痕尚未能解释，需要日后开展更多实验进行对比。微痕观察作为一种新研究视角，还需要综合其他方面证据来判断石器的功能，进而探讨玉石器手工业发展情况及葬俗。

报告人：赵海涛（中国社会科学院考古研究所）

发言主题：二里头遗址玉器的新发现与新研究

广义而言，玉泛指一切美石，二里头遗址出土了软玉、绿松石等多种材质、器型多样的玉器，2010年以来也有许多玉器新发现。2015年，巨型坑中的一座四期晚段墓葬（2015VM1）出土了1件粘嵌绿松石的骨簪，位于墓主头部下方。5号基址内的二期贵族墓葬（2015VM5）出土了带有线刻纹的绿松石残片以及圆环形玉器，均属首次发现。宫殿区以东的四期晚段贵族墓葬（2015VM7）墓底铺有较厚的朱砂，出土30余件随葬品，除漆器和陶器，还有绿松石串珠，以及长近70厘米的玉刀。以往研究主要关注玉器原料、形态、价值和定位、反映的文化交流和社会性质等方面。近年来，中国社会科学院考古研究所与香港中文大学合作举办了二里头龙形器与绿松石作坊，汇聚众多机构专家学者，对龙形器、绿松石牌饰等二里头遗址玉器进行综合研究，借助微距、显微拍照和成分检测技术，并与国内外相关器物对比研究，考察其玉料来源、制作工艺、使用痕迹、造型纹饰等信息，从而探究玉石制品的生产过程、流通传播，以及背后反映的社会关系、礼仪制度、政治制度等内容。

报告人：杨岐黄（陕西省考古研究院）

发言主题：陕西洛南河口绿松石矿洞遗址考古调查与发掘

陕西洛南河口绿松石矿洞遗址位于洛河支流西峪河两岸，接近与洛河的交界处。20世纪80年代，考古人员在该矿洞中发现了石锤，当时认为是旧石器时代的砍砸器。后来随着认识的深入，对比世界范围内的类似器物，其应为先秦时期开采矿洞的工具，这类石锤在内蒙古、河北、安徽等地同时期的铜矿遗址中亦有发现。不同的是，该矿洞仍保留有薄层片状绿松石脉，而非铜矿。考古调查共发现10处矿洞，另有1处可能为露天开采遗迹。2015年，陕西省考古研究院选择最大一处矿洞洞口位置的尾矿堆积进行发掘。该区域出土了大量石锤、石球（推测用于加工石锤的凹槽）、石盏（推测与照明有关）、陶片。^{14}C测年数据显示，其年代在3925~2535 B.P.之间。整体而言，本项工作探索出一套较为科学的古代矿业遗址发掘方法，增进了对于早期矿洞开采模式的认识，如开采工具、开采方法及矿石筛选等，也有助于探讨古代珍稀矿产的运输和管理模式。同时，初步研究显示该遗址可能是二里头遗址绿松石遗存的来源之一，为古代绿松石来源提供了新线索。

提问环节

学者们主要对于大汶口文化的玉环比较感兴趣。有学者问到，大汶口文化的玉环是否能够分期并判断年代？山东大学王芬回答，虽然发掘尚未结束，不能精确断代，但大致可以对其进行简单分期。在大汶口文化早期晚段以及中期，玉器品种以环类为主；至大汶口文化晚期，玉钺增多，而玉环减少。其他的环类器型差异不大，但手镯的变化比较明显，早期的手镯用料多，而晚期的则用料少。

有学者问到，大汶口文化的玉环上是否采用对钻手法？是否发现出土在脚部的玉环？王芬解答：大汶口文化的玉环上使用的全部是单钻。另外，大汶口文化在晚期具有一些特殊现象，即出现了目前发现黄河流域最早的毁墓情况，在这些被毁的大墓中，人骨直接被毁，并且玉器少见，只有在一个陶罐里发现了十几件较小的玉器。因此出土的大汶口文化晚期玉器数量较少，最多的一个墓葬仅有15件玉器，但玉质大都不佳，较差的可能是取自距离较近的玉矿，而较好的则可能是从远处运来的玉料。在出土品中，除了有一件骨质大筒套在遗骨腿部，其余的玉环只见于手部或臂部，或作为串饰出土于颈部、头部位置。

还有学者询问陕西洛南河口绿松石矿洞遗址是否出土了开料工具，陕西省考古研究院杨岐黄表示，目前还没有找到实物与工具并存的理想遗迹。

四、9月11日下午上半场

下午上半场共有五位学者发言，演讲内容主要涉及商代出土的玉器及其内涵，由中国科学院上海光机所李青会和中国社会科学院考古研究所赵海涛担任主持人。

报告人：何毓灵（中国社会科学院考古研究所）

发言主题：殷墟玉匠墓探析[1]

考古学研究归根到底是关于人的研究，因此玉器研究不仅需要从玉器本身出发，也要关注其背后的人。2006年，中国社会科学院考古研究所在距离殷墟宫殿以南不足1公里的手工业作坊区内发掘了一座殷墟文化二期墓葬M89。该墓出土随葬品48件，其中玉石器36件，主要集中于墓主头部，包括玉戈、玉钺、玉矛、玉管、玉钻、玉鸟、玉柄形器、磨石等。该批玉器既包括完整器，也有半成品和残次品，前者如未装柄的玉矛、未抛光的玉柄形器、仅有轮廓而未施纹饰的玉鸟，后者则如残断的玉钺，此外还有玉钻、磨石等工具。墓中还随葬一套青铜觚、爵，其中觚的铭文与牙璋形制有关。根据墓所在区域、出土玉器种类及青铜器铭文等信息推测，当时殷墟手工业在王室管理之下还实行家族式管理，其有利于传承和保护所掌握的技术，而M89墓主可能从事手工业生产，尤其是玉器生产管理者或工匠。

报告人：常怀颖（中国社会科学院考古研究所）

发言主题：何来金镶玉——殷墟早期的绿松石镶嵌

使用绿松石进行装饰的现象最早出现在裴李岗文化，绿松石主要作为珠、管等身体装饰品。海岱地区的大汶口文化晚期，则最早出现了使用绿松石进行镶嵌的装饰手法，主要是将绿松石镶嵌在象牙器、骨器上的珠嵌手法。黄河流域诸如山东日照两城镇、青海同德宗日、山西临汾下靳以及陶寺等墓地中，绿松石则主要使用片嵌方式镶嵌于腕饰、骨笄。在二里头文化时期的绿松石镶嵌物中，绿松石片嵌主要使用的是规则的长方形小片，并且绿松石片下部有一层可能是黏结剂的黑色胶质物。而在同一时期的四坝文化中，绿松石装饰则主要使用粘贴方式。此后一个阶段，绿松石装饰的数量明显减少，一般仅见于高等级遗址。而自殷墟一期开始，绿松石又重新大量出现，在殷墟二期最为集中且达到高峰。这一时期对于绿松石的使用相比早期发生了一些变化：首先是装饰绿松石的器类多变，包括兵器、容器、车马器、象牙器、骨器等；其次是绿松石片的形状多变，而不再只是专门切割成长方形；最后是绿松石镶嵌的载体发生了变化，其直接镶嵌在铜器上，而非象牙器或骨器，且

[1] 相关研究已发表，详见：中国社会科学院考古研究所安阳工作队.河南安阳市殷墟铁三路89号墓的发掘[J].考古，2017(03):26–36.

不再见到早期黏着使用的黑色胶质物（有机质衬底）。追溯二里头遗址的绿松石矿源，其来源较为单一，主要来自鄂豫陕三省交界处秦岭矿带的北矿带郧县—商洛一线，而殷墟的绿松石来源则非常复杂。殷墟一、二期时，与绿松石镶嵌同时突然出现的还有来自北方文化的一些因素，比如车马器、北方系的青铜兵器、黄金制品等。而且，殷墟似乎成为了一个分界处，殷墟以北主要使用金器，而以南则主要是使用金箔。因此，在殷墟早期重新大量出现的绿松石镶嵌装饰，很有可能是商人对北方文化因素模仿过程中出现的创新。

报告人：刘允东（山东工艺美术学院人文艺术学院）

发言主题：商代伏卧状兽形玉雕研究

商代伏卧造型的兽形玉雕主要出土于殷墟遗址，其他地区少见或不见，报告中通常将其描述为前屈、卧状、蹲踞等。这类玉器以片雕为主，圆雕数量较少。虎、牛、龙造型较为常见，而鹿、狗等其他动物形象少见。这类造型在晚商以前较少出现，仅凌家滩遗址有这类造型的线索，但数量极少，其间的联系尚难以判断。自商代晚期后，这类造型开始多见，其中妇好墓出土数量最多，其他如滕州前掌大等墓葬也有出土。玉器的材料、工艺、造型之间是互动关联的，材料是玉雕的基础，也是体现当时贵族阶层权力地位的绝佳载体，因为玉料开采艰难，特别是优质玉料获取不易，且玉器的加工难度大，耗费人力较多，加工耗时惊人。因此，玉器是一种奢侈品。工艺技术既有显著的时代烙印，也是历代积累的结果。早期玉器多见璧环类，少见圆雕作品，与加工技术不无关系。片雕的制作模式为分料模式，而圆雕采用循石造型的手法制作（如俏色玉鳖），俯卧状圆雕的大量出现，体现了商代治玉技术的重大进步。造型与纹饰则体现了集体意识与个体意识的结合。集体意识表明共同的意识形态、用途、用意，与主流青铜礼器的纹样比对可以发现这一点；而同一类别作品之间也有所差异，因此也应该关注到个体意识的存在。

报告人：叶晓红（中国社会科学院考古研究所）

发言主题：殷墟晚商玉器阴刻技术分析——以妇好墓为例[1]

---

[1] 相关研究已发表，详见：叶晓红，唐际根，何毓灵.殷墟妇好墓出土玉器阴刻技术试析[J].考古学集刊，2017(00):175–182+317–323.

本研究使用肉眼观察、光学显微镜、扫描电镜等方法观察先秦玉器表面的加工痕迹，对于难以观察到的沟槽等部位，则先使用硅胶对该部分进行局部微痕复制，再在扫描电镜下观察其微痕特征。阴刻工艺可追溯至旧石器晚期，兴隆洼、红山、龙山、良渚、二里头文化玉器的阴刻纹饰主要通过手持石质工具刻划而成，扫描电镜下可观察到线条粗细、深浅不一，延续性差，一条曲线由多条短线组成，且有反复磋磨造成的方向杂乱的破裂面。春秋晚期已开始成熟使用携带解玉砂的旋转砣具技术，扫描电镜下可观察到刻痕间隔均匀，深度一致，刻痕末梢处可见其侧面底部略显凸起的弧状，梢尾较尖锐，与现代旋转砣具实验结果特征相同。但旋转砣具技术的最早使用时间尚未明晰。商代妇好墓玉器数量多、制作讲究、来源复杂，因此是一个值得研究的案例。妇好墓玉器依形制可分为片状和圆雕，前者的阴刻纹饰更为精细均匀。扫描电镜下玉刀、龙形玉玦、玉熊、玉匕、玉勾形器的阴刻痕迹普遍呈现粗细均匀、梢部尖锐、S形纹和圈纹的弯曲部位相对粗糙、一段刻痕由多段不断改变方向的小段组成、曲度大处往往具有放射状排列的微破裂面等特征。由此可见，携带解玉砂的旋转砣具在殷墟商晚期的玉器制作中已经应用于阴刻工艺，仅某些细节的刻划仍采用传统的手持工具制作，反映出该时期玉器技术史上极为重要的阶段性变革，对于此后旋转砣具持续发展并陆续拓展至减地、打磨乃至开料等其他工艺具有重要意义。

报告人：朱剑（中国科学院大学人文学院考古学与人类学系）

发言主题：殷墟出土柄形器的初步研究

三代出土了约750件柄形器，其中商代约有240件，其主要集中于殷墟，约有170件。就材质而言，殷墟柄形器的材质主要分为透闪石（约占50%）、白云石（约占40%）及其他材质。以AY1（M20:1）和AY2（M436:1）为例，拉曼光谱及成分分析显示，两件样品的材质为白云石。就开料工艺而言，数码三维显微观察结果显示，这两件柄形器的开料过程主要采用了片切割方法。原因在于，AY1边缘有棱，被颈部内凹处理打破，且顶部和肩部的棱宽度相同，说明边缘处理是一次成形且早于颈部处理。其次，AY1侧面台痕在不同位置弧度一致，说明其由两侧片切割至一定深度后掰断形成。AY2亦可观察到红色残留物下有一道长而直的凹槽，同样属于片切割痕迹。就打磨工艺而言，两件柄形器的颈部可见多条与侧边垂直的横线痕迹，推测由砂岩或棒状物摩擦形成，与模拟实验的摩擦结果类似。AY1表面加工微痕呈十字交叉形，且两面使用的磨料粒径明显不同。总之，柄形器的制作过程可总结为：开料、边缘修整、刻槽成柄、单面修饰。

问答环节

与会学者们最为关注的是玉器微痕观察方式，并对硅胶翻模这一方法十分感兴趣。叶晓红对相关问题一一进行了详细解答。有学者问到，为什么要使用硅胶翻模，而不是直接使用显微镜观察？原因主要有三：玉器的孔洞及沟槽内部无法观察，而硅胶翻模后将模子取出，就可以清楚地观察到这些内部痕迹；其次，将玉器搬运至实验室进行检测的过程中具有一定危险性，硅胶翻模则能够避免相关风险；第三，即使是将小型便携式仪器带至玉器保管处尚且不太方便，更不必说大型高精设备了。因此，硅胶翻模是目前最安全、最高精度的玉器微痕观察方式。

有学者问到，玉器制作过程中可能有各道工序，要如何判断其先后顺序？叶晓红回答：使用硅胶翻模技术，在扫描电镜下可清晰观察到相交刻痕乃至其他工艺的叠压关系，即可判断其产生的先后顺序。

有学者问到，翻模是否要使用脱模剂？这会否对玉材造成破坏？叶晓红回答：翻模时不使用脱模剂，脱模剂的化学成分可能会对玉器造成影响。当然，不使用脱模剂一定程度上会影响脱模效果，甚至会加重对残破玉器表面的损伤，因此一般会挑选器表完好、需要重点观察的部位来进行翻模，而并非整器使用硅橡胶翻模，这样可以避免对玉器的破坏。

也有学者问到，是否能够通过微痕来确定商代出现了砣具？叶晓红回答：砣具在商代已经出现这一点基本可以确定，而目前更值得关注的是砣具的材质问题。可以肯定有石英岩制成的砣具，但是否存在青铜砣具，由于相关的实验尚未成功，所以仍无法肯定。

此外，也有学者好奇殷墟工匠墓中出土的玉钻头上是否有钻孔？何毓灵表示，玉钻头上没有钻孔，但即使玉钻头没有钻孔也能使用；玉钻既有可能具有实际的使用功能，也有可能是具有象征意义的陪葬明器。

五、9月11日下午下半场

9月11日下午的第二场报告共有五位学者发言，演讲内容涵盖了西周至西汉的出土玉器及其内涵，由湖北省博物馆陈春以及陕西省考古研究院杨岐黄担任主持人。

报告人：陈春（湖北省博物馆）

发言主题：随州叶家山出土西周人鸟形玉佩

人鸟形玉佩指人面与鸟身合体造型的一类佩饰。叶家山的人鸟形玉佩有五件出土品，分别为M2：42、M27：120-3、M111：7、M111：8、M111：17。用料为新疆软玉，青白色，面身部位光洁，褐色玉皮在足部。工艺上使用斜刀雕刻技法，部分纹饰有双阴起阳风格，阴刻线条较流畅。整体基本造型为人面鸟身侧身站立像，具有云纹大耳、涡云纹鸟翅、阴刻线短尾、不规则矮足等共同特征。从穿孔情况来看，多为挂饰、佩饰。在用料、技法、造型方面，其与叶家山西周玉器群中的鸟形玉佩非常相似。制作年代被认为是西周早期。此外，陈春将人鸟形玉佩与人龙形玉佩作了对比，并提出了对二者断代问题的思考。人鸟形玉佩在商代中晚期出现，至西周时期流行，春秋早期以后逐渐消退，人龙形玉佩的整个时间序列比人鸟形玉佩晚一个时间段，大体从西周早中期到春秋中晚期流行。关于人鸟形玉佩、人龙形玉佩的断代，学界普遍将年代定得偏早，如将西周墓葬所出者推定为商代器，将春秋墓所出者推定为西周甚至商代器。这种推断往往综合考虑了造型、纹饰、技法及相关标准器的对照等多种因素，不过近年来，各地西周、春秋墓葬出土此类玉器数量渐多，春秋晚期以后这类玉器锐减且很快消失，这本身就反映了人鸟形玉佩和人龙形玉佩应存在较完整的自身发展演变期。因此，在考察此类玉佩的断代问题时，需要加强考古类型学的运用，在横向上重视考察其与同墓出土玉器在用料、搭配使用、纹饰方面的关联性，在纵向上重视考察不同时代此类玉佩的特征差异及演变轨迹。

报告人：常军（虢国博物馆）

发言主题：虢国墓地的改制玉器

虢国墓地出土了约5000件（套）玉器，其来源复杂，部分为改制玉器，时代涵盖新石器时期至周代。这些改制玉器存在以下几种情况：第一，早期玉器在早期被改制，以及在当世被改制。如一件红山文化箍形器在商代加刻人面纹，至西周再被改制成腕饰；一件红山文化玉鹰在西周晚期钻孔改制为发饰；一件红山文化玉猪龙推测于商代在头顶部加刻字和垂直钻孔。第二，近世玉器在当世被改制。如商代玉鸮、玉鸟、玉鳖、玉象、玉鹅等在西周晚期加钻了牛鼻穿，改作佩饰；一件商代玉戈加刻了未完工的西周龙凤纹，尚能观察到当世的打稿线；另一件商代玉戈既有商代钻孔，也有西周时期已完成和尚未完工的钻孔；梁姬墓兽首形佩（M2012：150-1）原为商代玉兽面，在西周时期钻孔后改为组佩的一部分；一件商代玉鸟背后磨平加刻具有西周风格的玉鸟纹。第三，当代玉器在当世被改制等。如虢季墓出土的玉面罩中，玉片是由其他玉器改制而成的，表面留有不完整的纹饰。此外，虢国墓地还出土了一些未完工的玉器半成品，部分纹饰刻划粗糙，可能是为墓主匆忙下葬而赶制的。这些玉器表明虢国拥有治玉作坊，能够依照当时的需求进行加工或再加工。

报告人：曹芳芳（广东省博物馆）

发言主题：东周楚系贵族墓葬用玉制度研究

东周楚墓数量达万座之多，其中贵族墓葬可划分为三个等级，第一等级为诸侯王及其夫人之墓，第二等级为封君、卿、上大夫及其夫人之墓，第三等级为下大夫及其夫人之墓，这些贵族墓葬出土了该时期绝大多数的玉器。装饰用玉是楚系玉器重点，数量多，种类丰富，大体上可分为发饰、耳饰、项饰、组玉佩、玉带钩等，性别特征明显，如项饰多为女性使用，组玉佩和玉带钩分别存在女多男少和男多女少的情况。丧葬用玉可分为饰棺用玉和殓尸用玉，饰棺用玉时代特征明显，春秋时期受周系饰棺文化影响较大，进入战国时期基本只用玉璧，而且贵族墓葬之间没有明显的等级性和性别差异。殓尸用玉方面，周系墓葬中常见的玉覆面、玉琀、玉握基本不见，比较具有楚国特色的是从春秋到战国时期楚国贵族墓葬流行用玉璧殓尸。祭祀用玉方面，使用时间集中于战国时期，等级性和性别特征明显，仅见于第一、二等级墓葬，且未见于女性墓葬。礼仪用玉方面，数量较少，目前无法进行归纳。比较楚国贵族墓葬、深受楚文化影响的小国贵族墓葬以及周系贵族墓葬的用玉特征，可以发现周边小国在玉器风格和种类方面深受楚文化影响，但使用制度方面仍然遵从周文化系统。这些处于夹缝中生存的国家原本皆为周王分封而建，它们接受了周王朝的爵制，亦深为中原文化所影响。虽然至东周时期国势渐微，先后逐渐被楚国所灭，但是它们依然保留了文化上的传统。因此，无怪乎这些处于夹缝中生存的小国在用玉上表现出的矛盾状态。

报告人：王闯（辽宁大学历史学院）

发言主题：辽宁建昌县东大杖子墓地M40出土滑石制品研究[1]

辽宁建昌县东大杖子墓地M40位于已发掘区的东北部，是目前整个墓地所发掘墓葬中规模最大、出土遗物数量最多的一座，年代为战国中期。M40一共出土了170多件形式各样、以饰品为主的滑石制品，颜色主要是黄白色和灰白色，其数量之大、保存之完整、位置关系之明确，在以往的考古材料里难得一见。由于滑石硬度低、较易破碎，出土品中少见完整器。经拼对和统计，共出土有方形龙纹佩76件、圆形佩73件、心形佩1件、龙形佩5件、璜形器10件（环形分割而成）、璧1件、滑石块1件。使用低倍显微观察滑石制品的微痕，可以发现平行成组交叉分布的砥磨痕迹、多次调整用于勾勒镂空边缘的打稿痕迹、在转弯处使用桯钻或管钻工具的钻孔痕迹、边缘凹凸不平的拉丝痕迹。由此可以还原滑石组佩饰的制作过程，即开料制坯、打样稿、钻孔定位、镂空成型。方形佩和圆形佩围绕椁底板一周，并沿椁壁平行分布，圆形佩还分布于椁室四角；加之伴随出土的另有陶制勒子144件、陶圆珠247件及众多石珩，且方形龙纹佩、圆形佩、勒子、圆珠、石珩的数量比例接近于1:1:2:4:1，由此推测这些滑石佩饰原本很可能是穿缀起来作为一种专为随葬的幔帐饰物使用的。从目前发现的考古材料观察，随葬以方形佩和圆形佩为主要构件的幔帐饰物，似乎仅见于战国时期燕人的墓葬中，尽管它们具体的穿缀组合形式可能有所差别，但滑石组佩的复原研究对我们认识战国时期燕文化的埋葬习俗依然有着重要的意义。

报告人：赵晓伟（徐州博物馆）

发言主题：大云山江都王陵M2出土玉棺的考古学研究

大云山玉棺出土于江苏省盱眙县大云山二号墓，墓主为第一代江都王刘非的王后。该棺出土于墓室中心部位，早期坍塌损毁，后经盗扰，但结构清晰，是迄今为

[1] 相关研究已发表，详见：王闯，徐韶钢.辽宁建昌县东大杖子墓地M40出土滑石制品研究[J].边疆考古研究，2018(01):363–380.

止发现相对完整、信息最为丰富的玉棺。玉棺的修复过程如下：首先，将玉棺打包后在室内进行清理，并大致明确了玉棺的情况：盖板、东西侧板、南北挡板和底板破损程度不一，但内部都基本保留玉璧、三角形玉片及镶贴玉器的漆灰层，玉器排列规律相同。盖板外部仅剩漆皮，侧板和挡板外部则保留有玉璧、玉璜、铺首等装饰。棺盖和棺体连接处为青铜质子母扣，棺木经检测为梓木。其次，根据清理所得信息对玉棺结构进行复原。经测算，棺长212厘米，宽64厘米，通高65厘米。观察漆皮内侧木材残留纹理可判断木胎结构，观察棺木边缘则可以明确其榫卯结构。第三，复原玉棺的纹饰。东、西侧板外部中间装饰有玉璧和玉璜，两侧各有一玉兽，上边分布排列四个青铜小铺首，下边分布排列两个大铺首，当中还有髹漆彩绘纹饰；内部主体由三组小玉璧、两组中玉璧和两组带柿蒂纹玉片的大玉璧相间排列组成，边缘饰以三角形和菱形玉片（背面有刻划计数文字）。南、北挡板外部中间饰有玉璧、小铺首、大铺首，周围还辅以髹漆彩绘，内部主体为带柿蒂纹玉片的大玉璧和柿蒂纹金片，边缘为三角形和菱形玉片。盖板外部长侧沿有四个小铺首，短侧沿有两个小铺首。盖板和底板内部主体由四组中玉璧和三组带柿蒂纹玉片的大玉璧相间排列组成，边缘饰以三角形和菱形玉片（背面有刻划计数文字），侧沿饰以三角形和菱形玉片。以上玉器大量采用对剖工艺分割而成，再借助漆灰层镶贴于棺面，两器之间皆留有空隙，并添加金银装饰或使用朱砂描缝。最后，基于以上发现，对玉棺进行复原展示。

问答环节

有学者具体询问，虢国墓地出土的红山文化时期玉猪龙，在商代加刻的是什么字？常军表示原先应刻有3个字，但西周时期另外两个字被钻孔打破，因此目前无法准确分辨。

有学者咨询，楚系墓葬当中要如何判断男女？曹芳芳解答，这主要还是依靠体质人类学专家对骨骼进行鉴定，目前尚没有办法简单通过随葬的衣物、饰品等来进行直接准确地判断。

有学者问到，东大杖子墓地出土的陶管上有彩绘，滑石饰品上是否也有彩绘？以及复原的那种滑石幔帐在历史上是突然出现的吗？王闯解答，目前确实没有在滑石饰品上发现彩绘，只能看到一些水锈痕迹。而滑石幔帐确实只有在战国时期有所发现，且仅见于燕国。

还有学者问到，大云山汉墓棺椁上的彩绘图案和玉器之间，在构图上是否有互动关系？赵晓伟表示，彩绘图案和玉兽之间没有发现特别直接的关联，但玉璧、璜附近出现了神兽将其托举的形象。

六、9月12日上午上半场

上午第一场的报告共有五位学者发言，由广东省博物馆吴沫以及上海博物馆谷娴子担任主持人。

报告人：李青会（中国科学院上海光学精密机械研究所）

发言主题：海上丝绸之路沿线出土古代石（玉）质饰件的科学研究

石（玉）珠饰是反映海上丝绸之路中外交流的重要实物证据，此前外国学者主要关注南亚与东南亚之间的交流，但实际上国内众多考古发现表明，中国与东南亚、南亚等海上丝绸之路沿线地区交流亦十分紧密，汉晋时期尤盛，本研究借助考古学、科技分析方法能够补充这一领域的空白。菲律宾发现的软玉质有角玦，在器型上与广西合浦汉墓出土的角轮形玻璃环非常相似，这类器型在更早的广东、贵州、台湾等地皆有发现，可以追溯战国乃至商周时期。采用中国台湾丰田玉制作的Lingling-O和双兽头形耳饰广泛分布于东南亚地区，越南还发现有玻璃质、粘土质、石质双兽头形饰件，是早期仿玉的典型例子。蚀刻石髓珠、多面体红玉髓、宝石（半宝石）珠饰、金饰等器物在东南亚地区出土数量众多，在广西合浦汉墓、广东广州汉墓、江苏盱眙东阳汉墓等地亦有发现。此外，国外学者还对珠饰上的刻蚀、钻孔等工艺痕迹进行观察研究，并探讨了珠饰的矿料来源和器物产地，对于今后国内的珠饰对比研究提供了材料与思路。

报告人：徐峰（南京师范大学文博系）

发言主题：圣体的营造：萨满服饰与考古中“玉敛葬”的比较观察[1]

[1] 相关研究已发表，详见：徐峰．圣体的营造：对萨满服饰与玉敛葬的比较[J].社会科学战线，2017(07):111–119.

在伊利亚德的著作中，作者用萨满教来解释世界范围的早期宗教形式。国际上很多学者也用萨满教理论来解释早期文明，包括中国文明中的各类物质遗存。萨满穿戴的帽子、衣服、佩件等服饰繁复多样，具有其独特性和象征性，能够将物质文化载体上升至精神文化领域，成为沟通人神的工具。而在中国范围内，玉器随葬由来已久，从新石器时期少量玉器发展为东周、汉代的玉组佩、金缕玉衣、玉珠襦等大件玉殓葬具，同样蕴含了古人对通灵与保持尸身不腐的愿望。除了整体层面的相似，帽饰、覆面、铃铛等萨满服饰与玉殓葬中所见各式玉器在功能和内涵方面也是相同的。对比可以发现，萨满教中萨满身着的服饰与中国考古发现中的玉殓葬分属民族学和考古学领域，但两者均呈现了宗教学意义上的“神圣与世俗”结构，服饰和玉器作为显圣物，起着将凡俗之躯神圣化和宗教化的作用。

报告人：鲍丽娟（中国国家博物馆）

发言主题：中国国家博物馆馆藏玉器概述

中国国家博物馆现有馆藏玉器87000多件，分属馆藏玉器库（原历史博物馆馆藏，约1500件）、考古发掘品库（国博近年来考古发掘品和国家文物拨交，约1000件）、文留玉器库（国家拨交，85500余件）。文留文物指的是出口创汇期经专家鉴定较为珍贵、不允许外贸的文物，20世纪60、70年代外贸单位将之集中调拨给国家，由1978年成立的中国文物商店总店（现中国文物信息咨询中心）代管，2010年国家文物局再统一拨交给国家博物馆。八万余件文留玉器涵盖了新石器时期至近代的各个时期以及各类器型，如战汉至明清时期带钩10000余件、宋至明清时期童子1600余件、战汉时期剑具1000余件、元代炉顶500余件、辽金时期春山秋水题材配件100余件等；材质包括玉、琥珀、蜜蜡、玛瑙、犀角、象牙、水晶等。这批文留玉器于2014年完成上架，2016年完成普查工作，目前部分展出于常设展《中国古代玉器艺术》，研究刚刚起步，有待日后通过合作开展更多相关工作。

报告人：左骏（南京博物院）

发言主题：腰玉横金——国博藏元代范文虎墓玉素面带具的考古学观察[1]

[1] 相关研究已发表，详见：左骏.腰玉横金——中国国家博物馆藏元范文虎墓玉带具的考古学观察[J].中国国家博物馆馆刊,2017(02):114–135.

早期玉带具可分为带有环扣的萨珊/粟特系统和带方形孔眼的柔然/突厥系统，前者流行于北朝至隋代，后者在唐代大量使用。唐代何家村窖藏出土的玉带具是其中一例，此外虢国夫人游春图的画面上亦有展现。五代时期出现了排方腰带。两宋时期带具可分为三大类：方团銙（等级较高）、方銙（按疏密程度有稀方、排方两种）、束带，不同等级人群分别使用不同材质的带具。根据带具的结构及图像资料，可以复原其使用方法。范文虎是南宋降元将领，其墓出土的玉器是南宋晚期至元代玉器的标准器。该墓出土的玉素面带具为白色软玉质，出土时集中于墓主腰骨下方，共有12块构件，其形制属于双鉒单挞尾排方玉带具，当时称为“偏带”。元代中后期改宋式“偏带”为双挞尾“束带”，至明代束带成为主流。

报告人：罗涵（故宫博物院）

发言主题：清宫玉料使用特点及改善方法——以镶嵌文物样品为例

清代宫廷玉质制品主要可以分为独立玉器、珠串文物、镶嵌文物、盆景文物四大类，相对于前朝有其新发展与特色。独立玉器中，大禹治水山子是使用旋转砣具带动解玉砂制作的，其体量惊人，雕刻精细，工艺复杂；也会直接将和田玉籽料作为园林景观石；此外，玉盖碗、玺印、花插等都是独立玉器的代表。珠串文物主要为十八子串和朝珠，通常将之打磨为圆珠或加以雕刻，数量众多。镶嵌文物多用于室内装饰和家具摆设，如隔扇、宝座、屏风、如意等都嵌有玉料，用玉量大且玉质好，突破了玉料本身形状的限制。另有百宝嵌工艺，融合漆、木、盆景、玉、竹、瓷、象牙、金属等镶嵌技法，颜色丰富，搭配讲究。盆景文物的中心为木质，使用捆扎金属丝连接玉质叶片，形成仿生造型，花盆再嵌松石等材料。为增强装饰性，清宫还采用垫色、打蜡等方法改善玉料的颜色或质地，或会采用玻璃制品替代。总的来看，镶嵌类文物的大量制作，标志着对玉石材料装饰性的重视，同清代中期玉料的稳定来源直接有关。玉石镶嵌时配合纹样及颜色的设计，有时还会对外观加以改善，并与多种材料复合使用，形成了具有清宫特色的镶嵌类器物。掌握以上使用特点及改善方法对文物保护修复工作具有重要意义。

问答环节

有学者希望了解钻石钻头如何形成1.5毫米钻孔，李青会表示外国学者是观察珠饰孔洞翻模后的微痕并对比模拟实验结果而推测使用了钻石钻头的，遗迹中也出土了钻石。他们认为是由两枚钻石同时嵌在钻头上进行钻孔的，钻石难免会偏离位置，导致孔洞直径较大，且钻石耐磨损，因此不会形成金属钻头留下的尖锥状凹坑。1.5毫米是外国学者统计所能掌握的材料得出的。也有学者询问桃形銙在带具中的具体位置与功能，左骏耐心讲解并亲身进行了示范，桃形銙是长带上固定的扣点。

七、9月12日上午下半场

9月12日上午第二场的报告共有五位学者发言，由南京博物院左骏以及中国社会科学院考古研究所常怀颖担任主持人。

报告人：吴沫（广东省博物馆）

发言主题：多维视野下的古玉器研究——以辽金玉器研究为例

多维视野研究方法缘起“信息不对称”理论，原指在市场经济活动中，各类人员对有关信息的了解是有差异的；掌握信息比较充分的人员，往往处于比较有利的地位，而信息贫乏的人员，则处于比较不利的地位。因此，在实际研究中，需要通过更多的手段和路径获得关于目标事件的信息，并学会采取一定的手段。如王国维的“二维证据法”，就是将古文献与出土实物进行结合的方法。吴沫通过几项实例进行了说明，例如：①孙机先生借助《辽史》中的记载分辨出陈国公主墓中出土的玉柄银锥在功能上实际是一枚刺鹅锥；②辽宁法库县叶茂台七号墓出土的一对琥珀耳坠，形象模糊难辨，但如参考同时期流行的摩羯形金耳坠，就可以发现这对琥珀耳坠实际表现的首尾紧贴的摩羯形象；③辽墓中有多座墓葬出土了玉蹀躞带銙，但其组合形式常不甚明了，借助辽墓出土的金属带銙、史籍文献、墓室壁画以及和契丹民族文化有所关联的突厥文化和回鹘文化遗存中所发现的带銙形式可以帮助我们了解辽代契丹人所用的几种形式的玉带銙组合，同时也了解到契丹人常将玉带銙和金属材质的带饰组合使用；④借助辽代的墓室壁画，往往可以帮助我们更清晰地了解契丹人使用玉佩饰的情况；⑤辽墓中出土的部分琥珀佩饰形象模糊，风格独特，如将视野扩大至同时期契丹贵族喜用的金银器，会发现这些形象模糊的琥珀佩饰很可能是在模仿当时大量采用锤揲工艺的金银器形象；⑥金墓中出土了不少带有环孔的玉饰件，其中部分玉饰的功能常未能明确，但结合古籍文献、部分金墓出土情况、墓室砖雕以及金代和南宋时期绘画等，可以发现这类器物多作巾环使用，部分玉饰的形象甚至需要以倒置角度来重新审视。

报告人：谷娴子（上海博物馆）

发言主题：吴大澂的玉器收藏及清末古玉作伪[1]

吴大澂是清末著名的收藏家，曾编撰《古玉图考》，当中收录了所藏、所见的近200件古玉器。其收藏的玉器如今部分流散海外，部分藏于上海博物馆，也有在私人藏家手中。上海博物馆共有18件吴大澂旧藏玉器，登记为其孙吴湖帆旧藏，但器物表面或包装文字表明其来源为吴大澂，其中12件玉器收录于《古玉图考》。6件玉璧的次生色或清晰鲜亮，或局部与玉质本色有明显的界线，或有一道纵穿黑线。3件玉琮或下半部脱色露出玉质本色，与上半部黑色涂抹痕迹形成对比，或下半部干涸无光泽，次生色沿缝隙分布。2件圭或表面划痕众多，痕内聚集黄、红次生色，或黄、红次生色交界明显。1件玉瑗本色青黄，次生黑色聚集于边缘薄处及裂隙，于厚处则呈网状分布。另有2件新石器时期西北风格玉刀、1件清仿商玉戚、1件西周龙凤纹玉饰、1件西周龙纹玉璜等。部分器物次生色应为人工作色。根据文献记载推断，吴大澂至迟至1888年涉猎玉器收藏，“大小精粗玉器兼收”，通过向厂肆或托人收购、与人交换，以及受赠所得。其所藏玉器种类丰富，其中不乏仿古器物。由此可以了解当时的仿古玉器制作流通状况——清晚期玉器作伪兴盛，人工做色普遍。北京、陕西、河南、苏州、扬州、上海等地是重要的古玉器流通地，也可能是重要的仿古玉生产地。

报告人：赵荦（上海市文物保护研究中心）

发言主题：古代滑石器刍议

滑石，硅酸盐类矿物，呈白色或各种浅色，摩氏硬度为1。滑石器出现于新石器时代，商到春秋为使用低潮期，战国为发展期，两汉达到顶峰，衰退于魏晋南北朝，消亡于唐代以后。新石器时代的滑石器出土于河北、山东、辽宁、浙江，长江

[1] 相关研究已发表，详见：谷娴子.吴大澂玉器收藏和清代古玉作伪——从上海博物馆馆藏实物及文献记载出发[J].故宫博物院院刊，2017(04):132–144.

以南地区基本不可见，以遗址内出土品为主，实用滑石器居多，此时仍处于滑石属于广义的玉石器阶段。商至春秋时期，滑石器多为实用器、装饰品等，与新石器时代相比，出土滑石器的遗址变少，出土数量也相对减少，墓葬出土的滑石器开始占据大宗，但墓葬等级并未出现明显的等级划分，装饰品是主要的类型。至战国时期，滑石器用作实用器、装饰品居多，出土滑石器的遗址数量、器型较上一期有所增多，墓葬出土的滑石器中，以仿玉类的滑石器为主，并出现明器化趋势，出土时可见一件玉器与一件滑石器配对的情况。两汉时期，用作仿铜礼器、仿玉制品、模型明器的滑石器成为主流，多见于湖南、两广以及山东，其中湖南居多，已经成为当地葬俗的一部分。该时期滑石器多为小型墓葬的随葬品，已然明器化，仅有少量实用器（滑石范）出土于山东。魏晋南北朝时期，器型以丧葬用器、仿玉装饰品等为主，滑石器多见于长江流域及其以南地区，以南京、湖北、广东为多，均出自墓葬，且这些墓葬大多不随葬玉器。滑石猪是最常见的滑石器，其他肖生类器物的数量也相对较多。至唐代及以后，滑石器开始出现种类单一化的情况，多被用作装饰品、明器、日用品等。综上，滑石器的发展存在由北向南扩散的过程，从玉石不分到滑石器专门用于制作明器，与用玉观念的变化和丧葬文化的兴衰具有密切的关系。

报告人：董俊卿（中国科学院上海光学精密机械研究所）

发言主题：人工蚀花玛瑙与天然玛瑙珠饰的光学与光谱学特征研究

条纹玛瑙珠（管）饰是古代常见的宝玉石制品，东周、汉代时期尤多，颜色多为红白、棕白、褐白、黑白相间，集中分布于西亚、南亚以及国内西北、西南和华南地区。部分珠饰具有明显的人工蚀花痕迹，为进一步了解这一工艺，本研究采用拉曼（Raman）光谱物相分析、便携式能量色散型X射线荧光光谱（p-XRF）分析、多光谱成像分析、光学相干层析成像（OCT）分析等方法，对春秋晚期淅川下寺楚墓、广西合浦汉墓、江苏盱眙东阳汉墓出土的玛瑙珠饰以及上海玻璃博物馆藏玛瑙珠饰进行检测，探讨人工蚀花玛瑙珠饰的光学特征。拉曼光谱分析结果显示，两者谱线特征峰均指示珠饰材质为二氧化硅（即玛瑙），主体谱线特征峰明显，蚀花部分谱线特征峰较弱，一些小峰消失。X射线荧光光谱分析显示，主体与蚀花部分在成分方面并无太大差别。多光谱分析结果显示，紫外光源激发下白色蚀花部分出现明显荧光。OCT分析结果显示，人工蚀花部分散射强度明显高于天然部位，其纵向纹理被打断，这种灰度特征差异可作为人工蚀花玛瑙的重要判定依据之一。白色蚀花部分可能为高温和腐蚀而成，由于长时间风化导致腐蚀剂流失，或可能采用了有机染料，天然与蚀花部分难以仅通过物相与成分的差别进行区分。

报告人：王荣（复旦大学文物与博物馆学系）、李一凡（上海博物馆）

发言主题：重识中国古代玉器的白化现象与保护[1]

出土玉器的受沁情况可大致分为以下几种：红化、绿化、褐化、黄化、黑化（这五种色变现象多认为是（过渡）金属元素所致），以及白化。其中玉器的白化现象最为普遍，以往认为仅是结构疏松所致。王荣团队携带便携式仪器设备对全国不少地区的出土玉器进行了研究，在此基础上重识玉器的白化机制。白化成因可大致分为几种：①结构疏松；②钙化，此前学术界的普遍观点是，玉器白化部位的钙质流失了，也没有含钙新物相生成，因此钙化是错误的。不过以往分析的器物多来自酸性埋藏环境，而中碱性埋藏环境的出土玉器上常见到碳酸钙或者磷酸钙的沉积，这种沉积可渗透进入玉器表面，形成钙富集的白化区域；③火烧，是否存在火烧白化的现象，这也是学界长期以来争论的焦点。殷墟妇好墓出土的多件器物证明了这一白化成因的存在。之后，王荣提出对玉器进行科学保护的思考。如2007年发掘的凌家滩蛇纹石玉钺，2011年在良渚博物院展览时，发生了严重的褪色现象，该件器物在陈列时符合陈列标准，但这一现象的产生也不禁让人疑问：现有的标准是否正确？保护方针的科学依据何在？针对不同的白化玉器，如部分白化、全器白化、严重白化以及“外紧内松”的反常风化现象，王荣指出其保护标准中的相对湿度条件需要重新界定。针对钙化成因的玉器，由于碳酸钙或磷酸钙结构不如硅酸盐材质稳定，因此如何制定同时满足两种或多种材质的标准进行保护？火烧成因的玉器，其硅酸盐材质会部分或全部脱去结构水，导致结构稳定性变差，因此这类玉器又该如何保护？王荣对上述这两类玉器的保护提出了新的问题。

问答环节

与会学者的问题大多围绕中国古代玉器的受沁机制。有学者针对钙化现象问

[1] 相关研究已发表，详见：王荣.中国古代透闪石—阳起石玉器白化机制研究述要[J].文物保护与考古科学，2017，29(04):88–100.

道，如何判断是钙元素是在风化过程中形成的，还是玉石本身存在的？王荣解释，研究的白化表面周边均有碳酸钙的覆盖物，而玉质及非覆盖区域均不含碳酸钙，这表明白化区域的钙富集来自外来物质，而非自身存在的。

八、闭幕式

论坛闭幕式由中国社会科学院考古研究所叶晓红主持，中国社会科学院考古研究所何毓灵总结发言。何毓灵指出，在玉器研究领域，这是首次将众多青年学者汇集一堂的专题性会议，限定范围清楚，而且具有开创性意义。本次会议强调的是青年学者之间充分的沟通、深入的探讨。在两天的论坛期间，众多青年学者演讲报告的主题时代跨度长，从新石器时期直至明清；地理范围广，从东北至两广、从西域至华东；涵盖范围大，包括了考古学、文物学、科技考古学、美术史、历史学等各个不同学科的研究方法。随后，何毓灵对30位学者的报告按照研究方法的类别进行了总结概要，并表示本次论坛运用多维视角对玉器进行了探讨，充分体现了研究的多样性，取得了丰富的会议成果。最后，何毓灵再次强调，古代物质文化的研究越来越需要运用多学科理念与方法，而新观点的碰撞更能有助于拓展新思路，青年学者间也更需要合作与共同进步。“首届古代玉器青年学术论坛”的意义在于这是一个“开端”，他期待今后论坛能够继续开展，持续发挥更为实际的效用，为青年玉器研究学者搭建起一个长期的学术交流平台。

第二届古代玉器青年学术论坛纪要

麦蕴宜（广东省文物鉴定站）校

2018年9月20~21日，“第二届古代玉器青年学术论坛”在复旦大学顺利召开。该论坛为复旦大学文物与博物馆学系王荣和中国社会科学院考古研究所叶晓红倡议发起，由复旦大学文物与博物馆学系、复旦大学文化遗产保护研究中心和复旦大学科技考古研究院联合主办，旨在增进青年玉器研究学者间的沟通与了解，搭建长期学术交流平台，深入发掘古代玉器的历史、文化、艺术和科技等价值及内涵。

来自北京大学、中国科学院大学、中国地质大学（北京）、西北大学、郑州大学、江苏师范大学、南京师范大学、复旦大学、重庆师范大学、湖南大学、中山大学、中国社会科学院考古研究所、重庆市文化遗产研究院、江西省文物考古研究院、安徽省文物考古研究所、浙江省文物考古研究所、河南省文物考古研究院、成都市文物考古研究所、南阳市文物考古研究所、核工业北京地质研究院、中国科学院上海光学精密机械研究所、中国国家博物馆、南京博物院、上海博物馆、广东省博物馆、长沙博物馆、徐州博物馆、常州博物馆、荆门市博物馆、青州博物馆、河南省鹤壁市文物工作队等国内高校、研究所、博物馆及其他文博机构的近50位代表参与了这场学术盛宴，在为期一天半的论坛时间内，开展了充分而热烈的讨论。其中26位代表分别做了专题报告，分享了玉器领域的众多最新成果与前沿研究。

一、开幕式

论坛开幕式上，主持人王荣首先回顾了2016年“首届古代玉器青年学术论坛”的成功举办，并对今年新老面孔的到来表示热烈欢迎。相对于首届论坛而言，本届论坛聚焦长江流域的玉器考古发现，兼具中国古玉多学科研究的大视野，强调玉器研究的专业性、纯洁性与科学性，希望通过考古学、文物学、历史学及科技考古等多种方法，推动玉器这一珍贵文化遗产的传承，既包括玉器物质实体的保护和传承，又包括从玉器上提取的各种知识体系的传播和传承，以此丰富中国特色玉文化的内涵。最后，王荣衷心感谢国内外众多文博单位及复旦大学文物与博物馆学系对本次论坛的大力支持。

复旦大学文物与博物馆学系副系主任、复旦大学文化遗产保护研究中心主任陈刚教授受系主任陆建松教授委托在开幕致辞中表示，玉器一直为中华民族尊崇与喜爱，并在中华文化形成与发展过程中发挥了重要作用。古玉研究源远流长，如今越来越受到大家重视。青年学者是玉器研究的中坚力量，能够有这么多青年学者参与本届论坛，涵盖领域广泛，足以说明这一学问有着欣欣向荣的未来。陈刚也表达了对此次论坛成功举办的祝愿，希望与会嘉宾能够在充实而愉快的分享交流中有所思、有所获。

二、9月20日上午上半场

9月20日上午共有8位学者发言，分为上下两场。上半场论坛由中国科学院上海光学精密机械研究所李青会主持。根据研究区域的不同，报告人按照长江上、中、下游的顺序依次发言，内容既包括对流域内最新考古发现的介绍，也涵盖出土玉器的文物学研究与科技分析方法的运用。

报告人：代玉彪（重庆市文化遗产研究院）

发言主题：大溪文化出土玉器初探

代玉彪主要对大溪文化出土玉器进行了梳理与探讨。其将研究的时空范围界定为距今6300~5300年的长江中游与三峡地区，目前可统计的110件璜、玦等玉器以大溪遗址和大水田遗址出土品为主。这些玉器有缀合或改制现象，其形制和制作工具都与石制品十分相似，同时遗址中还出土了玉芯；此外，三峡地区大溪文化遗址出土玉器较长江中游地区数量更多，这些都说明大溪文化玉器尽管受到长江下游玉器文化的影响，但三峡地区应为生产中心。在大溪文化墓葬中，玉璜并非女性专属物，男性佩戴比例甚至超过女性，可能是某种身份或职业的象征。有玉器出土的墓葬在随葬品数量、墓葬形制与规格上与其他墓葬尚未出现差别，玉器形制与陶质、石质、骨质装饰品类似，表明这一时期的大溪文化玉器可能仍处于“凡玉”阶段。另一方面，处于大溪文化核心区的长江中游地区（如大溪、大水田遗址）玉器数量较长江上游地区（如城头山遗址）更少，且质量欠佳，也说明玉器尚未被赋予特殊含义。最后，关于大溪文化出土玉器的深入认识有望日后通过进一步分期讨论与科学检测获得。

报告人：管理（江西省文物考古研究院）

发言主题：海昏侯墓出土玉器研究

管理介绍了南昌西汉海昏侯墓文物的发掘、清理、提取与保护工作进展。自2011年对南昌西汉海昏侯墓开展抢救性发掘以来，江西省文物考古研究院已联合厦门大学对出土玉器进行了一定的整理。出土的1万余件各类文物中共有约400件玉器，如韘形佩、玉璧、带钩、玉佩、玉环、玉人、玉耳杯、玉剑饰、“大刘记印”与“刘贺”印章等，主要分布于西回廊与主椁室。西回廊娱乐用具库出土玉器12件，其中舞人玉佩、双龙首玉璜和石管装在一个漆盒里，推测为组玉佩；西回廊娱乐用具库与文书档案库之间的漆箱内装有玉器189件，其中玉剑具44件，但并非完全配套；西回廊武库出土玉剑饰34件，但无法一一配套，另有一枚玉印；主椁室西室出土玉器数量少，且往往是青铜器、漆木器上的装饰物；主椁室东室出土玉器100多件，除青铜器、漆器上的嵌饰，还有两枚龟钮玉印、凤鸟纹玉羽觞等；主棺外棺盖板上的4把剑共有10件玉剑饰，内外棺之间出土3件玉璧，内棺中玉璧、玉枕、玉印、玉眼罩等40多件玉器主要围绕墓主分布，此外还有琉璃席与大量金饼。这些玉器按照类别可分为礼仪用玉、生活用玉、装饰用玉与殓葬用玉，造型及纹饰多样，加工工艺复杂。其材质主要为和田玉，此外还有玛瑙、水晶、石英、蛇纹石及其他岩石类矿物。就风化程度而言，这些玉器存在无风化、表皮有沁或差异风化等多种情况。总之，这些精美的出土玉器对西汉时期用玉制度及列侯园寝制度研究极具价值，有望日后通过更多研究手段尽可能提取更多有用的信息。

报告人：余飞（安徽省文物考古研究所）

发言主题：凌家滩墓葬出土玉器的考古学与多方法无损科技检测综合研究

余飞对凌家滩遗址出土玉器进行了系统性、多方法的科技研究。其选取凌家滩遗址1987年和1998年两次发掘中的17座典型墓葬和12个地层单位出土的243件玉器为研究对象，进行考古学方法和科技检测研究。首先，根据发掘报告中的墓葬位置、规模、玉器数量与特殊器物，将墓葬等级分为高、中、低三类。玉材的科技检测结果显示，较高等级的墓葬使用了更为丰富的玉材种类，包括透闪石、阳起石、石英、蛇纹石等；透闪石—阳起石等玉质较好的玉材通常用于制作礼器与装饰品，也较多出现在高等级墓葬中。后期个别墓葬则可能因财富拥有主体发生变化而情况不同。此外，玉材微量元素分析结果表明，透闪石质玉器应来自同一矿区，蛇纹石玉则可能有不同的矿区来源，而大部分明矾石、迪开石和石英类玉器原料应来自安徽庐江矾山，属于就近取材。在此基础上，下一步工作还将细化分期研究，探讨玉器的工艺美术，并分析更多玉料的产地来源。

报告人：高振龙（河南省文物考古研究院）

发言主题：河南淇县宋庄东周贵族墓地出土玉器的初步研究

高振龙首先对宋庄墓地的概况作简要介绍——该遗址共发现7座甲字形墓与10座土坑竖穴墓。随葬铜器、陶器及殉人等信息表明墓主可能是春秋中期偏晚至战国早期接纳了部分中原文化的东夷王室贵族。玉器出土于其中8座墓葬中，共计250多件，片（板）状器占比高，多达180多件，璜、璧、环数量较少，另有2件动物类圆雕。这些玉器以素面为主，另有蟠虺纹，少量虎纹和兽面纹。根据《周代用玉制度研究》可将这批玉器分为佩玉与葬玉。出土佩玉有耳饰玦、串饰与组佩玉，串饰以紫色水晶材质最为珍贵，滑石数量最多，广泛用于各阶层，其次是骨制品。葬玉有玉棺罩（玉面罩）、缀衣玉板、九窍塞、丧葬用璧、足端礼玉与握玉，其中玉棺罩与缀衣玉板的功能有待进一步讨论。就工艺而言，葬玉大多经过改制，或直接使用余料、边角料进行加工；对称分布的玉器多采用同一玉料制成；玉片为两面对切，相接处留有台痕；此外一些玉器上还可见起稿痕迹与金属锯碎块。玉材主要包括透闪石、方解石、石英等；因墓葬等级不同，同一功能玉器材质的选择有所差异。这些考古学观察对先秦时期葬俗演变研究具有重要价值。

问答环节

有学者想要了解大溪文化遗址出土玉石中的改制、修复现象是否常见，并进一步提出疑问，该现象是否能够反映玉料来源紧缺。代玉彪回答：大溪文化遗址石器中存在少量改制现象，但不如玉器多见。虽然这一时期玉在该地区是一种较稀缺的资源，但玉石尚未分离，玉器的特殊地位仍未彰显。

有学者对大溪文化玉璜作为男女性别指针是否具有阶段性特征比较感兴趣。代玉彪认为，大溪遗址第一、二次发掘中确实存在女性墓出土玉璜较多的情况，但数据不完整。基于目前数据判断，其指针性仍不明显，晚期可能存在一定变化。

有学者建议，根据周代用玉制度来看，宋庄墓地出土玉器具有中原风格，可以与相关遗址出土玉器进行比较，为研究周文化、夷文化（或后期的齐文化）提供更多思路。

有学者对于如何判定缀衣玉板的用途提出疑问，其是否有可能也是握玉或柄形饰。高振龙认为，该墓葬遗物存在被盗与脱离原始位置的情况，目前仅能靠器物的单面纹饰、穿孔情况来进行判断；且其器型较大，不符合握玉的一般规格，但仍需进一步研究。

海昏侯墓出土文物丰富，学者们纷纷提问，希望了解棺椁、琉璃席、兽形石嵌饰等遗物的细节信息。

有学者则对凌家滩玉器成分分析的具体情况提出了疑问。这些问题都为今后深入探讨提供了更多的研究思路。

三、9月20日上午下半场

上午下半场论坛由上海博物馆谷娴子主持，报告主要关注玉器研究中科技方法的使用，其中涉及玉矿寻找、开采及玉器产地溯源等内容，以期能为古玉研究提供新思路、新方法。

报告人：杨炯（中山大学地球科学与工程学院）

发言主题：甘肃旱峡玉矿遗址选矿石锤岩石地球化学溯源[1]

杨炯首先介绍“石锤”的概念——石锤是古代用于采矿或敲击的工具，有近椭球型、亚腰形与长方柱状三种形状。相关考古发现遍布新旧大陆，我国石锤多发现于辽西、蒙东、长江沿岸、秦晋豫交界、新疆和甘肃地区的采矿遗址。而本报告研究的敦煌旱峡遗址则是在公元前一千纪前后已被骟马文化人群开发利用的采矿遗址。其中发现的采矿石锤主要为灰色和黑色，可分为风化磨蚀石锤与打制石锤，前端多见使用痕迹，岩性为闪长玢岩、辉绿岩、玄武岩，均是遗址区内出露的常见火成岩。根据二氧化硅含量可将旱峡玉矿遗址石锤分为基性岩和中酸性岩两类。将石锤的主、微量元素特征、稀土分布特征跟前人相关研究成果对比发现，敦煌旱峡石锤的岩石地球化学特征与三危山地区白垩纪基形岩墙的信息高度一致，结合野外考察与考古资料，可以确认旱峡玉矿遗址所用的采矿石锤来源于本地，石料的形成时代可能在早白垩纪。

报告人：孙雨（核工业北京地质研究院）

发言主题：西北地区航空高光谱遥感玉石找矿技术研究[2]

孙雨首先介绍“遥感”的概念，讲述了光学遥感技术从全色、彩色到多光谱、高光谱的发展历程。在电磁波谱范围内，不同地物具有诊断性光谱特征，包括吸收位置、反射位置、整体波形、对称性等，因此可用以判断地物属性。高光谱与传统遥感技术相比，能够获取连续完整的地物波谱曲线，更加精细鉴别地物类型，具有高光谱分辨率与高空间分辨率的优势。这一技术应用于玉石识别中亦然，对获取的高光谱数据进行处理后的成果可服务于古玉器文化研究。在甘肃柳园、方山口地区和青海纳赤台地区的案例中，高光谱技术用于研究玉石矿物的分布情况，结果与地质事实十分吻合，部分玉矿地段具有前人开采痕迹。该技术还能发现玉石矿化线索，为玉石文化研究提供技术支撑。经过地面高光谱测量系统与卫星高光谱数据的普及，高光谱数据可以更方便、准确、低成本地应用于玉石考古研究中。

---

[1] 相关研究已发表，详见：杨炯，张跃峰，丘志力，陈国科，王辉，张钰岩，郑昕雨．敦煌旱峡古玉矿遗址工具石锤及其岩石材料来源分析[J]．中山大学学报（自然科学版），2019，58(04):1–13.

[2] 相关研究已发表，详见：刘德长，田丰，邱骏挺，叶发旺，闫珀琨，孙雨，王子涛．柳园–方山口地区航空高光谱遥感固体矿产探测及找矿效果[J]．地质学报，2017，91(12):2781–2795；孙雨，赵英俊，秦凯，田丰．基于航空成像高光谱数据的玉石矿找矿要素识别和找矿预测——以青海省纳赤台地区为例[J]．地质论评，2017，63(S1):203–204.

报告人：李青会（中国科学院上海光学精密机械所）

发言主题：汉代丝绸之路的宝玉石珠饰研究

李青会主要从宝玉石珠饰角度探讨合浦港在汉代丝绸之路交流贸易中的地位与影响。这一研究主要关注合浦港及其他汉代海上丝绸之路沿线港口遗址出土的玻璃质、石质和金质珠饰，如心形饰、印形饰、双锥形珠、Lingling-O和双兽头形饰、有角玦、胜形饰、耳珰、截角立方形、三宝佩、红白叶子形饰等。这些宝玉石珠饰在广州与合浦地区多有出土，同时在泰国、菲律宾、斯里兰卡、印度，甚至地中海地区亦能找到原料特征、制作工艺与器形风格相似的遗物，为确定海上丝绸之路的路线提供了丰富的实物证据。多学科交叉研究发现，这些风格独特、出土于我国汉墓的宝石大部分是从南亚或东南亚经由海上丝绸之路传入，少数为原料进口、当地加工。这些发现对海上丝绸之路沿线贸易、技术和文化交流研究具有重要意义。

问答环节

有学者好奇甘肃旱峡、马鬃山与马衔山遗址三地玉料的差别，因此杨炯向大家分享了2015~2016年在甘肃地区的两次采样经历，结果显示三地玉料多以青玉、白玉与青白玉为主，多为采矿边上的玉石残留；后期将与部分博物馆、考古研究所等单位合作，对新石器时代玉器进行更详细的无损测试分析，为古玉产地溯源提供更详尽的科学数据，也能够为丝绸之路、玉石之路研究提供更多线索。

有学者对高光谱技术的玉石分辨率提出疑问，孙雨回答：航空高光谱具有米级分辨率，检测距离为1米的地面高光谱最小分辨率可小于1毫米，显微高光谱技术也正在发展当中，想要分辨同类矿物的不同细类，目前仍有一定难度。

有学者对岭南、台湾及东南亚地区的有角玉玦提出看法，认为这类器物有可能借鉴牙璋的扉牙部分。而带棱的小型玉（石）玦、环也是岭南地区自石峡文化起十分具有特色的器型，是否有可能在新石器时期已经传播至东南亚，到了汉代再以玻璃等其他材质再次影响到岭南地区呢？李青会认为，东南亚地区有使用玻璃等丰富材质仿玉的传统，与中国南方沿海地区的交流影响也是相互的，但在区域上有一定范围，在器型方面也有一定的选择性。

此外基于与会代表的提问，李青会对玛瑙通过加热与染色来改性的问题作出了详细的说明，目前已有学者开始探讨相关考古发现，并进行实验考古研究，如至少染色4次，玛瑙会由橙色变为红色，应与铁价态的变化与杂质矿物有关。至于琥珀的产地研究，目前红外光谱会存在吸收峰偏移，需要进一步研究，而成分分析方法也仍需改进。

四、9月20日下午上半场

下午的演讲共有10位报告人，上半场论坛由湖南大学岳麓书院石荣传主持，报告内容主要集中于长江流域的玉器考古发现研究，其中多位学者从玉器类型、风格、组合及工业等方面对良渚文化遗址出土及带有良渚文化风格的玉器进行探讨，展示长江下游流域出土玉器的重要性与特殊性。

报告人：左骏（南京博物院）

发言主题：温故知新——祖堂山南唐二陵出土玉册的再观察研究[1]

江苏南京西南祖堂山南麓的南唐陵区共发现了三座墓葬，出土玉器总件数为83件（组）。在中国传统玉器研究中，五代十国时期玉作及玉器使用状况的探究始终是一个薄弱环节。玉器的数量不多、类型发现也甚少，而同时期周边地区吴越国出土玉器却十分精湛。为了解五代时期玉作情况及玉礼器的使用状况，左骏以永陵（M1）和顺陵（M2）出土的残玉册构件为研究对象，对南唐二陵出土玉册基本概况、南唐玉作及玉册的编缀与装潢进行了介绍。通过基本观察，玉册的制作过程推测如下：首先是开料，其次进行打磨抛光，接着琢边栏线、文字，最后填（镂）金。永陵（M1）出土玉册片可分为大字体和小字体两种，通过缀合发现大字体玉册片应有14组28片，推测为谥册；小字体玉册片应有20组40片，推测为哀册。顺陵（M2）出土残册片分为3类：有文字的17片，风化无文字的20片，特殊形态的3片。这些特殊形态的册片上有层状剥离、贝壳状断口的现象，表面有乳白琉璃质经缀合并与同时期类似器物比对，其应为琉璃谥宝及神主。从玉料的角度看，南唐二陵出土玉册的玉料应为和田玉，但玉质较差，其原因为和田玉的主要消费地是五代而不是十国。从工艺上看，玉册上的字使用了砣具进行雕刻。南唐二陵的玉册主要为片

[1] 相关研究已发表，详见：左骏.温故而知新——江苏南京祖堂山南唐陵区出土玉册的再观察[J].南方文物，2020(01):110–121.

状，分为宽体无字无边栏和窄体无字无边栏两种，根据同一地点出土的石函、玉册上的残留痕迹和文献中关于册匣的记载，推测缀合后的玉册会放置于漆册匣中，外面再包裹丝织品，最后再放入石函。南唐二陵出土玉册的观察研究从玉作视角分析玉器质料选择与推断琢制流程，并结合以往相关考古发现、文献、传统图像艺术史学等材料，能够重新审视与构建南唐时期玉册排序与使用之仪轨。

报告人：仲召兵（浙江省文物考古研究所）

发言主题：长江下游地区的弧刃石钺

仲召兵从弧刃石钺的研究问题缘起、类型、时空分布的动态观察，以及若干属性的变化四个方面对长江下游地区的弧刃石钺进行介绍。弧刃石钺起源于马家浜晚期宁镇地区的北阴阳营文化，盛行于凌家滩，这一时期它体现的主要是死者的性别及生前的职业分工。至良渚时期，弧刃石钺发展到顶峰并被赋予了特殊的社会寓意，成为社会身份和等级的重要标识之一，除了一般的性别及军事身份的象征意义，在良渚遗址群这样的早期扩散地，弧刃石钺可能还具有对死者族群身份标识的功能。良渚中期，弧刃石钺与社会等级关联的观念得到扩散；良渚晚期，弧刃石钺的数量达到峰值；良渚文化晚末期，拥有弧刃石钺不再是社会上层的专利，开始向社会的中下层流动，或社会的中下层开始模仿社会上层。弧刃石钺能够贯穿良渚文化始终并被赋予特殊社会含义的一个重要原因在于良渚文化特殊的玉石资源生产流通方式——通过相对集中的玉石器生产中心和多层次的生产流通体系，塑造和维系自身的观念、权力和秩序是良渚社会的一个重要特点。弧刃石钺之所以在良渚社会的表征体系中能够扮演如此重要的角色，离不开其特定的社会背景。崧泽-良渚之际，太湖流域人口大增、社群组织裂变、加之外域人口的移民，聚落格局经历了重大变动，社会处于弥合未稳的初期。同时，良渚文化还强势向太湖周边地区扩张，在这样的背景下，领地、资源、安全的争夺与守卫使人与人之间的交往变得更加频繁，武力是一种重要的方式和保障。因此，社会对石钺有着非常人的现实需求。在此过程中，男性确立了在社会中的主导性地位，玉钺和石钺成为其军事身份及军事权威的象征。良渚文化晚末期，社会丧失了之前的凝聚力和控制力，加之钱山漾-广富林文化时期北方龙山文化的冲击与这一时期洪水的泛滥，之前的社会结构与社会秩序已不复存在，太湖地区社会发展进入了低谷和转折期，弧刃石钺也走到了历史的尽头。

报告人：郭明建（中国国家博物馆）

发言主题：良渚文化玉器工业初探[1]

考古学语境中的玉器，从时间序列分析，经历了采矿、加工、分配、流通、使用、废弃（埋葬）的过程；从空间分布分析，分布于矿场、生产地和消费（遗弃）地三种地点，其中出土玉器最多的消费地又可分为墓葬、居址、祭祀区和其他遗弃埋葬地。复原玉器工业应为一个相反的考察过程，由最终发现的实物出发进行合理反推，首先通过实物证据对玉器生产地进行判定，进而推断古代玉器流通、分配的途径，分析其分配体制和对应的社会组织。实物证据又有直接和间接两种，其中直接证据是考古发现的制玉作坊以及玉料、半成品等，间接证据则是玉器成品在尺寸、造型、工艺上具有的统一"风格"和特殊标记。相对而言，良渚文化玉器工业的间接证据更加充分和值得深入研究。通过对玉器数量与种类的空间分布分析，以及对发掘或采集的五种主要玉器之玉质、形制、纹饰和大小的系统考察，可将良渚文化主要分布区划分为良渚遗址群、太湖东北部和太湖东南部三个玉器风格区，三区中的不同聚落中又可分别辨识出大型、中型或小型规模的玉器工业。诸多玉器工业中，尤以良渚遗址群和寺墩遗址等典型代表规模最大。大中型玉器工业的产品，不仅大量自用，还部分输出，影响到整个环太湖地区；同时大中型玉器工业也应具备专业的制玉工匠或工匠集团。良渚文化的玉器工业的不均衡性，最终还导致了各地贵族使用奢侈品的不同策略。

报告人：王偈人（常州博物馆）

发言主题：从典型玉器组合看良渚文化聚落变化

王偈人以反山、瑶山、福泉山、吴家场、邱城墩、新地里墓葬出土玉器组合为例，探讨良渚文化聚落变化。瑶山墓区尚未发现玉璧，男女墓地界限划定分明，男性墓典型玉器组合为琮、钺、叉形器、梳背，女性墓典型玉器基本为梳背和璜，墓主等级高低能够通过琮的数量进行比较，但并不严格。反山墓区开始将玉璧作为典型玉器组合的器物之一，一套完整的玉钺可能代表最高的军权，仅有玉钺则可能只代表部分军权或象征意义，此外女性墓也随葬玉琮。以上表明瑶山看重性别差异，而

[1] 相关研究已发表，详见：郭明建.良渚文化玉器工业初探[M]//山东大学文化遗产研究院.东方考古（第15集）.北京：科学出版社，2019:13–54.

反山更看重家庭单元，且职能划分更加复杂。福泉山和邱承墩聚落早期尚未形成典型玉器组合，大多墓葬仅有单件玉器，到了中晚期，璧、琮、钺成为贵族随葬标配，后期针对贵族还会另外开辟葬区，表明该时期福泉山聚落已发展壮大。新地里聚落整个发展阶段都没有出现完整的璧、琮、钺组合，表明该聚落等级不高。早期女性贵族墓出土单件琮，中期以后出现璧、钺组合，表明该地早期以女性为主导和以神权为核心，中期以后因内部纷争加剧，军权具有更大的影响力。总的来说，良渚文化典型玉器组合为琮、璧、钺、三叉形器、梳背，以琮、璧、钺为核心，这三者贯穿了整个良渚文化时期以及整个良渚文化圈，是高等贵族身份的象征，典型玉器组合的变化很大程度反映了各聚落的演变发展情况。

报告人：曹芳芳（北京大学考古文博学院/广东省博物馆）

发言主题：广东省博物馆藏良渚风格玉器研究[1]

曹芳芳首先介绍了广东省博物馆馆藏玉器的情况，主要可分为两大类：传世品和考古出土品，它们分属于不同的文物库房。传世玉器归玉器杂项库保管，共有近3000件，其主要来源方式为拨交、文留、捐赠。时代跨度大，从良渚时代一直到民国，以明清玉器为主。而出土玉器归考古出土库保管，数量近百件，时代从石峡文化至明清。其次对馆藏传世良渚风格玉器进行分析，共介绍了三件良渚文化玉器，分别为璧、钺和琮。馆藏玉璧符合良渚文化典型特征——小孔径，器体较厚，边缘棱较分明。馆藏良渚风格玉钺表面有刻铭文，应是后世人加刻上去的。馆藏良渚风格玉琮与环太湖流域出土良渚文化玉琮在材质上有细微区别，但是纹饰的雕刻和器型上符合良渚文化玉琮的特点。最后对馆藏出土良渚风格玉器进行分析，石峡遗址出土的石峡文化玉器是广东域内最重要的一批良渚风格玉器，广东省博物馆藏石峡文化良渚风格玉器十余件，件件皆为精品，如单节玉琮、多节玉琮、玉钺、玉环、玉镯、玉玦、玉锥形器等。广东从新石器时代晚期至青铜时代早期除却外来因素的玉器，剩下就是以玉石水晶玦、环（小环）为主的，包括加工制作这些产品的副产品及余料，普遍使用玉石水晶玦、环是广东域内从新石器时代至青铜时代早期延续不断的用玉传统，本地特色玉器制作尚未形成规模，主体玉器受不同时期外来因素

[1] 相关研究已发表，详见：曹芳芳.岭南地区良渚风格玉器研究[J].博物院，2019(02):35–43.

的变化而变化。通过将石峡文化良渚风格玉器、陶器、石器与良渚文化核心分布地域内出土的相关器物对比分析发现，良渚文化因素的遗物以集群性、接近原生态的性质出现在历史上各时期人群南下、越过南岭的必经之地，由此推断石峡文化出土玉器具有良渚风格是人群之间直接交流的体现，且在其他地区良渚风格玉器功能发生变化的龙山时代，仅有广东地区仍然坚守良渚文化时期的传统与信仰。

问答环节

有学者问到玉册与出土简牍的编排是否有联系？左骏回答：有联系，汉武帝对五畤进行祭祀，很多文献就有对玉册的记载。考古发现最早的玉册是王莽封禅泰山玉册的残片；魏晋南北朝时期，关于册文献有零星记载；隋代《礼仪志》记载册是用竹木制作的；到唐代，在乾陵发现了一批玉质册片，左骏认为魏晋之后玉册片的出现是一种复古行为，是为了强调礼仪制度。

还有学者问到，目前学术界认为良渚已经进入了早期国家文明阶段，良渚古城与不同玉器中心的社会关系应如何理解？郭明建回答：良渚古城是一个社会发展的高级阶段，良渚文化是多中心的，良渚玉器数量多与其靠近玉矿资源有关，但不一定能覆盖全中心，如福泉山遗址很多遗物则来自中原地区。

五、9月20日下午下半场

下午下半场论坛由中国国家博物馆郭明建主持，报告主要关注玉器制作、加工及修复工艺，按照演讲主题的年代顺序依次进行，展示了类型学、显微观察、实验考古等多种玉器工艺研究方法。

报告人：徐飞（中国地质大学（北京））

发言主题：史前玉石器大型钻孔实验研究[1]

徐飞针对考古发现各遗址出土玉石环、璧、镯、琮等器型管钻孔的制作、工时、人员分配、社会生产组织、生产力消耗、技术传承与迁徙等问题，以出土辘轳

[1] 相关研究已发表，详见：徐飞，邓聪，叶晓红．史前玉器大型钻孔技术实验研究[J]．中原文物，2018(02):57–64.

轴承器为研究对象，观察其使用痕迹，通过实验考古探索中国古代旋转加工技术科技史。辘轳轴承器在牛河梁遗址、方家洲遗址、瑶山遗址、反山遗址及凌家滩遗址都有发现，但是现在仅仅依靠考古遗址出土的信息复原轮轴机械结构是非常困难的。所以现存手工制陶作坊调查对复原实验钻孔装置十分必要。徐飞对山东、河南、湖北、湖南、广西等地区做了大量的调查准备，在湖南地区发现了丁砣的特殊使用方法，在山东发现了铁质轴承器与出土石质辘轳轴承器形状和旋转痕迹分布规律基本一致，另外该地区的陶轮结构对辘轳轴承器的安装方法也有很大的指导意义，在河南地区发现了形状呈方形的旋转凹槽，对钻孔实验使用的滚动辘轳轴承器有直接的借鉴作用。在现存手工制陶作坊调查的基础上复原古代辘轳轴承器钻孔装置，并在室内进行玉器钻孔实验。室内实验共由七部分组成。实验一，玉环单面钻孔实验。实验二，蛇纹石玉琮双面对钻钻孔实验。实验三，罗甸软玉玉琮单面钻孔实验。实验六，青海软玉玉琮双面对钻钻孔实验。实验七，蛇纹石大玉璧单面钻孔实验。实验结果表明管钻口中间凸棱倾斜角度大小与轮盘旋转运动晃动幅度有一定关系；玉料硬度越低，钻口滑动范围越小，钻孔相对准确；“亚腰形”钻孔的形成，也与玉料的硬度有关系，最主要还是与钻孔孔径的深浅相关。对比出土遗物与管钻实验成果，可以发现虽然自红山文化、凌家滩文化始便出现了环状玉器，但到了良渚文化阶段，环、琮、璧的大型钻孔无疑与辘轳轴承器的发明所带来的高速旋转科技密切相关。距今5000年始，良渚文化玉器影响至岭南石峡文化，甚至辐射至东南亚大陆及列岛上，其中环状玉器与辘轳旋转机械传播之范围是并存的。

报告人：杨露雅（中国科学院大学考古学与人类学系）

发言主题：殷墟玉器孔道内部微痕分类辨析[1]

殷墟遗址是商代晚期的都城遗址，遗址内出土了大量种类丰富、造型精美的玉器。利用高分辨硅胶覆膜配合显微观察对殷墟出土玉器进行分析发现，玉器孔道微痕有5种：圆周状凹槽（钻孔导致）、平行纵向凹槽（打磨导致）、弧形口沿（穿戴磨损导致）、椭圆凹坑（使用磨损导致）、不规则纵向凹线（使用摩擦导致）。根据微痕的形态特征，分布模式等特点，可将不同类型的痕迹分为加工痕迹和使用痕迹两

[1] 相关研究已发表，详见：杨露雅，朱剑，岳超龙，唐际根.殷墟玉器孔道内部微痕分类辨析[J].人类学学报，2021，40(02):249–260.

类，并由此提出了加工痕迹与使用痕迹鉴别标准，即根据痕迹形态、叠压关系、分布具体判断。报告以安阳殷墟出土玉器微痕形态为研究对象，辅助数据分析详细论证了各类痕迹的特征，并归纳微痕的形成原因，建立微痕与工艺或使用之间的关系，为突破“见物不见人”的局限提供了一条重要途径。

报告人：岳超龙（中国社会科学院考古研究所）

发言主题：殷墟与石家河玉器的联系——以柄形器的制作与演变为例

石家河遗址与殷墟均为当时政治经济文化中心，众多精美玉器的出土为其增添了醒目的文化特质。石家河文化出土玉器中的玉凤、玉蝉、玉虎在殷墟遗址中各有踪迹可循。为了解玉器在两种文化的作用，岳超龙从殷墟玉器制作流程化入手，探究了柄形器的分类并推测相应制作过程，通过微痕信息明确不同材质的柄形器具有不同的制作目的，借由柄形器的工艺为其历史功能提供新的证据，重新探讨“柄形器”的来源与发展，从而以柄形器为媒介进一步了解玉器在石家河文化到殷墟的传承与发展。他认为玉柄形器制作过程有四步，分别是开料成型、相向切割形成粗坯、打磨凹槽制成柄部，最后依材而定，表面装饰或选择性打磨标明正反面。依据器物微痕分析及考古类型学，发现夏商周时期柄形器源自石家河文化玉立鹰，而柄形器的内涵因时期地域的不同而各有所指。殷墟玉器中有着较多的石家河文化玉器，这种现象不是单纯的产品传播、技术传播，而是有着独具特色的再发展。器型的演变受制于文化、信仰等因素，“风马牛不相及”现象在时空作用下时有发生。在研究器物的演变时应依据其文化特质而非单一的形态特征。总之，通过探讨玉器的原始功能、演变发展，可以发现玉器在文化演替中所扮演着重要角色。

报告人：赵晓伟（徐州博物馆）

发言主题：两汉玉衣的修复与考古学观察

赵晓伟从玉衣概况、考古收获和未解问题三个角度进行介绍和分析。据不完全统计，全国目前出土玉衣约116套，但经科学复原修复的仅10余件。考古发现出土有玉衣的汉代墓葬有中山王刘靖及其妻窦绾墓、中山怀王刘修墓、中山简王刘焉墓、中山穆王刘畅墓以及一系列侯的墓葬等。对于还原玉衣的排列顺序，可以从鼻罩、头顶玉璧、手指尖、鞋底等特征位置着手，再向四周延伸拼合。在参与玉衣修复过程中，赵晓伟结合考古报告发现了玉衣织物锁边的现象，并判断玉衣缀合方法在西汉和东汉时期有所区别，西汉时期使用2根铜丝将4片玉片缀合起来，而东汉时期则只用1根铜丝将玉片连接起来。从全国出土典型西汉、东汉玉衣考古资料来看，玉衣大多有缚手、结跗的现象。根据研究现状，赵晓伟提出了三个问题：第一件玉衣在哪里？玉衣制作产地在何处？玉衣的制作工艺如何？玉衣是两汉独有的丧葬形制，赵晓伟通过对两汉玉衣研究与修复取得的认识、成果及存在的问题进行梳理，以期引起学界更多关注，能够深入研究并揭示玉衣这一独特葬玉形制的学术价值。

报告人：叶晓红（中国社会科学院考古研究所）

发言主题：狮子山楚王陵出土玉器工艺初探[1]

狮子山楚王陵出土玉器数量多、工艺精湛。玉器形制以片状居多，如玉璧、玉珩、龙形玉佩、凤形玉佩、玉冲牙、玉戈、玉钺等，以及组成玉衣、玉棺或玉枕的各种玉片。其中部分片状玉器从形制与工艺观察，可以判断为前朝遗物，组成玉衣、玉枕的部分玉片也是由旧玉改制而成。此外，还有为数不少的立体圆雕玉器，如玉蝉、兽面玉枕首、玉带钩、玉剑饰以及掏出内膛的耳杯、玉卮、玉高足杯、双联玉管等。叶晓红选择数件代表性器物进行微痕分析，结果显示狮子山楚王陵出土玉器均采用锯片切割技术开料，主要使用不同尺寸的勾砣类砣具阴刻纹饰，并伴有减地工序；从战国发展至汉代，阴刻线愈发流畅；钻孔直径小，且能够贯穿玉器首尾；制作玉器边缘时，先钻孔后透雕；玉卮等立体形器则使用不同尺寸的管钻进行掏膛；最后可能使用了快速砣磨技术打磨抛光，使其呈现玻璃光泽。该时期玉器加工技术处于快速发展阶段，一方面可能归功于新材料的应用，促使工具性能提高并适应新的需要不断细化和改制；另一方面，综合考察各类玉器的材质、工艺及使用功能，发现当时玉器制作有着颇为成熟固定的加工工序和行业规范，说明楚王室不仅拥有专门的制玉作坊，并且具有严格的等级规范和管理制度。

问答环节

有学者问，从出土位置和用途的角度看，石家河文化出土的玉柄形器与三代出

[1] 相关研究已发表，详见：宗时珍，叶晓红．略论徐州狮子山楚王墓出土玉器工艺[J]．故宫博物院院刊，2019(03):59–68.

土的玉柄形器有什么区别？岳超龙回答：遗憾的是因发掘年代久远，玉柄形器的出土位置记录不是很详细。但从目前已有证据来看，到了夏商周时期，中原地区的柄形器已经发生了变化。石家河文化出土的玉柄形器相当于古人的发饰，而夏商时期玉柄形器出现了榫，不再作为发饰使用。石家河时期先民具有鸟崇拜，而夏商时期鸟兽形器则失去了崇拜的含义。

还有学者提问后石家河文化类鹰锥形器与良渚文化的锥形器有什么关系？岳超龙认为后石家河文化类鹰锥形器是有一个自身演变的过程，与良渚文化的锥形器没有直接联系。

有学者问，经过计算，轴承器钻孔实验的效率为每毫米耗时1.67个小时，而之前有学者用弓钻方法进行钻孔实验的效率可达每毫米0.10~0.23个小时，请问有没有使用轴承器和弓钻对同一孔径玉石进行钻孔的效率对比实验，轴承器在钻孔中的最大优势是什么？徐飞回答：首先，弓钻在大型钻孔上即孔径3厘米以上难以实现。其次，这里面牵涉到一个“真正旋转运动”问题，柴尔德曾言：“连续不断朝一个方向不停旋转为真正旋转运动”。弓钻只能在一定范围内来回旋转，而轴承器则可以朝某一个方向连续性快速旋转，这样钻孔过程中离心力加大，旋转痕迹从底部细密向外扩宽规律明显，与出土相关遗物旋转痕迹分布特点更为接近。另外轴承器钻孔比较省力，轮轴旋转过程中惯性较大，并且轴承器钻孔深度可以无限延伸，但使用弓钻钻孔达到一定深度（2.5厘米左右）则难以继续钻孔，这与受力和稳定性有很大关系。

六、9月21日上午上半场

本场报告由重庆市文化遗产研究院代玉彪主持，报告人按照演讲主题的年代顺序依次进行发言，时间范围涵盖新石器时期、夏商周三代以及东汉时期，内容既涉及对不同器物的专题研究，也具有一定的宏观视角。

报告人：石荣传（湖南大学岳麓书院）

发言主题：新石器时代东亚出土耳珰研究

石荣传首先介绍了新石器时代耳珰出土概况——东亚大陆出土耳珰的地区有东

北地区、宁绍平原、环太湖地区、江淮地区、长江中上游地区及岭南地区。岛屿带也发现了出土耳珰的遗址，如日本九州地区、我国台湾卑南地区和中南半岛。其次，对东亚新石器时代耳珰进行了类型分析。东亚新石器时代耳珰可分为三个阶段，第一阶段为新石器时代中期，该时期的耳珰最早见于长江下游的河姆渡文化、马家浜文化等；岛屿带见于日本北九州地区。造型以粗管状“工”字形为主，质地为陶、骨质。辽河流域的新乐下层文化亦见有煤晶质珰，造型为细管状或不规则形。第二阶段为新石器时代晚期，该时期耳珰主要见于长江下游的崧泽文化、良渚文化、江淮地区的凌家滩文化、长江上游的大溪文化等出土数量有所增加，分布范围亦有所扩大。造型大多接近“工”字形，质地以玉质为主，偶见有水晶、石质；岛屿带不见有耳珰出土。第三阶段为新石器时代末期，该时期耳珰主要见于长江中游的石家河文化，以及岭南地区的石峡文化、珠海宝镜湾遗址。质地以玉石质为主，造型皆以粗管状“工”字形耳珰为主。中南半岛的越南北部地区偶见陶耳珰。第四阶段为历史时期，该时期东亚大陆地区粗管状“工”字形耳珰仅见于中国西南地区的少数民族，岛屿带金属时代见于中国台湾地区及东南亚一带。最后，对东亚新石器时代耳珰去向和史前耳珰和耳玦的问题进行了探讨，认为东亚新石器时代耳珰也传播到了西南和东南亚地带。最早的耳玦出现在东北的兴隆洼文化中，但之后的赵宝沟文化和红山文化不再流行耳玦。而南方河姆渡文化早期耳珰较多，晚期耳玦数量增多、耳珰数量减少；凌家滩文化和石家河文化出土耳珰数量最多。该研究对耳珰的解读为解决研究族群迁徙、文化交流等问题提供了一些宝贵的认识。

报告人：丁思聪（郑州大学历史学院）

发言主题：三代玉石戈、圭、璋探讨[1]

玉石戈出现于新石器时代，到二里头时期基本成型，该时期的玉石戈援前有锐利的三角锋，援两侧磨出边脊，援后近内处可见刻划纹，内较短。商代早中期，玉石戈逐步发展成熟。郑州周边地区的玉石戈器形以直援直内为主，有中脊和边脊，有的一侧或两侧出阑，阑部附近可见刻划纹带。盘龙城玉石戈形制较大，以直援直内为主，援后多有凸起的阑，阑前或有成组扉牙装饰。晚商时期玉石戈出现分化。

[1] 相关研究已发表，详见：丁思聪．殷墟玉戈类器研究[J].殷都学刊，2015，36(04):28–38.

以殷墟遗址为例，玉石戈可分为五个类型：直援直内戈、直援无内戈、直援带榫戈、弧援戈和特异形戈。综合器形、材质、用法来看，晚商时期的所谓圭、璋，均由玉戈演化而来，可统称为戈类器。大型玉戈仍然是贵族所有的高规格礼器；器形缩小的小玉戈退化成了装饰用品；用大理石制作的石戈则在殷墟四期流行，作为随葬明器使用，器形简化，成为了周代圭、璋的雏形。周代以后，戈类器的器形继续简化，石质者比例较高，戈内消失，尖部居中的圭以及尖部偏向一侧的璋在东周时期的中原地区流行。文献中的圭、璋，即指代东周以后流行的戈类器。常被视作“牙璋”的刀形端刃器为二里头时期的高规格礼器，在商代以后的中原地区式微，与文献所载的圭、璋并无关联。

报告人：何枰凭（长沙市博物馆）

发言主题：浅谈春秋战国时期玉观念的形成及发展[1]

何枰凭的报告主要分为三个部分：玉观念的形成、玉观念的发展和玉观念的具体表现。商周时期，王权与祭祀成为国家控制社会的主要力量，统治阶层通过各种方式强调玉器的礼用功能，进而统治百姓。到了春秋战国时期，在“百家争鸣”的社会背景下，各个学派对玉器的功能价值提出了各自的看法。儒家思想强调玉器的内在美，以及玉器的表现形式要与内容相统一，对后世产生了重要影响。汉代以前玉观念的发展经历了原始社会后期的神化、原始社会到奴隶社会的等级化、春秋战国时期奴隶社会向封建社会过渡的人格化和道德化三个时期。春秋战国时期玉器种类较多，有璧、琮、圭、玦、佩、璜、管、珠等三十多个品种，根据其用途可以分为礼仪用玉、丧葬用玉、装饰用玉、实用玉器四大类。总之，春秋战国时代的玉器，其艺术上承商周，下启秦汉，第一次突破了传统玉器的模式与审美取向，建立了新传统和新风范，是中国玉器发展史上重要的一环，无论从艺术的高度还是从技术的角度对其加以考察，都具有很高的价值。

报告人：谷娴子（上海博物馆）

发言主题：馆藏东汉靡婴买地玉券研究

[1] 相关研究已发表，详见：何枰凭.春秋战国时期玉观念的形成及发展[J].文物鉴定与鉴赏，2013(06):72–75.

谷娴子的报告主要分为两个部分，一是相关买地券著录及研究，二是上海博物馆馆藏靡婴买地玉券的研究。买地券是中国古代以地契形式置于墓中的一种物品，盛于东汉。南起广东，北至山西，西自新疆，东抵海滨，均可见出土。质地有玉、铅、砖、石、铁、瓦、木、纸诸种。买地券研究的代表人物为罗振玉，相关著作包括《地券征存》《蒿里遗珍》《贞松堂集古遗文》《芒洛冢墓遗文四编补》《丙寅稿》。除此之外还有叶昌炽《语石》、叶奕苞《金石录补》、钱大昕《十驾斋养新录》、刘体智《小校经阁金文》、日本下中弥三郎《书道全集》等。东汉靡婴买地玉券是上海博物馆于1979年购得的一件碧玉质买地券，长7.1厘米，宽4.5厘米，厚0.7~0.8厘米，是迄今发现的最早也是唯一一件玉质买地券，曾为端方所藏，著录于端方《陶斋藏石记》、刘承干《希古楼金石萃编》、罗振玉《蒿里遗珍》等。靡婴买地玉券纪日文例、干支等符合时代特征，推测主人身份为富庶人家或低级官吏，铭文中的地价、面积、卖家、旁人为虚拟，是一份模仿真实土地文书内容的明器。而靡婴生平、买地玉券使用方法及其在汉代葬玉礼制中的地位等则仍有待研究。

问答环节

有学者问，陶寺遗址出土了一件跟后世文献记载的尖首圭形制一模一样的遗物，两城镇遗址、小梅岭遗址、二里头遗址和妇好墓也出土了平首玉器。这类玉器玉质佳、制作精美，很多学者以前把它叫作玉圭，应如何看待这类玉器？丁思聪回答：类似于尖首圭的器型为戈形器的特异形制。平首圭与圭璋相比，应属于另外一个系统，器型可能来源于铲形器，可以归入乐礼类系统，平首圭与文献记载的圭是没有直接联系的。

还有学者问，大型戈在二里头晚期到二里岗时期大量出现，为何西周晚期到春秋早期为什么还会使用商代的旧玉？如西周大墓里大型戈常出土于棺板上或人身体的正中部位。丁思聪答：商周用玉上存在一种继承关系，虽然周人取代商人开始掌权，但是礼制的形成是一个逐渐的过程。将玉器按礼器和装饰品两大类划分来看，西周早期在加工一些装饰品的时候会采用一些新的工艺，这反映了周人的创新。但从礼制来说，周人继承了商代的传统，包括用戈的制度也沿用了商代习俗，这种制度一直延续到西周中晚期，反映了制度的延续性。在礼制方面周人也有自己的独创之处，比如组玉佩在西周中晚期以后出现。

有学者问，美国墨西哥移民也有佩戴耳珰的现象，这与东亚新石器时代的耳珰有无联系？石荣传答：关于东亚新石器时代玉器的外传，有人大胆地认为东北亚玉器的传播到达了白令海峡，进入了美洲。南太平洋地区所发现的原始部落的艺术品与东南亚地区（包括长江下游到岭南地区）的艺术品有一定的联系，认为东南亚地区耳珰的起源于长江下游地区。在不同文明发展过程可能产生相同的物质载体，因此无法确定东北亚玉器的传播是否到达美洲。

还有学者对靡婴买地玉券的材质提出了疑问，谷娴子答：靡婴买地玉券的玉质为透闪石，无法判断有无埋葬现象，从特征来看传世品的可能性较大。有学者问到买地券所显示的地价是否都与现实地价相符？谷娴子答：这涉及汉代土地私有制的问题，解决地价是否真实的问题实际上很复杂。从土地的角度来说，它是虚拟的。但是买地券最早出现的时候是真实的地价，只是在发展过程中逐渐虚拟化了。

此外也有学者对东亚新石器时代玉器引申出来的玛雅文明玉器提出了疑问，相关学者也进行了解答。

七、9月21日上午下半场

上午下半场报告由南京博物院左骏主持，内容涉及矿物包裹体研究、宗教视野、海外收藏与火烧玉器行为，体现出多视角、多方法的玉器综合研究。

报告人：董俊卿（中国科学院上海光学精密机械研究所）

发言主题：古代宝玉石中包裹体科学分析与产地来源探讨

董俊卿通过分析宝玉石中的包裹体，追溯其产地来源。古代宝玉石的产地溯源一直是学界关注的重点，目前已通过微量元素、稀土元素分配模式、氢氧硅氩等同位素特征、矿物显微结构、伴生岩相等多种方法尝试对国内不同矿区的绿松石、透闪石和蛇纹石矿料进行检测分析，进而尝试追溯贾湖绿松石、二里头绿松石、良渚遗址群透闪石、凌家滩透闪石、淅川下王岗玉器、金沙透闪石、狮子山透闪石的产地。宝玉石中与主体矿物伴生或共生的包裹体同样也反映了其形成条件、矿物成因和产地来源等重要信息。拉曼光谱、显微分析技术检测发现，合浦九只岭汉墓出土的石榴子石与印度阿里卡梅度遗址发现的石榴子石均为铁铝榴石，并且二者有几乎相同的包裹体组合，如赤铁矿、钛铁矿、磁铁矿、石英、锆石、硅线石、独居石。结合矿产资源开发情况、制作技术及伴出的相关器物分析，可以推测阿里卡梅度是合浦汉代石榴子石的来源地之一，为古代汉王朝与南亚地区的海上丝绸之路交流提供了新的科学依据，也说明包裹体组合能够为原料来源提供一种可行的分析途径。

报告人：徐峰（南京师范大学文物与博物馆学系）

发言主题：宗教视野下对玉和骨两类物质的知识考古

徐峰认为，不同的物质中可以存在一致的“隐形观念”，尤其对于珍贵的物质来说，这种观念传统会持续更长的时间。尽管前人已对金与玉做了很多比较研究，但玉和骨这两种物质在形而上学层面中也蕴藏了某些相同的观念。首先，两者都是光彩与神圣的，即因具有光泽和亮度而在宗教中发挥了特殊功能，如中国黄绿色玉象征着初生的生命，中美洲碧玉代表着水；黑曜石具有“黑暗之光”，因而用于与神灵有关的祭祀，而骨器因其颜色也通常被用来制作比如念珠等法器，逝世僧人之骨“色如古玉”，在佛教中被尊崇为舍利。此外玉器还有“鸡骨白”一类描述，说明两者在自然特征上的相似性。其次，玉和骨都是通灵的媒介。古人常以琮礼地，以璧礼天，玉器被用于和神灵交流的记载屡见不鲜，而甲、骨一类物质也用作占卜工具。第三，两者与身体紧密相关。古人有“君子无故，玉不去身”的说法，墓葬中尸骨旁也常随葬玉，而禅宗中有诸如“自观己身，白如玉人”的记载；中美洲文明更有“Jade bone”概念，和中国的“玉骨”相吻合，玉骨代表了一种至高的品质。由此可见，在宗教视野下，玉和骨都曾作为“显圣物”而存在，在思想史具有不可分割的统一性，显示出观念中的同构现象。

报告人：褚馨（上海博物馆）

发言主题：长江流域古玉的流传与收藏

褚馨对长江流域古玉的海外收藏进行了深入研究。19世纪下半叶至20世纪早期，中国古玉开始大规模流传至海外。毕晓普（Heber R. Bishop）、弗利尔（Charles Lang Freer）、卢芹斋（C .T. Loo）、温索甫（Grenville L. Winthrop）、赛克勒（Arthur M. Sackler）等收藏家都有其独特的收藏历程，并对其藏品进行了相关研究。如今这些古玉收藏于海外各大博物馆中，如哈佛大学博物馆、弗利尔·赛克勒博物馆、大都会博物馆等。其中有相当一部分为长江流域古玉，在当时知识背景下，这些玉器的文化属性未能完全厘定，但随着越来越多考古发现的出土与系统性认识、研究，海外博物馆的众多玉器收藏被确认具有良渚文化、石家河文化等的风格。整理、研究这些流散海外的玉器标本，将有助于我们更全面地认识长江流域古玉文明。

报告人：王荣（复旦大学文物与博物馆学系）

发言主题：江苏武进寺墩良渚玉器火烧的实证探索[1]

王荣对玉器的人为火烧现象进行了深入研究。1973年至1995年间，江苏省常州市武进区寺墩遗址出土了大量玉器，关于其中部分良渚玉器下葬前是否经过火烧的问题一直存在争论，但始终缺乏科学证据支持。王荣用红外光谱、拉曼光谱和X射线荧光光谱等无损方法对常州博物馆藏的寺墩出土良渚玉器进行了检测分析，并结合露天火烧与马弗炉加热两种模拟实验，证实其在成器之后经历了高温过程。这种火烧行为在后世殷商妇好墓玉器及陕西凤翔血池遗址的出土玉器同样存在，并且能够与甲骨文中关于玉器火燎祭祀的文献记载相对应，至秦汉时期成为国家祭祀活动的一部分。鉴于此，该项研究将有益于正确评估玉器本体状态，加深对玉器火烧源流的认知，丰富对玉器使用方式的认识。

问答环节

许多学者对玉器火烧问题都十分感兴趣。王荣对变色规律作出了进一步的详细解释：蛇纹石玉火烧变白发生在材质转变为镁橄榄石和顽火辉石之前，而透闪石玉颜色变白可以在材质转变为透辉石前发生，其中如果存在铁元素从二价变为三价的情况，颜色将变黄，后期希望能够通过XPS方法对具体情况进行探讨。

有学者提出，是否需要如陶瓷器那样在露天火烧实验中考虑钙受热分解这一问题。王荣认为与陶瓷研究不同的是，玉作为单矿物集合体，钙主要存在于受热前的透闪石以及受热后形成的透辉石中，基本可以忽略陶瓷器中由于钙化合物的存在引起的一些复杂情况。

还有学者提问，火烧实验是否需要考虑压力对矿物相变的影响，王荣表示，模

[1] 相关研究已发表，详见：Wang, R., Mai, Y.Y., Lin, L.G. Burnt jade sacrifices in the Chinese Neolithic: the Liangzhu cemetery at Sidun[J]. Antiquity, 2022, 96(390). https://doi.org/10.15184/aqy.2022.101.

拟实验目前是为了解决考古中的火烧问题，其所处环境为1个大气压。

此外，这种火烧行为的背后原因也引发不少学者的热烈讨论，虽然并不能完全了解古人的想法，但相信这一行为与其信仰或观念有关。

有学者对广西合浦出土的石榴子石产地溯源与方法检测提出了疑问，如是否对国内产出的石榴子石进行过包裹体分析。董俊卿解释道，印度阿里卡梅度和临近地区拥有丰富的石榴子石资源，同时阿里卡梅度也是古代著名的宝石加工遗址和贸易港口。包裹体组合相似只是判断产地的一个重要因素，合浦出土石榴子石珠饰的产地推测是综合考虑其器形风格、流行区域、打磨与抛光等加工工艺以及伴出的绿柱石族宝石珠饰等多种因素进行的。由于汉代石榴子石珠饰主要集中在合浦，除广州、长沙外，鲜有报道，是典型的海丝文物，基本排除国内来源的可能，故尚未开展大量国内石榴子石产区的包裹体对比分析，后续将逐步积累。此外，由于受共聚焦显微拉曼分析技术的探测深度的限制，目前仍是有损分析，否则无法深入内部包裹体获取更准确、更深入的认识。

八、闭幕式

论坛闭幕式由中国社会科学院考古研究所叶晓红主持，复旦大学文物与博物馆学系陈淳教授总结发言。陈淳指出，著名考古学家杰西卡 · 罗森将东方玉器与西方黄金相提并论，足见玉器在中华文化中的重要地位。前人的玉器研究主要局限于古董鉴定、艺术史方面，随着学科交叉与科技考古方法的引入，对于玉器的生产加工技术、反映的社会结构与意识形态的关注越来越多。由此，日后的玉器发掘工作更需要做得仔细，从而揭示更多蕴含的历史信息；对意识形态的探讨也可以借助历史文献与跨文化研究，以更好地“透物见人”。目前对于玉器的多学科交叉研究仍处于基础阶段，更重要的是需要加强学者间的深层交流合作，并借鉴国外研究理论方法，使玉器研究取得更多的成果。

叶晓红首先感谢复旦大学王荣及其同事、学生们对此次论坛的辛勤付出。论坛期间，与会代表从考古发现、聚落发展、文化变迁、用玉制度与观念、矿物溯源、玉器工业、玉器工艺、文物修复以及玉器使用方法等方面对玉器进行了多角度的阐释与探讨。日后我们需要继续从技术层面的探索，逐渐深入到社会结构的思考当中，进而再深化至意识形态研究；通过多学科的交叉合作，了解掌握国际前沿信息和理论方法，不断拓展研究视角，应用于玉器研究中。

王荣表示，玉器论坛的圆满召开，需要感谢全国众多文博单位的支持，感谢复旦大学文博系的支持，感谢陈淳先生古稀之年抱病前来寄语，感谢袁靖先生为论坛赠书，感谢蔡世雄先生（徕卡显微系统［上海］）的独家赞助，感谢研究生群体的会务工作。此次论坛既聚焦长江流域，又有大视野的发散，涉及各个层面，突出新思路、新方法和多角度。论坛展现了考古领队们如何在一线工作中从被动接触玉器到主动亲近玉器的过程，展现了总有一些团队多年以来始终坚守、持之以恒推动某些重大问题的解决，展现了现代科技的快速发展为一些疑难杂症如产地问题提供了新途径，展现了中国特色玉文化内涵的博大精深。此次论坛的讨论环节很精彩，体现了论坛不仅是分享，更是充分而热烈的交流。很多新朋友的加入，显示玉器研究群体的不断壮大，人的传承才是玉器等珍贵文化遗产传承的重要前提。期待玉器论坛再进步，以文会友，为玉文化发展助力！

第三届古代玉器青年学术论坛纪要[1]

麦蕴宜（广东省文物鉴定站）校

2020年9月24~27日，“第三届古代玉器青年学术论坛”在甘肃省文物考古研究所顺利召开。该论坛由复旦大学文物与博物馆学系与甘肃省文物考古研究所联合主办。来自北京大学、复旦大学、浙江大学、山东大学、西北大学、中山大学、四川大学、吉林大学、湖南大学、郑州大学、暨南大学、中国地质大学（武汉）、河北师范大学、西北师范大学、中国社会科学院考古研究所、甘肃省文物考古研究所、浙江省文物考古研究所、湖北省文物考古研究所、陕西考古研究院、陕西省文物保护研究院、辽宁省文物考古研究院、成都市文物考古研究院、南京博物院、甘肃省博物馆、辽宁省博物馆、良渚博物院、秦始皇帝陵博物院、荆州博物馆、大同市博物馆等国内高校、研究所、博物馆及其他文博机构的近70位代表参与了这场学术盛宴，在为期两天的论坛时间内，开展了充分而热烈的讨论。其中22位代表分别做了专题报告，分享了玉器领域的众多最新成果与前沿研究。

---

[1] 整理于2020年9月。

一、开幕式

论坛开幕式上，主持人复旦大学文物与博物馆学系王荣首先回顾了2016年“首届古代玉器青年学术论坛”和2018年“第二届古代玉器青年学术论坛”的成功举办。其次，对于本届论坛能够在“疫情之年”如期举办，王荣对甘肃省考古研究所和简帙科学仪器的大力支持表示感谢，同时也对今年新老面孔的到来表示热烈欢迎。本次会议的嘉宾有：复旦大学文物与博物馆学系王辉教授、复旦大学文物与博物馆学系秦小丽教授、中山大学地球科学与工程学院丘志力教授、甘肃省文物考古研究所董保家副所长、甘肃省文物考古研究所副所长陈国科研究员。

复旦大学文物与博物馆学系王辉教授在开幕致辞中表示，本届玉器会议在甘肃举办意义非凡。关于玉料的来源、玉在中国古代社会文化中的地位和功能，以及玉器使用对中国礼制形成的意义，一直以来都是学术界关注的焦点。甘肃地区近年来陆续发现了敦煌旱峡玉矿和马鬃山径保尔草场玉矿等玉料采集和加工遗址，前者更被评为2019年度全国十大考古新发现，这些发现皆为全国其他地区所罕见，并且为探讨和解决长久以来的中国古代玉料来源及散布传播问题提供了重要线索，相关研究工作正在持续有序地进行。此外，甘肃具有悠久的用玉传统，学界经过多年研究，目前已对齐家文化玉器形成了一定的认识；在此基础上，王辉希望通过本次论坛，结合多学科知识，汇聚青年力量，进一步推动对西北地区乃至全国各地古代玉器的研究；同时亦祝愿诸位青年学者在本次论坛中有所收获，共创学界广阔未来。

甘肃省文物考古研究所副所长陈国科研究员在开幕致辞中首先代表甘肃省文物考古研究所向第三届古代玉器青年学术论坛的召开表示祝贺，对所有青年学者的到来表示热烈欢迎，其次对此次玉器论坛联合举办的缘起作了简要说明。甘肃省有着丰富的文化资源和遗产，从大地湾遗址开始就出现了透闪石玉器，到齐家文化时期形成独特的玉文化传统。除此之外，甘肃还蕴藏着大量玉矿资源，尤其是透闪石玉矿。近年来甘肃省考古所联合多家单位在河西走廊地区开展了一系列考古调查工作，几处玉矿遗址的发掘对探讨“西玉东输”之路的形成具有重要意义。此次玉器论坛的主题是“黄河中上游地区玉器考古发现与中国古玉多学科研究”，因为玉文化不仅是中国传统文化根基，也是黄河文化的重要组成部分。习近平总书记指出，要推进黄河文化遗产的保护，深入挖掘黄河文化遗产的时代价值，讲好黄河故事。陈国科希望通过此次交流，大家用自己的方式讲好黄河故事，为挖掘黄河的文化价值贡献自己的聪明才智；最后再次向远道而来的各位同仁表示热烈欢迎和诚挚谢意。

主持人王荣强调玉器论坛应具有科学性、专业性、前沿性和纯洁性，旨在增进青年玉器研究学者间的沟通与了解，搭建长期学术交流平台，深入发掘古代玉器的历史、文化、艺术和科技等价值及内涵，促进玉文化的发展。最后，王荣衷心感谢甘肃省文物考古研究所、简帙科学仪器的支持以及各位青年学者的到来。

二、9月25日上午上半场

9月25日上午共有7位学者发言，分为上下两场。上半场论坛由暨南大学熊增珑和陕西省考古研究所杨岐黄主持。报告内容既包括黄河中上游地区玉器和玉矿的考古发现，也涉及玉器反映的原始宗教和社会属性的探讨。

报告人：高江涛（中国社会科学院考古研究所）

发言主题：文化互动与集体记忆：陶寺玉器的社会属性探讨

高江涛主要介绍了陶寺文化玉器的社会功能、地位和社会属性。他提出，陶寺文化是在庙底沟二期文化基础上，在文化互动的大背景下通过贸易、交换甚至技术传播等手段，复制性效仿并创造出多种器物类型（包括玉器）的一种新文化。陶寺先民利用一些陶寺式玉钺、玉璧、玉琮、多璜联璧、组合头饰、组合腕饰等象征物形成新的集体记忆来凝聚族群。这点在玉石钺上表现得更为突出。陶寺早期流行的双孔（一主一副）玉石钺，被下靳墓地甚至清凉寺复制仿效，并在该地区流行，此外还与海岱地区密切相关。但此后陶寺玉石钺多孔，在主孔之外，散布二三个散孔却是创新，创造了新的集体记忆。散孔很可能用于系挂璎珞，以显华丽庄重，增强仪式感。可见，营造社会或群体重仪式、重凝聚的习俗或规制，其实就是重礼仪，讲礼制。此外，陶寺玉器还有意淡化其原有神性，而强调世俗的装饰功用。

报告人：陈明辉（浙江省文物考古研究所）

发言主题：史前玉器反映的神灵崇拜和原始宗教

陈明辉梳理了史前玉器反映的神灵崇拜和原始宗教情况，将原始宗教的发展归纳为四个阶段。距今9000~6000年，玉器主要作为装饰品，但也开始出现代表早期神灵崇拜和自然崇拜观念的象生玉器，如北福地的兽首雕、兴隆洼文化的兽面石雕、高庙文化的兽面纹等。距今6000~5300年，以凌家滩、红山为代表，大量非装饰性的玉器被创制；玉礼器系统初创，标志着玉器时代和文明时代的开始；玉器除了有大量的动物造型外，人物造型也开始出现，代表了原始宗教发展的第二个阶段。距今5200~4500年，良渚文化最初（瑶山较早阶段）只有兽面纹，瑶山较晚阶段开始出现神人兽面组合纹饰，至反山阶段，M12大琮上首次出现完整神徽，神与人融为一体，其全形和简化的形式出现在整个环太湖地区，成为良渚人共同崇拜的对象；同时，鸟、龙、蝉、鱼等玉器仅有少量出土，处于从属地位，一主多神宗教首次出现在中华大地。龙山时代（距今4500~3800年）以肖家屋脊、石峁、龙山文化为代表，兽面形象玉器分布广泛，起到了承上启下的作用。

报告人：王永安（甘肃省文物考古研究所）

发言主题：甘肃宁县石家及遇村遗址出土玉器综述

王永安对石家及遇村遗址南区墓葬出土的两周之际至春秋晚期玉器进行了详细的分析研究。他从该批玉器的用途入手，将其主要分为佩饰用玉、礼仪用玉、丧葬用玉三大类。第一类为佩饰用玉，有笄、玦、多璜联珠、组玉项饰、幎目坠饰等。从出土位置来看，部分佩饰置于木棺盖板之上，比较特殊。玦类主要为耳玦，材质有玉、石、绿松石及琉璃，多在中小型墓葬中发现。从目前人骨检测数据看，凡是戴有耳玦之人，皆为女性。第二类为礼仪用玉，涵盖璧、琮、瑗、璜、圭、戈等瑞玉类，部分发现于墓葬填土，多为璜和圭，可能与祭祀行为相关。另外，墓葬中圭、戈类随葬比例极高，大、中及小型墓皆有发现。第三类丧葬用玉，包括饰棺用玉、琀玉等，其中饰棺用玉发现于大型墓中，主要为费昂斯珠、玛瑙珠，多与铜鱼、铜铃、磬形饰等共存，置于“池”下，作为木棺的装饰之物。另外，近墓主身侧，常见铺撒碎玉片的现象，推其渊源，可能是仿造西周时期殓尸之用的小玉圭，欲借“玉气”以护身。

点评与问答环节

复旦大学文物与博物馆学系秦小丽对三位学者的报告作了简要总结。玉器作为文化传承的载物，表现人的意志，是最早文明创造的体现。陶寺在中原地区的文化传承过程中占据了重要位置。虽然陶寺玉器后期经过外部传入因素的改造，但这些变化都无碍其继续流行于上层社会的交流圈。玉器不常体现在权力和社会统治中，已变成社会世俗以及装饰的变体。我们需要从不同的文化变化，特别是上层社会文化圈的互动中探究玉器的意义。

有学者想了解文化的集体记忆具体是指什么？高江涛解答道，就“集体”而言，可以分为两个层次：一是族群，具有创造性和延续性，陶寺更多是创造性，即极力创造新的象征物，让族群记忆、纪念；二是创造的规制化，使之更能深入人心，以便传承。一种新的文化，尤其是兴盛的考古学文化，它在思想方面的影响主要体现在创造的集体记忆或社会记忆上。

有学者想要了解玉璧和玉琮在原始宗教信仰中的地位和作用。陈明辉说道，玉琮和玉璧最初都是由镯发展而来，后来加入神徽，神人兽面纹的广泛应用在作为神人崇拜载体的琮中表现得最为突出，是宗教和信仰等多要素的结合。

有学者对甘肃宁县石家及遇村遗址的南北墓葬关系感兴趣，想了解墓地在早中晚期有无比较明显的变化。王永安解答道，墓葬南北两区从年代来看，南区的上限在两周之际，北区由于盗扰严重目前无法断代，但墓葬中圭、葬式，以及车马坑的变化反映出二者关系密切。

学者们对甘肃玉矿很感兴趣，纷纷提问并展开了热烈讨论。还有学者针对宁县石家及遇村遗址出土的玻璃器时代和成分等问题展开了交流。这些问题都为今后深入探讨提供了更多的研究思路。

三、9月25日上午下半场

上午下半场论坛由中国社会科学院考古研究所高江涛和山东大学历史文化学院王强主持，报告主要关注玉器研究中科技方法的使用，其中涉及玉矿寻找、开采及玉器产地溯源等内容，希望能为古玉研究提供新思路、新方法。

报告人：杨谊时（甘肃省文物考古研究所）

发言主题：河西走廊早期玉矿考古收获[1]

杨谊时主要介绍了“河西走廊早期玉矿遗址考古调查、发掘与研究”项目中发现的马鬃山径保尔草场、寒窑子草场和旱峡玉矿遗址情况。三处玉矿遗址均为由防御区、采矿区、选料区等组成的采玉聚落址，呈现出山体顶部岗哨、中部矿坑、底部房址和选料区的分布特征。出土有陶器、石器、铜器、铁器、玉料、石料、皮革、植物遗存、动物遗存等。玉料多为山料，有少量戈壁料，其中黄白玉和青玉比较常见。玉料主要矿物为含量普遍在95%以上的透闪石。三处玉矿具有典型的接触交代大理岩型玉矿成矿的特征，可以划分出R型和P型两种完整的成矿系列。该发现为北山及祁连造山带软玉成矿研究及找矿提供了重要的窗口，也为寻找潜在的古玉矿遗址提供了有益借鉴。这些遗址直观呈现了自齐家文化、西城驿文化时期至骟马文化晚期、西汉早期近2000年间甘肃西部地区透闪石玉料开采、利用的景象。一系列的证据表明，甘肃地区的透闪石玉料很早就进入到甘肃以东及周边区域，在多元一体的中华文明形成过程中发挥了独特作用。

报告人：杨炯（中山大学地球科学与工程学院）

发言主题：黄河中上游现代玉矿资源分布及其与史前出土玉器的关系探索

杨炯介绍了近年来所在团队根据“指纹特征”（fingerprints or footprints）探索现代玉矿资源分布与史前出土玉器关系的研究成果。她指出我国境内最重要的闪石质和蛇纹石质玉矿资源与黄河中上游史前出土玉器的遗址在区域地理位置分布上基本吻合。通过考察黄河中上游现代玉矿资源分布与中国古王国阶段主流文化考古出土玉器的情况，主要获得了如下初步的认识：①玉矿的地理分布和材质差异，为黄河中上游不同考古学文化区玉器文化的差异和玉文化演化原因分析提供了玉石材料学方面的参考；②仰韶时代（距今5500年）以前，玉矿资源分布成为各文化区用玉的主要约束条件，玉料多就地/就近取材，制作小型饰品和工具，至仰韶后期才开始了玉石分化，玉开始成为祭器和瑞器；③距今4000年左右，黄河中上游地区（如齐家文化、石峁文化等）透闪石质玉器数量大增且器型较大的成组礼器渐多，可能和黄

[1] 相关研究已发表，详见：陈国科，丘志力，王辉，杨谊时.河西走廊地区早期玉矿遗址考古调查发掘收获概述[J].丝绸之路，2020(01):38–41.

河上游的甘青地区古玉矿以及其他未发现的古玉矿资源（籽料和山料）的大规模开采有关；④中国史前玉文化演化对中国文明起源研究具有重要意义，文明起源的形成可能不是资源驱动而主要是文化观念驱动的——黄河中上游仰韶时代后期至龙山时代，考古学文化区之间的冲突与交流渐增，社会阶层分化日益加剧，古国到王国过渡演化中，上层社会需要“玉礼制”作为纽带沟通天地人神，才使品质优良的闪石质玉成为黄河中上游乃至华夏大地玉材的主流。

报告人：先怡衡（西北大学文化遗产学院）

发言主题：新疆若羌黑山岭绿松石采矿遗址考古发现[1]

先怡衡主要介绍了我国目前发现规模最大的一处早期绿松石矿业遗址群，也是目前新疆地区发现的年代较早（距今2695~2390年）、规模最大的一处古代采矿遗址——黑山岭古绿松石矿遗址。首先，其采矿模式为露天结合平巷道井硐开采，坑口大多呈椭圆形或不规则形状，均为敞口式开挖，底小口大，围绕大型采矿坑还有若干小矿坑、选矿点遗迹。其次，出土石器中，石锤、石饼形器、石球有明显使用痕迹，经初步判断可能与采矿、选矿、加工密切相关；楔形器和研磨器可能与矿工生活有关。采集陶片均为夹砂红陶，器型偏大，有环形腹耳或鋬，器耳宽厚，有少量连口耳；多素面，但部分陶器亦有水波纹、三角形纹、方格纹、弦纹等纹饰，同时还有少量彩绘陶器；均为平底；器表多有烟炱，应为实用器。此外，该遗址还出土了大量纺织品、皮革皮毛制品及相关加工工具，表明该矿区存在某种分工，以更好服务于采矿工作。最后，采集遗物与我国西北地区的骟马城遗址、火烧沟遗址、兔葫芦遗址、敦煌旱峡古玉矿遗址出土石器、陶器类型相似。该遗址出土绿松石的矿物学特征研究表明，“指纹”特征能够用以区别该遗址与秦岭地区的绿松石矿料，为研究早期、新疆、河西走廊与内地的珍稀资源供给关系具有重要意义。

报告人：姬翔（浙江省文物考古研究所）

发言主题：良渚遗址群石器岩性鉴定与石料来源研究

[1] 相关研究已发表，详见：西北大学文化遗产学院，北京科技大学科技史与文化遗产研究院，新疆文物考古研究所．新疆若羌黑山岭古代绿松石矿业遗址调查简报[J]. 文物，2020(08):4–13.

姬翔主要通过肉眼观察，结合显微镜下鉴定的方式，对良渚遗址群出土的1000多件石器进行了岩性鉴定与统计，发现共有泥质岩、砂岩、硅质岩、斑点角岩、火山岩、火成岩此六种，且不同器型有其石料选择偏向。同时，结合地质资料，在良渚古城所属1000多平方公里的C形区域内开展了地质调查，对该区块石料资源的分布情况有了基本了解。另外，通过对岩石样本与遗址出土的石器进行的岩相学对比，发现遗址群出土的石器中，绝大多数的原料并非来自C形区内，部分可能来自直线距离100公里以外的地方，还有些可能更远。姬翔还发现，在环太湖地区，部分石器用料呈现出了高度的一致性，推测当时已经出现了专业化的产业链。

点评与问答环节

复旦大学文物与博物馆学系王辉认为有关玉、石器、原料的探讨十分重要且必要。原料来源问题的研究需要放入一定背景下进行综合探讨，也就是说需要加入“人”的因素。原料的采掘、选取、管理，整条操作链以及社会结构都是研究重点。此外，玉在文化价值中发挥的作用更大，因此应该反对简单进化论，而将研究置于更大的背景下进行，尤其需要关注环境因素，如戈壁地貌、水的来源、环境的季节性变化，尔后再将其与社会研究和社会结构结合起来。

有学者提问，新疆若羌黑山岭绿松石矿业遗址是否出土汉唐时期的文物？先怡衡回答：目前并没有汉唐时期的文物，虽然有出土与甘肃地区晚期形制类似的木器，但是新疆哈密吐鲁番地区也出土了相似的木器，且年代偏早，约为公元前一千纪早段。

有学者对黑山岭绿松石矿业遗址的测年问题提出疑问。先怡衡回答：该遗址时代最晚测年结果为公元前四百年左右，在发现的动物粪便中可以提取糜子壳测年，另外一些木炭、秸秆、动物骨骼也可以进行碳十四测年。

有学者想了解黑山岭绿松石采集遗址的人骨出土情况，以及新疆黑山岭绿松石与陕西、河南地区绿松石矿的差别。先怡衡回答：并没有人骨出土，毛发暂不确定是否来自人类，唯一和人类有关的是一块带血渍伤口包扎毛毡，希望日后开展检测。由于这是一处采矿遗址，出土物多为石器、陶器、矿料，并没有发现墓葬。另外新疆地区与秦岭成矿区的地质板块差异较大，因此矿料的地球化学特征与中原地区矿料差别也很大，所得结果可为产源研究提供支持。

四、9月25日下午上半场

9月25日下午共有7位学者发言，分为上下两场。上半场论坛由湖南大学岳麓书院石荣传和良渚博物院夏勇主持。大部分报告人以特定玉器为题进行报告，内容既包含器型比较起源研究，也包括玉器制造加工等研究。

报告人：曹芳芳（北京大学考古文博学院）

发言主题：甘青地区史前用玉进程[1]

曹芳芳主要梳理探讨了甘青地区史前时期不同阶段的玉器考古发现。首先，她从甘青地区考古学文化谱系与格局入手，提出了“东风西渐”的文化特点。之后，她将视角锁定在甘青地区仰韶时期、马家窑时期、齐家时期三个阶段，对三个时期的玉器出土情况进行了简要的概述，揭示了各时期的用玉、区域、使用、制作技术、墓主性别等特征信息，进而讨论史前用玉进程以及相关社会观念。其中仰韶时期玉器出土较少，且多为实用的工具性器类，说明甘青地区先民虽然选择硬度较高的玉材制作成用力击挖的工具，但并未将其上升到凌驾于其他工具之上的特殊品；马家窑时期，玉器的发现地点有所增多，遗址内以绿松石装饰品为主，但重器仍然较少，说明玉器依然在社会复杂化进程中无大作用，用玉观念也无大改变。齐家时期是甘青地区用玉的辉煌时期，玉器使用由东向西快速推进。玉器主要出土于较大的聚落，但是墓葬用玉分化并不如聚落用玉明显。大体以兰州为界，东中部和西部的礼仪用玉组合存在差别，表明齐家文化东中部和西部的用玉观念可能并不完全一致。然而将美玉更多用来祭祀，是整个齐家时期的一个重要用玉特征。因此，研究甘青地区玉器及其所蕴含的观念可以作为探讨史前社会的重要切入点。

报告人：王强（山东大学历史文化学院）

发言主题：西玉东传和东器西传——黄河流域龙山时代玉器比较研究[2]

王强以玉料、器类、加工工艺为切入点对黄河流域（海岱地区、晋南地区、陕

[1] 相关研究已发表，详见：曹芳芳.甘青地区史前用玉特征与进程[J].四川文物，2022(01):43–59.

[2] 相关研究已发表，详见：王强，杨海燕.西玉东传与东工西传——黄河流域龙山时代玉器比较研究[J].东南文化，2018(03):80–89.

北地区、甘青地区）龙山时代的玉器进行了比较研究。他对海岱地区的150余件玉器样品进行了拉曼光谱、静水密度法、硬度等检测分析，发现该地区透闪石玉料占总数的80%以上。而同一时期陕北和甘青地区透闪石比例在50%左右，晋南地区透闪石比例低于10%。因此，他认为玉矿的存在并非玉器文化发达的必要条件，并进一步推出玉料由西向东逐步扩散这一观点。在器类方面，四个地区共有九种不同的玉器造型，其中海岱、晋南、陕北礼器比重较高。在加工工艺方面，片切割工艺在海岱地区最早出现，并逐渐向西传播。基于工艺与器型的研究，他得出了工艺与器型自东而西渐进传播的观点。对于玉料、工艺、器型的传播，他提出了新颖的水路运输猜想，并将四个区域相互交流归于战争及移民、社会上层交流网、贸易三类原因。这种区域间玉文化的互相交流，为中华文明起源的多元化提供了强有力的注脚，很好地诠释了中华文明的多元一体范式。

报告人：王鹏（中国社会科学院考古研究所）

发言主题：论南西伯利亚青铜时代早期的“半月形器”[1]

王鹏对于以萨彦-阿尔泰为中心的南西伯利亚地区“半月形器”出土情况、宗教意义、文化交流进行了探讨。首先，他对“半月形器”这一概念进行了介绍，并以南西伯利亚地区为例，分析了“半月形器”的伴出器物、墓葬类型、出土位置等信息。之后，他列举了学界对于石质或玉质“半月形器”在宗教意义的不同理解，但学者们一般均根据出土位置等判断其属于宗教服饰的组成部分。最后，他罗列了南西伯利亚青铜时代早期的“半月形器”与红山文化的勾云形玉器在外形、出土位置、伴出器物等方面的共同之处，据此认为两者性质应当相同，“半月形器”与部分勾云形玉器一样，表现双鸟造型，与原始萨满教密切相关。此外，他还对同类属性的双鸟造型在东亚地区出现的情况进行了分析，可见双鸟造型自高庙文化、河姆渡文化始一直延续到商周时期。值得注意的是，南西伯利亚青铜时代早期的“半月形器”与石峁遗址、陶寺遗址、谭家岭遗址出土的双鸟形玉器的年代大体相同，且考古材料显示，此时南西伯利亚与中国北方地区之间存在着密切的文化交流。因此，对于南西伯利亚“半月形器”的研究，有助于我们探寻更加古老的、共同的文化基

[1] 相关研究已发表，详见：王鹏．论南西伯利亚及周边地区青铜时代早期的“月形器”[J]. 考古，2022(03):69–82.

因，以及中西文化的交流和传播。

报告人：丁思聪（郑州大学历史学院）

发言主题：戈的起源探讨——兼论平首圭、刀形端刃器

丁思聪对戈、平首圭、刀形端刃器等器物的起源提出了见解。首先，讨论了戈的定义和特征，列举了以往关于戈起源的观点。其认为研究戈的起源，应该从已知到未知，探讨器物背后的时代背景、文化背景、礼制背景，综合考察龙山至二里头时期中国北方地区有刃器的发展。目前已知最早的戈出现于二里头时期，早期的戈以琢击功能为主。其次，对凌家滩、石峁、陶寺遗址发现的“戈形器”“圭形器”等进行了辨析。在对于戈等器物起源的讨论中，钺（铲）、多孔刀、矛几类器物需要重点考察。龙山时代的钺在北方流行，其形制不断分化。窄长、平刃的平首圭即是钺（铲）形制分化的结果。大汶口文化以后还出现了斜刃、尖刃等异形钺，钺在发展中还与多孔刀产生了融合，产生了两面刃的玉石刀。丁思聪认为，窄长的玉石钺和两面刃的玉石刀可能是刀形端刃器的源头。此外，形制较为扁平的石矛在龙山时代的北方地区得到发展，出现有器型较大和两翼不对称的情况，该时期的石矛功能似以戳刺为主。虽然矛为顺向装柄，与钺、戈截然不同，但其使用尖锋和两侧刃的特征与早期玉石戈相近。综上，丁思聪认为，在龙山晚期至二里头早期，中原地区的先民融合了斜刃、尖刃等特异形制的钺与石矛，制作出了有三角锋、有上下两刃和内（阑）部、垂直装柄的戈。上述有刃玉石器的发展与演变，是龙山至二里头时期北方地区社会动荡背景下维系社会礼制的需要。

点评与问答环节

秦小丽总结道，前两位学者都对于甘青地区玉器的历史性变化进行了一定的梳理和归纳，对于探讨史前社会相关用玉观念有着重要的作用。其中曹芳芳的研究指出齐家时期是甘青地区用玉的辉煌时期，玉器使用由东向西快速推进，但马家窑时期的绿松石装饰品也不可忽略，此类器物对于揭示古代先民用玉观念有着不可替代的作用。王强对四个区域用玉材料、器型、工艺的比较分析研究中，出土环境背景、玉料东输需要更多的实证研究。

秦小丽认为王鹏的研究为广大玉器研究人员提供了新的视野，我们正需要跨文

化视野探讨，需要从大范围的文化交流视角来探寻更加古老的、共同的文化基因，以及中西文化的交流和传播。她还提及了日本早期类似的三角形状玉器，是否有可能也和“半月形器”有着一定的联系，这一点可以进一步探讨。

丁思聪在戈的起源研究中尝试将多种器型联系起来讨论，提出了礼器产生可能是多种类型器物共同发展而成的多元化观点。有学者想要了解二里头时代的戈是否具备实用性。丁思聪认为，早期的戈更多产生自对有刃礼器的需求，实用性并不强。第一，从戈的材质来看，二里头时代的戈常见玉质和大理石质，两类材质均不具有实用性。早期的铜戈，数量少、形制不成熟，实用性亦不显著。第二，戈的产生是龙山时代以来北方地区有刃礼器发展演变的结果，与当时北方社会对有刃玉石礼器的需求相关，其产生后亦是主要作为礼器使用。戈的实用化要到商代以后，大量作为实用兵器的铜戈出现，戈身下刃后侧胡部的形成代表着这一“勾兵”的真正成熟。

五、9月25日下午下半场

下午下半场论坛由中国社会科学院考古研究所王鹏和湖北省文物考古研究所郭长江主持，报告主要关注史前时期玉器制作工艺的研究，涉及的器型为玉璧和玉琮，希望能为古代玉器加工制作提供新思路、新方法。

报告人：杨岐黄（陕西省考古研究院）

发言主题：史前玉璧制作工艺探析

杨岐黄从各遗址考古出土的玉璧入手，考察了史前玉璧的发展演变过程、发展阶段及演变特征，并结合微痕观察和实验考古的研究成果，对史前时期玉璧的制作工序、制作工艺进行梳理分析。她首先总结了史前各遗址出土玉璧的概况，接着以史前时期数量最多的圆形玉璧为例，探讨了史前玉璧主要制作工序，她将玉璧的制作工序分为成坯（柱状、片状）、钻孔及成形（外廓成形、中孔成形）、修整成器（琢磨与抛光）三大步骤。最后她还对史前时期玉璧制作的辅助工具进行了探讨，阐释了自身对辘轳轴承器的猜想和假设。玉璧作为史前时期玉器研究的重要内容，其制作工艺特征是各文化用玉特征所在，其中的发展演变，也体现出史前时期各文化间的交流互动。

报告人：熊增珑（暨南大学历史学系）

发言主题：红山文化玉璧及相关问题研究

熊增珑从红山文化出土的玉璧入手，在器型、器物组合、功能、制作工艺等方面对红山文化玉璧进行分析研究，进一步探讨红山文化玉器对黄河流域考古学文化的影响。首先，他对牛河梁、半拉山、哈民忙哈等红山文化遗址中出土玉璧的数量和类型进行了分析梳理。他将红山文化玉璧按照器型分为A型方形玉璧、B型圆形玉璧（出土较多）、C型双联璧、D型三联璧、E型异形璧五类。之后，他结合墓主性别、年龄、身份，简要分析了红山文化包括玉璧在内的出土器物组合。紧接着，他探讨了红山文化的玉璧功能，认为大型方形玉璧的功能以礼仪为主，基于钻孔和磨痕可以推测此类玉璧可能是固定悬挂在某个位置；圆形玉璧、双联璧、三联璧的功能以装饰为主，且与玉环、玉镯等组合使用。最后，他举例说明了红山文化玉璧的制作工艺，结合电子显微镜观察结果对毛坯、钻芯、打磨痕迹等进行了探讨。红山文化对黄河流域（包括黄河上游甘青地区）考古学文化产生了重大的影响，而其中玉器的传播与影响较为深远，厘清红山文化玉璧的情况，将有益于探讨其与黄河流域玉器的关系。

报告人：左骏（南京博物院）

发言主题：已阅沧桑几变迁——从江苏发现的两件玉琮说起

左骏从南京博物院馆藏的两件出土华西玉琮说起，通过综合时空下玉琮的发现情况、文献中的蛛丝马迹，以厘清石器时代曾煊赫一时的华西玉琮在历史时期的流传、辗转、功能与意义。这两件器物分别为江苏涟水三里墩战国墓出土的银扣鹰足座玉盒和南京幕府山东晋晚期大墓中出土的玉琮。首先，他对两件琮的出土墓葬、伴出器物、文化影响、流行风格、改制情况等基本情况进行了介绍，将商周沿用华西玉琮的传统推延至东晋南朝时期，表明时人对这类早期玉琮一定赋予了别样认知。之后他梳理了中国西部与东部出土的琮类玉器，并根据具体的器型和纹饰特征将玉琮分为华西和良渚两种大体风格。最后，他对中华文明中与琮相关的器物进行了整理。从良渚玉琮的出现、汉代“六瑞”中琮的不同表现、宋代所臆造的八角形“琮”和瓷“琮”到清宫旧藏玉杠头，琮经历了由礼到俗最后又到礼的U形变化。虽然目前对玉琮的发端起源、流布路径乃至其含义仍有争议，但其被先民赋予了崇高的精神层面的意义毋庸置疑。

问答环节

下半场的问答环节由复旦大学文物与博物馆学系王荣主持。有的学者对玉璧制作中管钻和琢磨修整产生的痕迹区别提出疑问。杨岐黄回答：管钻产生螺旋状同心圆，线痕较深，而且会因着力点的不同深浅不一；而琢磨修整产生的线痕用力小而匀，多为平行线，且线痕较浅。

有学者对上半场甘青地区史前用玉的进程中齐家文化礼制玉器突然增多的情况提问。曹芳芳解释道，齐家文化礼制玉器的突然增多与人群互动、文化交流密切具有紧密联系。玉之重器大部分是由东方而来，很可能与中原地区国家的诞生密切相关。但齐家文化也没有完全使用东方的礼制规格，而仅借鉴了东方的风格，制作与宗教有关的类似玉器，这与该地区一直以来重视祭祀也有着一定的关系。

最后王荣对具有争议的杨官寨玉琮进行了提问。左骏回答道，杨官寨玉琮出土于灰坑内，且并不完整，若是璧琮合祭，则应是完整器。杨官寨玉琮仅为孤例，仍需要更多的实证去解释这一现象。会上也有学者提出了杨官寨玉琮并非“琮”的观点。

六、9月26日上午上半场

9月26日上午共有7位学者发言，分为上下两场。上半场由浙江省文物考古研究所陈明辉主持，主要内容有对于玉器新研究方法的展望，也涉及玉器研究的一个重要方面——石器研究。

报告人：张萌（复旦大学文物与博物馆学系）

发言主题：中国北方玉器与陶器的起源——宏观生态学的视角

张萌使用宏观生态学这一新角度对玉器进行研究。他认为玉料因其润泽的外观成为古人装饰品原料之一，又因其坚硬的质地承载了较高的加工成本，故而暗示着制作者可能采取了定居程度较高的生活方式，以至于玉器的起源这一问题需要从狩猎采集者的文化生态学角度考量。他尝试从宏观生态学的视角来思考中国北方玉器与陶器的起源过程，把两项技术的起源置于更广阔的东北亚石器技术演化和史前人类文化适应变迁的背景中进行研究。并且认为玉器的起源与发达的石器打制技术、广泛的社会网络、富足的狩猎采集生活之间可能存在着关联之处。此外他还认为这种狩猎采集的生活方式和水生资源利用与陶器的使用似乎存在着行为上的联系，形成了东北亚史前陶器与玉器起源的双生结构。希望该视角能够抛砖引玉，为研究玉器起源的问题提供一个参考性的视角，促进玉器研究方法的多元化。

报告人：陈虹（浙江大学艺术与考古学院）

发言主题：苏州五峰北遗址磨制石器的生命史探究[1]

五峰北遗址位于苏州市木渎镇，2016年的发掘确认此处系良渚时期一处石器加工的废弃物堆积。陈虹主要对该遗址的磨制石器进行多角度的研究，采用“操作链”、级差动态分类法以及石片轨迹分析等方法，对发掘所获的3805件石制品进行类型、功能和生命史研究，并复原出该遗址磨制石器一般的完整“操作链”。此外，还使用了微痕分析的方法，揭示了石凿、石锛、石铲、石刀等磨制石器的使用方式和加工对象。最后通过对石凿及相关产品的分析，该研究能够了解良渚时期苏州地区制作石凿的工艺与生产流程，为磨制石器的生命史研究提供了新的案例与思路。

报告人：夏勇（良渚博物院）

发言主题：良渚遗址群石器的初步认识

夏勇主要对良渚遗址群的石器进行相关研究。他通过对良渚遗址群出土地点明确的1500余件石器进行岩性鉴定和考古研究，并且通过对石器类型的初步统计、石器整体岩性的分析以及与其他良渚文化遗址的资料对比等方法，得到了对当时石器制作的选料的一定认识。良渚遗址群与其以外的遗址，在石器岩性上有较为明显的区别，其差异界限与良渚文化的区域类型高度吻合。这种地理环境、文化面貌和遗物特征上的一致性，为讨论良渚文化各区域间的政治、宗教和经济关系提供了方向。同时他总结出三点初步认识：①福泉山先民对于石料的选择较为专一，不使用沉积岩；②福泉山、新地里与良渚古城的石器岩性取向较为分明；③马家浜文化和崧泽文化早期，良渚地区遗址数量少，石料质量较低且数量较少。最后他提出，良渚遗址周边丰富的石料资源，是否也像良渚的玉器和宗教一样，被控制成为软实力输出的载体，是日后需要研究的方向。

---

[1] 相关研究已发表，详见：陈虹，孙明利，唐锦琼．苏州五峰北遗址磨制石器的“操作链”及“生命史”研究[J].考古，2020(11):72–82.

点评与问答环节

上半场的问答环节由复旦大学文物与博物馆学系秦小丽主持，她认为三位学者所讲到的石器研究各有特色，都是玉器研究的重要方面，并且报告中都提到了微观与宏观相结合的研究方法，可以为玉器研究提供新思路。

秦小丽认为张萌的汇报从一个新的宏观生态学角度出发，揭示了人工制品和环境的相互关系。此外，秦小丽认为玉器的研究需要搭建宏观的理论框架思路，张萌谈及的社会网络视角正是其中一个值得尝试的方向。陈虹所提到的“操作链”理论应用很广，在技术研究中是非常重要的理论，苏州五峰北遗址的发现与研究对探讨原材料的制作过程来说是一个很好的提示。谈到夏勇的报告，秦小丽认为良渚人的石器使用理念具有研究价值，考究石材的使用能够为玉器研究提供新思路，从而联动考虑材料、成品与功能三大要素。

有学者问到陶器和玉器的起源是否有关系，张萌认为尽管存在着玉石共存/陶玉共存的时代，但陶器和玉器的功能差异较大，因此陶器和玉器从这一角度而言是没有关系的，是同一种生活状态下的两种产品。

还有学者提问，良渚遗址群之间（例如福泉山遗址和良渚古城遗址）有哪些区别与联系，夏勇回答道，它们之间关系非常密切，受本地传统影响，良渚对外推广玉器，但细微的生活方式有差别，而这些差别是目前研究仍未全面涉及的。从年代而言，各个地区进入良渚文化阶段的时间并不相同，例如福泉山的时间则偏晚。

七、9月26日上午下半场

上午下半场论坛由浙江大学艺术与考古学院陈虹主持，演讲内容包括曾国玉器的系统介绍、瓦当代玉璧的葬俗研究、玉器加工的模拟实验探索、滑石珠饰的热处理研究。

报告人：李晓杨（湖北省文物考古研究所）

发言主题：曾国墓葬用玉情况初步研究

李晓杨根据已发表的部分曾国墓葬出土玉器资料，对曾国葬玉情况进行了初步的历时性概括。在曾国高等级贵族墓葬材料中，西周早期叶家山墓地M111曾侯犺墓为典型代表，墓中随葬玉器30种，可分为兵器、礼器（瑞玉）、装饰、佩饰和功能不明玉器等五类。该时期既有棺内贴身用玉，也有墓内用玉。其中兵器与礼器数量较多，种类丰富，柄形器数量也较多。饰品玉器没有明显的组佩现象，其中动物形佩饰占绝大多数。西周晚期郭家庙墓地的发现表明，曾国墓葬玉器均为棺内贴身用玉，束帛形玉器和长方形佩饰为新出现。玉器中串饰较多，存在明显的组佩迹象。兵器类只见玉戈，说明此时象征权力的玉器可能已经发生了变革。墓葬中最常见的玉器组合为玉玦和玉琀。春秋时期的义地岗墓群玉器显示出大型墓葬与中小型墓葬玉器数量差距巨大的现象，大型墓葬中存在组佩，而中小型墓用玉礼制混乱，没有统一标准。礼器与兵器类大量减少，并且曾侯与夫人墓内用玉意识有所不同。曾国墓葬由于缺乏人骨证据，盗扰情况严重，且玉器摆放位置大多凌乱，因此辨识曾国墓葬内玉器的使用和功能更多需要借鉴北方地区玉器保存较好的墓葬。此研究通过对曾国葬玉情况的系统性整理，较为详细地展示了古曾国地区的葬玉文化传统。

报告人：徐沂蒙（辽宁省博物馆）

发言主题：璧与当——汉魏晋瓦当代玉璧葬俗研究

徐沂蒙主要从陪葬瓦当的发现研究历史、该葬俗分布特征以及瓦当可能的功能等方面对汉魏晋时期的瓦当代玉璧这一葬俗进行研究。其通过对发掘报告及墓葬平面图的分析，排除填土混杂等四种情况，搜集到汉到魏晋时期有意识随葬瓦当的墓葬四十余座。这些瓦当纹饰大致为两类：云纹和文字，前者占绝大多数。可明确的瓦当出土位置大致可以分为两种情况：一为瓦当位于棺内，紧贴人骨；二为瓦当位于墓内。另有出土位置不详的一类情况。此外，研究发现，这种随葬瓦当的葬俗出现于东汉早期，至东汉晚期达到高峰，曹魏西晋仍有余音，洛阳地区是其分布中心。根据随葬瓦当在墓葬中的位置、纹饰、形制及文献记载推测，随葬瓦当最为可能的功能是代玉璧，即社会中下层囿于身份使用的形似玉璧的替代品。

报告人：赵海龙（河北师范大学历史文化学院）

发言主题：史前制玉技术的实验考古尝试

赵海龙运用实验考古方法对史前制玉技术进行探索，讲述了针对切割、钻孔等史前制玉技术的模拟实验复原情况，其中涉及使用麻绳与皮绳的切割实验，微型及中小型管钻和桯钻，单面钻以及对钻的相关实验，从而得到了与考古标本相似的对比材料。赵海龙进一步分享了所积累的效率相关实验数据与实验技巧，并探索了安徽凌家滩玉人背孔以及辽宁朝阳半拉山玉芯胚料的具体形成过程。同时也阐释了解玉砂粒径大小和均匀程度对于孔壁形貌所造成的影响，此外应用模型翻制方法亦可为解读制玉技术提供新的思路。

报告人：王荣（复旦大学文物与博物馆学系）

发言主题：中国早期玉器热处理研究——以滑石珠饰为例[1]

王荣对于中国早期玉器热处理进行了系列研究，此次以出土滑石珠饰为例，具体介绍了这一玉器加工技术的原理、作用以及来源等若干问题。王荣首先对于中国早期热处理滑石珠进行了科学分析，指出此类滑石珠中存在滑石和顽火辉石两种物相，由此可以梳理出中国早期已确认或疑似经过热处理的出土滑石器，并分析了时代、器型、尺寸和器物组合等特点——纵观中国早期滑石器的发展，滑石珠饰数量较少且直径多大于0.5cm，而热处理滑石珠饰至西周才大量出现，且多属直径小于0.5cm的圆柱体珠。南亚和近东地区早期滑石器的发展情况则与中国有所不同，近东热处理滑石技术导致了施釉滑石、滑石釉砂、未施釉滑石砂的产生，进而在一定程度上影响到石英釉砂（费昂斯）和玻璃的产生和大量应用。最后王荣通过对中外早期热处理滑石器时代、工艺、器型和功能的对比分析，认为中国与周边地区可能存在着热处理滑石珠饰成品的直接交流，河西走廊是交流途径之一。不过，目前不能排除当地制作的可能性，需要对更多遗址的圆柱体小型珠饰进行普查和细致研究。

点评环节

下半场的问答环节由复旦大学文物与博物馆学系王辉主持，他对四位报告人的汇报提出了精彩的点评。曾国是西周的重要国家之一，以往对其属地内的玉器研究并不多，因此李晓杨的研究有利于填补这一空缺。徐沂蒙关于汉代瓦当代玉璧葬俗的研究是一个新命题，想要使之成立，仍需要更长的证据链支撑，除从形态学角度

[1] 相关研究已发表，详见：王荣，董俊卿. 中国先秦时期热处理滑石器初探[J]. 东南文化，2021(01):88–96.

分析外，还可以通过其他意识层面进行解释。赵海龙所完成的实验考古研究为探索史前制玉技术作出了众多有益的贡献，未来还可进一步增强科学性与系统性，如对玉器的硬度和加工工具作更为深入的探究。王荣从东西交流视角进行滑石器研究，我国出土滑石器众多，但使用广度不及中东地区，其热处理技术还与费昂斯制品有密切联系，因此仍需要更多样品开展深入研究。

八、9月26日下午玉矿沙龙

报告人：丘志力（中山大学地球科学与工程学院）

发言主题：玉矿沙龙——玉矿与玉器溯源

在下午的玉矿沙龙环节，特邀嘉宾中山大学地球科学与工程学院丘志力教授分享了玉矿与玉器溯源相关的研究。首先他介绍了今年发布的和田玉国家标准（GB/T38821—2020），在引入今为古用的逻辑基础上，详细解释了玉器的品种分类，并且对现代玉料与古代玉器进行举例类比，意在说明当今标准并不一定适合用以描述古代玉器（尤其是史前玉器）。此外他分享了对于华西地区（如肃北、龙溪地区）和华东地区（如岫岩、泰山地区）的古玉矿来源的相关思考。最后指出了古玉溯源与地球演化之间的密切联系。古玉溯源的方法可总结为：①感官溯源法，主要依据玉石表观差异，例如矿物种类及结构特点等进行判别；②感官+矿物类型+艺术史+神话传说的方法，主要依据多重证据进行判别，实际上融入了人对历史发展研究成果形成的意象差异；③科学测试+地质物源判别的本原溯源方法，这是利用无损、微损以及有损的方法进行的判别，可谓之本源差异判别。需要指出的是，确切的溯源必须依据玉料出产地、玉矿床矿物岩石学以及地球化学特征的本源差异才能完成；只有进行玉料类型的科学分析（区分R和P型），结合考古器物类型学方法，多学科交叉，才能真正科学地解决古代玉器溯源的问题。

9月26日下午2点半至5点，学者们分三组在甘肃省文物考古研究所陈国科、杨谊时、段剑蓉等的带领下，参观了所内保存的祁连吐谷浑大墓、敦煌旱峡玉矿遗址、天水马家塬遗址等地出土的各类遗物。参观期间，各位学者与甘肃省文物考古研究所的研究人员交流热烈，交换了对不同遗址、不同器物的想法，也提出了许多具有深度的问题，引发了大家新的思考。

九、闭幕式

南京博物院的左骏担任本届论坛闭幕式的主持人，他对本次会议作出了八字总结：团结、紧张、严肃、活泼。论坛只有短短两天，但已然展开了一系列十分有意义的交流。古人常说君子如玉，希望下次相聚的时候，大家依然能够谈玉吐珠！

复旦大学文物与博物馆学系王荣为本届会议作闭幕致辞，他从三个方面对本次古代玉器青年学术论坛进行回顾：

首先，本届论坛的举办过程可谓一波三折，论坛首次在复旦大学以外举办是一次新的尝试，并且在疫情之年能够成功举办会议，可谓非常难得。非常感谢各位来宾冒着疫情的危险，满怀着学术热情前来参会，也向在本次会议举办过程中付出巨大努力的甘肃省文物考古研究所致以衷心的谢意。

本届论坛极具特色。从形式的角度来讲，本届论坛为各位学者提供了一次现场观摩的机会，这次体验对玉器研究而言意义非凡。从内容的角度来讲，本次论坛的汇报中既有墓葬考古新发现，也有矿冶遗址新突破。诸位学者也从多个维度探讨了中国玉文化的发展，从历史的长度而言，报告内容从史前贯穿到历史时期，包括旧石器时代晚期石器对玉器的影响；从空间的宽度而言，多个地区皆有涉猎，包括熊增珑对东北红山文化区域的研究，王强对海岱区域的研究，陈明辉、夏勇、姬翔对长江下游区域的研究，均谈到了对黄河中上游的影响，另外也有从旧大陆的层面探讨了近东和远东之间的交流，这也是论坛的一大特色；从精神的高度而言，本次论坛的许多学者深入探讨了玉器被赋予的象征性意义，例如在维护社会统一以及区分等级层面上的作用；从思想的深度而言，许多学者探讨了玉器某一类器型的源流问题，包含丁思聪谈戈，熊增珑谈璧，杨岐黄从工艺角度探讨璧，左骏谈琮；从方法的厚度而言，研究方法既有宏观的，也有微观的；既有文物学的，也有考古学的；既有模拟实验的，也有科技手段的。

王荣最后对论坛未来的发展方向提出了思考。本届参会的青年学者和研究生数量增多，表明我们的玉器研究事业是后继有人的。中国文化遗产的传承，归根结底是人的传承，这也是持续举办中国古代玉器论坛的主要原因——以文会友，共同促进中国玉文化的发展。最后再次感谢王辉教授、秦小丽教授和丘志力教授对此次论坛的大力支持，也非常感谢甘肃考古所的全体同仁在幕后的大量工作以及简帙科学仪器金琦先生的支持，并且再次感谢各位到场来宾前来支持。

第四届古代玉器青年学术论坛纪要

李一凡（复旦大学文物与博物馆学系）校

2022年11月26日~27日，“第四届古代玉器青年学术论坛”在南京博物院顺利召开。该论坛由南京博物院与复旦大学文物与博物馆学系联合主办。因疫情原因，本次论坛采取线上线下相结合方式。来自安徽省文物考古研究所、浙江省文物考古研究所、江西省文物考古研究院、南京市考古研究院、扬州市文物考古研究所、青岛市文物保护考古研究所、南京博物院、上海博物馆、良渚博物院、故宫博物院、中国国家博物馆、首都博物馆、湖南博物院、徐州博物馆、扬州中国大运河博物馆、复旦大学、北京大学、南京大学、浙江大学、中国科学院大学、湖南大学、辽宁大学、郑州大学、西北大学、中国地质大学（武汉）、南京师范大学、南方科技大学、暨南大学、上海大学、河北师范大学、西北工业大学、桂林理工大学、中国科学院、陕西省考古研究院、广东省文物考古研究院、黑龙江省文物考古研究所、广东省文物鉴定站、中国检珠宝集团、锋雷工作室等国内高校、研究所、博物馆及其他各类文博机构的近60位代表参与了这场学术盛宴。

在为期两天的论坛时间内，青年学者们介绍了最新的相关考古发现，开展了多学科、多视野的研究成果讨论，进行了广泛而深入的学术交流。另外，28日由主办方组织了与会学者南京博物院院藏玉器观摩活动，并进行了交流、研讨。

本次论坛期间共进行了50余场专题学术报告，分享了玉器领域的众多考古发现、最新成果与前沿研究。线上会议采取严格的审核邀请制，共有200余位国内外玉器领域研究学者在线参与了本次学术活动。

一、开幕式

论坛开幕式上，主持人复旦大学文物与博物馆学系王荣首先回顾了自2016年起三届古代玉器青年学术论坛的历史发展和成功举办，并强调了“多学科”在玉器研究中的重要性，指出本届古代玉器青年学术论坛以“聚焦多学科视野下的中国南方史前至明清玉器研究”为主题，首次线上线下同时进行，参会的青年学者和报告数量大幅增加，时长延长至两日，反映了学者们对古代玉器青年学术论坛的支持和认可，体现了南京博物院强大的影响力和号召力。

之后，南京博物院副院长盛之翰、复旦大学文物与博物馆学系主任陆建松教授分别致开幕辞。

盛院长首先代表南博向线下以及线上的与会专家学者们表示热烈的欢迎，向给予本次学术论坛支持的有关单位和学者致以诚挚的谢意。盛院长介绍道，南京博物院是中国最早创建的近现代博物馆，始终秉持着“提倡科学研究”到“图知识增进”的院训宗旨。南博依托科学考古发掘，院藏史前骆驼墩文化、宁镇北阴阳营文化、崧泽及良渚文化玉器丰富；无锡鸿山越墓、盱眙大云山和徐州土山汉墓出土的东周两汉玉器，极具江淮与南方特色；而唐代以后，以江苏为主体的江南地区，一直是中国治玉、用玉的中心。他希望各位学者能利用此次相聚的机会，进行自由、开放与充分的交流，共享玉器最新的考古发现和前沿性的研究成果；深入发掘华夏玉文明的历史、文化、艺术和科技等价值及内涵，努力践行“让文物活起来、讲好中国故事、树立文化自信”的论坛宗旨。

陆教授则表示，党的十八大以来，党和国家高度重视文物研究，挖掘文物中蕴含的文化精髓和时代价值，从而更好地传播中国价值、中国精神和中国力量。玉器是文物中的重要门类，包括玉器研究在内的文物研究的目的就是以物来解释历史、叙述历史、证明历史。我们要在玉器的多学科研究中，以多维度的视野，围绕四个方面进行：挖掘玉器中的历史文化信息，并阐释信息。陆教授强调，玉器研究不能仅停留在器物学范畴，还要着力于挖掘其中蕴含的丰富信息，还原其背后所承载的历史现象，从而透物见事、见人、见生活、见精神、见智慧。陆建松教授指出，自

2016年以来，在王荣的不懈努力下，古代玉器青年学术论坛已连续成功举办三届，在促进全国博物馆、考古所、高校以及玉器研究者的学术交流和合作方面发挥了重要的作用，并预祝大会越办越好，取得圆满成功。

主持人王荣感谢盛之翰副院长和陆主任对本次会议的鼓励和期许，感谢他们对玉器研究领域的关注和指导。王荣认为，玉器研究是阐释具有中国特色的礼乐文明一个重要切入点，希望我们能够在自我的学习和不断地交流中感悟原理、获得知识、并不断升华，为玉文化的传播传承奉献个人和群体的力量。最后，王荣衷心感谢线上和线下的各位来宾们，感谢为会议前期筹备和会议举行在幕后默默奉献的南京博物院左骏老师团队，以及复旦大学研究生群体，并致以热烈的掌声。

二、学术研讨

主旨演讲

主旨演讲分为上下半场，分别由南京博物院的田名利和李竹主持，共有9位学者发言，报告涵盖了中国南方多地区的考古新发现，时代跨度从史前至南宋时期。

1.秦堂山遗址出土骆驼墩文化玉器及相关问题探讨

发言人：甘恢元（南京博物院江苏省考古研究所）

甘恢元详细介绍了秦堂山遗址每个墓葬出土玉器的主要情况，包括墓主人信息、出土位置、保存情况、玉器形制等内容。接着甘恢元分享了对出土玉器的钻孔痕迹、切割痕迹和使用痕迹进行显微观察的结果。通过钻孔圈痕，甘恢元判断玉璜M13:1为实心钻孔；玉璜M1:4的钻孔方式为单面实心钻孔，即将钻透或刚好钻透时在对面琢击连通。秦堂山玉器可以在玉玦玦口观察到明显的切割痕迹，主要可以分为两类，是由于不同的线切割方式导致的；此外还能发现片切割和线锯切割过深而留下的月牙形凹槽。以M14玉璜为例，可以从使用痕迹看出其使用方式为穿绳向上挂于脖颈处。甘恢元总结，整体来看，秦堂山遗址随葬品普遍较少，随葬玉器的比例较低，玉器使用并不普遍，然而对于随葬品较多的高级墓葬，均有玉器出土，显示出一定的社会分化。玉器材质以石英岩和大理岩为主，玉器类型有玦、璜、管、珠、坠饰等，种类较为单一，其中玦、璜占八成以上。

2.凌家滩遗址近年的新发现

发言人：张小雷（安徽省文物考古研究所）

张小雷首先简要回顾了凌家滩遗址的考古历程，接着介绍了2020-2022年的凌家滩遗址玉石器考古新进展和新发现，共出土文物500余件。一是在岗地东南角发现了大型红烧土遗迹，在对北部红烧土堆积区域进行清理后发现房址1座，西侧呈坑状，土坑杂乱。其中出土了少量陶器，以大口尊类腹片为主；此外还出土了少量石器，包括石锛、石钻和石钺等。二是对墓葬祭祀区西侧地点进行发掘，共发现新石器时代灰坑2个、祭祀坑1个、石头堆积1处和汉代墓葬5座，祭祀坑底部有大量石钺残件、少量玉器和陶器，出土了目前凌家滩遗址最大的石钺和玉璜。这些玉器多呈白色，应为被烧所致，器型丰富，包括双联璧、玉钺、玉玦等。目前凌家滩遗址的考古工作包括碳十四测年、环境考古、植物考古、红烧土块科技研究和祭祀坑科技检测等研究工作在内的多学科综合研究正在进行中。张小雷认为，凌家滩遗址出土玉石器器型丰富奇特，对后世礼仪思想制度的影响是超前的。

3.北村遗址出土玉器简介

发言人：姬翔（浙江省文物考古研究所）

姬翔简要介绍了杭州市北村遗址考古出土的玉器概况，共清理良渚时期墓葬141座，其中北村北91座，北村南50座。南部台地下墓葬整体等级较低，随葬品一般只有1-3件陶器。北村南东部墓葬等级较高，与台地下的低等级墓地明显分开，显示出了明确的等级分化。其中M106是目前北村发现的等级最高的墓葬，墓主为女性，反映了良渚早期女性较高的社会地位。随葬玉器有冠状器、龙首镯、玉圆牌和玉蝉等，目测均为透闪石，对部分器物进行PXRF和中红外光谱测试结果也表明材质为透闪石。北村南贵族墓地随葬玉器数量大多在20-66件之间，合计231件，占北村南出土玉器的95%以上。这些随葬玉器材质均为透闪石，与良渚中晚期遗址中蛇纹石较多的情况有显著差异，反映了良渚社会用玉体系的变化。通过热释光测年技术和碳十四测年，判断遗址年代在5000-5300年，补充了良渚早期遗址的年代数据。姬翔指出，北村遗址揭示了良渚古城建成之前贵族阶层的发展状况，为研究良渚早期社会的发展、阶级分化和探索良渚古城崛起背景提供了新的资料。

4.英德岩山寨遗址石峡文化玉器的新发现

发言人：刘锁强（广东省文物考古研究所）

刘锁强介绍，岩山寨遗址是岭南地区迄今考古发现规模最大的新石器时代至商周时期中心聚落遗址，考古挖掘和研究工作从测年、植硅体分析、浮选工作、玉器科技分析等多学科领域展开。其中，岩背地点是遗址内集中分布的墓葬区，多为长方形竖穴土坑墓，可见一次葬、二次葬和迁出葬现象，二次葬多见烘烤墓壁及底部积碳习俗。墓葬等级分化明显，低等级墓葬仅见零星陶器或石器，高等级墓葬随葬品丰富，且普遍随葬玉器，目前共发掘了65件玉器，以玉钺、玉环为主，玉钺玉环的组合形式是该遗址出土玉器的一个特征。刘锁强指出，岩山寨文化遗存时间跨度大，文化面貌复杂，同时可见来自珠江三角洲、粤北、粤东等不同区域的考古学文化因素。从岩山寨遗址出土玉器的类型、工艺、组合来看，与石峡文化遗址高度一致。岩山寨遗址在区域文化交流中有重要地位，英德市是石峡文化向南传播的重要节点。此外，良渚文化玉器特征在岭南地区被广为吸收和传播，可能证明了岭南地区与长江中下游地区点对点的文化交流，展现了中国南方高等级社会关系的网络。

5.浙江衢州土墩墓新出玉石器及初步认识

发言人：张森（浙江省文物考古研究所）

张森的发言从项目概况、发掘收获的初步认识三个方面展开。他先简要介绍了衢州土墩墓的基本情况，接着详细介绍了四座土墩墓的形制，均为一墩一墓，被严重盗扰。通过原始瓷器和印纹陶器的配对比较和碳十四测年可知，土墩墓群的整体年代为西周早中期。其中西周中期至偏晚阶段的孟姜一号墓和庙山尖土墩墓中发现了明确可成组使用的玉玦，证明该地区应已有成熟的使用玉玦组配饰的观念，玉饰品组合中的玉玦多穿孔，可能代表着不同的功用。张森指出，西周早期墓葬材质较为单一，以透闪石为主，稍晚时期玉器材质逐渐变得丰富。从器型来看，西周早期出土玉器较为单一，中期之后出现了以玉玦为代表的玉剑具、玉端器等新器型。玉玦也出现了带角玦、偏心玦、镯形玦等等形态，玉玦组多出现在墓坑中室，不排除耳饰或敛玉的可能。张森认为，衢州可能是商周时期重要的玦文化中心，代表着玦文化在商周时期的复兴。与浙江省内其他西周时期墓葬对比可以发现，衢州地区玉文化有着明显不同，玉文化面貌上更偏近于江西、湖南一带，可能是商周时期百越文化中较为独立的族群。

6.樟树国字山战国墓考古发现

发言人：王意乐（江西省文物考古研究院）

王意乐主要对江西樟树国字山战国墓的发掘状况以及出土器物做了详细介绍。国字山战国墓位于樟树市筑卫城东周城址西部约300米处，与筑卫城城址以及周边四座小型城址构成以筑卫城为中心的政治文化生态面貌。它是目前江西发掘最大的一座先秦墓葬，棺椁木材都为楠木，墓葬虽前期被盗，但随葬品种类齐全。出土器物数目达2600余件组。器物材质众多包含金属器、漆木器、陶瓷器、玉石器等；种类丰富，囊括礼器、兵器、乐器、车马器与日常用具等。出土器物包含多种风格，例如礼器青铜鼎，有典型的越式鼎，匜、铜盘都为薄胎铜器，且在口沿处都錾刻有细密花纹，为南方越地青铜器的典型风格。出土玉器数目不多，约为20余件，包含玉龙、玉凤、玉璜、玉佩等，除此之外出土了一些琉璃器料珠。其中玉龙玉凤的风格与无锡鸿山越墓相似。通过对出土青铜器、陶瓷器进行测年，推测墓葬时代为战国中期，墓葬中青铜器与原始瓷主要为越地风格，漆木器主要为楚文化风格，一些盉也具有江淮地区群舒文化的风格，此外一些小三足陶器则反映了本地文化风格。国字山战国墓的发掘填补了江西战国考古的空白，为完善本区域两周时期考古文化谱系提供了关键性资料。墓葬内多种文化因素交汇融合，为讨论吴、越、楚和徐等国的关系及政治格局的演变提供了重要线索，为从考古学角度理解江西东周时期“吴头楚尾”的社会状况提供了新的视野。

7.西汉诸侯王陵祔葬墓出土玉器研究——以吴王陵、江都王陵为中心

发言人：陈刚（南京博物院江苏省考古研究所）

陈刚主要探讨了西汉祔葬墓中随葬玉器与墓主人身份关联度的问题。首先，他对诸侯王陵的祔葬墓作出定义，将其与诸侯王陵陪葬墓做出区别。其次，他介绍了

西汉葬玉制度研究中处于同一时期、同一地区、同一人群且保存较好未被盗扰的材料，即西汉吴国王陵已发表的4座祔葬墓与西汉江都王陵已发表的11座祔葬墓。这两批材料，地理位置接近，时间序列完整，墓葬身份较为一致，均为某一诸侯王的妃嫔。吴国王陵祔葬墓出土玉器较少，江都王陵祔葬墓出土玉器组配序列完整，其中出土两件玉璜有编号，疑与公关制度有关。两个王陵的祔葬墓的基本材料均反映出距离主墓空间越近的祔葬墓墓主人身份越高，且墓坑、封土面积越大、棺椁结构与边厢数量越多，随葬品种类与数量也越多，尤其表现在釉陶器上。而反映到玉器上，出土玉器的种类与数量很少。最后，他结合文献中对葬玉的记载进行再解读，认为《汉书》中的记载，强调了葬玉在高等级墓葬葬制中的地位，葬玉与墓主人身份地位具有强相关性。然而在出土文献中则更加关注棺椁大小形制，墓坑、封土面积，以及是否有垣墙、是否用炭等。由此，他提出这批墓葬中的随葬玉器的真正使用动机值得探讨。最后，他指出等级最高的祔葬墓中有玉组佩，而其余没有，由此祔葬墓中也具有一定的等级区分，希望以此为未来西汉墓葬随葬玉器研究提供新思路。

8.南京西营村南朝佛寺遗址地宫出土遗物初步整理

发言人：龚巨平（南京市考古研究院）

龚巨平主要介绍了南京西营村南朝佛寺遗址地宫出土遗物的初步整理情况，地宫出土文物多以舍利函为主，早年遭受破坏也被盗，其中涉及了一些玉石器。首先，他梳理了南京地区南朝佛寺的遗址与遗物，主要包括栖霞寺千佛崖窟前建筑遗址、钟山二号寺遗址、红土桥南朝泥塑像、德基广场鎏金铜佛像等。尽管发现的遗迹遗物众多，但未反映出佛寺的整体布局。而此次发现的西营村南朝佛寺遗址较为完整，是南京乃至南方地区发现的最早，保存最好，布局最为完整的山地型佛寺遗址，共发现5组建筑，包括山门、塔基、佛殿、连廊等基址。地宫位于塔基夯土台基中心，封护夯土层与层之间填有遗物，遗物材质包括金、银、铜、水晶、琥珀、料器等，其中铜钱最多。出土玉石器有玉人与刻有无量寿佛愿文的滑石器，由此反映出南朝时期对无量寿佛的信仰，与南朝齐开造的栖霞山石窟中流行的“西方三圣”的思想是一致的。此外，地宫中还出土了煤精、琉璃、琥珀以及大量玻璃器、水晶、玛瑙，具有中亚南亚等风格特点，他提出这些出土器物可能与佛教七宝相关，对于探讨研究六朝时期对外贸易和文化交流具有重要意义。

9.南京建中南宋墓出土玉器的综述

发言人：马涛（南京市考古研究院）

南京建中南宋墓为砖石混筑结构，包含南北两个墓室，北侧墓室较大且遭受盗掘，未见出土遗物，南侧墓室较小但保存完好，出土器物材质包含瓷、银、铜、漆木、骨角、玉石、玻璃、水晶、玛瑙、琥珀等材质的器物近1000件，其中玉石、玛瑙、水晶、琥珀、玻璃材质的文物有756件，数量之多，彰显出玉器在此墓葬中的重要地位。墓葬出土玉石器不仅数量众多种类丰富，且大多造型优美，雕琢细致。马涛在报告中首先对这批玉器进行了整理和分析研究，他对玉器用途进行推断，认为极大部分器物器型较小，且多数穿孔，应为串饰，玉器制作精巧具有较高研究价值。此外，他结合文献记载与考古发现，对墓主人身份进行推断，认为极有可能为秦桧及其夫人王氏的合葬墓，依据主要有如下几方面：1、文献及诗歌中对此地区的记载。2、在此墓葬周边的考古工作也发现了秦氏其他家族成员墓葬，墓葬结构与此墓十分类似。3、此时期高等级家族墓也存在着与墓园相关的建筑，例如移忠寺（旌忠寺）等。4、在北侧墓室墓砖上刻有“绍兴二十五年”铭文，据文献记载秦桧也死于绍兴二十五年；南侧墓室墓主人也为一位老年女性，出土印章文字记载也符合王氏道教信仰，疑为王氏道号。

多视野下的玉器研究——史前

史前时期的玉器研究是玉器研究中的热门议题，该主题共分为3个半场，分别由徐峰、赵海龙；李有骞、庄丽娜；熊增珑、夏勇主持。共有21位学者进行发言，议题多元，研究理论丰富，研究形式多样。报告涵盖了东北地区、以长江中下游为代表的华东地区、华南地区以及中原地区等地的出土玉器研究，亦有学者将视野拓展到中国以外的南美洲地区。其中多位学者从玉器材质、器型、工艺等方面对中国史前玉器及文化交流进行探讨，展示出以生命史、操作链分析古玉器的重要性；同时报告还涉及大量科技分析和检测手段。

史前（一）

1.从石器研究看玉器研究的理论与方法建设

发言人：张萌（复旦大学文物与博物馆学系）

张萌指出，石器之于玉器就如同陶器之于瓷器，具有共通之处，陶器与石器都出现于旧石器时代晚期，在新石器时代成为全球普遍现象，在陶器—瓷器研究中的大量研究方法，都可为玉器所借鉴。此外，他援引路易斯·宾福德关于功能性思考的观点，认为石器的发展对应着人与资源的关系，其中一部分用于社会交往，还有一部分会反映出人的意识形态，因此对于早期玉器，可以从狩猎采集者的角度对其进行思考与解读。张萌还提出，应该将研究视角放在更广阔的领域，例如后过程考古学、能动性与理论实践以及社会复杂性的思考。此外，他尝试从宏观气候条件变化中去思考玉器起源，并提出玉器起源的三个阶段，第一阶段为旧石器时代晚期的孕育过程，第二阶段为中石器时代的诞生过程，第三阶段新石器时代的转化过程。张萌总结道，玉器研究是多维度的，可以从科学与人文等不同学术传统出发，从人类学与历史学等学科背景出发，使用民族考古学与实验考古学去建构透物见人的桥梁，还可以通过实践领域在公共参与的角度思考玉器在建构社会理念上的意义。

2.饶河小南山遗址2015年出土的玉器观察

发言人：李有骞（黑龙江文物考古研究所）

小南山遗址位于黑龙江省东北部饶河县，经历多次发掘，在2015年以前，共有60多件玉器出土，而2015年的发掘面积共300平方米，发掘主要集中于1区和3区，共有143件玉器出土。这些玉器造型圆润朴素，以透闪石和蛇纹石玉为主要原料，根据碳十四测年和共存器物组合类型学判断，其年代为9135-8595 Cal BP，代表了中国目前已知最早的一批玉器组合。李有骞首先对小南山遗址的背景进行介绍，小南山位于三江平原，水生资源丰富，占有全国十分之一的湿地资源，而在这样的生存背景中，先民们在史前制作玉器，很可能是出于储存时间、维持稳定的社会关系的意图，从而去应对不稳定但很丰富的资源变化。之后，李有骞对1区和3区的发掘情况和玉器出土情况做了介绍，他指出两处发掘区玉器出土状况和类型存在较大差异，且发现了多处火烧后下葬、下葬后毁器、改制器等重要信息。最后，李有骞介绍了这批玉器的微痕观察和模拟实验结果，这批器物存在明显的砂绳切割痕迹，钻孔时常见对钻形式，钻杆呈稳定性不足的性状，且在钻孔过程中存在更换钻头的现象，钻孔工具的使用上，可以确认使用了桯钻，但没有明显使用管钻的证据。

3.辽宁朝阳半拉山墓地出土玉器微痕观察

发言人：熊增珑（暨南大学）

熊增珑对辽宁朝阳半拉山墓地出土的红山玉器进行分析研究，他采用多学科的研究方式，结合了定性与定量的分析以及微观与宏观的观察。熊增珑首先强调现代科学分析手段对于半拉山玉器研究的巨大帮助，如天河石与绿松石的材质判别，切割、钻孔抛光痕迹的观察，以及解玉砂颗粒大小的精细判断等，都是科技发展带来的新认知。接下来，熊增珑对半拉山出土的玉器的典型工艺进行了介绍和分析，进而对红山文化的晚期制玉技术进行探讨。通过对玉器上的微痕观察，玉器的制作使用了切割工艺、打磨工艺、阴线工艺、钻孔工艺。半拉山墓葬出土玉器，无论是开料切割，还是打磨抛光及钻孔，治玉工艺均十分成熟。在切割工艺上，分为线切割片切割，片切割采用薄片状工具带动解玉砂，对玉器进行高效率的切割，线切割则使用柔性绳线带动解玉砂，多用玉玦口加工和桶形器掏膛。打磨工艺则符合使用解玉砂打磨抛光的特征，而沟槽处可见砂岩类硬质工具的加工痕迹。阴线工艺可分为粗、细两种线形，前者使用燧石类坚硬工具刻划，后者使用砂岩类条状工具磋磨而成。在钻孔工艺上，分为单面钻孔和双面钻孔两种形式，对不同孔径的钻孔，分别使用管钻、桯钻配合解玉砂钻孔，或者使用燧石类工具直接加工钻孔。

4.上海博物馆藏北阴阳营遗址出土玉器的初步研究

发言人：谷娴子（上海博物馆）

谷娴子指出，北阴阳营是南京博物院的诸多考古发掘之一，而上博也有少量北阴阳营玉器收藏，这也是上海博物馆与南京博物院的缘分所在。谷娴子首先对北阴阳营玉器的发掘和研究背景进行介绍。北阴阳营玉器，主要出土于258座墓葬中，共发掘玉石饰件295件。郑建曾对其中的部分出土玉器进行材质鉴定，主要依靠肉眼观察与油浸法测折射率方式，认定其中透闪石比率高达39%。之后，谷娴子使用超景深光学显微系统观察和红外光谱、便携式X射线荧光光、激光拉曼光谱无损测试分析等手段，对上海博物馆藏的13件北阴阳营玉器进行了一系列的材质和工艺的检测研究。在材质研究方面，谷娴子指出，13件玉器中的10件为云母质玉，2件为石英质玉，1件为箬山石玉，云母质玉含金红石包裹体，成矿于富T的地球化学环境可能来自浙东南地区，为就近取材。由此结果可知，北阴阳营遗址使用透闪石的实际比例（可能大大）低于39%，崧泽早期获得“真玉”不易。在工艺研究方面，多采用双面对钻，切割方式片切线切兼用，整器的加工顺序为成形—抛磨—钻孔，抛磨材料摩氏硬度小于6。此外，结合长度与弧度关系、断面包裹体不连续等特征，谷娴子推断北阴阳营的分体式玉璜为自然折断后修复，不具备合符类信物的意义。

5.江苏兴化蒋庄遗址出土玉器的初步分析

发言人：庄丽娜（中国国家博物馆）

首先，庄丽娜对介绍了蒋庄遗址出土玉器的概况，遗址内共有143件玉器出土，器型有锥形器、珠、镯、坠、琮、璧等，其中以锥形器数量最多，这些玉器分布于92座墓葬，年代为良渚文化时期。接下来，庄丽娜介绍了其团队的研究成果，主要利用X射线光谱分析对蒋庄遗址出土的51件玉器进行无损检测，对所获的软玉类玉器的主量元素数据进行了定量分析。检测结果显示，这批玉器原料以软玉和蛇纹石原料为主，其中软玉占比约60%。通过定量分析，庄丽娜将软玉来源划分为ABC三个大组，她认为A、C两组原料均用于生产玉礼器，B组原料则用于生产小饰品。接下来，庄丽娜进行了玉器器型、工艺和原料的相关性分析，她认为这批玉器的获取渠道多元化，并以此反映出当时社会玉器生产的一些基本情况。最后，庄丽娜结合蒋庄遗址玉器出土的时空背景，讨论蒋庄玉器使用所反映的人群关系和社会结构，她发现，随葬玉器主要分布于南区墓地，其中软玉类玉料又集中于墓地南端，而越往北，则越少使用软玉进行随葬。由此可知，软玉玉器的获取渠道和消费是受到控制的，南部墓区背后的大家族掌握获取渠道，大家族成员之间可以共享软玉资源。此外，庄丽娜提出，蒋庄遗址软玉类产品是获取自外部的成品，结合其特殊地理位置，推测玉礼器的来源与寺墩遗址群有关。

6.反山M16墓主人身份探讨

发言人：夏勇（良渚博物院）

首先，夏勇对反山M16号墓进行了背景介绍。反山墓地作为迄今等级最高的良渚文化墓地，内部存在着明显的等级差，其中M14、M12、M16和M20四座墓葬为反山墓地最高等级墓葬，被称为“传统四强”，四强之间的墓况不存在极差，但亦有差距。M16在四座高等级墓葬中，相对排序靠后，作为墓地中偏上的等级，相比显贵墓葬在玉器、石器和陶器上的缺失或许反而有助于对其身份略做推断，为探讨提供了可能性。接下来，夏勇介绍了M16的玉器出土情况，并与其他反山墓葬、瑶山墓葬进行对比，M16中共计出土488件玉器，器型包括冠状器、三叉形器、锥形器、柱形器、琮、钺、璧、镯、串饰、管、珠、粒等。夏勇认为，从玉器的形制和种类等方面来看，M16与M12关系密切，但等级相对较低，此外，他认为M16与瑶山墓地关系密切或时代接近，具体表现为相似的工艺特征（如冠状器上的透雕）、相似的主题纹饰（龙纹）以及相似的随葬组合形式。最后，夏勇认为在之后的研究中，需要对良渚遗址群内的随葬器物组合进行详细梳理，并进行跨区域类型的比较，区分出区域特点、时代特点和等级制度特点，从而对墓主人身份做进一步的探讨和判断。

7.良渚玉器制作工艺的实验考古研究

发言人：费震涣（浙江大学博物馆学与文化遗产研究所）

费震涣以良渚古城遗址姜家山墓地出土玉器为主要研究对象。为了进一步确认良渚制玉中阴线刻纹和钻孔两项工艺的工具性质，费震涣利用实验考古和微痕分析的考古学方法，设计相应的模拟实验，使用不同材质的刻纹工具和钻具对实验玉料进行刻纹和钻孔，尝试检验前人研究中对诸多材料和操作形式的猜测，以期望对良渚玉器研究的全面性有所增益。费震涣介绍了两项模拟实验的情况，第一项是刻纹实验，检验鲨鱼牙、水晶和燧石三种材质的工具作为刻划工具的可行性，同时讨论刻划方式、装柄等操作细节。结论为鲨鱼牙、水晶尖状器作为刻划工具的可行性较低。燧石尖状器加工效果好，且工具磨损率低、耐久性高，作为刻划工具的可行性较高，利用其进行往复刻划的效果好于单向刻划。第二项为钻孔模拟实验，检验燧石尖状器和竹管作为钻孔工具的可行性，同时对实心钻和空心钻的加工效率进行比较研究。实验结论为燧石钻头钻孔效果好，作为实心钻钻具的可行性较高，而竹管配合水和石英砂的钻孔效果好，作为空心钻钻具的可行性较高。实心钻的钻孔速率在钻孔初期较高，但受钻孔深度限制很大，因而它适用于孔深较小的孔的制作；空心钻的钻孔效果更稳定，适用于较大较深的孔的制作；两者均存在钻孔速率和钻孔深度呈负相关的现象。

8.良渚社会的玉石生产体系与模式

发言人：曹峻（上海大学文化遗产与信息管理学院）

曹峻首先介绍了西方关于手工业生产模式的理论划分情况，着重强调了科斯汀提出的综合因素理论模式，并根据良渚社会的具体情况，对其理论进行了修改和完善。接下来，曹峻对良渚社会的玉石生产模式展开分析和讨论，她根据生产者依附关系、产品性质、生产集中程度、规模和强度等方面的不同表现，对良渚文化中与玉石制作有关的遗址进行分类分析，将目前观察到的玉石生产分为“家庭生产”“家庭副业式作坊”“核心作坊”以及“依附式核心作坊”四种方式。这些不同生产方式满足了社会中从下到上、从实用生产到礼仪装饰等不同层面的需求，从而共同构成良渚社会庞大的、多维度的玉石手工业生产体系。曹峻重点谈到了前两种生产体系，家庭生产模式是最简单的体系，这类遗址在太湖地区广泛分布，多生产必需品，集中程度低，无群聚现象，生产强度弱，生产者主要工作为农业、渔猎、纺织。家庭副业式作坊生产主要存在于中小型聚落，具有生产规模不大、产品自用为主、兼职副业式生产等特点，产品性质为高端必需品或低端奢侈品。之后曹峻对家庭副业式作坊的两处个案进行了介绍，分别是新地里和文家山两处聚落，进一步显示家庭副业式作坊生产在聚落中的空间特点，即一般位于居住空间之外不远处，并有相对固定和专门的工作场所。

史前（二）

1.良渚玉器的南传之路

发言人：曹芳芳（北京大学）

曹芳芳认为良渚文化在形成系统性用玉制度后，由其文化中心区域向外进行了大范围的辐射，因此她列出良渚玉器的四条南传路线，分别是：① 沿东部沿海地带，涉及曹湾山遗址、粤东沿海菝子园、粤东海丰田墘海岸等遗址；② 沿长江西进到薛家岗，再进入江西，沿鄱阳湖西侧南下到南昌，从南昌逆赣江南进，翻越南岭进入粤北石峡，包括郑家坳、德安、丰城、拾年山遗址、大教场遗址等；③ 沿钱塘江逆流至建德，在建德南下至金瞿盆地，再从衢州进入近江西上饶一带，并再次向西汇流至南昌一带，包含淳安县城排岭镇、建德久山湖遗址、好川遗址、社山头遗址等；④ 自薛家岗继续向西到达石家河文化分布区，然后通过湖南南下，涉及蓟春坳上湾遗址、石家河文化区、湘乡岱子坪遗址等。此外，曹芳芳发现良渚玉器到达广东地区之后可能还向更南方向传播，例如岩山寨遗址、涌浪遗址也出土了典型的良渚风格的玉器。综上所述，广东地区在良渚文化时期及其消亡之后接受了器类最多、种类最丰富的良渚文化玉器，良渚文化中心区域至广东地区之间的地区也出土良渚风格的玉器，说明良渚玉器存在着南传的现象。另外，近年来发现蒋庄遗址中随葬玉琮和玉璧的10座墓葬均为二次葬，这一现象在良渚玉器南传路线上的樊城堆、老虎墩、石峡等遗址中也有存在，曹芳芳认为社会上层和底层采用不同丧葬习俗的原因还有待进一步探究与考证。

2.建构与解构：玉琮的社会生命

发言人：徐峰（南京师范大学社会发展学院）

徐峰对良渚文化的典型性器物——玉琮进行“物的社会生命”探讨，包括玉琮的制作者、功能、社会价值、社会认同等一系列问题，进一步开拓与丰富玉琮的研究视野。首先，徐峰认为玉琮的社会生命始于良渚文化，这是由于不同区域的史前文化都试图开发独具自身地域特色的器物，并且彼此间还存在着竞争的趋势，因而良渚开发设计了玉琮作为标志性玉器；此后，玉琮逐渐成为良渚文化时期人类精神信仰领域的神物、灵物，并随着良渚文化的传播而发生分配与流通。其次，徐峰认为后良渚文化时期是玉琮发展中的一个重要转折点，随着良渚文化的解体，玉琮的母文化背景就此消失，因而不同类型的玉琮在各种不同的文化背景中开启了它们的生命史，例如广富林文化遗址出土纹样不同的玉琮；齐家文化出土素面玉琮；至三代时期，玉琮既有良渚的遗物，也有新制与改制器物；秦汉时期出土玉琮数量较少，且均伴有改制处理；汉代时玉琮鲜有传世，只有其“外方内圆”的特征流传到后世，例如宋代的琮瓶、明代的方形有孔片状玉琮。由此可见，良渚玉琮经过了文化转型，其价值从普通变为珍贵再回归普通，因此拥有着丰富的社会生命。

3.高淳史前玉石器的初步探讨

发言人：孙宇洋（南京师范大学社会发展学院）

孙宇洋将高淳与周边遗址的玉石器进行对比，发现：① 北阴阳营遗址出土371件玉石器，占比58%，且磨制精良；在随葬玉石器器型方面，薛城遗址与北阴阳营遗址有较大共性，但不如后者丰富；在随葬玉石器数量方面，薛城遗址少于北阴阳营遗址。② 凌家滩遗址出土1100余件玉石器，可作为新石器时代长江下游制玉的代表；在随葬玉石器器型方面，凌家滩遗址发现了目前考古发现最早的体型最大的玉猪，薛城遗址则发现了石猪，两者有相似之处；凌家滩遗址和朝墩头遗址出土的玉人具有共性，皆是上宽下窄的方脸，与辽河流域的红山玉人有明显的区别。总体而言，高淳地区出土史前玉石器的数量和器型种类均难以和凌家滩文化相提并论。③ 环太湖地区良渚文化的遗址出土具有良渚文化风格的玉器，在玉石器器型方面，朝墩头遗址出土玉人的风格类似瑶山遗址出土玉琮上的兽面纹；薛城遗址出土的素面无纹的玉锥形器，结合地层关系可知其已进入良渚文化时期，受到了良渚文化的影响。此外，高淳地区薛城遗址出土的彩绘葫芦坪可说明史前高淳地区可能与黄河流域存在交流。

4.陕西蓝田新街遗址玉石手工业研究

发言人：李彦英（河北师范大学历史文化学院）

李彦英以操作链视角从下三个方面探讨了陕西蓝田新街遗址出土玉石器的手工业：① 就材质来说，新街遗址出土了表面具有锯片切割痕迹的玉料，李彦英推测出土的玉料可能是先民从陕西玉川“就近取材”；还出土了170余件玉笄，部分残断，总体数量在同时期的中原地区遗址中相当可观。② 就生产加工来说，该遗址出土了玉笄坯料，部分有切割痕迹，肉眼观察坯料的质地和蓝田玉类似；出土了治玉工具，包括钻头、石钻帽，两者配合使用进行治玉；还出土了砺石、石刀等，推测可能也是治玉工具。③ 就废弃与使用方面来说，新街遗址还出土了二次利用的玉器，例如一件笄上有穿孔，可能在发饰之外还有其他功能。此外，新街遗址出土了石料、石笄坯料及石笄成品，其形制类似玉笄，但石笄表面较为粗糙。综上所述，陕西蓝田新街遗址的出土玉器是在本地制作完成的，且已存在一套完整的玉石器制作工艺流程，以锯片切割为主；玉器的生产规模较小，产品较单一，以玉笄为主，用作简单的装饰品，但是出土的玉器将新街遗址开采玉料的时间从春秋时期又向前推进了2000余年至仰韶晚期（距今5000年左右），这一发现填补了中原地区玉石器手工业方面的空白，为后续探讨中原地区玉石器手工业的研究提供了重要资料。

5.中国史前玉玦饰的相关研究

发言人：张弛（扬州中国大运河博物馆）

张弛对已发表的中国史前玉玦资料按区域进行了较为全面的划分和整理，就史前玉玦分布概况来说，张弛将其分为四个区域：①北方地区，是玉玦的起源区域；② 长江下游地区，玉玦分布最为密集的区域；③ 长江中游地区，玉玦出土数量较少；④ 东南和华南地区。结合史前玉玦的分期与传播来说，张弛据类型学将史前玉玦分为六型，并将史前玉玦的发展分为三个阶段：① 早期，也称起源期，为距今8000-6500年，其中距今8000-7000年时中国东北出现迄今最早的玉玦并向四周扩散；② 中期，也称高峰期，为距今6500-5000年，其中距今6500-6000年时玉玦在长江下游盛行并向周边传播；③ 晚期，又称转型期，为距今5000-3500年，其中距今5000-4500年时玉玦分布已南至广东石峡遗址。此外，就玉玦的功能与用途来说，张弛从三方面来探讨：① 根据墓葬等级规模划分可知，玉玦通常随葬于高等级墓葬中；② 根据随葬玉玦数量的变化可知，大部分墓葬中常随葬单件玉玦，只有高等级墓葬中随葬多件玉玦；③ 根据伴出情况可知，玉玦是主要装饰品之一，是墓主身份地位的象征，玉玦以耳饰功能为主，可直接佩戴，也可打孔佩戴、连缀佩戴；体型较大的玉玦常作腕饰；玉玦可能是组佩的一部分，也有指环等其他功能。总体而言，时间上，史前玉玦从兴隆洼、小南山等遗址中萌芽，在马家浜、崧泽等文化遗址中盛行，在红山、良渚等文化遗址中消逝，最后至商周时期重新流行；空间上，中原地区玉玦的使用由多变少，而后在云贵高原逐渐流行。

6.《南阳古玉撷英》中部分早期独山玉的科学检测

发言人：张雪鸽（首都博物馆）

鉴于考古出土的独山玉材质玉器较少且主要出土于河南南阳附近，为考察中国古代独山玉的用玉历史，张雪鸽及其课题组利用便携式激光拉曼光谱仪、红外光谱仪、X射线荧光能谱仪、显微镜等无损检测仪器对12件分别来自河南省南部南阳市的镇平县墓地、桐柏月河墓地、黄山遗址以及部分社会捐赠的古玉器的材质、化学元素、器型、纹饰、加工工艺进行了分析，待测样品器型包括铲、璋、戈、矛、扁长条形器、辟邪；其中只有一件玉璋和一件玉戈为独山玉材质，其他材质还包括透闪石、蛇纹石、石英岩等。由此可见，南阳地区出土了独山玉材质的玉器，年代为春秋晚期和商代，但是由于古玉器标本的数量、安全性及便携式设备的限制，对其测试不能深入，张雪鸽认为后续需要加强对河南省及其周边出土的史前至清代相关玉器材质的科学检测鉴定；南阳地区也出土了透闪石材质的玉器，根据“就近取材”理论和河南省现代透闪石玉矿的相关研究，张雪鸽推测春秋晚期和商代河南地区所用透闪石质玉器可能并非来自新疆和田，而是河南淅川、桐柏等地区。此外，独山玉质玉器在商代以后几乎不见，张雪鸽认为或因独山玉具有色杂、质软、不温润的特征而被古代先民舍弃，而元代时忽必烈使用独山玉制作大型器物的原因还需更进一步研究。

7.透闪石玉的多光谱鉴别及其应用

发言人：陈典（中国科学院大学）

对于古玉的物质属性研究而言，玉料产地是近年来的研究热点。陈典通过对透闪石玉棉絮状物的宏观观察，类推到微观方面的亚微结构研究，期望以多光谱成像技术从透闪石玉的亚微结构视角将透闪石玉的元素成分与结构对应起来，将玉料的眼学特征以光谱学形式表述，从而寻求不同产地透闪石玉的鉴别依据。这一新思路、新方法的优势在于：① 透闪石玉的亚微结构与元素分布的对应关系可能受地质环境、挤压应力的影响而有所区别，可作为鉴别产地的指纹性特征；② 多光谱成像技术因其具有能够规避同色异谱现象的特点，已应用在简牍、书画等文博领域的多个研究中，陈典则首次将该技运用到玉石研究中。陈典利用多光谱成像技术获取不同波段中的透闪石玉图像并进行优化，利用灰度共生矩阵（Gray-level co-occurrence matrix）等方法消除透闪石玉图像的误差并对玉石的物化特征进行量化。陈典认为多光谱成像技术有望应用于探索透闪石玉料的来源，并建立不同产地透闪石玉的判别体系，后续拟深入探讨透闪石玉的亚微结构和其产地对应关系是否具有唯一性，为后人研究古玉产地提供重要资料。

史前（三）

1.玉石璧制作工艺的量化分析与模拟实验——以齐家文化为例

发言人：赵海龙（河北师范大学历史文化学院）

赵海龙介绍了甘肃武威海藏齐家文化遗址石璧与石璧芯的出土情况，并利用类型学方法、量化研究与统计分析法、制玉工艺模拟实验法，对玉石璧的动态类型、时期制作链、钻孔工艺进行逐层深入分析与还原。他对海藏遗址的玉璧研究主要集中于两点，即探索玉璧的制作流程和研究其制作过程中是否有金属工具的参与。在标本观测层面，赵海龙等制定了钻芯和孔璧的观测数据，包括玉芯圆台、沟壑形貌和微观层面的璧面痕迹。对标本的研究方式则首先是针对所有的石璧和璧芯进行三维建模利用，并对取芯方式进行了探讨；其次是在实验的层面涉及的变量有钻具，解玉沙与钻具操作方式。由于海藏遗址出土有左右不对称的玉芯，所以赵海龙团队推测制作这种玉璧的方式为钻具方向固定，而底盘处可转动，并基于此设计了一种竖轴旋转的设备，进行模拟实验操作。另外赵海龙团队对遗址中出土的一件未钻透且钻孔很薄的特殊玉器进行模拟实验，使用的钻具为0.3mm的红铜片，实验证明其钻孔方式与上述钻孔相类似。最后，他总结道，海藏遗址的玉璧存在两种制作流程：一种为切片、修型、钻孔，另一种为切片、钻孔、修型；管钻钻孔的工艺相当成熟，疑似存在保持钻具稳定旋转的机械工具；管钻种类多样，有管壁很薄的钻头，可能为金属薄片制品。

2.建平水泉遗址出土骨针钻孔技术的初步研究

发言人：王闯（辽宁大学考古文博学院）

王闯以水泉遗址出土的骨针为例，对骨针的钻孔技术进行研究。水泉遗址主体为夏家店下层文化，出土骨针多达几百件，王闯挑选了几件典型的骨针制品，利用数码照相机、视频显微镜对针孔做了观察与测量，同时结合实验考古进行对比分析，力求还原其制作过程和钻孔方式。水泉遗址出土的青铜时代骨针有以下几个特点：第一，均为手工制作；第二，针尾部分扁平，均有钻孔且钻孔较小；第三，针孔平面形状不为正圆，而是稍有外展的不规则椭圆，截面略呈腰形，外延常有细小崩损，但棱线分明。根据孔型判断，钻具应为桯钻而非管钻，且两面对钻定位较准。孔内残留螺旋痕迹，孔壁和孔缘有一定程度的使用磨圆；第四，若初始定位不牢固，针头在针体表面滑出，就会出现跳钻现象，留下小圆坑。待近于钻透时，若用力过猛，往往会在孔缘薄弱处发生断裂，出现残孔；第五，长期的地下埋藏，针体局部会出现“土锈斑”、土蚀、“虫洞”和细小的横向裂纹。王闯针对这批样品进行了钻孔实验。实验分为三组，第一组使用石质钻具，手持双向拧钻，第二组使用金刚砂钻具，电动单向旋转，第三组使用金属钻具，手搓双向旋转。实验表明，无论石质钻具、金刚砂钻具，还是普通钻具都能实现获得小孔径的目的。王闯指出影响孔形的因素取决于旋转中钻头的形状和旋转轴的状态。除了制作骨针的实验，他还进行了纺线实验和骨针功效实验，最后得出结论为水泉遗址骨针制作使用了金属钻具，通过实验考古推断可能为一种扁平状圆头且短小的金属丝，且当时的骨针钻孔技术一定是便捷、高效的。

3. 4300年前后玉文化发展的南北模式

发言人：杨岐黄（陕西省考古研究院）

杨歧黄提出，许多重要的考古学文化的起始时间都与4300年前后这一重要时间节点相关，例如北方的海岱地区的龙山文化，晋南地区的陶寺文化、陕北的石峁文化。而根据最新的考古发现，西北地区的齐家文化和长江中游地区的后石家河文化起始时间在4200年左右。在这个时间段内，玉文化发展有这样的背景：一方面，燕辽地区的红山文化、长江下游的凌家滩文化、良渚文化玉器衰落。另一方面，海岱地区经过大汶口文化中晚期玉石器的发展后，玉器的发展体系逐步成熟，与此同时，龙山文化玉器数量减少，并集中于大型聚落的大型墓葬中。杨歧黄将4300年前后的玉文化态势分为南北两个地区进行考量。北方地区发展出了数个玉文化中心，这些区域的玉文化发展共性增多，呈现出趋同的态势。南方地区在这一时期的玉文化发展趋势则表现为石家河“一家独大”，很少有外来因素影响，只能零星见到一些北方的因素。然而，同时期北方玉器可见非常丰富的后石家河文化的影响。最后，杨歧黄提出了玉器在文化互动中的独特作用：是意识形态的承载；是精神文化的象征；是宇宙观和世界观的体现。且根据4300年前后南北方玉文化的分析，可以窥得更宏观的文化发展脉络，如北方地区：① 不同人群间的互动与意识形态的趋同；② 从血缘模式走向地缘模式；③ 在这一阶段从古国走向王国的趋势。而南方地区则表现出相对独立的发展模式。

4.东海西岸大陆边缘带新石器时代玉文化区系研究

发言人：石荣传（湖南大学）

石荣传按照地区和时期对长江下游前良渚时代的玉器进行研究，并通过表层信息探索背后的涌动。她介绍了长江下游不同区域出土玉器的遗址和分期，以及该阶段主要的玉器特征。长江下游地区按照自然地貌分为苏南（宁镇、太湖东北部、江淮）、嘉兴湖区（嘉兴、湖州、余杭）和宁绍区。整个长江下游的前良渚时代则分为三期：第一期为跨湖桥文化时期，距今8000年前后；第二期为河姆渡二、三期—马家浜—祁头山时期，距今7000~6000年，其中I段为河姆渡一期—马家浜早期，距今7000~6500年，主要器型有玦、璜、弯条形单孔坠。II段为河姆渡二期—马家浜晚期—祁头山期，距今6500~6000年，主要器型有玦、（条形）璜、管珠、坠饰等；第三期为松泽—北阴阳营—凌家滩—河姆渡晚期，距今约6500~5300年。I段为北阴阳营—松泽早期—河姆渡三期，距今6000~5500年，主要器型有环形玦、耳珰、条形璜、环形镯、隧孔珠等。II段为凌家滩—松泽晚—河姆渡四期，距今5500-5300年，主要器型有环形玦、耳珰、条形和半壁形璜等。之后石荣传分期分区讨论了长江下游前良渚时代玉文化的造型和材质工艺方面的源流问题，并讨论了长江下游玉器发展的内外驱动问题，包括与东北亚大陆及岛屿玉器的关系，与海岱、长江中上游的关系。最后总结了长江下游前良渚时代玉器以宁绍区最早，苏南最丰富，石荣传注意到这些区域都位于水系的主干道上。另外凌家滩是长江下游前良渚时代玉器的集成，从物质和精神层面都为环太湖良渚时代的到来奠定了基础。内外的驱动造成了良渚玉文化时代的到来，具体表现在“器以藏礼”的雏形，例如马家浜和松泽造就了玉文化的外在“表现形式”，海岱等外围文化区输入了部分宇宙观及人文内涵，即“内容”。

5.中美洲古代文明和中国史前玉器钻孔技术的比较研究

发言人：温雅棣（南方科技大学）

首先，温雅棣对中美洲古代奥尔梅克和玛雅的玉器概况做了介绍。中美洲目前唯一已知的翡翠矿源是莫塔瓜河谷（Montagua Valley）且与奥尔梅克和玛雅文明的玉料相符，所以目前学界认为这两个文化所用的玉料均来源于此。在奥尔梅克早期文化如艾尔玛纳提，玉器被大量制作成斧锛类的器物，并与人头像等具有象征性的物品一起被埋藏在天然的水井中。在奥尔梅克中期则出现许多精美的玉人像，被摆放成进行仪式的状态。由于需要大量的玉器，奥尔梅克人也会使用蛇纹石，如使用超过1000吨的蛇纹石铺成地面，且地面的图案具有某种象征意义。之后温雅棣展开了对中美地区古代玉器的实用型钻孔和仪式型钻孔介绍。首先实用型钻孔主要用于：① 半钻孔的定位，比如半钻孔用于脸部的定位，以便在此基础上完成脸部的刻划；② 连续半钻孔作为装饰；③ 管钻半钻孔形成圆形装饰；④ 不同于东亚的镂空方式，中美洲是通过连续钻孔完成镂空；⑤ 钻孔定位切割。另一种是仪式型的钻孔，例如，一些人像的鼻孔和口部表达非常的夸张，给予了玉器呼吸感。玉器侧面的贯口难度非常高，但又不具备实用性，很可能是仪式型钻孔。最后，温雅棣对玉器钻孔技术进行跨文明比较，如玛雅人用钻孔进行镂空，而金沙遗址是以砂绳切割完成的镂空。那日斯台片解技术以及陶寺遗址的"仪式性"钻孔与中美洲的钻孔亦有相似之处。

6.红外光谱法和拉曼光谱法在玉器分析鉴定中的应用

发言人：张亮（广东省文物鉴定站）

张亮的研究对象为广东省文物考古研究所发掘、收藏的10件玉器，分别为珠海市平沙棠下环遗址出土的新石器时代晚期至商的装饰品和原材料，以及惠州市博罗横岭山墓群出土的春秋时期的环、玦、管饰，均素面无纹，打磨光滑。张亮通过红外光谱发和拉曼光谱法对其进行无损分析，以期得到这些玉材的准确成分。最终得出以下四点结论：① 新石器时代晚期至商代的珠海平沙棠遗址、商周时期的博罗横岭山墓群出土的10件被测玉器中，9件为石英材质，1件为透闪石；② 拉曼光谱法和红外光谱法可以快速地、无损地、准确地测出玉石的成分，且两种检测方式的检测结果可以相互验证；③ 通过比较受到环境侵蚀和未受环境侵蚀的透闪石拉曼光谱图，发现受到环境侵蚀的透闪石拉曼信号衰减很多；④ 对于上述检测成分为石英的玉石器，结合玉材外观分析，判断它们分别为水晶、石英岩。结合远古时期各地域用玉特点，推测其为就地取材。对于上述检测成分为透闪石的玉石器，则推测使用了外来材质。具体情况有待于深入研究。

多视野下的玉器研究——商周秦汉

商周秦汉玉器专题共分为两个半场，分别由吴桂兵、石荣传和杨岐黄、张长东主持，共有10位学者发言。学者们提供了多学科、多视角的玉器研究议题，既有集中于玉器本身的探讨，如器型、加工工艺、材质等，亦有针对其在更广阔的时间和空间维度的流变探讨，如空间上的流通与传播和时间上的流行与衰落，也不乏宏观层面的探讨，如社会与阶级分化、意识形态变革、文化交流与传播等议题。这一专题的报告总体与史前专题有所不同，其一是视野的聚焦性加强，多集中于单一地区、单一遗址或单一器型的探讨，而较少宏观视域，其二是在研究上对于文献学和历史学的学科运用的依赖。

商周秦汉（一）

1.玉石戈在中国南方地区的出现与发展

发言人：丁思聪（郑州大学历史学院）

玉石质的戈是夏商周时期的常见器物，主要流行于中原地区。随着夏商文化的南渐，戈也在南方地区陆续有所发现，其传播远达两广地区和越南北部。丁思聪通过对相关考古发现的梳理，探讨玉石戈在南方地区的流传过程，了解不同地区对于戈的使用情况。丁思聪首先对戈的形制进行界定，因戈易与矛、刀、圭等器物混淆，故而，在研究中应综合器物形制、尺寸、装柄方式等，对戈进行分辨和判断。之后，丁思聪结合“两次输出”和“三条路线”，展开了针对玉石戈在中国南方地区的传播与发展的分析研究。“两次输出”指玉石戈在二里头时期和商代早中期的两次向南方地区的输出，第一次发生在二里头二期晚段-四期，到达汉水中游、汉江平原和江淮地区，后一次则发生在商代早中期，到达江汉平原、环洞庭湖地区、环鄱阳湖地区和江淮地区。三条路线则指玉石戈在南方地区传播的主要路线，分别是中线：长江中游——江西地区赣江流域——粤北地区——粤东闽南；东线：江淮流域——长江下游；西线：关中地区/长江中游——四川盆地，并对比了南方不同地区对戈接受和使用的差异。

2. 玉遗南境——华夏玉文化向中南半岛的传播

发言人：刘琦（湖南博物院）

一般认为中原地区的青铜技术和用玉制度对中南半岛的本土文化产生了深远的影响，圆孔扁平的璧形器是中国用玉制度中典型且独有的器物，东南亚地区的（石）玉器是近年来关注的热点，如越南的璋、玦，泰国的T形环（有领璧），越南、中国台湾乃至菲律宾的Lingling 0耳饰等，或许反映了华夏玉文化向外的扩散传播。刘琦在报告中首先就此类研究进行了回顾与总结，之后则分别论述了泰国中部和缅甸中北部的玉器考古遗存和出土情况。刘琦对缅甸和泰国两地的玉器情况就年代、材质、器型、颜色、使用方法、等级区分和文化特征等方面进行了总结和对比分析。刘琦认为，泰国、缅甸铜器时代晚期至铁器时代早期使用环形玉“石”器的习惯，除了装饰用途外，可能具有一定的礼仪性、阶级性，稀缺性，虽然制作这些器物的材料与中原玉文化推崇的透闪石相去甚远，但其中可能体现有中原玉崇拜文化的渗透。此外，刘琦透过圆孔扁平璧形器的案例提出假说，他认为可能存在更复杂、更遥远的传播路线。而台湾丰田玉的传播则代表了玉文化向南传播的另一条路径和高峰。

3. 出土琥珀产地溯源与掺假识别关键技术

发言人：李妍、赵彤、李星枰（中国地质大学武汉珠宝学院）

李星枰首先介绍了琥珀研究的必要性，她指出琥珀是历代王公贵族喜爱的珍宝之一，然而琥珀在本土出产极少，主要依赖于进口。在我国境内丝绸之路及其延长线周边许多地点都出土了有关中外贸易的琥珀制品，因此，确认琥珀文物产地对于古代各地间文化交流研究至关重要。接下来，李星枰围绕琥珀的科技溯源、掺假识别、和琥珀的文物保护三个层面介绍了其团队的研究成果。在琥珀产地溯源方面，因世界不同产地琥珀在树种和生长环境方面存在不同，联用质谱、红外光谱、荧光光谱技术研究不同产地琥珀树脂成分、挥发油含量、结构与荧光信号的差异，该团队优选产地“指纹”参数，建立了出土琥珀产地溯源方法。在掺假识别方面，则针对常见的琥珀造假工艺如压制处理、注油处理以及热处理等，分别进行研究分析，并针对性的运用科技检测方式进行识别。通过对比天然琥珀与优化处理琥珀的荧光特征、显微特征及有机物光谱信息，建立了一套无损快速、精准检测优化处理出土琥珀的方法。而在文物保护层面，则着重介绍了如何使用红外光谱分析琥珀在老化过程中的主要变化官能团，从而对常规的有损硬度分析进行转化，建立一套快速无损的老化琥珀稳定性评估方法。

4.河南淅川徐家岭十号墓出土玉器的无损分析研究

发言人：袁仪梦（中国科学院上海光学精密机械研究所）

袁仪梦首先进行了研究背景介绍，徐家岭位于河南省淅川县南部的仓房乡沿江村，共有10座墓葬，为楚国贵族墓地群。其中徐家岭十号墓（M10）位于徐家岭墓地的北部，墓葬时代为战国早期，随葬物品既有春秋晚期风格，也有战国早期特点。该墓葬中出土有大量以铜器、玉器为主的随葬品，其中一件铜器上有铭文"蒍子昃"，另有玉石料器121件，包括有玉璧、玉环、玉珩、料珠和石饰等。其后，袁仪梦选取了该墓葬出土的34件典型楚文化玉器，利用HXRF、LRS、超景深光学显微系统等无损分析技术，针对材料属性和制玉工艺分别展开研究。在材料属性方面，34件样品中32件样品材质为软玉，仅有2件云母质玉器，说明战国早期楚国贵族可能将软玉作为主流玉材使用。加工工艺方面，34件样品大部分为素面，11件有纹饰的样品中，其阴刻处大都采用了砣具进行加工，部分兼用了砣具和手持硬质工具两种雕刻工具；钻孔方式主要为单面管钻和实心钻对钻两种。切割工艺为片切割或线锯切割，加工顺序为先切割后饰纹；玉器的浅浮雕部分减地深度较大，立体性高。此外，所有样品都经过了较好的打磨抛光。

5.南京江北战国—两汉墓葬

发言人：王富国（南京市考古研究院）

王富国对近几年南京江北地区发掘的战国-汉代墓葬材料进行梳理，确定不同时期的随葬品器物组合，器型特征。首先，王富国介绍了其地理背景和发掘背景，南京江北地区包括浦口、六合、江北新区。最早发现的是1964年、1972年、1988年程桥中学东周吴墓。1973年发掘的六合和仁东周墓，属春秋晚期至战国早期。近年来，又陆续在浦口经济开发区及周边、六合雄州、马鞍等发掘了一批战国晚期至东汉时期的墓葬。之后，王富国分别介绍了该地区战国时期和两汉时期墓葬形制、随葬品的特点。战国时期墓葬发现较少，目前仅在浦口九峰山、步月路以南地块、六合程桥中学、姚庄发现。墓葬形制均为竖穴土坑墓。单棺或一棺一椁，部分有边箱、脚箱。其随葬品包含陶器、仿铜陶礼器、玉器、铜器等。两汉时期，墓葬数量多且集中分布，西汉晚期至东汉早期数量最多，随葬品丰富。随葬品种类包含陶器/硬陶/高温釉陶、玉器、铜器等，种类更为丰富。从现有材料来看，在战国晚期至东汉时期，该区域内随葬品中玉器的占比均很少，随葬品的主体是仿铜陶礼器。玉器类别总体来说战国时期多玉璧，两汉时期多窍玉。而佩、玉剑具、印章等器物在两个时期内发现的均极少。

商周秦汉（二）

1.董汉墓出土玉器及相关问题初探

发言人：刘刚（扬州市文物考古研究所）

2007年8-9月，扬州市文物考古研究所在原维扬区西湖镇蚕桑砖瓦厂取土场上清理了一座西汉时期的土坑木椁夫妇合葬墓。墓葬东距汉广陵城2.5公里，坐西朝东，平面呈凸字形。墓坑东西长9.5米，南北宽4.58米，墓向97度，由外藏椁和主墓室两部分组成。外藏椁东西长3.4米，南北宽3.66米。主墓室东西长6.1米，南北宽4.58米，由前室、棺室、南侧厢、北侧厢、后厢五部分组成。墓内出土大量精美的文物，北棺内（男棺）出土1件龟钮铜套印，母印印文阴刻篆书的“臣汉”两字，子印印文阴刻篆书“董子翁印”。南棺（女棺）出土文物尤其贵重，内有金丝琉璃玉匣（玉棺），琉璃玉匣由长方形琉璃片、琉璃璧、木板、铜质柿蒂纹组合而成。棺底铺长方形玉片，玉片由金丝连缀而成。棺底周围放置16个拱手跽坐带髻的琉璃人，琉璃人位于琉璃菱形饰件之上。此外，女棺还出土玉剑饰、玉窍塞、玉佩、玉璧、玉镯、玉觿、玉舞人、玉璜、琥珀印等精美玉器。墓内大量葬玉的出土反映了墓主人的身份等级较高，也折射出汉广陵国的丧葬制度。

2青岛土山屯墓群出土“玉器”三题

发言人：彭峪（青岛市文物保护考古研究所）

彭峪介绍了青岛土山屯墓群的发掘情况，并对其中出土的玉器和玻璃器进行了探讨。土山屯墓群出土了漆木器、纺织品等有机质文物、温明、琉璃席等葬具以及衣物疏、文书牍等文献资料。据葬制、出土陶瓷器及钱币（包括剪轮五铢、“大泉五十”和“小泉直一”)，并结合文书牍中“元寿二年”的初步判断，这批墓葬的年代应为西汉晚期至东汉早期。根据印章、衣物疏等出土遗物信息，判断墓主人应为刘氏贵族。青岛土山屯墓群出土玉器主要有带钩等生活用器及窍塞等明器，此外，还出土了一批玻璃器，结合衣物疏的记载，得以对镶嵌琉璃片的玉温明进行复原。其中出土的一件玉环，内侧谷纹部分有被截断的痕迹，应为二次加工“旧玉”而成；衣物疏中，将墓葬中所出玻璃器与玉器都称为“玉”，如琉璃席被称为“玉席”，表明西汉中晚期，“玉”的概念已经有所扩增，在材料上不局限于软玉，而进一步将玻璃器包含在内。彭峪对青岛土山屯墓群的发掘情况和出土遗物进行了简要介绍，并对其中的玉器和玻璃器进行了细致的复原和分析，提出了西汉中晚期墓葬玉器的新认识。

3.汉代玉殓葬的形成与发展——以西汉楚国出土玉器为中心

发言人：刘照建（徐州博物馆）

刘照建的报告主要关注西汉楚国地区的殓葬玉器，以玉覆面和玉衣为重点，总结了玉覆面的出土情况，并对玉覆面的形制演变进行了细致的梳理，将其与玉衣的发展特点相比较，提出了玉覆面和玉衣之间关系的新认识。徐州地区自1977年至2020年，累计出土了22件玉覆面和15套玉衣。刘照建指出，过去对玉覆面的研究存在标准不统一，概念交叉、不具排他性等问题，并提出用玉片组合特点进行分类的方法。西汉玉覆面主要出土于楚国都城彭城周围，流行于西汉早期楚国前段，至楚六代王刘注之后就不见出土，在当时主要为列侯和刘氏宗室所使用，后来扩大到官僚地主商人等富裕阶层。而出土玉衣的墓葬分布广泛，主要集中于较大的诸侯王国，流行于西汉。从流行时间、制作工艺和使用者身份看，玉覆面与玉衣不存在前后演变关系，且玉覆面未见于周代礼制相关文献，因此刘照建认为，西汉楚国玉覆面起源于汉初，其制作和使用，并非制度化安排，而是中下层对上层的一种模仿，用以表现自身的财富和地位。此外，结合玉衣的分布区域和时间，可推测玉衣应出现于汉初高帝刘邦时代。

4.钩佩琳琅：再论北大汉简《妄稽》中的带钩与组玉佩

发言人：欧佳（复旦大学出土文献与古文字研究中心）

欧佳主要探讨了《北京大学藏西汉竹书（肆）》中一篇俗赋——《妄稽》中描

绘妾虞士服饰的铺陈部分，并对简文的释义进行了探讨，引申出对玉佩饰使用的思考。简36-37："邯鄲直美，鄭庫繒帶，翡翠為當（璫）。雙象玉鈎，口有銀黃之須"，欧佳推断'璫'，应为圆珠而非耳饰，"翡翠"应为翡翠鸟羽作饰品而非矿石。简文中"須"应为"錯"，而当时金银错并不直接施于玉上，故《妄稽》所言"玉钩"更可能是一类镶玉带钩。《妄稽》简37："戶佩淮珠，飭八漢珠。白環佩首，結末垂潢。玉瑤玦印，色若秋包之英"。欧佳着重对"玦"的形制做了梳理，简文整理者认为"玦"应为有缺口可佩戴的环形玉器，而"玦"本作"夬"，最初是套环筒状射箭所用的钩弦器，后来发展为装饰性佩饰。文献中常将"韘"与"玦"混淆。两汉时期射玦与佩玦有了明确的区分，射玦当称韘玦，佩玦当只称玦。此外，《妄稽》中所记组玉佩与传世文献中的记载也有差异，《说文》中所记组佩以珩挈领，而《妄稽》中以环为首，经典中多以男子佩玉，且偏重礼仪场合，而《妄稽》中则为妾室女子虞士日常所佩，这种佩戴方式与东周至西汉早期的楚式组玉佩具有相似性。欧佳对《妄稽》简文的研究为我们了解社会一般阶层的用玉制度和风俗提供了新的视野。

5.两汉角簪研究

发言人：徐良（南京师范大学文博系）

角簪在两汉墓葬中出土较多，但目前学界对其研究较为欠缺，徐良主要从形制、年代分期、地域分布、使用者、使用组合以及器名和源流的角度对两汉角簪进行了系统的研究。据已发表资料的初步统计，两汉墓葬出土角簪共105件，可以分为篦形（A型）、钗形（B型）、铲形（C型）和异形簪（D型）四类，其中篦形和钗形簪以玳瑁质为多，两汉角簪以篦形簪为主。两汉角簪的使用时间可以划为四期，角簪滥觞于西汉早期，发展于中期，兴盛于西汉晚期至东汉早期，衰亡于东汉晚期，其衰落与原料稀缺、政府抑制奢靡之风和发型转变有关，分布较为稳定，主要集中在山东东部沿海地区及江淮之间。其使用者多为诸侯王、诸侯王后、夫人、列侯夫人及官僚和富裕阶级。在使用组合方面，主要以篦形簪单独使用，或与同类簪、钗形簪和铲形簪结合使用为主。最后，在器名和源流方面，角簪汉时器名因为"牟簪"和"瑁簪"，贵族女性所用角簪或称"擿"，可能继承了战国楚式簪的风格。

多视野下的玉器研究——三国至明清

三国至明清专题共分为两个半场，分别由刘照建、曹峻和谷娴子、曹芳芳主持，共有10位学者发言。这一阶段的发言内容呈现出了多元而纷繁的面貌，堪称艺术和审美的盛宴，与这一时期的玉器发展面貌相吻合。本专题的发言除了包含三国至明清的玉器研究外，亦有张锋雷带来的玉器摄影经验分享，以及两位会议主办者王荣、左骏的精彩报告。

三国至明清（一）

1.南京幕府山一号墓出土玉器的空间与仪式

发言人：吴桂兵（南京大学历史学院考古文物系）

吴桂兵以南京幕府山一号墓出土玉琮为中心，探究了史前玉器在历史时期墓葬中的使用过程和埋藏空间。据相关资料记载，南京幕府山东晋大墓出土一件玉琮，被放在棺木头端，被认为是墓主日常使用并精心收藏的宝物。但吴桂兵根据考古报告中所记墓室空间和棺椁扰动情况，推断玉琮现有位置应当受到了棺椁移动的影响，结合墓室棺椁周围的出土玉器类型，认为南京幕府山一号墓所用玉器有着仪式、宗教用玉的特点。同时，与其他临近墓葬形制和出土遗物相对比，可见幕府山一号墓墓主人的身份应为王侯或高等级贵族一类。此外，《通典》中记载了琮在皇后册封中具有仪式意义，在汉晋多位皇后册封仪式的记载中，屡有玉器出现，不乏前代形制，因此吴桂兵推断出土玉琮可能和皇后册封有关，幕府山墓地可能为王侯或高等级贵族女性墓葬。吴桂兵关于南京幕府山一号墓出土玉器的空间和仪式研究，为我们研究前代玉器在历史时期墓葬空间中发挥的作用提供了新的视角和启示。

2.元代玉器常见植物纹样及其影响因素

发言人：郑昕雨（上海博物馆）

春水和满池娇是元代玉器中受到较多关注的题材，郑昕雨探究了这两类题材的由来，并拓展到瓷器、绘画等其他介质中这一题材的应用，总结了元代春水和满池娇题材玉器的风格特征。春水题材最初来源于辽代的春捺钵习俗，即在正月至春尽进行游猎活动，在五代的绘画作品和文献中有较多描绘和记载。至金元时期，辽代捺钵旧制被承袭，改成“春水”与“秋山”，春水题材在金、玉饰品和服饰纹样中蔚然成风。扬之水先生曾指出春水的题材对，满池娇题材有着直接的影响。“满池娇”源自《梦粱录》中“挑纱荷花满池娇背心儿”，这一题材主要通过“雁鸭鹭鹅”，“蜻蜓蝴蝶”，“荷塘山石”等景象来表达池塘雅趣。元代满池娇题材的瓷器、书画和丝织品常常出现鸳鸯、莲花、莲叶等意象，元代春水题材艺术品则以鹅燕穿枝、莲花、莲叶为主要意象。春水、满池娇题材的元代玉器与辽金相比，在工艺上常见多层镂雕、圆雕、浮雕等手法常见，立体感极强；在题材上，植物纹样大量融入，没有了游猎的剑拔弩张之感，两种题材相互借鉴；在画面上，错落有致，参考了绘画中的构图特点，开启了玉器纹样图案化、情景化的新篇章。

3.虎珀拾芥——西营村南朝佛寺遗址塔基地宫出土遗物的初步整理

发言人：王瑞雪（南京市考古研究院）

琥珀作为一种外来宝石，在两汉时常作为随葬品出土于墓葬之中，而到魏晋南朝，琥珀又出现在如西营村南朝佛寺的佛教建筑遗址中，琥珀如何从墓葬走向佛塔地宫？王瑞雪基于西营村南朝佛寺塔基地宫出土的琥珀以及煤精装饰品，结合历史与佛教文献，向我们揭示了其背后的原因。琥珀主要分布于波罗的海、缅甸、西西里、意大利和抚顺等地，两汉到魏晋我国出土琥珀的地点分布广泛。《汉书》中所记琥珀产地为罽宾，而南朝宋范晔所做《后汉书》则记载是在大秦和哀牢（永昌郡），此外，自孙吴至南北朝，琥珀往往作为珍稀材料被制成装饰品。在《大正藏》中曹魏至南朝所译经中，这一时期琥珀则往往是作为西方佛国的自然七宝之一、供养物等，与西方阿弥陀佛信仰有关。这些佛经译者也多具有西域僧人的身份，且都有着与罽宾国有关的经历。因此可以推断两汉至魏晋南朝琥珀从墓葬的随葬品到地宫的供养品的转变，与这一时期流行的阿弥陀佛信仰有着密切的联系。王瑞雪的报告揭示了宗教信仰对于外来珍稀材料使用的影响，未来还需要更多科技考古的研究，来探求这一时期出土琥珀的具体产地。此外，琥珀饰件传入的途径和形式也是值得探讨的课题。

4.明代播州杨氏墓出土冠饰上的蓝宝石矿料来源研究

发言人：梁云（西北大学文化遗产学院）

梁云通过科技成分分析的手段，结合历史文献资料，探究了明代播州土司杨氏墓中出土的蓝宝石的产地和传入途径，为探究中国彩色宝石的来源和传入途径问题提供了新的视野和方法论的启示。世界范围内蓝宝石矿藏主要集中在亚洲地区，其中开采较早的有缅甸、斯里兰卡和泰国。蓝宝石矿床按照成因可以分为原生和次生矿床，而原生矿床又可以分为岩浆岩型和变质岩型两种矿床。梁云通过紫外—可见光吸收光谱、微量元素以及内部包裹体三个指示特征，推测出土蓝宝石应为变质成因蓝宝石，其产地更可能来自缅甸。文献记载，在明初郑和下西洋所购宝石消用殆尽后，朝廷开始在云南地区采买宝石，并征发民夫前往宝井地区开采宝石，宝井线是运输宝石的重要贡道之一。因此播州杨氏凤冠蓝宝石可能来自缅甸矿区，其获取途径很有可能是通过“宝井线”宝石贸易路线。梁云的报告，体现了将现代宝石学研究方法引入古代宝石文物产地研究的可行性，具有方法论上的借鉴意义。

5.子冈款玉器刍议

发言人：周竑（南京博物院典藏部）

周竑介绍了国内博物馆所藏子刚款玉器概况，并从玉质、工艺、风格和铭文款识等方面归纳出子刚款玉器的特点，并对子刚款玉器的真伪辨别作了进一步探讨。陆子刚及其所作玉器在明清文献中不乏记载，据杨伯达先生统计，目前国内博物馆收藏到的子刚款玉器总数不超过二百件，首都博物馆、北京故宫博物院、台北故宫博物院、南京博物院等均有收藏，其中以北京故宫博物院藏清宫遗玉最多，大约三十件。随后，周竑罗列了博物馆藏子刚款玉器，如“子刚”款夔凤纹玉卮、青玉“子刚制”款桃氏杯等。从器物的介绍中，可以总结出子刚玉的工艺风格特点：子刚玉具有明代苏工风格，“工致侔古”，使用和田料，但由于当时政府对新疆失去控制，和田玉料稀缺，所用玉料并不一定都是上等玉料。制作工艺以传统碾玉艺术为主，款识往往字数较少，且位于隐蔽位置，书体则以篆书、隶书为主。以此为标准，便可以识别出部分藏品并非子刚玉，而是后人仿制玉器，但部分子刚玉的“刚”字存在多笔画的现象，其真伪仍需要进一步探讨。

6.从清毕沅墓出土玉器管窥其玉器收藏

发言人：张长东（南京博物院典藏部）

毕沅墓出土玉器是清代早中期重要材料，而关于毕沅收藏文物的研究主要集中在书画方面，张长东基于毕沅墓所出玉器探讨了毕沅的玉器收藏及其藏玉情趣。毕沅是清代江南镇洋县（今江苏省太仓市）人，著名学者和收藏家，据统计，在毕沅的收藏中，金银器占58%，玉石翡翠类只占26%，而在其墓葬中，玉石类陪葬品则占71%，包括实用玉和藏玉两种，收藏玉主要有自然玉石形状的玉镇和玉坠、仿古玉器、模仿动植物和人物的象生玉等。由于艺术具有直达作者内心的便捷性，而毕沅的诗歌作品中不乏对其藏玉的描写，张长东从毕沅的纪行诗出发，从细微之处探究毕沅的收藏风格和情趣。结合文学作品与出土玉器，可以归纳出毕沅的收藏情趣：以玉为友，将玉器当成生命中的重要陪伴和朋友；崇尚自然，懂得欣赏玉材的自然之美；追求古意，通过古物和仿古器物与古人深交；生灵之美，欣赏自然界植物和动物的纯真之美；寄托情感，表达对亲人、爱人和友人的情谊。张长东从微观出发，透物见人，探究了清代大儒毕沅的藏玉情趣，在微观玉器艺术研究方面具有启发性。

三国至明清（二）

1.玉石可铭——南京博物院藏乾隆御制诗文玉器研究

发言人：高波（南京博物院古代艺术研究所）

高波对南京博物院藏乾隆御制诗文玉器进行研究。清代宫廷对艺术品多有偏爱，且自康熙以来历代帝王积淀了深厚的文化素养，故帝王又多喜题诗文于各类器物上，形成了清代特有的御制文、御制诗文物现象。南京博物院藏清代宫廷玉器上也多见御制诗文，其中尤以清高宗乾隆御制诗文最为多见，高波仔细梳理后发现御制诗文玉石器16件（组），除一件为嘉庆所书《三江源》，其余均为乾隆皇帝御制。15件组御制诗文玉器均有着较高的史料价值，也突出反映了乾隆的审美风格，并且这种审美也进而影响了清代中叶的社会风尚。他对这些御制诗文玉器研究结果总结为四点，一是乾隆崇尚王羲之、赵孟頫书法，提倡帖学；二是乾隆崇尚君子高洁，推崇文人雅好；三是乾隆雅好仿古，仿古器的大为盛行在乾隆皇帝在位期间达到了最高峰；四是记事载史，很多记事类的御制诗文蕴含着极高的史料文献价值。高波提到，未来将深入发掘御制诗文文物的价值，发掘其中的史料文献与艺术鉴赏价值，并将之以合适的展览形式呈现于公众眼前，正如蔡元培先生当时留下的院训——“为提倡科学研究，辅助公众教育以适当之陈列展览，图智识之增进”。

2.玉石生相

发言人：张锋雷（锋雷文物工作室）

张锋雷首先以视频的形式向大家介绍了他的工作性质、工作内容和工作状态，然后分析探讨了目前古玉摄影的现状，他认为玉器是所有文物门类里最难拍摄的，它的属性温润油性有透度，这正是它拍摄难点之一。如何将玉质结构，沁色变化，使用痕，切割痕，打磨痕，工艺痕，在一张照片里体现，还要兼顾它的造型艺术，这是张锋雷团队一直思考的问题，并不断深入的方向。张锋雷介绍道他们团队目前合作拍摄的共有36家博物馆，包括徐州博物馆、梁带村芮国遗址博物馆、西汉南越王博物馆、咸阳博物院、西安博物院、定州博物馆等，这些博物馆中藏有诸多精美玉器，对这些玉器进行创作性拍摄，为观者开启一趟蕴含天地灵气的品玉之旅，也为观者认识和了解中华民族玉器的神秘王国打开一扇门，为增强文化自信提供坚强支撑。张锋雷最后分享了他们的一些玉器摄影作品，以及自己在拍摄古玉过程中的亲身经历和体验。最后他提到他们会始终抱持着敬畏之心，以极具震慑力的镜头语言，将吉光片羽的灵魂渗入人心。

3.江苏武进寺墩良渚墓地M3出土玉器分析

发言人：王荣（复旦大学文物与博物馆学系）

王荣对江苏武进寺墩良渚墓地M3出土玉器进行了研究，他首先介绍了江苏武进寺墩遗址的基本概况和发掘历程，然后他对该墓地出土玉器进行一系列分析，得到几点初步认识，一是寺墩良渚文化玉器材质以透闪石——阳起石为主，兼有少量蛇纹石等其他材质，表明寺墩遗址仍拥有充足的闪石玉资源。且寺墩透闪石——阳起石玉器不含Sr元素的特点，与邻近的“梅岭玉”尚无可靠关联。二是寺墩良渚文化透闪石——阳起石玉器的本色为绿色系，使用浅绿色玉料制作成锥形器、珠管、镯等装饰品，使用浅绿色、绿色和深绿色玉料制作成琮、璧，使用绿色玉料制作成钺。三是良渚文化玉器的加工工艺复杂多样，晚期的寺墩遗址以砂绳切割技术和双面管钻技术最为精湛，达到了新石器时代高峰。四是玉钺和玉璧的形制变化不大，平面呈梯形的玉钺始终是良渚文化玉钺的主要形态，平面近方形的玉钺仅流行于太湖以南的反山、瑶山遗址。五是寺墩M3部分礼仪玉器经过火烧，说明早在新石器时代晚期玉器燎祭的使用方式就已产生，且存在毁玉行为。六是寺墩遗址中简化神人纹玉琮的大量兴起反映了动物崇拜的衰弱、以人为导向的神人崇拜的兴盛，而神人代表的是聚落的领袖，反映了神权地位的下降和王权地位的上升；同时单座墓中玉钺随葬数量的增加反映了军权地位的不断加强，但玉权杖在单座墓中始终保持唯一性。

4.交福合众——从满城汉墓出土朱雀衔环双联杯谈起

发言人：左骏（南京博物院古代艺术研究所）

左骏从四个方面介绍了朱雀衔环双联杯的相关研究情况，首先是朱雀衔环双联杯的发现，其出土自河北满城汉墓二号墓，墓主为中山靖王刘胜王后，该双联杯发现时位于二号墓崖洞中室南区的中部，器形作朱雀衔环踏兽，双翅张扬后弧，两翅下有两相连的高足浅杯状容器；通体错金并镶嵌蓝色琉璃及绿松石等装饰。其次左骏探讨了该器物的复原研究，系统梳理了史前到秦汉之际中国双联器具的源流，他结合多个角度分析，将该复合器物命名为“镶琉璃松石鎏金铜架朱雀衔玉环踏虎象牙钔深腹双连漆杯”。接下来左骏探讨了该器物的功能用途，关于该杯功用，最早的发掘者根据朱雀背部与尾部之间凹槽内的朽木残存，出土时高足杯内尚存的朱红色痕迹，推测可能是作为放置化妆品使用。又有学者从结构分析，双联杯或许是在婚庆时以显夫妻恩爱合一的“合卺杯”，左骏结合文献与实物，提到在《说文解字》《尔雅》《广雅》中“会”分别有“合”“对”“聚”的含义，在《礼记·乐记》等其中有记载“合欢”一词，意为合众欢乐，认为战国秦汉之际，这类流行于楚地的双联杯，在当时的名字应该为合欢之杯，是用于聚众饮酒，在聚会中增进感情的一类酒具。最后他还探讨了“合欢”器具在汉代之后的流变。

三、闭幕式

南京博物院的左骏担任本届论坛闭幕式的主持人。首先他介绍了玉器研究界几位德高望重的研究学者，会议期间他们始终在线关注大家的演讲、关注着最新的研究成果，他们分别是邓淑苹先生、邓聪先生、秦小丽老师、徐琳老师。左骏邀请诸位学界前辈，对此次论坛给予总结和评议。

秦小丽老师谈到这两天的研究汇报内容丰富且各有特色，总结为三点，一是考古新发现取得了惊人的成果，在考古发掘一线的青年学者为我们带来了考古发掘新资料，内容非常精彩；二是玉器的科技分析与研究在本次论坛中占了很大一部分比例，体现了当今玉器考古学研究中科技分析越来越重要，成为玉器研究中不可分割的一部分；三是对玉器的综合性研究，包括对长江下游，玉器的南北模式比较以及史前玉玦在整个中国境内的分布与传播研究这样一个从小地域到大空间的时空范围综合研究，体现了青年学者广阔的研究视野和驾驭宏大而长时段玉器资料的能力与思路。

邓聪先生表示很高兴参与本次论坛，听完此次论坛让他感慨良多，他非常高兴看到年轻一代对于中国玉器研究有很多新的成果。邓聪强调，对于旧石器时代的研究，是玉器研究中不可或缺的一个部分，所谓“他山之石，可以攻玉”，石器的研究与玉器研究间有着千丝万缕的联系。从这个维度看，玉器的发展历程或可追溯到近四万年前的阿尔泰地区，以及两万多年前的马耳他-布列齐软玉文化圈，而后则是近一万前的乌苏里江-东北玉文化圈。同时他引述罗振玉的观点，认为中国的玉器研究在3000年的维度上都没有太大的进展，直到近代在西方考古学的影响下，迎来了3000年未有之大变局，他希望玉器研究能成为未来中国考古学的重要发展方向。

徐琳老师认为这是一场非常高质量的论坛，她个人收获颇丰，本次论坛学科跨度极大，她希望年轻博物馆人可以以玉器研究作为终身专业方向，肯定可以出现更多研究成果，高校学者也能对玉文化研究产生更大的推动作用，同时，她特别感谢了南京博物院和复旦大学两个团队作为主办方的努力付出，为大家带来这么多精彩的报告。

邓淑苹先生则表示，这次的论坛充满新气象。通过此次论坛，从年轻人学到很多新知。与过去所参与的玉器会议相比，本次论坛有两个不同：第一，比较多场次介绍玉料的鉴定以及工艺技术的分析。第二，较多青年学者关注欧美学者在人类学、社会学等学科的理论，并据以思考中国古代玉器所反映的现象，这些都是可喜可贺的新现象。同时，邓淑苹先生也提醒广大青年朋友，面对庞杂考古资料，务必放在悠久的数千年历史脉络中做整体性思考，才能真正了解古人真正的文化内涵。

主持人左骏则谈到了他本人对论坛的感受，虽然经历了这三年疫情的艰难，但是青年玉器研究的团队依然在不断地壮大和增强，研究范围更加广阔，研究视角非常多元，研究方向也更加精尖。他已参加了四届玉器论坛，在历次论坛中受益颇多，且通过论坛的举办，结交了很多志同道合的朋友，是学术研究经历中宝贵的财富。然后左骏宣布了“第四届古代玉器青年学术论坛”学术研讨会闭幕，同时他希望待“春风又绿江南岸”时，他在南京等待大家。

“金陵无所有，共饮一瓯春!”

四、院藏玉器观摩与研讨活动

为更好地发挥南京博物院藏品功能，发掘、阐述南京博物院院藏文物的学术研究和阐释价值，同时为与会青年专家、学者搭建一个现场研究、探讨和交流的开放性学术平台。本次论坛会务组于11月28日上午，在南博老大殿西厢房接待厅，为与会学者组织了一场观摩院藏出土、典藏玉器的交流活动。

此次观摩玉器的种类丰富多样，时代涵盖从史前至清各个时期。观摩期间，青年学者们踊跃交流，并对相关文物进行了热烈的探讨。

对玉器文物实体的观摩、新思想与新观点的碰撞、多角度与全视野的交流，为此次“第四届古代玉器青年学术论坛”画上了一个完美的句号。

图书在版编目(CIP)数据

古代玉器研究/王荣主编. —上海：上海书画出版社，2022.12

ISBN 978-7-5479-2996-4

Ⅰ.①古… Ⅱ.①王… Ⅲ.①古玉器–世界–文集 Ⅳ.①K866.8-53

中国版本图书馆CIP数据核字（2022）第243234号

古代玉器研究

王荣 主编

责任编辑 邱宁斌
审 读 曹瑞峰
封面设计 陈绿竞
技术编辑 包赛明

出版发行 上海世纪出版集团
上海书画出版社

地址 上海市闵行区号景路159弄A座4楼
邮政编码 201101
网址 www.shshuhua.com
E-mail shcpph@163.com
制版 上海久段文化发展有限公司
印刷 浙江海虹彩色印务有限公司
经销 各地新华书店
开本 787×1092 1/16
印张 21.5
版次 2022年12月第1版 2022年12月第1次印刷

书号 ISBN 978-7-5479-2996-4
定价 238.00元

若有印刷、装订质量问题，请与承印厂联系